宁夏统计年鉴

STATISTICAL YEARBOOK OF NINGXIA

1996

宁夏回族自治区统计局 编

中国统计出版社

（京）新登字041号

图书在版编目（CIP）数据

宁夏统计年鉴　1996/宁夏统计局编。—北京：中国统计出版社，1996．8
ISBN　7—5037—2131—6

Ⅰ．宁…
Ⅱ．宁…
Ⅲ．统计资料—中国—宁夏—1996—年鉴
Ⅳ．C832．43—54

中国统计出版社出版
（北京复外三里河月坛南街38号　100826）
宁夏回族自治区统计局印刷厂印刷
*
787×1092毫米　16开本　27印张　彩页　70万字
1996年8月第1版　1996年8月　第1次印刷
印数：1—2000册
*
定价：98元

编辑说明

一、《宁夏统计年鉴—1996》是一部全面、系统、客观反映宁夏国民经济和社会发展情况的资料性年刊，它已成为认识和研究宁夏区情、交流社会信息、制定政策、指导工作不可缺少的重要工具，也是国内外各界了解宁夏的主要窗口。为了适应建立社会主义市场经济体制的需要，《宁夏统计年鉴—1996》，在结构上进行了调整，进一步充实了地市县资料，力求能够满足宏观、中观、微观各方面的信息需要。

二、本书内容分特载、专文和统计资料三大部分，统计资料又分为自治区篇、地市县篇。其中自治区篇共分为十六部分：1. 综合；2. 人口；3. 劳动力和工资；4. 固定资产投资；5. 能源、物资；6. 财政、金融、保险；7. 物价；8. 人民生活；9. 农业；10. 工业；11. 建筑业；12. 运输、邮电；13. 批发零售贸易和餐饮业；14. 对外经济贸易和旅游业；15. 教育、科学、文化；16. 体育、卫生、民政、司法及其它。为便于读者使用，每部分都印有主要统计指标解释。

三、使用本《年鉴》时，请注意以下几点：

（一）本年鉴对过去的年鉴资料重新进行了核实，对有的统计数据按新的口径作了调整，凡与本年鉴有出入的，均以本年鉴为准。

（二）资料中的符号使用说明："…"表示数据不足本表最小单位数；"空格"表示该项统计数据不详；"—"表示无该项数据；"#"号表示其中的主要项。

四、本年鉴出版发行以来，受到各级领导、有关部门和社会各界的大力支持，谨致谢意。由于我们编辑水平有限，不足之处在所难免，诚恳期望各界读者提出宝贵意见，以便改进我们的工作。

《宁夏统计年鉴》编辑委员会

《宁夏统计年鉴》编辑部

目　　录

特　　载

政府工作报告 …………………………………… (2)
宁夏回族自治区统计局关于 1995 年
国民经济和社会发展统计公报 ……………… (11)

专　　文

经济体制改革顺利推进　国民经济持续
稳定发展 …………………………………… (18)
总量控制取得明显成效　人口结构发生
较大变化 …………………………………… (21)
劳动就业形势稳定　职工工资水平稳步
提高 ………………………………………… (24)
“菜蓝子”产品日益丰富　农村经济全面
发展 ………………………………………… (26)
工业生产稳步发展　经济实力日益增强 …… (29)
基础设施条件不断改善　交通邮电事业
长足发展 …………………………………… (31)
投资规模迅速增加　投资结构渐趋优化 …… (34)
建设领域成就斐然　存在问题亟待解决 …… (37)
市场体系日益完善　消费市场繁荣活跃 …… (40)
利用外资不断扩大　外贸经济迅速发展 …… (42)
财政金融事业全面发展　宏观调控能力
逐步增强 …………………………………… (44)
科学技术成效显著　教育事业欣欣向荣 …… (46)
价格改革迈出重大步伐　存在问题应予
充分重视 …………………………………… (48)
城镇居民生活水平显著提高　存在问题
不容忽视 …………………………………… (51)
农民生活消费状况不断改善　消费水平
得到较大提高 ……………………………… (54)

统计资料

一、自治区篇

一、综　　合
主要统计指标解释
主要指标提要及统计图 ……………………… (63)
1—1　全区行政区划(1995 年底) …………… (64)
1—2　历届区人民代表大会的代表人数 … (65)
1—3　历届区政治协商会议的委员人数 … (65)
1—4　自然资源状况 ………………………… (66)
1—5　主要年份气象资料 …………………… (67)
1—6　各市县主要气象资料(1995 年) …… (68)
1—7　主要年份国民经济主要指标 ……… (69)
1—8　国民经济主要指标发展速度 ……… (73)
1—9　主要年份国民经济主要比例关系 … (76)
1—10　按经济类型分的国民经济主要
比例关系 ………………………………… (77)
1—11　国内生产总值(按当年价格计
算) ……………………………………… (78)
1—12　国内生产总值指数(按可比价格
计算,以 1952 年为 100) …………… (79)
1—13　总产出 ……………………………… (80)
1—14　按支出法计算的国内生产总值 …… (80)
1—15　总消费 ……………………………… (81)
1—16　总投资 ……………………………… (81)
1—17　按分配法计算的国内生产总值 …… (82)

二、人　　口
主要统计指标解释
主要指标提要及统计图 ……………………… (85)
2—1　主要年份全区户数和人口数 ……… (86)
2—2　主要年份农业、非农业和市、镇、乡
村人口 …………………………………… (86)

2—3 主要年份民族人口和构成 …………（87）
2—4 主要年份人口自然变动情况 ………（87）
2—5 暂住人口情况（1995 年） ……………（88）
2—6 主要年份婚姻登记情况 ……………（89）
2—7 主要年份全区节育情况 ……………（89）
2—8 主要年份全区领取独生子女证情况 ……………………………（89）

三、劳动力和工资
主要统计指标解释
主要指标提要及统计图 ……………………（93）
3—1 劳动力资源与分配平衡表（1995 年末数） ……………………（94）
3—2 三次产业从业人员人数和构成（年末数） …………………………（96）
3—3 按经济类型分的各行业从业人员人数（1995 年末数） …………（97）
3—4 主要年份职工人数（年末数） ………（98）
3—5 分行业女职工人数及比重 …………（99）
3—6 职工人数变动情况（1995 年）………（100）
3—7 全部职工人数和工资（1995 年）……（101）
3—8 按国民经济行业分组全部职工人数和工资（1995 年）…………（103）
3—9 国有经济单位职工人数和工资（1995 年）………………………（104）
3—10 城镇集体经济单位职工人数和工资（1995 年） ……………（105）
3—11 其他各种经济类型单位职工人数和工资（1995 年） …………（106）
3—12 工业、建筑业企业职工人数和工资（1995 年） ……………（107）
3—13 职工工资总额、平均工资及指数 …………………………………（109）
3—14 职工保险福利费用构成（1995 年） ………………………………（110）
3—15 主要年份城镇新就业人数 ………（112）
3—16 主要年份城镇失业人数和失业率 ……………………………（112）

四、固定资产投资
主要统计指标解释
主要指标提要及统计图 ……………………（115）
4—1 全社会固定资产投资 …………………（116）
4—2 全社会竣工房屋面积 ……………………（118）
4—3 全社会竣工住宅面积 ……………………（118）
4—4 主要年份国有单位固定资产投资 ……………………………………（119）
4—5 按各种分组的国有单位固定资产投资 ……………………………（120）
4—6 主要年份国有单位基本建设投资 ……………………………………（121）
4—7 按国民经济行业分的基本建设投资额 ……………………………………（122）
4—8 能源工业和运输邮电业基本建设投资 ……………………………………（122）
4—9 基本建设新增主要生产能力或效益 ……………………………………（123）
4—10 国有单位更新改造投资 …………（124）
4—11 按细用途分的更新改造投资 ……（125）
4—12 城镇集体单位固定资产投资 ……（126）
4—13 农村集体单位固定资产投资 ……（127）
4—14 重点建设项目投资情况 …………（127）

五、能源、物资
主要统计指标解释
主要指标提要及统计图 ……………………（131）
5—1 主要年份能源生产、消费总量和构成 ……………………………………（132）
5—2 主要年份能源生产、消费弹性系数 ……………………………………（133）
5—3 能源加工转换效率（1985—1995 年）…………………………（133）
5—4 平均每天各种能源消费量 …………（134）
5—5 每人年平均生活用能源（1985—1995 年）…………………………（134）
5—6 每亿元工业总产值能源、电力消费量 ……………………………（135）
5—7 单位能源、电力消费实现的工业总产值 ……………………………（135）
5—8 主要原材料消费与库存（1995 年）……………………………………（136）
5—9 主要能源消费与库存（1995 年）……（138）
5—10 原材料能源消费与库存总值（1995 年） ……………………………（140）

六、财政、金融、保险

主要统计指标解释
主要指标提要及统计图 …………………… (145)
6—1 主要年份全区财政收支总表 ……… (146)
6—2 主要年份地方财政收入 ……………… (146)
6—3 各项工商税收 ……………………………… (147)
6—4 地方财政分项目支出 ………………… (148)
6—5 预算外资金收支情况(1995 年) …… (149)
6—6 全区存贷款年末余额 ………………… (150)
6—7 市场货币流通量 ………………………… (150)
6—8 主要年份银行存、贷款余额 ……… (151)
6—9 主要年份银行现金收入 ……………… (152)
6—10 主要年份银行现金支出 ………… (152)
6—11 银行现金收支情况(1995 年) …… (153)
6—12 按定期活期分的城乡居民储蓄存款余额 ………………………… (153)
6—13 主要年份城乡居民储蓄存款年末余额 ………………………… (154)
6—14 主要年份保险业务经济技术指标 …………………………………… (155)

七、物　价

主要统计指标解释
主要指标提要及统计图 …………………… (159)
7—1 主要年份各种物价总指数(以上年价格为 100) …………… (160)
7—2 全区各种物价总指数 ………………… (160)
7—3 全区零售物价分类指数(1995 年,以上年价格为 100) …… (161)
7—4 全区居民消费物价分类指数(1995 年,以上年价格为 100) …… (164)
7—5 全区农副产品收购价格分类指数(1995 年) ………………………………… (167)
7—6 全区农副产品收购价格分类指数(以上年价格为 100) …………… (168)
7—7 全区主要农产品成交价格指数(1995 年,以上年价格为 100) …… (169)
7—8 全区固定资产投资价格指数(以上年价格为 100) …………… (170)

八、人民生活

主要统计指标解释
主要指标提要及统计图 …………………… (173)
8—1 主要年份人民物质文化生活提高情况 ………………………………… (174)
8—2 城镇居民家庭生活基本情况 ……… (175)
8—3 城镇居民人均生活费收入增长情况 …………………………………… (176)
8—4 城镇居民人均生活费支出增长情况 …………………………………… (176)
8—5 城镇居民家庭平均每人现金收支情况 ………………………………… (177)
8—6 城镇居民家庭平均每人生活费支出情况(1995 年) ……………… (178)
8—7 城镇居民家庭购买主要商品数量(平均每人全年) ……………… (180)
8—8 城镇居民家庭购买主要耐用消费品数量(1995 年,平均每百人全年) … (181)
8—9 城镇居民家庭居住情况 …………… (182)
8—10 主要年份农民家庭基本情况 …… (183)
8—11 农民家庭平均每人总收入和纯收入 ……………………………… (184)
8—12 主要年份农民家庭按纯收入水平分组的户数构成 …………… (185)
8—13 主要年份农民家庭平均每人纯收入 ……………………………… (185)
8—14 主要年份农民家庭平均每人家庭经营纯收入 ………………… (185)
8—15 农民家庭平均每人现金收入 …… (186)
8—16 农民家庭平均每人出售主要农产品收入 ………………………… (187)
8—17 农民家庭平均每人总支出 ……… (188)
8—18 农民家庭平均每人现金支出 …… (189)
8—19 主要年份农民家庭平均每人主要消费品消费量 ………………… (190)
8—20 主要年份农民家庭平均每百户耐用消费品年末拥有量 ……… (190)

九、农　业

主要统计指标解释
主要指标提要及统计图 …………………… (193)
9—1 农村基层基本情况 …………………… (194)
9—2 主要农业机械拥有量(年底数) …… (195)
9—3 农业施肥量及农村用电量 ………… (195)
9—4 农村固定资产结构(1995 年) ……… (196)
9—5 农、林、牧、渔业增加值 ……………… (196)
9—6 农、林、牧、渔业增加值及构成 …… (197)

9—7 主要年份农村社会总产值和构成 ……………………………… (198)
9—8 主要年份耕地面积 ……………… (199)
9—9 主要年份农、林、牧、渔业总产值(按现行价格计算) ……………… (199)
9—10 农、林、牧、渔业总产值指数(以1952年为100) ……………… (200)
9—11 农、林、牧、渔商品产值和商品率 ……………………………… (201)
9—12 主要年份农作物播种面积 ……… (202)
9—13 主要年份主要农产品产量 ……… (203)
9—14 主要年份水果、枸杞产量 ……… (204)
9—15 主要年份林业生产情况 ………… (204)
9—16 主要年份大牲畜、猪、羊年末存栏数 ……………………………… (205)
9—17 主要年份畜产品产量 …………… (205)
9—18 乡镇企业单位数 ………………… (206)
9—19 乡镇企业人员数 ………………… (206)
9—20 乡镇企业总产值 ………………… (207)
9—21 乡镇企业总收入 ………………… (208)
9—22 主要年份乡镇企业主要财务指标 ……………………………… (209)
9—23 乡村企业财务状况(1995年) …… (210)
9—24 宁南山区吊庄建设情况(1995年) ……………………………… (211)

十、工　业

主要统计指标解释
主要指标提要及统计图 ……………… (215)
10—1 全部工业企业单位数和工业总产值 ……………………………… (216)
10—2 按经济类型分的乡及乡以上工业企业单位数和工业总产值 ……… (217)
10—3 主要年份工业企业单位数 ……… (218)
10—4 主要年份全部工业总产值(按当年价格计算) ……………… (218)
10—5 主要年份工业总产值(按当年价格计算) ……………… (219)
10—6 主要年份工业总产值(按1990年不变价格计算) ……… (219)
10—7 主要年份工业总产值指数(上年=100) ……………………… (220)
10—8 全部乡及乡以上分行业工业企业单位数和工业总产值 ……… (221)
10—9 主要年份主要工业产品产量 …… (223)
10—10 全部独立核算工业分行业企业单位数和工业总产值 ……… (225)
10—11 全部独立核算工业企业全员劳动生产率 ……………………… (227)

十一、建筑业

主要统计指标解释
主要指标提要及统计图 ……………… (233)
11—1 全区建筑施工企业个数和人数 … (234)
11—2 主要年份国有建筑施工企业个数、职工人数及总产值 ……………… (234)
11—3 建筑企业生产情况(主营)(1995年) ……………………… (235)
11—4 建筑企业财务状况(主营)(1995年) ……………………… (236)
11—5 附营建筑业施工单位财务指标(1995年) ……………………… (237)
11—6 按施工产值/增加值排序的前20家建筑施工企业 ……………………………… (238)
11—7 按固定资产原值/利税总额排序的前20家建筑施工企业 ……………………… (239)

十二、运输、邮电

主要统计指标解释
主要指标提要及统计图 ……………… (243)
12—1 主要年份运输线路长度 ………… (244)
12—2 运输线路长度(1995年) ……… (244)
12—3 民用车辆拥有量(1995年) …… (245)
12—4 主要年份货运量 ………………… (246)
12—5 主要年份货物周转量 …………… (246)
12—6 主要年份客运量 ………………… (247)
12—7 主要年份旅客周转量 …………… (247)
12—8 全社会客货运输量(1995年) …… (248)
12—9 独立核算公路、水上运输企业财务状况(1995年) ……………… (249)
12—10 独立核算交通、邮电企业财务状况(1995年) ……………… (250)
12—11 公路运输技术主要指标 ………… (251)
12—12 主要年份邮电通讯网(年底数) ………………………… (252)

12—13　主要年份邮电业务总量 …………（252）
12—14　邮电通信工具拥有量 …………（253）
12—15　邮电通信企业主要财务指标 ……（253）

十三、批发零售贸易和餐饮业

主要统计指标解释

主要指标提要及统计图 …………………（257）
13—1　批发贸易业机构、网点、人员数（1995年）…………………………（258）
13—2　零售贸易业机构、网点、人员数（1995年）…………………………（260）
13—3　餐饮业机构、网点、人员数（1995年）…………………………（261）
13—4　批发零售贸易业商品购进总额（1995年）…………………………（262）
13—5　批发零售贸易业商品销售、库存总额（1995年）…………………（263）
13—6　批发零售贸易企业商品销售、库存类值（1995年）…………………（264）
13—7　社会消费品零售总额 ……………（265）
13—8　大中型批发、零售贸易企业财务状况（1995年，按经济类型分）……（266）
13—9　大中型批发、零售贸易企业财务状况（1995年，按国民经济行业分）……（267）

十四、对外经济贸易和旅游业

主要统计指标解释

主要指标提要及统计图 …………………（271）
14—1　进出口贸易总额 …………………（272）
14—2　外贸商品出口额 …………………（273）
14—3　分国家(地区)的出口贸易总额 …（274）
14—4　对外贸易主要出口商品数量 ……（275）
14—5　外贸部门进口商品情况 …………（276）
14—6　分国家(地区)的进口贸易总额 …（276）
14—7　利用外资情况 ……………………（277）
14—8　借用国外资金情况（1995年）……（277）
14—9　外国和港澳台地区在华直接投资情况（1995年）…………………（278）
14—10　接待海外旅游者人数 …………（279）
14—11　旅游外汇收入情况 ……………（279）

十五、教育、科学、文化

主要统计指标解释

主要指标提要及统计图 …………………（283）
15—1　主要年份各级各类学校 …………（284）
15—2　主要年份各类学校教职工数 ……（285）
15—3　主要年份各类普通学校在校学生数 ……………………………（285）
15—4　主要年份各类普通学校招生数 …（286）
15—5　主要年份各类普通学校毕业生数 ………………………………（286）
15—6　主要年份在校研究生数 …………（286）
15—7　普通高等学校分科毕业生和招生数（1995年）…………………（287）
15—8　普通高等学校分科在校学生数（1995年）…………………………（287）
15—9　普通高等学校分科专任教师数（1995年）…………………………（288）
15—10　中等专业学校分科学生数（1995年）…………………………（288）
15—11　各级学校女学生和女教师数 ……（289）
15—12　主要年份各类学校在校回族学生数 ……………………………（290）
15—13　主要年份平均每万人口在校学生数 ……………………………（290）
15—14　主要年份初中毕业生和小学毕业生升学率 ………………………（290）
15—15　主要年份各类学校教师负担学生数 ……………………………（291）
15—16　主要年份小学学龄儿童入学率 ……………………………（291）
15—17　成人高等学校基本情况（1995年）…………………………（291）
15—18　地方国有企、事业单位分行业各类专业技术人员数（1995年）………（292）
15—19　地方国有企事业单位各类专业技术人员构成（1995年）…………（294）
15—20　地方县以上部门属国有独立研究与开发机构、人员及经费收支情况 ………………………………（296）
15—21　三种专利申请受理量和批准量 ……………………………（297）
15—22　三种专利申请分布情况 …………（297）
15—23　主要年份文化事业机构数和人数 ……………………………（298）
15—24　文化部门艺术事业机构数

和人数(1995年) …………………… (299)
15—25 艺术表演团体演出情况 (1995年) …………………… (299)
15—26 电影事业机构数和人数 (1995年) …………………… (300)
15—27 主要年份电影放映情况 ………… (300)
15—28 公共图书馆藏书情况 (1995年) …………………… (301)
15—29 文物事业机构数和人数 (1995年) …………………… (301)
15—30 主要年份广播电视事业发展情况 …………………… (302)
15—31 广播电视宣传基本情况 (1995年) …………………… (302)
15—32 出版、发行、文物、图书馆、群众文化事业情况 ………… (303)
15—33 图书出版分类构成情况 (1995年) …………………… (303)
15—34 主要年份图书出版数量 ………… (304)
15—35 报纸出版数量 …………………… (304)
15—36 杂志出版数量 …………………… (304)

十六、体育、卫生、民政、司法及其它

主要统计指标解释
主要指标提要及统计图 …………… (307)
16—1 体委系统职工人数(1995年) …… (308)
16—2 等级运动员和裁判员分项发展人数(1995年) …………… (308)
16—3 体育场地数 …………………… (309)
16—4 运动员打破纪录情况 ………… (309)
16—5 群众体育活动情况 …………… (309)
16—6 主要年份卫生机构各类人员数 … (310)
16—7 各类卫生机构、床位及人员数 (1995年) …………………… (311)
16—8 医院诊疗人次和入院人数 (1995年) …………………… (311)
16—9 县及县以上医院病床使用率 (1995年) …………………… (312)
16—10 卫生机构主治医师及以上人员数 (1995年) …………………… (312)
16—11 社会福利事业、企业单位和工作人员数 …………………… (313)
16—12 社会福利事业单位基本情况 (1995年) …………………… (313)
16—13 主要年份享受救济和补助人员情况 …………………… (314)
16—14 主要年份律师、公证、调解工作基本情况 …………………… (314)
16—15 国内公证文书分类 …………… (315)
16—16 涉外公证文书分类 …………… (317)
16—17 调解民间纠纷分类 …………… (317)
16—18 环境保护情况 ………………… (318)

二、地、市、县篇

17—1 各市县国民经济主要指标及位次 …………………… (320)
17—2 各市县国内生产总值(1995年) … (328)
17—3 各市县户数、人口数(1995年) …… (329)
17—4 各市县的市、镇、乡村人口和构成 (1995年) …………………… (330)
17—5 各市县非农业、农业人口和构成 (1995年) …………………… (331)
17—6 各市县民族人口和构成 (1995年) …………………… (332)
17—7 各市县人口自然变动情况 (1995年) …………………… (333)
17—8 各市县按经济类型和三次产业分的职工人数(1995年末数) ………… (334)
17—9 各市县按行业分职工人数 (1995年) …………………… (335)
17—10 各市县全部职工工资和平均工资 (1995年) …………………… (337)
17—11 各市县分行业职工工资总额 (1995年) …………………… (338)
17—12 各市县国有单位固定资产投资 (1995年) …………………… (340)
17—13 各市县国有单位基本建设投资 (1995年) …………………… (341)
17—14 各市县按国民经济行业分的基本建设投资额(1995年) ………… (343)
17—15 各市县城镇集体单位固定资产投资(1995年) …………………… (345)
17—16 各市县城镇和工矿区个人建房 (1995年) …………………… (346)
17—17 各地、市、县财政收入 ………… (347)

17—18 各地、市、县财政支出 ……………（348）
17—19 全区分市县零售物价分类指数（1995年，以上年价格为100） …（349）
17—20 全区分市县居民消费价格分类指数（1995年，以上年价格为100） …（351）
17—21 各市县农民家庭平均每人纯收入（1995年，按来源和性质分组） …（355）
17—22 各市县农民家庭平均每人生活消费支出(1995年) ……………（356）
17—23 各市县农民家庭平均每百户耐用消费品拥有量(1995年) …………（358）
17—24 各市县乡村人口和劳动力（1995年）…………………………（360）
17—25 各市县耕地面积变动情况（1995年，含区属单位） …………（361）
17—26 各市县农用化肥施用量（按折纯量计算）…………………（362）
17—27 各市县农林牧渔业总产值（1995年，按现行价格计算） ……（363）
17—28 各市县农林牧渔业商品产值（1995年）…………………………（364）
17—29 各市县农作物播种面积（1995年）…………………………（365）
17—30 主要年份各市县粮食产量变化情况 ……………………（367）
17—31 主要年份各市县油料产量变化情况 ……………………（368）
17—32 各市县畜牧业生产情况（1995年）…………………………（369）
17—33 各市县渔业生产情况（1995年）…………………………（371）
17—34 各市县乡镇企业情况（1995年）…………………………（372）
17—35 各市县乡镇企业总产值（1995年）…………………………（374）
17—36 各市县全部工业企业单位数和工业总产值(1995年) …………（375）
17—37 各市县乡及乡以上工业总产值（1995年，按当年价格计算） ……（376）
17—38 各市县按经济类型分的独立核算工业企业单位数和工业总产值（1995年）…………………（378）
17—39 各市县按轻重工业分的独立核算工业企业单位数和工业总产值（1995年）…………………（379）
17—40 各市县全部独立核算工业企业主要财务指标(1995年) …………（380）
17—41 各市县国有独立核算工业企业主要财务指标(1995年) …………（385）
17—42 各市县集体经济独立核算工业企业主要财务指标(1995年) ……（388）
17—43 各市县国有独立核算工业企业全员劳动生产率 ………………（391）
17—44 各市县建筑施工企业个数和总产值(主营)(1995年) …………（392）
17—45 各市县国有建筑安装企业情况(主营)(1995年) ……………（393）
17—46 各市县城镇集体经济建筑安装企业情况(主营)(1995年) ………（394）
17—47 各市县农村建筑业完成情况（1995年）…………………………（395）
17—48 各市县民用车辆拥有量（1995年底数）……………………（396）
17—49 各市县公路客货运量和客货周转量(1995年) ……………………（398）
17—50 各市县邮电业务总量（1995年）…………………………（399）
17—51 各市县社会消费品零售总额（1995年）…………………………（400）
17—52 各市县各级各类学校数（1995年）…………………………（401）
17—53 各市县各类学校在校学生数（1995年）…………………………（402）
17—54 各市县普通中学基本情况（1995年）…………………………（403）
17—55 各市县每万人口在校学生数（1995年）…………………………（404）
17—56 各市县小学学生巩固率和毕业率（1995年）…………………………（405）
17—57 各市县回族教职工和回族学生数（1995年）…………………………（406）
17—58 各市县文化事业机构数和人数（1995年）…………………………（407）
17—59 各市县卫生机构数(1995年) ……（409）
17—60 各市县卫生机构人员数（1995年）…………………………（411）

特　　载

政府工作报告

——1996年4月22日在自治区第七届人民代表大会第四次会议上

自治区主席　　白　立　忱

各位代表：

根据党的十四届五中全会精神，自治区党委七届四次全体会议提出了关于制定我区国民经济和社会发展“九五”计划和2010年远景目标的建议。据此，自治区政府编制了《宁夏回族自治区国民经济和社会发展“九五”计划和2010年远景目标纲要（草案）》。现在，我代表自治区人民政府，向大会作关于《纲要（草案）》的报告，请各位代表连同《纲要（草案）》一并审议，并请自治区政协委员提出意见。

一、在过去的五年里我区经济和社会发展取得了显著成就

“八五”时期，是我区开始全面建立社会主义市场经济体制的重要时期。全区各族人民在邓小平同志建设有中国特色社会主义理论和党的十四大精神指引下，在党中央、国务院和自治区党委的领导下，胜利完成了“八五”计划确定的主要任务，为全面实现第二步战略目标奠定了良好基础。

经济发展上了一个新台阶。1995年，全区国内生产总值达到170亿元，按可比价格计算，比1990年增长47.8%，年均增长8.1%，今年可提前实现“翻两番”的目标。在山区连续5年严重干旱的情况下，全区粮食产量仍达到20.3亿公斤，为历史最高水平。肉、禽、蛋、奶、水产品和水果产量大幅度增长。乡镇企业总产值达到57亿元，比1990年增长3倍。工业增加值比1990年增长60%，年均增长9.8%。能源、原材料等基础工业得到加强，灵武矿区、大坝电厂二期等工程建设进展顺利。一批重要基建项目和技改项目建成投产，电力、化肥、水泥、电解铝、轮胎、轴承、机制纸等主要产品产量大幅度提高，一批优势企业在市场竞争中崛起。第三产业发展领域扩大，内部结构得到调整，年均增长速度达到10.5%。1995年地方财政收入达到8.98亿元，按可比口径计算，比1990年增长1.3倍，年均增长18.3%。

基础设施条件有了显著改善。宝中铁路和大古铁路相继建成，全区铁路运营里程由493公里增加到850公里，为我区特别是山区扩大开放、加快发展创造了条件。民用航空改变了航线单一、进出不便的状况；银川河东机场正在加紧建设。公路建设初步形成了“三纵五横”的框架。新建了我区第一条一级公路和两座黄河大桥，对主要公路干线进行了升级改造。邮电通信建成了覆盖全区的数字微波网、移动通信网和无线寻呼网，在西北地区率先实现了市县电话交换程控化。市话交换机容量达到30.3万门，比1990年增长8.8倍。城镇基础建设步伐加快，城乡面貌有了较大改观。

扶贫开发取得新成果。面对严重旱灾，各级政府带领群众发扬自力更生、艰苦奋斗的精神，积极开展生产自救，减轻了灾害造成的损失，巩固和扩大了扶贫成果。5年来，南部山区新增水浇地14万亩，改善灌溉面积21万亩，新增旱作“三田”142万亩；新建人畜饮水工程65处，打抗旱水窖4万眼，解决了36万人、47万羊只和大家畜的饮水问题。山

区乡镇企业总产值达到9.9亿元，比1990年增长2.3倍。盐环定扬黄主体工程基本建成并开始发挥效益，“4071”项目等一批扶贫工程加紧实施。5年共向山区安排救灾粮2.8亿公斤，发放救济款5971万元。广泛开展了部门包乡、企业包村和川山对口支援等活动，取得了良好效果。

改革开放取得重大进展。按照中央统一部署，对财税、金融、投资、外汇外贸体制进行了重大改革，使我区经济运行机制发生了深刻变化。积极推进价格和流通体制改革，基本建立起了商品价格的市场形成机制。以养老、失业保险为主的社会保障制度改革和住房制度改革，取得了新的进展。政府机构改革稳步推进。国有企业加快了转换经营机制的步伐，现代企业制度试点在西北轴承厂等11户企业中开始施行，组建股份制企业1155户，企业兼并、联合、合资、拍卖、破产等改革取得初步成效。农村改革继续深入，在巩固家庭联产承包责任制的同时，双层经营体制和社会化服务体系得到加强。对外开放不断扩大。我区同60多个国家和地区开展了经济技术合作和文化交流。1995年进出口总额达到2.8亿美元，比1990年增长1.4倍；其中，出口2.4亿美元，增长2.1倍。5年累计利用外资1.8亿美元，相当于“七五”时期的2.9倍；三资企业由1990年的14家发展到365家。技术引进和对外工程承包、劳务输出也取得了新的成绩。

科技、教育等社会事业全面进步。深入实施“科教兴宁”战略，5年共取得省级以上科研成果827项，推广应用科技成果537项。科技体制改革逐步深入，大部分开发性科研机构开始走上企业化、产业化的发展道路。创建了银川高新技术产业开发区。教育优先发展的战略地位得到加强。全区三分之二的县（市、区）基本普及了初等教育，并正在实施初中阶段义务教育。银川、石嘴山市的市区基本普及了九年义务教育。“231工程”取得明显成效，农民的文化科技素质有较大提高，青壮年文盲率由1990年的22.7%下降到10.5%。职业教育、成人教育、高等教育和民族教育都有新的发展。计划生育工作进一步加强，人口出生率和自然增长率分别比“七五”末下降了5.06和5.03个千分点。文化卫生、广播电视、新闻出版和体育事业也都取得了显著进步。

城乡人民生活进一步改善。1995年全区农民人均纯收入1037元，比“七五”末增加443元；城镇居民人均生活费收入3026元，增加1755元。城乡居民储蓄存款余额达到115.2亿元，增长2.5倍。城乡市场繁荣，购销两旺，社会消费品零售总额达到57.2亿元，5年中年均增长17.7%。全区实现了乡乡通公路和村村通电。高氟地区有48万人饮上了低氟卫生水，降氟改水跃居全国前列。新建城镇住宅604万平方米，农村住宅1502万平方米。电话普及率由每百人1.1部提高到4.5部，达到全国平均水平。银川市34.5%的居民用上了电炊。城乡人民文化生活进一步丰富，生活质量有了新的改善。

社会主义精神文明和民主法制建设得到加强。围绕经济建设和改革开放，坚持开展了建设有中国特色社会主义理论和党的基本路线教育，使党和国家的方针、政策更加深入人心。结合纪念反法西斯战争胜利50周年活动，深入进行了爱国主义、集体主义和社会主义教育。广泛开展了创建文明单位和军民共建、警民共建活动。各级政府自觉接受同级人大及其常委会的监督，定期报告工作，认真执行各项决议和决定。与人民政协、民主党派建立了联系制度，及时通报经济建设和社会发展中的重大情况，听取意见和建议。5年来，共办理自治区人大代表建议和政协委员提案2521件，解决了一大批涉及人民群众切身利益的问题。实施了“二五”普法规划，公民的法律意识普遍增强。认真贯彻党的民族宗教政策，民族团结进步活动不断深入。

在我们前进的道路上还存在不少困难和问题，有些方面还比较突出。主要是：国民经济整体素质不高，高投入、低产出的粗放型经济增长方式尚未改观；农业基础薄弱，自然灾害频繁，扶贫任务艰巨；国有企业经营机制尚未根本转变，历史包袱和社会负担沉重，部分企业亏损严重；物价涨幅过高，部分居民生活困难；有的地方社会治安问题比较突出，群众意见较大；政府职能转变还不适应社会主义市场经济的要求，少数工作人员中还存在腐败现象以及官僚主义、形式主义、弄虚作假等不良作风；社会主义精神文明建设和民主法制建设也面临一些新的问题。我们应当认真总结经验教训，在今后的工作中进一步采取措施，切实加以解决。

二、跨世纪的奋斗目标和指导方针

“九五”时期以至今后15年，是我区改革开放和现代化建设承前启后、继往开来的重要时期。能否抓住机遇，加快发展，直接关系到宁夏将以什么样的面貌跨入21世纪。在我们前面，尽管有不少困难，但也有许多有利条件，内外环境总的看要好于"八五"时期。一是我区产业结构得到初步改善，经济建设上了一个新台阶，为今后的发展提供了较好的基础。二是从"九五"开始，国家将加大对中西部地区的扶持力度，实施有利于缓解东西部差距扩大的政策。三是东部沿海地区加快了产业结构调整的步伐，为实行东西合作，促进宁夏发展提供了机遇。四是在改革和发展的实践中，我们逐步形成了符合宁夏实际的发展思路，制定了相应的政策措施，积累了一些宝贵经验。只要全区上下同心同德，奋发图强，开拓进取，就一定能够开创我区现代化建设的新局面。

基于上述认识，我们在广泛听取各方面意见、反复研究论证的基础上，确定了我区经济社会发展的奋斗目标：**到本世纪末，实现国内生产总值比1980年翻两番半，在全区人口比1980年增加近200万的情况下，争取实现人均国内生产总值翻两番；城乡多数人民生活接近和达到小康水平，南部山区贫困人口基本解决温饱，城乡面貌显著改观；大多数国有大中型企业初步建立现代企业制度，社会主义市场经济体制初步建立**。再经过10年的发展，到2010年，**实现人均国内生产总值比2000年再翻一番，人民生活向比较宽裕的生活水平迈进；形成比较完善的社会主义市场经济体制；建成我国西北地区重要的农业基地、能源基地、高耗能原材料基地，形成优势突出，特色明显，加工增值度和经济效益较高，产业结构合理，全方位对外开放的区域经济；社会主义精神文明和民主法制建设取得明显进展，实现经济与社会相互协调和可持续发展，为下世纪中叶与全国同步进入现代化奠定坚实基础**。

"九五"期间，要在以下几个方面取得重要进展：

——*经济建设再上新台阶*。到2000年，国内生产总值达到262亿元，比1995年增长54%，平均每年增长9%。人均国内生产总值由3345元提高到4600元。地方财政收入达到16.5亿元，年均增长13%。

——*初步建立社会主义市场经济体制*。基本形成统一开放、竞争有序的市场体系；大多数国有大中型企业初步建立起现代企业制度，以公有制为主体、多种经济成份共同发展的格局更具活力；建立起基本覆盖全社会的社会保障体系；转变政府职能，完善经济管理体制。

——*进一步扩大对外开放*。到2000年，全区进出口总额达到3.5亿美元；其中出口3亿美元，比1995年增长25%。5年累计利用外资达到3亿美元，比"八五"增长70%以上。

——*基本消除绝对贫困*。进一步改善南部山区的生产条件，实现人均拥有2亩以上高标准基本农田，充分开发利用水土资源，增强抗御自然灾害的能力。到2000年，绝大多数贫困户的人均纯收入达到500元以上（按1990年价格计算）。

——*科技、教育等社会事业全面进步*。到本世纪末，科技进步对工业、农业的贡献率分别达到40%和50%以上。在全区70%人口的地区基本普及九年义务教育，基本扫除青壮年文盲。全区总人口控制在570万以内。实现人人享有初级卫生保健。广播、电视人口覆盖率分别达到85%和90%。环境污染和生态破坏加剧的趋势得到初步控制。

——*形成各具特色的区域经济发展格局*。以中心城市为依托，引导生产力合理布局，努力提高城镇化水平，逐步形成南、北、中各具特色的区域经济。

——*进一步提高人民生活水平*。"九五"期间，城镇居民人均生活费收入实际年均增长5.5%，农民人均纯收入实际年均增长5%；城镇居民人均居住面积由7.9平方米提高到9平方米，改善农民住房质量。城镇失业率力争控制在5%以内。

实现上述奋斗目标，必须坚持邓小平同志建设有中国特色社会主义理论和党的基本路线，牢牢把握"抓住机遇、深化改革、扩大开放、促进发展、保持稳定"的工作大局，认真贯彻中央确定的指导国民经济和社会发展的9条重要方针。根据中央的精神，结合宁夏实际，《纲要（草案）》提出了8条具体指导方针，我们在今后的实际工作中，要始终不渝地贯彻执行。

各位代表！在未来的发展中，**要积极推进经济体制和经济增长方式的根本转变**。这是实现"九五"和2010年发展目标的关键。实行经济体制的根本转变，就是按照建立社会主义市场经济体制的要求，积极推进经济体制改革和其他方面的改革，进一步理顺各方面的经济关系，建立新的经济运行机制和经济秩序，以适应生产力发展的需要。转变经济增长方式，就是要从根本上改变长期存在的重投入、轻产出，重数量、轻质量，重建设、轻管理，以及低水平重复建设等问题，实现从粗放型经营向集约型经营的转变，提高经济增长的质量。要把发展的立足点转变到优化经济结构、注重规模效益、加快科技进步、加强科学管理方面来，走降低消耗、节约资源、减少污染、提高效益的路子。从今年开始，各级政府都要把推进两个根本转变作为中心任务，研究制定具体的规划和措施，一项一项地狠抓落实，务必取得明显进展。

在未来的发展中，**要正确处理好改革、发展、稳定三者之间的关系**。发展是目的，改变经济落后面貌，归根到底要靠加快发展来实现；改革是动力，只有通过改革才能解决妨碍发展的许多深层次矛盾；稳定是发展和改革顺利进行的基本前提，没有稳定的政治和社会环境，一切都无从谈起。我们必须始终把经济建设放在中心位置，各项工作都必须服从和服务于这个中心，在任何情况下都不能动摇。同时，也要清醒地看到，在推进改革开放和现代化建设的进程中，改革、发展和稳定都面临着新的形势和任务。发展要提高质量和效益，改革要突破重点和难点问题，都会引起利益格局和社会关系的进一步变化。因此，必须高度重视保持稳定，做到以稳定保障改革和发展，以深化改革和加快发展促进社会稳定，使三者之间相互协调，相互促进。

三、转变经济增长方式努力实现国民经济持续快速健康发展

“九五”期间，要紧紧围绕转变经济增长方式，全面发展农村经济，大力振兴支柱产业，加强基础设施建设，加快山区扶贫开发，积极发展第三产业，为实现第二步战略目标奠定坚实基础。

（一）全面发展和繁荣农村经济

农业是国民经济的基础。必须坚持把加强农业放在经济工作的首位，确保农业增产，农民增收，实现农村经济全面发展。到2000年，粮食总产量要保证达到24亿公斤，力争达到25亿公斤；肉类总产量达到16.6万吨；乡镇企业总产值按1990年不变价格计算，达到130亿元，实现再翻一番的目标；农民人均纯收入比1995年实际增长27.6%。

农村工作要继续以小康目标总揽全局，坚持以增加农民收入为核心，一手抓川，一手抓山，全面落实“沿河开发计划”和“双百扶贫攻坚计划”。加快建设农产品生产基地，形成区域性支柱产业。加强以水利为重点的农业基础设施建设，抓好扶贫扬黄灌溉、盐环定扬水宁夏专用工程、河套农业综合开发、老灌区改造、沙坡头水利枢纽、黄河整治等工程建设，增加有效灌溉面积110万亩，改造中低产田120万亩。完成灌区二代农田林网建设，高标准实现平原绿化达标。加快实施科技兴农“双十”工程，提高农业的整体科技水平。各级政府要增加农业投入，并鼓励引导农村集体组织、乡镇企业和农民增加投入。

大力发展乡镇企业。积极推行以股份合作制为重点的产权制度改革，全面实施“强乡富民工程”和“东西合作示范工程”，加快培育骨干企业，促进乡镇企业上档次、上规模、上水平。加强工业小区建设，引导乡镇企业相对集中，合理布局，带动和促进小城镇建设。

继续深化农村改革。稳定和完善以家庭联产承包为主的生产责任制和统分结合的双层经营体制，建立土地使用权流转机制，发展多种形式的适度规模经营。建立健全以批发市场为中心的农产品市场体系，理顺价格，整顿秩序。积极推进贸工农一体化经营，加快建立农业社会化服务体系，办好农村合作经济组织，壮大集体经济。完善耕地保护制度，禁止乱占耕地。加强农民负担监督管理，切实维护其合法权益。

（二）大力振兴支柱产业

振兴支柱产业，是我区经济起飞的关键。“九五”期间，要集中力量，择优扶强，加快支柱产业建设步伐。化学工业重点发展原油加工、轮胎、化肥、金属钠、石灰氮、双氢胺等产品，进一步开发石油化工新产品和精细化工产品。冶金工业重点发展电解铝、稀有金属、铁合金、金属镁、热压型焦、金属制品等，积极发展深度加工和综合利用，提高规模效益。机电工业重点发展轴承、数控机床、仪器仪表、钽电容器、农机等产品，提高技术水平和市场占有率。农副产品加工业要加快发展资源优势明显的食品、造纸、畜产品加工等产品，提高产品质量和档次。建材工业要积极发展优质水泥、玻璃和建筑卫生陶瓷，实行规模经营。建筑业要重点抓好重点项目建设，不断提高管理水平和施工质量。“九五”期间，支柱产业的发展速度，要高于全区工业的平均速度。

按照“上水平、上规模、增效益、增实力”的

总要求，“九五”期间，自治区重点培植10多户销售收入过10亿元、利税过亿元的骨干企业，自治区有关厅局和地市县重点培植40多户销售收入过亿元、利税超千万元的优势企业，使之成为我区经济增长的主导和支柱财源。

围绕建立支柱产业，加快企业技术进步，提高企业的技术装备水平和工艺水平，加快产品更新换代。注重发展高新技术产业，到2000年，全区高新技术产业增加值占国内生产总值的比重，争取达到10%以上。进一步办好银川高新技术产业开发区。

（三）继续加强能源和交通、通信基础设施建设

要按照统筹规划、合理布局、突出重点的原则，高标准、高质量地建设一批能源、交通、通信骨干项目，使我区投资环境有较大改观。抓紧灵武矿区、大坝电厂、石嘴山电厂建设，新增发电装机容量90万千瓦，加快煤电转化，尽快实现对外输煤与输电并举。突出抓好银川河东机场、叶盛至姚伏一级公路、包兰铁路电气化改造等重点项目，全面提高综合运输能力。逐步增开银川通往全国主要城市的空中航线，适当发展航空货运。进一步完善“三纵五横”干线公路网，提高公路等级。邮电通信重点建设干线光缆，加强市话网和移动通信网建设。邮政通信要提高机械化和自动化水平，增强邮件传递的综合能力。

（四）加快南部山区的扶贫开发

“九五”期间，要紧紧围绕“稳定解决群众温饱、稳定增加农民收入”的目标，以扶贫扬黄灌溉工程、发展县域经济和扩大劳务输出为重点，全面落实“双百扶贫攻坚计划”，力争基本解决100多万贫困人口的温饱问题。

集中力量实施好扶贫扬黄灌溉工程。这是从根本上改变山区发展条件，实现百万人口脱贫的战略举措，是实现山川经济协调发展的伟大工程，具有极为重要的政治意义和经济意义。要坚持“边建设、边发挥效益”的原则，统筹安排，精心组织，先行完成红寺堡灌区和固海扩灌一期工程，建设130万亩扬黄新灌区，安置贫困67.5万人。加快发展县域经济，建立各具特色的扶贫支柱产业。抓好“4071”等扶贫开发工程建设，实施山区特别找水计划，积极发展节水农业，做好水土保持工作，增强山区抗御自然灾害的能力。扩大劳务输出是扶贫工作的一项战略措施，要加强领导，健全组织，争取每年输出劳务20万人次以上。抓好固原扶贫经济试验区、隆湖扶贫经济开发区、“宁夏华西村”的建设。广泛动员全社会力量，以多种形式支援贫困地区经济建设。

（五）积极发展第三产业

第三产业的兴旺发达，是现代经济的一个重要特征。要以促进第一、第二产业发展和服务于人民生活为前提，进一步调整第三产业内部结构，逐步形成社会化、产业化、市场化的产业体系。在继续发展商业、市政公用和生活服务等传统产业的同时，积极发展旅游、信息、咨询、技术服务、法律服务、审计服务和会计服务等新兴产业，规范和发展金融、保险业，引导房地产业健康发展，健全资产评估、业务代理、行业协调等中介服务。要促进符合条件的福利型、事业型单位向经营型、企业型转变。鼓励国有、集体、个体和私营等多种经济成分，多层次、多形式兴办第三产业。

四、加快改革开放步伐建立起充满活力的经济运行机制

“九五”期间，要按照建立社会主义市场经济体制的总体要求，以企业改革为中心，加大改革力度，扩大对外开放，建立起充满活力的经济运行机制，以适应生产力发展的需要。

（一）以建立现代企业制度为目标，深化国有企业改革

国有企业的改革，要按照“产权清晰、权责明确、政企分开、管理科学”的要求，加快建立现代企业制度的步伐，使大多数国有大中型企业真正成为自主经营、自负盈亏、自我发展、自我约束的法人实体和市场竞争主体。要抓好现代企业制度试点，务求在解决重点和难点问题上取得突破。在试点的基础上，对国有大中型企业进行公司制改造。要统筹考虑企业内在机制、外部环境和历史包袱等问题，认真落实国家有关政策，采取切实可行的措施，降低企业资产负债率，探索多渠道分流富余职工和分离企业办社会职能的途径，减轻企业负担。

突出重点，分类指导。对国有企业进行战略性结构调整，实施大企业、大集团战略，以骨干企业和名牌产品为龙头，以市场为导向，推动企业联合与兼并，加快存量资产的流动和重组，形成规模优势。小型国有企业要放开放活，采取联合、兼并、股份合作制、承包、租赁、拍卖、破产等多种形式，加

大改制改组力度。要通过抓大放小，形成优势互补、相互促进的发展格局。

实行科学管理，是建立现代企业制度的重要内容。要把企业改革、改组、改造和加强管理结合起来，推动企业建立科学的管理制度，向管理要效益。要建立科学的企业领导体制，合理规范和调节所有者、经营者和职工之间的关系，形成激励和约束相结合的制衡机制。所有企业都要全心全意依靠工人阶级，关心职工生活，充分发挥他们的生产积极性。认真贯彻落实《劳动法》，保障劳动者的合法权益。

（二）积极培育和发展市场体系

按照建设大市场、搞活大流通、发展大贸易的基本要求，加快市场体系建设步伐。充分利用和改造现有设施，依托中心城市和商品基地，建立若干辐射区内外的工业消费品、农副产品和生产资料区域批发市场。国合流通企业要深化改革，壮大经济实力，充分发挥主渠道作用。积极推进代理制、连锁经营和配送中心等现代流通组织形式，培育一批具有较强辐射能力的商贸集团，发挥集约化经营的优势，提高规模效益。

积极培育和规范金融、劳动力、房地产、技术、信息等要素市场，初步建立主要由市场形成要素价格的机制。建立产权交易市场，规范企业资产交易行为。大力发展各类市场中介组织。加快流通体制改革，逐步形成国内国际市场相衔接、商品市场与要素市场相配套、统一开放、竞争有序的市场体系框架。

继续完善粮、油、肉、菜、糖、化肥等重要商品的储备制度和风险基金制度，增强政府调控市场的能力。加强市场管理和监督，规范流通秩序。坚决打击制售假冒伪劣商品的违法行为，反对不正当竞争，保护生产者、经营者和消费者的合法权益。

（三）积极推进社会保障制度改革和住房制度改革

要以养老保险、失业保险、医疗保险制度为重点，尽快建立起覆盖城镇所有职工、适应我区生产力水平的社会保障体系。全面实施城镇企业职工养老保险制度改革方案。农村养老以家庭保障为主，坚持政府引导和农民自愿，发展多种形式的养老保险。失业保险要从国有企业扩大到集体、私营企业职工和外商投资企业的中方职工，并要加强统筹基金管理，调整使用结构，保证基金的绝大部分用于失业职工及其家庭。大力推进再就业工程，缓解就业压力。健全和完善最低工资、最低生活费标准等保障制度，解决好停产半停产企业职工和城镇低收入者的生活困难。医疗保险改革要在抓好试点工作的基础上，逐步扩大医疗保险覆盖面。城镇住房改革要全面推行公积金制度，逐步调整住房租金水平，稳步出售公有住房，继续搞好“安居工程”。到本世纪末，初步建立起新的城镇住房制度。

（四）放手发展非国有经济

“九五”期间，要进一步放宽政策，鼓励非国有经济和多种成份的混合经济有更大的发展。要支持集体、个体、私营、三资企业采用先进技术，扩大生产规模，提高产品档次。加强产业政策引导，鼓励非国有经济在发展第三产业的基础上，向一、二产业转移，向科技型、外向型发展。要重点扶持各类经营大户，发挥他们的示范带头作用，促进形成一批有产品特色和一定经营规模的企业和企业集团。

（五）全方位推进对外开放

进一步扩大对外经济、技术、文化交流与合作，充分利用国内和国际两种资源、两个市场，是加快现代化建设的重要条件。“九五”期间，要加大招商引资和引进智力的工作力度，加强东西联合，力求在开放的领域、规模和效益方面有较大的突破。坚持以质取胜的市场多元化战略。出口企业要尽快建立符合国际标准的质量保证体系。进一步调整和优化出口商品结构，增加科技含量和附加值，不断提高出口商品的竞争力。继续发展国外工程承包和劳务合作，积极开拓国际建筑市场。加快外经贸企业改革步伐，大力推进实业化、集团化、国际化进程。鼓励有条件的企业直接对外经营。到本世纪末，要按照国际经济通行规则，初步建立统一规范的对外经济贸易体制。多渠道、多方式引进外资，特别要争取国际金融组织和外国政府的优惠贷款，争取同国外大财团、大商社、跨国公司的合资与合作。利用外资的重点，要放在培育支柱产业、加快企业技术改造和加强农业、水利、能源、交通、通信等基础产业方面，提高利用外资的质量和效益。不断改善投资环境，完善配套服务，增强对外商的吸引力。

在扩大对国外开放的同时，还要大力发展同兄弟省区的经济技术联合与协作。各级政府都要认真落实自治区《关于实施“东西合作工程”的政策规定》，实行广泛动员，积极引进资金、技术和人才，联合兴办企业及各类经济实体，全面推进东西合作。

（六）加快转变政府职能

各级政府都要按照政企分开的原则，切实转变职能。政府的经济管理职能要真正转到制定和执行经济政策、搞好基础设施建设、创造良好的经济发展环境上来，转到管理、协调、监督、服务上来，把不应由政府承担的职能逐步转给企业、市场和社会中介组织。要按照精简、统一、效能的原则，搞好政府机构改革，把综合经济部门逐步调整和建设成为职能统一、具有权威的宏观调控部门；把专业经济管理部门逐步改组为不具有政府职能的经济实体，或改为国家授权经营国有资产的单位和自律性行业管理组织；对其他政府部门也要进行合理调整。结合政府机构改革，全面推行国家公务员制度。要发挥计划、财政、金融的经济调节作用。国民经济计划要突出宏观性、战略性和导向性，通过实施产业政策和投资政策，促进经济结构优化。财政要通过实施财政政策，运用预算、税收手段，合理调解收入分配结构。积极推进金融体制改革，拓宽融资渠道，搞活资金融通，提高资金使用效益。

五、全面加快社会进步加强社会主义精神文明建设

在加快社会主义现代化建设的进程中，必须始终不渝地坚持精神文明建设与物质文明建设相结合，社会进步与经济发展相适应，使之相互促进，协调发展。

（一）深入实施科教兴宁战略

实现经济增长方式的转变，归根到底要靠科技进步和劳动者素质的提高。要围绕经济社会发展的重点，大力促进先进技术的引进、推广、研究与开发，加速科技成果向现实生产力的转化。“九五”期间，引进先进技术100项，推广重大科技成果100项。建成具有较高水准的引黄灌区“两高一优”农业示范区和山区抗旱减灾农业技术体系。工业主要行业技术达到国际80年代中期水平，一些重点行业的骨干企业达到发达国家80年代末期水平。深化科技体制改革，初步建立起适应社会主义市场经济要求、符合科技自身发展规律的新体制。加强科研院所、高等院校与企业之间的联合，鼓励大中型企业建立技术开发中心，逐步使企业成为技术开发的主体。继续做好知识产权保护和专利工作。社会科学要以邓小平同志建设有中国特色社会主义理论为指导，紧密结合我区实际，进行深入的研究，为改革开放和现代化建设服务。

坚持把教育事业放在优先发展的战略地位。高质量地实施九年义务教育，大力发展职业教育和成人教育。推动大中专院校联合与合并，提高办学效益。继续实行倾斜政策，促进民族教育发展，提高回族学生在校比例。继续推进办学体制和管理体制改革，建立政府办学为主与社会各界参与办学相结合的新体制。加快大中专学校招生、收费和毕业生分配就业制度改革步伐。继续加强教师队伍建设，提高教师的地位和待遇。

实现“九五”和2010年的发展目标，需要我们着眼于长远，培养造就一大批有理想、有道德、有文化、有纪律的跨世纪人才，为今后的发展提供强大的精神动力和智力支持。这是一项覆盖各行各业的综合性工程。从今年起，要采取多种办法，多形式、多渠道，培养造就一大批能够带领群众进行现代化建设、开拓创造型的优秀领导干部；培养造就一大批懂经营、善管理、具有较强市场开拓能力的企业经营者；培养造就一大批精通业务、在专业领域具先进水平的学科和学术带头人；深入实施农村“231工程”和城市“3331计划”，在全面提高劳动者素质的基础上，培养造就一大批生产能手和技术骨干。各级政府和各个部门都要牢固树立尊重知识、尊重人才的思想，抓紧研究制定跨世纪人才工程的实施方案和有关政策，尽快建立起培养人才、吸引人才、用好人才的有效机制。

（二）实施可持续发展战略

在发展经济的同时，必须高度重视控制人口过快增长，加强环境保护，合理利用资源，实施经济与社会、人口、资源、环境相协调的可持续发展战略。

要坚持不懈地抓好计划生育工作，严格控制人口过快增长。计划生育工作要与经济社会发展紧密结合，建立利益导向与社会制约相结合的机制，加强宣传教育、综合服务和科学管理，采取综合措施解决人口问题。继续实行人口与计划生育目标管理责任制，坚持既定的人口控制目标不变，现行的计划生育政策不变，第一把手亲自抓、负总责不变。加强计划生育基层服务网络建设和基础工作，全面贯彻“三为主”方针，积极推行计划生育“三结合”。提倡优生优育，提高人口素质。继续把控制人口的

重点放在农村和山区，加强流动人口计划生育管理。

环境保护是我国的一项基本国策。我区相当一部分地区自然条件恶劣，生态环境脆弱，严重制约经济和社会事业的发展。在现代化建设中，要坚持经济建设、城乡建设与环境建设同步规划、同步实施、同步发展。要继续实行预防为主、谁污染谁治理和强化环境管理三大政策，提高全社会的环境保护意识。加强污染防治，逐步加大环保投入，严格控制污染物排放。要重视对土地沙化、水土流失和盐渍化的防治，依法保护和合理开发国土资源。加强灾害性天气和地震、地质灾害的监测、预报和防治，减轻灾害损失。

（三）大力推进社会主义精神文明建设

要坚持“两手抓，两手都要硬”的方针，把社会主义精神文明建设纳入经济和社会发展的总体规划，使其与物质文明建设紧密结合，协调发展。

思想道德建设规定着精神文明建设的性质和方向，是社会主义精神文明建设的核心。各级政府要坚持用建设有中国特色社会主义理论教育广大干部和群众，大力弘扬爱国主义、集体主义和社会主义精神。坚持不懈地加强社会公德、职业道德和家庭伦理道德教育，加强艰苦奋斗、勤俭节约优良传统的教育，倡导敬业创业精神，特别要加强青少年的思想道德教育。广泛开展各种形式的科学普及活动，破除封建迷信，抵制各种消极思想的影响。大力宣扬见义勇为、扶贫济困的好人好事，推动健康、文明、勤劳、守法的社会道德风尚的形成。

大力发展和繁荣各项文化事业。要坚持“为人民服务，为社会主义服务”的方向和“百花齐放，百家争鸣”的方针，着力抓好“五个一工程”，为改革开放和经济发展创造一个积极向上、催人奋进的文化氛围。广大文艺工作者要投身到现代化建设的伟大实践中去，创作和演出更多无愧于时代、受人民欢迎的力作和精品。新闻宣传主要坚持正面宣传为主的方针，把握正确的舆论导向。广播电视要加强网络建设，提高节目制作能力和水平，扩大覆盖面。出版事业要优化选题，提高质量，为群众提供更多更好的精神食粮。积极培育活跃有序的文化市场。加强农村、厂矿、学校等基层文化工作，丰富群众文化生活。加强文物保护工作。

积极发展卫生、体育事业，增强人民体质。要加强农村卫生工作，巩固和完善县、乡、村三级医疗预防保健网。继续加强传染病、地方病、职业病的防治和食品卫生工作。大力振兴中医药事业，走中西医结合的道路。整顿医药市场，保障群众的用药安全。加强医德医风建设，提高医疗质量和服务水平。坚持开展爱国卫生运动，进一步改善城乡卫生面貌。积极实施全民健身计划，推动群众体育活动的广泛开展。加强优秀运动队建设，努力提高竞技体育水平。

（四）进一步加强社会主义民主法制建设

各级政府要自觉接受同级人民代表大会及其常委会的监督认真执行各项决议。积极支持人民政协发挥政治协商、民主监督和参政议政的作用。密切与各民主党派各人民团体的联系，虚心听取各方面的意见和建议，促进决策民主化、科学化。重视和加强政府法制工作，建立健全适应社会主义市场经济要求的地方性法规和政府规章体系，强化执法监督，坚持依法行政，努力提高执法水平。认真组织实施“三五”普法工作，增强公民的法制观念。全面贯彻党的民族宗教政策，广泛开展民族团结进步表彰活动，维护和发展平等、团结、互助的社会主义民族关系。依法加强对宗教事务的管理，积极引导宗教与社会主义社会相适应。全面落实社会治安综合治理的各项措施，积极防范和依法严厉打击各类严重刑事犯罪和经济犯罪活动，深入开展“扫黄”、“打非”斗争，坚决扫除各种社会丑恶现象，净化社会环境。加强国防教育，做好民兵预备役工作，深入持久地开展“双拥”活动，增进军政军民团结。

六、做好 1996 年的工作为“九五”开好局，起好步

今年是实施“九五”计划的第一年，也是跨世纪发展的关键一年。经济社会发展的主要调控目标是：国内生产总值比上年增长 9%；地方财政收入增长 14.4%；物价上涨幅度控制在 10%左右；人口自然增长率控制在 14.7‰以内。今年的工作重点是：

（一）力争农业和农村经济有较大发展。重点完成三大任务：一是抓好“米袋子”、“菜篮子”，力争粮食总产量突破 21 亿公斤，实现油、糖、肉、蛋、奶、菜等全面增长，确保农副产品有效供给。二是加快发展乡镇企业，实现总产值 68 亿元，增长速度保持在 20%以上，确保农民人均收入突破 1200 元。三是加大扶贫工作力度，年内再解决 20 万贫困人

口的温饱问题。

（二）以“三改一加强”为重点搞好国有企业。国有企业改革务求取得明显进展。抓好各类企业改革试点，为下一步更大范围的推广打好基础。积极实施养老、失业和医疗、工伤保险等各项配套改革。建立健全职业介绍、转业培训、失业救济一体化的就业服务体系。深入开展“转机制、抓管理、练内功、增效益”活动，学习和推广邯钢经验，加强企业管理。

（三）提高对外经济贸易的效益和水平。坚持以效益为中心，努力扩大出口，全年创汇1.8亿美元以上。外贸企业要严格成本核算，千方百计降低换汇成本。鼓励和支持有自营进出口权的国有大中型企业、地市外贸企业及“三资”企业扩大出口。利用外资要同优化产业结构、发展规模经济结合起来，改进对外招商方式，抓好三资企业外方资金的到位工作。抓紧银川海关建设，搞好商检、报关服务，进一步改善我区投资环境。

（四）推动各项社会事业协调发展。科技工作要紧紧围绕实行两个根本转变，加速新技术开发与推广应用，制定并实施科技体制改革方案。教育工作以加快发展九年义务教育为重点，年内完成银川郊区、吴忠、青铜峡、惠农等市县“普九”任务。其他各项社会事业，都要深化改革，突出重点，加快发展。

（五）落实各项财政改革措施。自治区政府关于深化财政体制改革的各项政策措施已经出台，各级政府及有关部门必须认真贯彻实施。要进一步完善分税制体制，合理规范自治区和市县两级的事权、财权范围，促进市县财政收入上台阶。强化税收征管，整顿和加强财经纪律，建立申报、代理、稽查相互配合和相互制约的税收管理体系，确保收入预算的完成。搞好财政审计工作，加强预算外资金管理。财政支出要优化结构，突出重点，坚持量入为出，确保收支平衡。

（六）严格控制物价过快上涨。继续实行控制物价目标责任制，从严控制出台新的调价项目特别是公用事业调价项目，加强对基本生活必需品价格的监审，千方百计稳定“米袋子”、“菜篮子”价格。大力整顿市场价格秩序，重点整治化肥、电力、农膜、药品等价格和医疗、教育收费，规范价格行为。加强物价执法检查，坚决查处哄抬物价、垄断涨价、价格欺诈、牟取暴利等违法行为。

（七）加强社会治安综合治理。全面贯彻“打防结合、标本兼治、重在治本”的方针，加强基层基础工作，层层落实社会治安领导责任制，建立适应新形势的治安防范机制。依法严厉打击各类严重刑事犯罪与经济犯罪活动。开展“百日严打整治行动”，遏制重特大刑事案件上升的势头。深入开展以扫除“黄、赌、毒”为重点的除“六害”斗争。正确处理新形势下的人民内部矛盾，维护社会稳定。认真做好交通管理和消防工作，及时消除事故隐患。大力加强公安、安全、司法队伍建设，充实力量，提高素质，端正警风，增强队伍战斗力。

（八）加强勤政廉政建设。面对新的形势和任务，全体政府工作人员都要不断解放思想，实事求是，办实事、鼓实劲、求实效，坚决反对急功近利的短期行为，反对做表面文章的形式主义，反对虚报浮夸、弄虚作假的错误做法。要发扬党的优良传统，密切联系群众，关心群众疾苦，切实解决好人民群众关心的问题。要坚持不懈地开展反腐败斗争。领导干部要以身作则，全面落实中纪委的各项规定，带头廉洁自律。建立健全对国有企业领导人员的监督制约机制。继续抓好查处大案要案工作，重点是领导机关、行政执法机关、司法机关、经济管理部门和县（处）级以上领导干部的违法违纪案件。进一步纠正部门和行业不正之风。全体政府工作人员要把为人民服务作为最高宗旨，廉洁从政，勤政为民，以实际行动维护党和政府在人民群众中的形象。

各位代表，一个新的世纪正向我们走来。振兴宁夏经济，实现跨世纪的宏伟目标，是我们肩负的光荣而艰巨的历史重任。让我们高举建设有中国特色社会主义的伟大旗帜，紧密团结在以江泽民同志为核心的党中央周围，进一步解放思想，振奋精神，开拓进取，扎实工作，为实现我区“九五”计划和2010年远景目标而努力奋斗！

宁夏回族自治区统计局
关于1995年国民经济和社会发展统计公报

1995年是“八五”计划的最后一年。全区各族人民在自治区党委、政府的领导下，认真贯彻“抓住机遇、深化改革、扩大开放、促进发展、保持稳定”的基本方针，坚持以经济建设为中心，不断巩固、完善和实施各项改革措施，加强宏观调控力度，努力提高经济增长质量，坚决抑制通货膨胀，宏观调控取得积极成效，国民经济继续稳定发展。全年实现国内生产总值170亿元，按可比价格计算，比上年增长9．0%，圆满完成了“八五”计划确定的经济增长目标。其中，第一产业（农业）增加值35.0亿元，增长1．1%；第二产业增加值75亿元，增长13%；第三产业增加值60亿元，增长9．0%。人均国内生产总值3345元，比上年增加660元，增长6．7%。

社会经济发展中的主要问题是：国民经济整体素质不高，农业基础依然薄弱；相当部分企业特别是国有企业经营困难，经济效益低的状况没有得到根本好转；物价总水平涨幅仍然较高，且回落的基础尚不稳固，这些问题有待于在实现经济体制和经济增长方式转变过程中逐步解决。

一、农　　业

1995年，全区上下认真贯彻全国和自治区农村工作会议精神，农业普遍升温，政策措施得力，农民生产积极性高涨，农业生产和农村经济在大灾之年仍保持了健康、稳定发展。全年完成农业总产值56．5亿元，比1994年增长5．6%，其中，农业产值38．1亿元，增长0．5%；林业产值0．9亿元，增长1．5%；牧业产值16．3亿元，增长18．9%；渔业产值1．2亿元，增长9．9%。

主要农产品产量中，粮食生产虽受自然灾害的影响，但总产量仍然达到203万吨；油料受山区干旱影响，减产20%，糖料因受比较效益影响，减产6．3%。

主要农产品产量如下：

	1995年	比上年增长(%)
粮食	203.0万吨	1.1
油料	5.6万吨	−20.0
甜菜	49.5万吨	−6.3
水果	11.6万吨	42.9

1995年全区造林面积38．8万亩，比上年下降10．8。

牧业生产稳步发展。肉、禽、蛋、奶等主要畜产品产量大幅度增产。牲畜存栏数继续增加。

主要畜产品产量和牲畜存栏数如下：

	1995年	比上年增长(%)
肉类总产量	12.1万吨	25.8
其中:牛羊肉	4.0万吨	38.5
牛奶	14.0万吨	40.0
绵羊毛	3555吨	10.9
猪年末存栏数	91.9万头	8.7
羊年末存栏数	292.7万只	8.8
大牲畜年末存栏数	89.7万头	7.9
其中:牛存栏数	51.9万头	20.9

渔业生产稳定增长。全年水产品产量1．87万吨，比上年增长9．9%。

农业生产条件进一步改善。1995年，全区银行和信用社用于农业贷款4．94亿元，比上年增长24.3%；农业机械总动力达241．5万千瓦，比上年增长5.6%；大中型拖拉机0．4万台，比上年下降13.8%；小型和手扶拖拉机11．5万台，增长4．6%；农用载重汽车0．5万辆，增长5．7%；排灌机械动力15．5万千瓦，增长9．5%；农村用电量5．6亿千瓦小时，增长3．4%；全年化肥施用量(折纯)16．4万吨，增长11．4%。农田水利建设得到加强。当年新增有效灌溉面积1．3千公顷，南部山区以打井打窖为主要内容的农田基础设施建设也取得新进展。

作为农村经济重要组成部分的乡镇企业保持快速发展，实现了生产、效益的同步增长。据自治区乡镇企业局统计，全年乡镇企业总产值达到56．87亿元，比上年增长35．1%，实现利润和上缴税金分别增长33．9%和21．8%。

二、工业和建筑业

1995年，全区工业领域以提高经济增长质量为中心，以扭亏增盈为目标，加强管理，优化结构，工业经济保持稳中趋快的发展态势。全年全区完成工业总产值193亿元，比上年增长14．0%(按可比口径计算)。乡及乡以上工业中：国有企业产值138亿元，增长13．2%；集体企业产值22亿元，增长9．3%；其他经济类型企业产值18亿元，增长20．4%。在全部工业总产值中，村及村以下产值15亿元，增长22%；大中型工业企业总产值120．7亿元，增长11．3%；分轻、重工业来看，全年完成轻工业产值39亿元，比上年增长12%；完成重工业产值154亿元，比上年增长14．6%。

在重点考核的工业产品产量中除毛线、糖、平板玻璃等有所下降外，其余均有较大幅度的增长。主要工业产品产量如下：

	1995年	比上年增长(%)
呢绒	88.18万米	10.7
毛线	1396吨	—7.9
毛毯	17.85万条	52.6
糖	2.86万吨	—2.7
卷烟	3.50万箱	6.1
啤酒	3.97万吨	26.8
机制纸及纸板	12.57万吨	15.2
日用陶瓷	3491.96万件	5.8
原煤	1308.33万吨	3.4
原油	38.50万吨	27.9
原油加工量	63.18万吨	13.0
发电量	107.72亿度	10.7
生铁	6.67万吨	38.4
钢材	6.04万吨	5.8
铁合金	13.84万吨	7.2
焦炭	29.97万吨	4.6
铝	10.10万吨	17.3
化肥(100%)	39.21万吨	12.5
合成氨	47.64万吨	14.4
轮胎外胎	168.20万条	16.6
水泥	139.68万吨	10.6
平板玻璃	21.86万重量箱	—35.9
金属切削机床	0.10万台	—37.5
小型拖拉机	1.59万台	57.4
轴承	307.54万套	26.4
石墨及碳素制品	13.16万吨	24.7
自动化仪表	2.46万台	2.5

工业经济效益有所改善，但整体效益水平仍然较低。1995年，全区乡及乡以上独立核算工业企业实现利税14．8亿元，比上年增长26%，工业经济效益综合指数回升到73．06，比上年同期提高3．56个百分点。构成综合经济效益指数的六项指标中除增加值率和产销率略有下降外，其余四项指标均有不同程度的提高。其中，按增加值计算的全员劳动生产率为10572元/人，资金利税率为6．49%，成本费用利润率为1．94%，流动资金周转次数为1．23次。

建筑业生产持续发展。全年建筑业增加值为11亿元，比上年增长5．0%。国有施工企业完成房屋建筑施工面积177．30万平方米，比上年增长3．7%。房屋建筑竣工面积76万平方米，下降14．4%。按总产值计算的全员劳动生产率为28304元/人，比上年增长20．0%。

三、固定资产投资

固定资产投资总额增加，重点建设克服困难取得新进展。1995年全社会完成固定资产投资67．01亿元，比上年增长9．9%，增幅回落5．91个百分点。其中，国有单位投资50．53亿元，增长3．4%；集体所有制单位投资3．56亿元，下降0．3%；城乡居民个人投资10．68亿元，增长95．9%。在建规模缩小，新开工项目得到有效控制。全年国有单位基本建设和更新改造项目1148个，比上年减少

66个，其中，新开工项目769个，减少33个。

分隶属关系看，中央项目投资23.61亿元，增长25.5%；地方项目投资43.40亿元，增长2.9%。分产业结构看，第一产业投资1.01亿元，增长5.2%。第二产业投资25.6亿元，下降10.2%，其中，能源工业投资13.11亿元，增长2.7%；原材料工业投资5.41亿元，下降8.3%。第三产业投资404亿元，增长28.3%，其中，运输邮电业投资16.43亿元，增长22.3%。

在国有单位投资中，基本建设投资32.84亿元，比上年增长3.3%，更新改造投资14.63亿元，增长9.3%，房地产开发投资2.63亿元，增长16.9%。

重点工程和重点建设项目进展顺利。1995年，全区安排重点建设项目10个（含国家重点项目），当年实际完成投资额15.76亿元，超额完成年度计划。宝中铁路已正式通车，京呼银兰光缆全线开通，石嘴山钢铁厂异型钢丝绳项目、青铜峡唐渠电站、灵武矿区羊场弯一号井建成投产，大古铁路全线铺通。大坝电厂二期、盐环定扬水工程、石嘴山黄河水厂、中卫黄河大桥等项目建设正抓紧进行。银川河东机场经国家批准正式开工，宁夏扶贫扬黄灌溉工程经国务院批准立项开始启动。同时，我区在西北地区率先实现了村村通电。

四、交通和邮电

交通邮电业继续得到较快发展。1995年，铁路、公路与邮电基础设施的投资和建设进一步加强，邮电装备水平迅速提高。全年完成交通、邮电业增加值7亿元，比上年增长14%。

各种运输周转量完成情况如下：

		1995年	比上年增长(%)
货物周转量		112.5亿吨公里	26.5
其中：	铁路	93.8亿吨公里	30.6
	公路	20.6亿吨公里	16.2
	民航	46.1万吨公里	55.1
旅客周转量		27.2亿人公里	3.0
其中：	铁路	5.6亿人公里	—3.5
	公路	21.5亿人公里	7.4
	民航	7910.1万人公里	28.6

全年完成邮电业务总量22134.8万元，比上年增长49.4%，其中特快传递、无线寻呼、移动电话等业务大幅度增长。年末市内电话机总数已达20.2万部，增长43.2%；全区市话程控交换机总容量30.3万门，比上年增加16.32万门，增长1.16倍。

五、内外贸易和市场物价

1995年，全区继续深化流通体制改革，加强市场体系化建设，努力增加有效供给，消费市场货源充足，供求基本平衡。全社会实现消费品零售总额57.19亿元，比上年增长21.5%（扣除价格因素，实际增长5.4%）。其中，城市销售额35.62亿元，增长24.0%，县及县以下销售额21.57亿元，增长17.6%，城乡市场销售差距趋于缩小。

从各种经济类型的消费品零售额看，国有经济消费品零售额23.12亿元，比上年增长15.0%，集体所有制经济8.18亿元，增长16.4%，其他经济类型25.89亿元，增长30.0%，其中，个体和私营经济15.17亿元，增长36.4%，增速明显快于国有和集体经济。

1995年，外贸领域积极开拓新的出口市场，外贸出口持续快速增长。全年外贸进出口商品总值2.78亿美元，比上年增长56.0%；其中，出口总值完成2.4亿美元，增长64.1%。

利用外资有了新的进展。全区实际利用外资5650万美元，新签外资协议项目50个。随着投资领域的拓宽，三资企业继续增加，年末全区拥有注册的三资企业365个，比上年增加38个。

对外旅游业继续发展。1995年共接待国外及港澳台来宁旅游观光者3655人次，比上年增长2.9%，旅游外汇收入112.27万美元。

物价涨幅逐月回落，控价工作取得明显成效。1995年，特别是下半年以来，自治区及各市、县政府和有关部门围绕实现15%左右的控价目标，明确责任，加大调控力度，采取有效措施，狠抓落实，全年控价工作取得明显成效，通货膨胀得到初步抑制。与上年相比，全社会商品零售价格上涨15.3%，涨幅比上年回落4.8个百分点；居民消费价格涨幅由上年的23.1%回落到17.1%。进入9月份以后的4个月零售物价涨幅均被控制在1位数以内。随着控价力度加大和措施的逐步到位，如期实现了国家下达的15%左右的控价目标，也为经济的稳定增长创造了有利条件。

1995年各类价格比上年上涨幅度（%）

一、居民消费品价格	17.1
其中：城镇	17.3
农村	16.4
二、零售物价	15.3
1.食品类	30.4
#粮食	36.4
肉禽蛋	30.9
鲜菜	34.7
2.饮料、烟酒类	4.6
3.服装、鞋帽类	23.4
4.纺织品类	16.0
5.中、西药品类	6.4
6.化妆品类	7.6
7.书报、杂志类	19.7
8.文化体育用品	7.7
9.日用品类	4.7
10.家用电器类	1.0
11.首饰类	—3.6
12.燃料类	1.6
13.建材类	5.0
14.机电产品类	—5.5
三、农业生产资料价格	30.4
四、农副产品收购价格	23.8

六、金融和保险业

1995年，金融形势平稳，存款继续增加，贷款适度从紧，信贷和货币运行正常。1995年末，全区金融机构各项存款余额为180.19亿元，比上年末增加41.28亿元，增长29.7%，其中企业存款余额45.51亿元，比上年末增加11.30亿元，增长33.0%。金融机构各项贷款余额为199.01亿元，比上年末增加34.77亿元，增长21.2%，其中，短期贷款余额128.77亿元，比上年末增加25.22亿元，增长24.4%，中长期贷款余额56.63亿元，比上年增加7.57亿元，增长15.4%。全年货币净投放量14.58亿元，比上年同期减少1.92亿元，下降11.6%。

城乡居民储蓄迅速增长。1995年末，全区城乡居民储蓄存款余额达到115.19亿元，比上年末增加29.6亿元，增速达34.4%。

保险业加快发展。1995年全区财产保险承保总额133.82亿元，比上年增长13.8%，全区有1878户企事业参加了财产保险，10.33万户居民参加了家庭财产保险。有97万人次参加了人身保险。全年保险公司共处理财产保险赔案1.3万件，支付赔款4976.1万元，为0.99万人次支付人身保险金875.3万元。

七、科学、教育、文化和卫生、体育

科技事业取得新成果。1995年，全区获部级以上科技进步奖的技术成果2项，受理专利申请169件，授权专利111件。科技队伍扩大，地方国有企事业单位共有各类专业技术人员12.67万人，比上年末增长2.6%。全区县级以上国有科研与开发机构60个，从事科技活动人员2421人。情报文献机构4个。科技经费增加，全区科学事业经费支出2373万元，比上年增长6.7%。

各类教育事业继续发展。1995年，全区招收研究生28人，在校研究生48人。普通高等学校招收本、专科学生2910人，比上年下降6.3%，在校学生10686人，增加184人，其中，高校招收的自费生1265人。全区各类中等专业学校26所，在校学生12463人，各类技工学校37所，在校学生12832人。

普及九年义务教育有新进展。1995年末，全区共有普通中学436所，在校学生27.23万人，其中，初中在校学生21.92万人，小学在校学生61.75万人，小学学龄儿童入学率达96.2%，小学毕业生升学率为88.4%。

各类成人教育成绩显著。1995年，成人高等学校招收本、专科学生（包括电大、函授及夜大招收的普通班学员）2613人，比上年增长2.7%，在校学生6816人，增长12.1%，成人中等专业学校学生5374人。

文化事业加快发展。1995年末，全区共有艺术表演团体15个，文化馆、群众艺术馆24个，公共图书馆21个，博物馆、档案馆35个。1995年末，全区共有电影放映单位138个，广播电视台10座，中短波广播发射台和转播台8座，电视台5座，1千瓦以上电视发射台和转播台10座，有线电视推广程度不断提高。1995年末，全区制作电视剧4部，全年出版报纸4699万份，各类杂志96.74万册，图书出版2310万册（张）。

医疗卫生条件进一步改善。1995年末全区医院共有病床12144张，比上年增长31.2%，专业卫生技术人员21223人，比上年下降0.2%，其中，医生10267人，增长1.3%，每万人拥有医生20人。

竞技体育取得新成就。1995年，我区运动员在全国比赛中获得金牌2枚，银牌1枚，铜牌3枚。有104名运动员165次打破74项全区成年和青少年纪录；在世界比赛中获铜牌3枚，1人3次创3项世界青年女子举重纪录，3人6次超4项世界青年女子举重纪录，1人9次超3项全国少年纪录。群众性体育活动积极开展，在校学生普遍开展了《国家体育锻炼标准》达标活动，达标率达到93.5%。

八、人口、人民生活和环境保护

控制人口增长取得积极成效。根据1995年全区人口抽样调查，人口出生率为19.28‰，人口死亡率为5.49‰，自然增长率为13.79‰。据此推算，1995年末全区总人口达512.5万人，比上年增加8.7万人，增长1.73%，其中回族人口172.14万人，增加3.3万人增长1.93%。

人民生活水平继续改善。1995年，随着经济的发展，城乡居民收入继续增加。全区城镇居民人均生活费收入为3026元，比上年增长13.8%，农民人均纯收入达1037元，比上年增加126.5元，增长13.9%。在收入增加的基础上，居民消费质量得到提高。但部分低收入户居民生活实际收入水平下降，高低收入户收入水平差距继续拉大。

劳动制度改革取得突破性进展。国家公务员、劳动合同制度全面推行；劳动监察、社会保障等各项综合配套改革日趋完善。全区开展了公务员考核聘用工作，使96%的公务员明确了自己的岗位职责，增强了政府机关活力，提高了办事效率。1995年在全区82%的企业中全面实施劳动合同制，劳动合同签约率达87%，超额完成计划指标。

城镇就业面继续扩大。1995年，全区城镇安排就业人员2.07万人，年末城镇失业率为5.47%，比上年增加1.17个百分点。年末全区职工人数73.4万人，比上年增加1.1万人，增长1.5%。其中，国有单位职工61.5万人，比上年增加1.1万人，增长1.8%；集体所有制职工9.9万人，比上年减少0.4万人，下降3.8%。全区劳动合同制度进一步发展，年末全区合同制职工人数达26.2万人，占城镇全部职工的35.7%。城镇私营企业就业人员和个人劳动者6.2万人，比上年末增加1.5万人。

职工工资水平继续提高。1995年，全区职工工资总额37.2亿元，比上年增长21.2%，职工平均工资5079元，增长18.9%，扣除价格因素，实际增长1.4%。

社会福利事业继续发展。1995年，全区各类社会福利院拥有床位459张，收养378人，全区定期被救济人数2406人。各种社会服务和社会保障网络也有较快发展。

环境保护事业有较快发展。1995年全区环保系统共有职工630人，各级环境监测站14个，环境监测人员194人。全年完成环境污染治理投资额4655.42万元，完成环境限期治理项目57个，建成城市烟尘控制区17个，面积达37.45平方公里。

注：（1）本公报中国内生产总值及各产业总产值和增加值指标绝对数均按现价计算，增长速度按可比价格计算。
（2）本公报部分数据是年快报数。

专　　文

经济体制改革顺利推进
国民经济持续稳定发展

"八五"时期，在邓小平同志视察南方重要谈话和党的十四大精神指引下，全区上下认真贯彻"抓住机遇，深化改革，扩大开放，促进发展，保持稳定"的基本方针，正确处理改革、发展与稳定的关系，改革开放不断深化，国民经济持续稳定发展，圆满完成"八五"计划规定的主要任务，为"九五"乃至今后国民经济长期更快、更好地发展奠定了坚实的基础。

国民经济持续稳定发展
综合经济实力显著增强

五年来，随着改革开放的不断深入，全区国民经济持续稳定发展，综合经济实力显著增强。国内生产总值由1990年的64.84亿元发展到1995年的169.5亿元，平均每年增加21亿元，按可比价格计算，年平均递增8.1%，五年累计实现国内生产总值561.21亿元，比"七五"时期增加313.7亿元，经济总量规模达到历史最高水平。随着国民经济的发展，社会产品日益丰富，农业总产值年增长3.2%，主要农产品产量大幅度增长。粮食生产战胜连年自然灾害影响，综合生产能力稳步跃上40亿斤台阶，肉类总产量1995年达到12万吨，比1990年增加5.2万吨，牛奶产量24万吨，增加10万吨，果品产量13.5万吨，增加8万吨，水产品产量1.87万吨，增加0.87万吨，工业经济发展到一个新的水平，五年全区工业总产值平均增长11.6%，作为骨干力量的大中型企业由57户增加到83户，一批优势工业企业，拳头产品在市场竞争中的屈起，除煤等少数产品外，主要工业产品产量均保持大幅度增长。其中，发电量55.96千瓦小时增加到107.72千瓦小时，化肥（折纯100%）由27.74万吨增加到39.21万吨，水泥由95.74万吨增加到139.68万吨，轴承由197.57万套增加到307.54万套，轮胎由63.5万条增加到168.2万条。与此同时，地方财力也不断增强，全区地方财政收入由1990年的6.23亿元增加1995年的8.96亿元，信贷资金总量逐年扩大；1995年末，全区金融存款余额达到180.19亿元，贷款余额199.01亿元，增幅明显高于"七五"时期。人均国内生产总值由1393元提高到3328元。随着社会财富的增加，全社会投资规模不断扩大，五年中全社会累计完成固定资产投资250亿元，比"七五"时期增长1.6倍，宝中铁路、宁夏炼油厂、国际饭店等一批重点建目相继建成投产，促使基础产业，基础设施支撑能力不断提高，为国民经济的持续稳定发展奠定了坚实的基础。综合经济实力的不断增强，标志着"八五"时期全区国民经济已步入持续加快发展的新阶段。

国民经济主要比例关系改善
经济结构发生深刻变化

"八五"时期，在以建立社会主义市场经济新秩序为目标的各项改革推动下，全区产业结构调整迈出崭新步伐，国民经济重大比例关系得到明显改善。首先，二元经济结构向工业化方面倾斜，三次产业构成中第三产业比重稳步上升，到1995年，第三产业增加值达到60亿元，平均年递增10.4%，快于第一、二产业平均每年逐增1.6%和10%的速度，在第三产业中，运输业、商业、服务业、金融保险业保持较快增长，从而促进了第一、二产业的协同发展，三次产业结构由1990年的26：39：35变化为21∶45∶34。第二产业在国民经济中的核心作用日益突出，第三产业在新的经济社会发展中稳步前进。其次，作为农村经济重要组成部分的乡镇企业快速发展，非农产业在农村经济发展中发挥了重要作用，“八五”时期乡镇企业总产值年平均递增31.8%，递增幅度比“七五”时期提高14.7个百分点。非农产业产值在农村经济中的比重由1990年的31.0%提高1995年的45.0%。创造收入占农民纯收入的10.1%，乡村劳动力中从事二、三产业的劳动力比重由1990年11.7%上升到15.4%，第三，非国有经济迅速发展，逐步形成了以承包制和公有制为主体，集体、个体、外资、独资、合资、合作、股份制等多种经济成份互相配合，各尽所能的新经济发展格局。与1990年相比，1995年非国有工业产值占全部工业总产值比重已达31.4%，上升了10个百分点。个体、私营和其他经济类型商业实现的消费品零售额已占全区社会商品零售总额的45.3%，比重上升15.8个百分点。非国有经济已逐步成为国民经济增长中一支充满活力的力量。

经济体制改革稳步推进
宏观调控取得积极成效

“八五”时期，宁夏同全国一样，以建立社会主义市场经济体制为目标的各项重大改革取得新进展。农村以家庭联产承包为主的责任制和统分结合的双层经营体制进一步完善，社会化服务体系得到加强。城市以搞活企业为中心的转换经营机制、推行内部三项制度改革、建立现代企业制度等工作正在逐步展开。全区已组建股份制企业1155家，70%以上的小型商业企业实行了国有民营。新的财税体制运作正常，商业银行转轨改革也有新的进展，投资、外贸、外汇、价格和社会保障制度等一系列重大改革顺利实施，国民经济的市场化和社会化程度明显提高，经济活力显著增强。与此同时，住房商品化进程加快，建立了公积金制度，教育科技体制改革也进一步深入。各项改革的稳步推进为国民经济和社会发展提供了强大动力，也为在本世纪末建立社会主义市场经济体制奠定了基础。

随着各项改革的逐步深入，国民经济宏观调控开始向间接调控为主的方向转变。税率、利率、货币供应量、财政等已逐渐成为宏观调控的主要手段。并在“八五”经济发展中发挥了积极作用。尤其是针对“八五”后期严重通货膨胀、结构性矛盾等突出问题，不失时机地采取了财政、信贷适度双紧的宏观调控政策，不仅有效地解决了通货膨胀问题，如期实现了国家下达的15%的控价目标，也为国民经济的持续、稳定、健康发展创造了有利条件。

市场体系建设取得新进展
城乡市场繁荣活跃

“八五”时期，随着社会主义市场经济新秩序的逐步建立，全区市场体系建设取得新的进展，经济市场化程度有了较大提高。到1995年，全区社会商业零售网点达35430个，比1990年增长23.6%，平均每万人拥有商业零售网点由61个增加到69个，集贸市场由1990年的217个发展到289个，成交额由6.1亿元猛增到25.9亿元，在初级市场发展的基础上，全区又建立3266个规模较大的消费品综合贸易市场，生产资料市场23个，与此同时，证券市场正在逐步发展成长，人才、劳动力、房地产、科技、资金、信息等要素市场也都开始起步并有了一定发展。

流通体制改革的深化和市场体系建设的发展，促进了城乡市场活跃繁荣。五年间，全区社会消费品零售总额由25.3亿元快速增长57.1亿元，年平均递增17.7%，递增幅度高出“七五”时期4个百分点。在消费品市场供求基本平衡，货源充裕和城乡居民生活不断改善的情况下，居民消费心理日趋成熟，消费档次和质量都进一步提高。

对外开放继续扩大，全
方位开放格局逐步形成

“八五”时期，全面实施对外开放战略，加快与国际市场接轨，努力推进外贸体制改革，重视提高外贸企业经济效益，全区对外开放向多层次、宽领域、纵深化方向发展，外贸出口规模进一步扩大，外向型经济实力明显增强，全方位开放格局初步形成。到1995年末，全区进出口商品总值达2.78亿美元，比“七五”期末增长2.27倍，五年间累计完成商品出口总值6.8亿美元，比“七五”时期增长近一倍。随着企业出口创汇能力增强，出口产品结构得到调整，硅铁、金属镁、羊绒纱、钽粉、机床铸件、碳化硅策成为我区新的出口产品。与此同

时，积极开展招商引资活动，努力改善投资环境，拓宽投资领域，扩大外商投资总量，招商引资步伐加快，实际利用外资由1990年的1337万美元增加到1995年的5650万美元，五年累计利用外资17614万美元，相当于“七五”时期的2．9倍，外商投资企业由“七五”末的14家发展到365家，同国内兄弟区的经济技术协作继续发展，“八五”期间共完成各类经济技术协作项目758项，引进外省区资金1.34亿元。

各项社会事业协调发展 人民得到更多实惠

在经济体制改革不断深化，国民经济持续发展的同时，科技、文化、教育、卫生等各项社会业也得到充分重视和发展，五年来，全区共受理专利和申请859项，获准专利551项，取得省部级科技成果827项，推广应用科技成果537项。在农作物综合栽培，窑窖集水灌溉，热压型焦工业化生产，稀有金属冶炼等方面取得较大进展，科技进步在经济增长中的贡献份额有所提高。大部分开放性科技机构开始走向企业化、产业化的发展道路。教育事业蓬勃发展，全区三分之二以上的县（市、区）基本普及初等教育，并正在实施初中阶段义务教育，银川市、石嘴山市等8个城市区已基本普及九年制义务教育。全区小学学龄儿童入学率达96．2%，五会共培养大中专毕业生13万多人，多种形式的成人教育也得到迅速发展，财政额算内教育投资额比“七五”增加5．6亿元。在农村实施了“231”工程，劳动者素质有所提高，计划生育工作成绩显著，人口自然增长率由1990年的18．82%下降到1995年的13．39%。文化事业日益繁荣，全区广、申视人口覆盖率达78%和29．8%，分别比1990年提高9.1和18个百分点。医疗卫生条件得到改善和加强，到1995年末全区卫生机构增至1037个。床位数达12144张，卫生技术人员2．12万人，千人拥有的医生数由1990年的1．97人上升到2．01人。与此同时，社会主义精神文明建设得到加强，促进了社会安定和民族团结。

随着国民经济和各项社会事业的持续发展，城乡居民的物质文化生活水平不断提高，生活质量不断向高层次方向发展。1990年到1995年，全区城镇和农村居民收入由1271元和594元，分别增至3026元和1037元，扣除价格因素实际分别增长20.9和5．7%，收入增加促进了消费水平和消费质量的提高，改变了传统“吃、穿、用、烧、住”的低层次消费结构，五年来，城乡居民居住条件逐步改善，城镇居住面积7．9平方米，农民达到19．7平方米，生活日渐宽裕，储蓄存款连年增加，1995年全区储蓄存款115．19亿元，年均增长28．6%，部分居民生活开始步入小康。

纵观“八五”时期，国民经济和社会发展取得了令人瞩目的成就，是建国以来最稳定、最有成效的五年计划之一。但同时也应看到，国民经济发展中的一些比较突出的问题和矛盾仍没有得到根本解决，主要表现在：国民经济的整体素质不高，结构性矛盾仍比较突出，农业基础依然薄弱，南部山区的扶贫任务仍十分繁重，市场发育层次低，资源配置不够合理，相当部分企业特别是国有企业经营困难，活力不足，经济效益低的状况没有根本好转；与经济增长和人民生活需要相比，物价水平仍然偏高，且回落基础不稳固；财力不足，建设资金奇缺，低收入户生活困难，这些问题的产生都不同程度地制约着全区经济的发展，有待于在改革和发展中采取有效措施逐步加以解决。

回顾“八五”的累累硕果令人欣慰，而展望“九五”的辉煌远景则更加催人奋进，汲取“八五”经济建设取得的丰富经验和奠定的物质基础，继续在邓小平同志建设有中国特色的社会主义理论和党的基本路线指引下，进一步深化改革积极推进经济体制和经济增长方式转变进程，努力克服前进中的困难，勇于开拓，就一定能够迎来一个经济持续健康发展，社会繁荣安定的新未来。

（执笔　马中勇）

总量控制取得明显成效
人口结构发生较大变化

“八五”时期，宁夏各级党政部门认真贯彻计划生育基本国策，继续深化人口与计划生育目标管理责任制，党政一把手亲自抓，负总责，各有关部门密切配合，齐抓共管，抑制了由育龄妇女婚育群体增大而带来的人口生育高峰，人口增长速度明显减缓。同时，由于改革了户籍管理政策，向社会公开出售非农业户口，使全区人口的城乡、农业非农业等构成发生明显变化。

人口总量的变化

1．总人口增长速度趋缓，增长绝对量减少。据户籍管理机关统计，1995年末全区总人口5123845人，同“七五”期末的4656774人相比，增加467071人，“八五”期间年平均增加93414人，分别比“七五”时期少增加43488人和8699人，“八五”期间人口总增长率为10.03%，年平均增长率为1.93%，与“六五”时期相比，总增长率和年平均增长率分别降低2．28和0．42个百分点。由于增长速度明显减缓，完成了自治区“八五”计划总人口517万人的控制目标。

2．人口自然增长稳步下降，迁移增加有所回升。“八五”时期全区人口增长速度下降的主要原因是人口出生率降到较低水平，人口死亡率变化相对平稳，导致人口自然增长率下降幅度较大。1995年全区人口出生率为19．28%，自然增长率为13.79%，分别比1990年降低5.06和5.03个千分点。“八五”时期，全区共出生493338人，比“七五”时期少出生61884人，年均自然少增加17091人，年均人口出生率为20．07%，比“七五”期间平均水平降低5.18人千分点，自然增长率为14．59%，降低5．61个千分点。

与“七五”时期相比，“八五”期间全区人口迁移增长有了一定幅度的回升，其主要原因就是除正常迁移外，1994年改革户籍管理制度，全区各市县公开向社会出售非农业户口，一些邻省区农民、宝中铁路施工人员及在宁夏务工经商者加入了购买者的行列，使迁移量剧增，据户籍管理机关统计，1994年全区人口净迁入量就达到27606人，是“七五”时期5年净迁移量的42%。

3．各地人口发展不平衡，城市及山区人口增长快。由于人口增长受社会经济发展水平、生育政策等诸多因素的影响，因此，“八五”期间宁夏各地人口增长水平也不尽相同，并且差异较大，但从总体上来说，与“七五”时期相比，其基本格局变化不大。

分山川看，山区人口的增长快于川区，“八五”期末，宁南山区8县总人口达到2278091人，比“七五”期末增加238283人，年均增加47657人，总增长率为11．68%，年均递增速度高达2．23%；北部川区12市县总人口达到2845754人，比“七五”期末增加228788人，年均增加45757人，总增长率为8．74%，年均增长率1．69%，分别比山区低2.94和0．54个百分点，相应地宁南山区人口占全区总人口的比重继续上升，由“六五”及“七五”的43．23%和43．80%，上升到44．46%，分别上升了1．23及0．66个百分点。宁南山区人口是以自然增长为主的地区，其人口增长较快，主要还是由较高的生育水平决定的，1995年山区人口平均出生率为22．19%，比川区水平高6．84个千分点。宁南山区自然条件差，资源贫乏，自我发展能力很差，人口对资源环境的压力已超极限，持续增长的人口，不仅使自然资源遭到掠夺式利用，而且对扶贫攻坚计划的实现，有着很强的负面影响，因此，如何严格控制过快的人口增长，仍是摆在人们面前的首要任务。

分地区来看，固原地区人口增长快于其他地市。1995年末，固原地区总人口为1814479人，比1990年增长11. 96%，年均递增速度为2. 28%，是唯一一个递增速度超过全区平均水平且在2%以上的地区，分别比银川市、石嘴山市、银南地区高0. 42、0. 8、0. 51个百分点。

分市县看，城市及山区7县（不含盐池）人口增长快，在全区20个市县中有9个市县年递增率超过全区平均水平，比“七五”时期多了2个，依次为：银川市（2. 56%）、石嘴山市（2. 70%）、吴忠市（2. 02%）、同心县（2. 45%）、固原县（2. 20%）、海原县（2. 53%）、西吉县（2. 50%）、隆德县（2. 02%）、泾源县（2. 50%）。有6个市县净增人数超过3万人，依次为：银川市（64667人）、石嘴山市（39112人）、同心县（35888人）、固原县（50803人）、海原县（40191人）、西吉县（49658人）。这6个市县净增的人数占全区总净增量的60%。从人口的增长方式看，全区20个市县可以划为4个不同类型。一是城市，主要是银川市、石嘴山市及吴忠市，其增长除了自然增长外，迁入量较大，造成人口增长快。二是银川及石嘴山的5个市辖县，由于离城市较近，受城市拉动作用的影响，迁出量较大，人口增长率较低，除永宁人口年递增率超过1%，为1. 03%外，其余均在1%以下，其中惠农县人口比“七五”末期减少了1708人。三是人口自然增长率高，迁出量又不多的市县，主要为山区县，这些县人口增长率较高，四是人口自然增长率已降到较低水平，迁移流动量不大，人口增长率不高，在全区平均增长水平以下，多在1. 5%左右，主要集中在银南地区。

从各市县的人口规模看，“七五”末期的1990年，全区有4个市县总人口超过30万人，其中有两个市县人口在40—50万人，分别为银川市（480184人）和固原县（442190人），1995年全区有7个市县人口规模已超过30万人，其中银川市人口超50万人，达到544851人，西吉县总人口由1990年377333人增加到426991人，固原县和海原县总人口与“七五”末期一样，分别在50万人和40万人以下，石嘴山市、中卫县和同心县由“七五”末期不足30万人，1995年末超过了30万人。

人口结构的变化

1. 少数民族人口增长快，比重继续上升。1995年末，全区汉族人口为3374813人，回族人口为1724148人，其他少数人口为24884人，与“七五”末的1990年相比，汉族人口增长了8. 93%，年均递增率为1. 73%；回族人口增长了12. 04%，年均递增速度为2. 30%，其他少数民族增长了25. 96%，年均递增率高达4. 72%，由于少数民族人口增长快，使其占总人口的比重继续上升。1995年末已达到34. 14%，比1990年上升0. 67个百分点，相应地汉族人口的比重下降了0. 67个百分点。少数民族人口增长快的原因，一是较宽松的生育政策，二是少数民族在升学、招干、生育、副食补贴等方面的政策优惠于汉族，因而有些过去申报为汉族或与少数民族有血缘关系的人恢复或改报、申报为少数民族人口，三是外省区一些少数民族人口迁入我区定居。

2. 城镇及非农业人口增长快，结构变化大。1990年末，全区城镇人口达到2516033人，其中市人口为1376518人，县辖镇人口为1139515人。城镇人口比1990年净增623114人，超过“七五”时期净增428387人，平均增长率高达5. 86%，比“七五”时期高0. 59个百分点，是我区最快的时期。由于城镇人口增长快，使其占总人口的比重由“七五”末期的40. 65%上升到49. 10%。城镇是一个地区经济文化的中心，它具有服务半径大，幅射功能强等特点，对发展区域经济十分有利，但是县级市县辖镇人口非农化程度低，1995年县级市及县辖镇非农业人口的比重分别只有28. 22%和38. 65%，比银川（77. 94%）和石嘴山（96. 61%）两个市辖区低得多。城镇人口增长快的主要原因，一是县辖数增多，由1990年的49个增加到58个；二是户籍制度改革后，乡村人口购买的非农业户口大都迁到了城镇；三是城镇人口迁移增长多。

由于乡改镇等因素的影响，1995年全区乡村人口只达到了2607812人，比1990年减少了156043人，占总人口的比重也由59. 35%下降到50. 9%。

1995年末全区非农业人口已达到1379550人，比1990年末增加265715人，年平均增长4. 37%，增长的绝对量仅次于“七五”时期，为国民经济计划时期第二个增长高峰期，占总人口的比重为26.92%，比1990年上升了3个百分点。全区农业人口由1990年3542939人增加到3744295人，年均增长速度只有1.11%，占总人口的比重由76.08%下降到73.08%。

3. 性别构成比较稳定，仍在正常值之列。1995年末，全区男性人口为2632599人，占总人口的比重为51.38%，女性人口为2491246人，比重为48.62，性别比为105.67。与1990年的性别比106.07相比，变化不大，仍在正常值之列。

4. 年龄结构继续转化，但仍属增加型人口群体，据1995年1%人口抽样调查资计算，全区0—14岁人口占总人口的比重为31.57%；15—64岁人口占64.65%；65岁及以上人口占3.78%。与1995年相比，0—14岁人口比重下降了2.17个百分点，15—64岁人口比重上升了1.89个百分点，65岁及以上人口比重上升了0.28个百分点。按照国际上通常使用的划分人口再生产类型的标准看，全区人口再生产类型正处于由增加型向稳定性的过渡时期，仍属增加型人口群体。这种年龄结构类型预示着今后人口增长的潜力很大，控制人口过快增长的工作要继续抓紧抓好。

"八五"时期，我区人口增长水平虽然减慢，并完成了既定的控制目标，但不能说人口与社会经济发展的关系已经协调，由于我区承载能力有限，社会经济发展相对滞后，人口增长与社会发展的矛盾已经比较突出。1995年全区口密度每平方公里已达到99人，比1990年增加了9人，其中宁南山区人口密度每平方公里达到75人，超过联合国划定的干旱、半干旱地区每平方公里7—20人临界值的好几倍，人口对资源、环境、社会经济发展的压力很大。"九五"期间，我区仍处于生育高峰期，生育群体依然比较庞大，另外，由于传统观念的影响，生育率反弹的自然潜势还很强，如果计划生育工作稍一放松，就可能引起生育水平的大幅度提高。

国务委员彭佩云同志在全国计划生育工作会议指出，今后计划生育工作要实现两个转变，即：由就计划生育抓计划生育向社会经济发展紧密结合、采取综合措施解决人口问题转变，由以社会制约为主向逐步建立利益导向和社会制约相结合，宣传教育、综合服务、科学管理相统一的机制转变。其主题就是要树立"大人口观念"，把人口问题放到解决社会经济发展的问题中统盘考虑。就我区而言，"九五"期间如何实现两个转变，为实现2000年社会经济发展目标创造良好的人口环境，促使人口与社会经济协调发展，是各级领导及有关部门研究及解决的重要问题。

（执笔　李文海）

劳动就业形势稳定
职工工资水平稳步提高

"八五"时期，随着改革开放的深入，宁夏的社会经济发展进入一个新阶段，社会稳定，经济持续增长，劳动用工制度及职工工资分配制度改革也取得突破性进展，从业人员不断增多，且劳动者的就业结构发生变化，职工工资水平稳步提高，但在分配领域社会分配不公现象和城镇失业率偏高等问题也日益突出，应引起各有关部门的高度重视。

基本情况

一、从业人员不断增多，就业结构发生变化。

"八五"时期，宁夏在"着力加强第一产业，调整和提高第二产业，积极发展第三产业"的产业政策指导下，积极发展经济，使从业人员不断增多，且劳动者就业结构得到调整，日益趋向合理。95年末宁夏全社会从业人员24．06万人，比90年末增加29．1万人，"八五"期间平均每年递增2．6%，其中：职工73．4万人，平均每年递增1．7%；城镇私营和个体经济从业人员6．2万人，平均每年递增17．3%，乡镇劳动力159．5万人，平均第年递增5．1%。

分经济类型观察，国有单位从业人员62．9万人，占全部从业人员的26．1%；城镇集体单位从业人员9．9万人，占4．1%；其他各种经济单位从业人员2．1万人，占0．9%；城镇私营和个体从业人员6．2万人，占2．6%；农村乡镇劳动力159．5万人，占66．3%。从各类经济单位从业人员比重分析，国有经济单位，城镇集体单位和乡镇劳动力所占比重，95年末比"七五"末年分别减少0．6、1．1和0．4个百分点，而其他经济单位和城镇私营、个体单位从业人员比重分别比"七五"末年上升2和1．3个百分点。

从产业结构分析，95年末宁夏第一产业从业人员143．5万人，占全市从业人员的59．7%，第二产业从业人员46．7万人，占19．4%，第三产业从业人员50．4万人，占20．9%，产业结构由"七五"末年的1：0．32：0．33演变成1：0．33：0．35。

从业人员就业结构的变化，一方面第一产业人员向二、三产业流动，促进了宁夏二、三产业的发展，使宁夏的产业结构日趋合理；另一方面，其他经济和私营、个体经济从业人员的不断增长，有效地促进了宁夏多种经济的协调发展，同时也为城镇就业开辟了更为广阔的就业渠道。

二、劳动用工制度改革深入，合同制职工队伍发展迅速。

随着用工制度改革的深入，"八五"时期宁夏合同制职工队伍发展迅速，特别是95年全面推行了企业全员劳动合同制用工制度以来，全区已有85%的企业完成全员合同制鉴定工作，合同制职工已达26．4万人，占全部职工的36%，占全部企业职工总数的50%。

三、女职工队伍逐步发展。

妇女就业率的高低，是反映一个国家、一个地区社会进步程度的重要标志之一。我国历来重视妇女就业工作，近年来，随着妇女受教育程度普遍提高，妇女社会地位日益提高，就业机会增多，更多的妇女同志走到职工队伍中来，特别是在一些特殊行业，如棉纺业和社会服务业等，更青睐于女性去工作，还有许多女同志走上各级领导岗位，妇女在职工中的比例逐年提高，在我国社会主义建设中发挥越来越大的作用。截止95年末宁夏女职工26．4

万人，比90年末增加3. 1万人，平均每年递增2. 51%，增长速度快于全部职工，同时女职工占全部职工的比重也由90年34. 5%上升到36%。

四、工资分配制度改革，职工工资平稳增长。

“八五”时期，企业内部多种分配制度的改革和行政，事业单位工资分配制度的改革，促进了我区社会和经济的发展，同时职工工资也得到平稳增长。95年宁夏累计发放的职工工资总额37. 2亿元，比90年增长153. 7%，平均每年递增20. 5%，职工平均货币工资5079元，比90年增长130. 7%，平均每年递增18. 2，虽然“八五”期间宁夏物价在高价位上运行，使扣除物价上涨因素后，职工实际工资仍平均每年仍递增2. 4%，职工生活水平稳步提高。

值得注意的问题

一、职工实际工资增长低于经济增长。

95年宁夏国内生产总值170亿元，按可比价格计算，“八五”期间平均每年递增8. 1%，全部独立核算的工业劳动生产率按可比价计算平均每年增长9. 8%，而职工平均实际工资平均每年增长2. 4%；职工实际工资增长低于国民经济的增长。

二、职工工资水平低于全国平均水平。

“八五”时期，宁夏职工工资虽然平稳增长，但在全国属较低水平，且工资水平低于全国平均水平，工资水平位次后移，90年宁夏职工工资水平在全国排第九位，且不论是工资增长速度和工资水平均高于全国平均水平，到95年宁夏职工工资水平不但低于全国平均水平（全国职工平均工资5500元），其增长速度也低于全国职工工资增长速度（21. 2%），且工资水平排位继续后移，在全国排在17位以后，在西北地区也仅高于陕西，而低于甘肃、青海、新疆等省。

三、停产、半停产企业职工生活困难。

95年宁夏各市、县都不同程度的存在停产、半停产企业，这部分企业职工收入较低或根本没有固定收入，职工生活水平下降，生活困难，因此建议各有关部门应充分重视低收入职工生活，积极推行“就业上程”，引导和扶持经济效益好的企业兼并停产、半停产企业，在政策上优惠，认真贯彻“抓大放小”政策，帮助和扶持停产、半停产企业恢复生产，走出生产困境，切实扭转企业经济效益差，职工生活困难的状况。

四、不同行业、单位之间职工工资收入差距拉大，造成新的社会分配不公。

“八五”时期，宁夏不同行业、单位之间的职工工资收入日趋拉大，以国有单位为例，90年宁夏中央驻宁单位职工平均工资3082元，比地方单位职工平均（2893元）高189元，工资比例为1：0. 94；行业职工工资最高的是地质勘查、水利业2819元，比行业最低的农林、牧、渔业（1519元）高1399元，工资比例为1：0. 54；95年宁夏驻宁单位职工平均工资8302元，比地方单位（4721元）高3581元，工资比为1：0. 43；工资比例日益拉大，行业工资最高的是金融、保险业（7850元）和工资最低的农、林、牧副业（3356元）工资比为1：0. 42。

在社会主义市场经济条件下，通过竞争，不同单位和行业职工工资收入存在差异是正常的，但目前职工工资收入差距拉大是由于我国市场竞争机制不健全，各单位、行业进入市场条件、程度和税务不一致，特别是一些中央单位如电力工业、铁路运输业、邮电通讯业和金融、保险业等实际上是国家政策倾斜造成的。因此造成的社会分配不公问题，应引起国家的足够重视。

五、城镇失业率偏高，劳动就业矛盾突出。

95年末，宁夏在劳动部门登记的失业人数达4. 4万人，城镇失业率为5. 47%，为近十几年来最高水平，是全国城镇失业率（2. 9%）的1. 9倍，同时也超过城镇失业率4%的预警线。目前宁夏每年新成长起来的劳动力约10万人，其中4万人左右在城镇，再加上农民进城打工和失业职工及企业隐性失业职工存在较多，在今后相当长的时期内，劳动力供大于求的基本形势不会改变，就业矛盾十分突出。

（执笔　王金贵）

"菜蓝子"产品日趋丰富
农村经济全面发展

"八五"期间，我区农村工作以稳定增加农产品有效供给和稳步提高农民收入为目标，紧抓"米袋子"、"菜蓝子"和乡镇企业三大任务，努力战胜自然灾害，夺取农业的全面丰收和农村经济的全面发展。

粮食产量稳定增长，口粮自给有余；牧渔业生产迅猛发展，"菜蓝子"产品丰富多彩；林果工程进展顺利，生态经济效益双重改善；农业产业化、商品化程度进一步提高，规模效益同步增长；乡镇企业超常发展，农民生活不断改善，经济总量全面增长，结构进一步优化。

农村经济

"八五"时期，我区适时调整产业政策，紧抓农业的同时，积极培育和扶持农村二、三产业，农业的市场化、商品化程度不断提高，促进农村经济全面发展。

1995年，全区农村牧渔业总产值达到56．5亿元（现价），比"七五"末增长17．1%；农村非农行业总产值46．6%亿元（现价），相当于"七五"末的4倍多；农业综合商品率达53．3%，较"七五"末提高了7．2个百分点。

五年间，依据资源和市场供求状况，大力发展牧、渔业，引起农业内部结构的深刻变化，农、林、牧、渔业产值比由69．7：6．5：22．2：1．6调整为67．4：1．7：28．8：2．1。农村非农产业的发展改变了长期以来以农业为主导地位的农村经济的传统产业格局。全区农村非农产值与农林牧渔业总产值的比例，由"七五"末的31：69上升为45：55，非农经济与农业经济基本形成了平分秋色的局面。

农业

我区实施以"农业丰收计划"为龙头的科技兴农战略，大力发展"两高一优"农业，川区以"两粮一油"为主的立体复合种植技术、水旱育稀植技术、抛秧技术；南部山区的窑窖集水微灌、地膜覆盖等技术的推广和应用，努力战胜连续4年特大旱灾。加之农产品种植效益看好，农民种田积极性普遍提高，农业生产获得全面发展。

1995年，全区粮食总产量达到202．9万吨，比"七五"末增长4．9%，整个"八五"期间，全区粮食产量的总和比"七五"时期高出160多万吨，基本相当于正常年份1988年全区粮食总产水平，"八五"时期的年平均播种面积仅比"七五"增加5%，而粮食年均总产则增长近20%，粮食增产3/4是提高单产的结果。

"八五"期间，我区农业经受了34个大旱灾年，而粮食总产量自1993年以来连续3年均超过200万吨，大旱的1995年粮食总产量仍达到历史最好水平；"八五"时期丰歉年粮食总产量极差比"七五"时期低37．1万吨，这标志着我区粮食生产能力基本稳定在200万吨的水平上。五年来，全区粮食人均占有量基本达到400公斤以上，系全国8个人均占有粮食超过400公斤的省区之一。平罗、青铜峡、永宁进入全国粮食生产百强县，从全区看，粮食已达到口粮自给有余的生产水平。

1995年，全区油料、糖料总产量分别达5．6万吨和49万吨，油料基本满足本区居民的食用需要，糖料人均占有居全国第6位，为食糖调出区。

畜牧业

1995年，全区大牲畜年末存栏89．7万头，比“七五”末增20．6%；生猪存栏91．9万头，比“七五”末增39．3%，在各畜种中增幅最大；羊只存栏292．7万只，比“七五”末降低了8．5%。

在保证农业生产需要的前提下，适当降低役畜比重，发展以日用、乳用为主的产品型大牲畜，加速大牲畜由役用型为主向乳、肉用型为主转化，提高其经济价值。非役畜占大牲畜的比重由“七五”末的25．8%提高到39．1%。

依托丰富的饲草、饲料资源，大力发展“两高一优”牧业和规模生产。“八五”期间，先后建成了十大牧业基地，确定了5个“两高一优”牧业示范区，涌现出6000多家各种类型的养殖专业大户，从而使全区肉、蛋、奶产量大幅度增加，极大地丰富了城乡居民的“菜蓝子”。

“八五”第四年，我区肉类总产量以每年净增1万吨的速度连续登上7、8、9万吨三个台阶，1995年一举突破12万吨；牛奶产量五年翻了一番半，1995年达到13．9万吨，人均占有量进入全国第5位的行列；离蛋产量年递增12．2%，达到3．9万吨。

养牛业迅猛发展成为我区“八五”时期畜牧业生产的一个支柱行业，1995年全区牛存栏达51．9万头，比“七五”末净增24万头，年平均递增13．3%，其中良种乳牛净增4万头，平均递增25．4%。同期牛肉产量由0．5万吨增至2．2万吨，翻了两番多，仅此一项使全区人均肉占有量净增加1．6公斤；牛奶产量由4．1万吨增加到13．9万吨，年递增27．8%。

渔业

“八五”是我区渔业发展最快的时期。1995年全区淡水养殖面积16万亩，水产品总产量达到1.9万吨，分别比“七五”末增长6．7%和87%，水产品产量平均递增13．3%。

“八五”时期，我区渔业发展具有以下几个特点：一是优质水产品比重上升。以鲤鱼为主的优质鱼类达水产品总产量的70%以上，比“七五”末提高了25个百分点；二是生产的均衡性增强，外向型程度提高。“八五”以来，水产品四季供应均衡，价格平稳，不仅满足了本区居民的需要，还大量供应周边省区。据不完全统计，1995年全区水产品外销量占50%以上，商品率达85%以上；三是规模化，效益化程度显著提高，目前，全区有6500多家养鱼专业户，其中：规模在100亩以上的大户达500家，据测，一般主养鲤鱼亩产达400公斤以上，每亩精养鱼池纯收入比种植业平均水平高1000元以上。1995年，全区从渔农民入场纯收入达2250元，高出农民人均纯收入一倍多。

我区渔业逐部形成了独立经营管理、技术研究、渔具生产、医疗防疫、饲料产品加工、市场营销等完整的行业体系，产业格局初具形态，目前，我区已成为西北地区最大的渔业生产基地之一和最重要的水产品集散地。

林果业

“八五”时期，全区年平均造林34万亩，比“七五”高出4万亩。据林业部门统计，“八五”时期全区造林核实合格面积180多万亩，合格率较“七五”提高了近5个百分点，森林覆盖率提高了近2个百分点。“八五”末活立木材蓄积量达674．3万立方米，基本实现了林地面积和林木蓄积双增长。林业建设以提高经济效益，发展生态经济型林业为重点，从林、树种结构两方面狠抓林业内部结构的调整优化，因地制宜发展经济林和用材林。据林业部门统计，“八五”期间，我区以水果为主的经果林净增加20多万亩，相当于解放以来到“七五”末的总和，以经济林为主的三条长廊初具规模。逐步实现从单纯的生态型为主向生态经济型，从生产型为主向生产经济型的转变。

三北防护林工程（宁夏区域）第二期工程到1995年全面完成，10年造林保存面积340万亩以上；全国治沙工程宁夏区域新增林地近40万亩；灌区第二代农田林网工程，累计完成骨干林带植树3590多万株，完成计划的60%，沿路、沿河、沿渠为重点的林网骨架已基本形成。

1995年全区水果种植面积达55万多亩，比“七五”末增长37．5%，水果总产量11．6万吨，人均占有22．8公斤，总产和人均量均为“七五”末的2倍多。

乡镇企业及农民生活

"八五"以来，我区提出"超常规"发展乡镇企业的战略，及时调整或制定各种优惠政策，因势利导，推动乡镇企业加速发展。

"八五"末，全区乡镇企业达到11.7万个，5平来平均每天产生20家乡镇企业，相当于"七五"时期的两倍多，乡镇企业总产值达56.9亿元，是"七五"末的4倍多，乡镇企业总收入和利润为57.8亿元和4.4亿元，分别为"七五"末的4倍和3.3倍，基本实现了产值、收入和利润同步增长。

经过"八五"时期的高速发展，目前，全区一半以上县（市）的乡镇企业产值超过亿元，过亿元的乡镇5个，过1000万元的企业10余家，有引进外资的企业数十家，出口产品交货额1.4亿元，成为我区出口创汇的一支重要力量，乡镇企业涉及我区经济领域的各部门，行业达40多个，产品技术含量不断提高，主导产品上百种，市场竞争力大大增强。在乡镇企业发展过程中，逐步形成了具有代表性的特色支柱产业；以能源优势为依托的高耗能工业，以农产品和农副产品为原料的加工工业，以煤炭、石膏等为主的采矿业和中小型建筑业等，这些行业创造了全区乡镇企业70%以上的产值和利润。

1995年，全区乡镇企业上缴国家税金2.9亿元，是"七五"末的4.9倍，每3元左右的地方税收就有1元是来自乡镇企业的；乡镇企业吸纳全区1/5以上的农村实有劳动力和1/3左右的农村剩余劳动力，大大提高了农村劳动力的非农化进程。"八五"时期，乡镇企业产值年平均递增30%以上，是我区国民经济中增长最快，最具活力的部分，乡镇企业产值与农林牧渔业总产值比由"七五"末的1∶1.8上升为1∶1，在农村经济中占居了半壁河山，在整个国民经济中七分天下有其一。

随着农村经济的发展，农民收入不断提高，1995年全区农民人均纯收入达1037元，比"七五"末净增加442.7元，增长74.5%（末扣价格因素，下同），其中：川区农民人均纯收入净增加724.7元，增长90.1%，山区增长65.4%，这一增速好于周边省区的陕、甘、青、新。

在农村经济全区发展过程中，仍然存在着一些突出的矛盾和问题，一是对农业基础地位的认识仍不充分。随着我区农产品有效供给能力的提高。人们对传统农业意识日益淡化，以资金为主的生产要素逐渐流向城市或工商等非农产业部门，今后，随着农业生产和开发规模的进一步扩大，资金供需矛盾更加突出；二是农业对国民经济高速发展支撑力度日渐下降，以粮食为主的主要农产品供求关系越发趋紧；三是以种植业为代表的农村经济效益不佳，比较效益低下，严重影响着粮食生产的发展；四是农民收入来源渠道狭窄，收入增长缓慢，农村脱贫致富奔小康的难度进一步加大。

（执笔　王振升）

工业生产稳步增长
经济实力日益增强

“八五”时期，我区工业战线努力克服各种矛盾和困难，使工业生产保持了稳步发展的态势，“八五”计划主要指标提前完成，工业经济体制和经营机制发生新的变化，内部结构得到调整，技术水平有所提高，经济实力明显增强，为“九五”继续发展奠定了良好的基础。

工业生产稳步增长
提前完成“八五”计划指标

“八五”时期，工业生产稳步加快发展。1995年，全区完成现价工业总产值197.7亿元，不变价工业总产值128.1亿元，超额12.4%完成计划指标，五年平均递增速度达到11.5%，比计划要求高2.5个百分点，按对比计算，各年增幅分别为5.7%、14.3%、13.8%、9.8%和14%，除1991年速度较低外，其余年份均高于计划指标。主要产品产量迈上新台阶，发电量、铁合金、轮胎、电解铝、水泥、机制纸及纸板等产品提前一年以上完成“八五”计划。

工业经济实力增强
在国民经济中的地位提高

“八五”期间，工业广辟资金来源，加快生产建设。1995年末，全区工业固定资产原值达到210亿元，比1990年增加137.4亿元，相当于“七五”时期固定资产增加额的4.1倍，年平均递增23.7%。人均装备系数由1990年的25367元/人提高到64085元/人，五年平均递增20.4%。1995年末，工业动力机械总能力达到386万千瓦，比“七五”末期提高41.4%，拥有金属切削机床、锻压设备1.12万台，煤炭、电力、冶金、化学、建材、造纸、食品等行业专用设备，不但数量增加，而且性能明显提高，具备了较先进水平和较高的生产能力。

随着生产和经营规模的扩大，工业新创价值也有较大提高。1995年，全区独立核算工业实现利税15.29亿元，比1990年增长1.87倍，平均递增23.5%，实现利润3.37亿元，等于1990年的2.88倍。五年累计实现利税47.5亿元，等于“七五”期间的1.7倍，“六五”期间的3.9倍。1995年，独立核算工业上缴利税14.12亿元，比1990年增长1.5倍，成为地方财政收入的主要来源，工业在国民经济中的地位和作用不断提高。

工业结构有所调整
行业格局出现新变化

“八五”期间，我区工业以市场为导向，按照国家产业政策的总体布局要求，继续依托本地资源优势，发展能源工业，拉长产业链，提高增值度，在优化结构的基础上，努力把资源优势转化为经济优势。从行业结构看，一是能源、原材料工业发展较快，比重提高，1995年，能源、原材料工业产值达92.7亿元；比1990年增长80.7%，占乡及乡以上工业比重由39%提高到51.8%，其中，电力工业年平均递增13.6%，所占比重由6.5%提高到9.8%；冶金工业平均递增12.2%，所占比重由15.3%提高到17.4%，石油工业平均递增30.3%，所占比重由1.1%提高到8.4%。二是高耗能工业得到长足发展。铁合金、电石、碳化硅、电解铝、金属镁、金属钠等产品已形成一定规模，1995年，高耗能工业产值69亿元，比1990年增长95%，占乡及乡以上工业的比重提高10个百分点。三是煤炭深加工产品有新的发展，1995年，洗煤、炼焦年生产能力分别比1990年提高264万吨和16万吨，双氢胺、活性炭、石墨及炭素制品等均已形成一定生产规模，并开拓了国内外、区内外市场，发展前景看好。四是支农产品发展较快，1995年，化肥、农膜、饲料、农用金属制品、农用机械等产品产值达16．4亿元，所占比重达9%。

从整体情况看，工业重型结构特征更为明显，“八五”期间，重工业年平均递增12．7%，大大主同志轻工业年平均递增7．7%的速度，轻重工业之比由1990年的27．7：72．3变为1995年的20．9：79．1。

工业技术水平不断提高 出口创汇产品逐年增加

“八五”期间，我区工业在依靠科技进步方面取得一定成效。五年间。国有工业更新改造投资39.49亿元，比“七五”期间的投资额高1．3倍，工业企业通过技术改造和设备更新投入，引进了一些具备国际水平和国内先进水平的生产技术、先进工艺、关键设备和生产线，提高了工业技术水平，加强了新产品开发。“八五”期间，全区大中型工业企业新产品销售收入14．6亿元，创利税2亿元；技术进步增添了企业的发展后劲。一些企业通过技术改造、技术引进，产品质量不断提高，优质名牌、出口创汇产品增多。1995年全区工业产品外贸商品出口额达15．8亿元，比1990年增长4．5倍，平均第年递增40．8%。

经济体制改革不断深化 企业活力有所增强

“八五”期间，我区工业内部经济体制改革进一步深化，在坚持公有制经济为主的前提下，实行国有、集体、个体、各种联合体一起上的方针，并采用多种形成引进外资，大力发展“三资”企业，出现了各种经济成份共同发展的新格局。五年中，国有经济平均增长6.5%，集体经济平均增长9.9%，其中，乡属企业平均增长17.2%，个体经济平均增长24%，“三资”、合营、股份制等其他经济类型经济平均增长1．13倍。这种不同的发展速度使各种经济类型工业在全部工业中的比重也发生相应变化，国有经济由1990年的78．6%下降为68．8%，集体经济由17%下降为13%，个体经济由3.8%上升为5.7%，“三资”、合营等其他类型经济由0.6%上升到12．5%。工业经济成份新格局的形成，给整个工业的稳步发展带来了生机和活力，形成了新的经济增长点。

在促进多种经济成份发展的同时，努力搞活国有企业和大中型企业，强化企业内部经营机制的转换，一是选择10户大中型企业进行现代企业制度试点，二是积极贯彻转机条例，促进企业建立适应市场经济的经营机制，三是加大组建企业集团和推动企业联合、兼并、租赁的步伐，四是引进外资对一些企业进行嫁接或改造。通过多种政策措施的贯彻实施，一些国有企业的大中型企业在激烈的市场竞争中取得了好的经营成果和经济效益。1995年，独立核算国有企业和大中型企业实现利税分别占全区独立核算工业的67．3%和78．2%，上缴利税分别占75．6%和73．7%。

“八五”期间，我区工业经济运行态势良好，成效显著。但也存在一些突出问题。一是企业运行血脉不畅，资金紧张对生产的约束较大；二是企业亏损严重，国有企业生产经营困难较大。五年累计亏损16．83亿元，等于“七五”期间的3．7倍，亏损额以29.7%的速度增加，尤其是国有企业亏损面高达42．7%，亏损额占全区工业亏损总额的84．4%，三是成本居高不下，各种费用支出不断增加，给企业生产经营和提高效益造成很大困难。四是企业资产负债率偏高，利息支出大幅度增加。1995年，工业企业资产负债率为67．3%，其中，流动资产负债率高达94.9%，全年利息支出11.16亿元，等于1990年的5．3倍。五是投入产出水平较低，工业经济增长质量不高。

针对上述问题，“九五”时期，我区工业经济工作的重点应放在转变经济增长的方式上，加强企业管理，提高企业对市场经济的适应能力，提高资金使用效益，依靠科技进步，调整产品结构，提高产品的技术含量和附加值，大力开拓区内外、国内外市场，把提高工业经济效益放在工业经济工作的首位。

（执笔　郭莲凤）

基础设施条件不断改善
交通邮电事业长足发展

“八五”时期，随着国民经济的迅速发展，宁夏交通邮电事业得到了长足发展。“一看电话，二看路，然后再来谈项目”，一语便道出了交通和邮电在当今经济生活中举足轻重的地位。当宁夏人挥别“八五”时，感受最直接、最深刻也是公路建设和通信的发展对人民生产、生活提供的种种便利和在宁夏经济建设中所发挥的重要作用。“八五”末我区全部通车里程达到9262公里，比1990年末增长7.4%，民用航空线路里程和输油管道里程也分别由1990年末的1660公里和270公里，增长到95年末的8611公里和348公里。全部运输工具完成的客货换算周转量由1990年的809225.3万吨公里，增加到1995年末的1227729.6万吨公里，增长51.7%，邮电业务总量（90年不变价）比1990年（4357.7万元）增长4.2倍，达22859.6万元。

交通运输

铁路自1958年宁夏有3铁路以来，发展一直较为平稳，1990年5万筑路大军按照国家统一规划，投入到“八五”国家重点建设项目宝中铁路的建设中，这条钢铁大道穿越陕、甘、宁三省区的14个市县，其中：就有我区的固原、彭阳、海原、同心、中宁、中卫6个县，在全长498.19公里中我区境内就有286公里，1994年6月10日已全线贯通，对缓解西北地区运输紧张状况，特别是对改变沿线贫困地区的落后面貌起到了重要的作用。包兰电力线工程在“八五”期间也取得了突破性的进展。截止1995年末，我区铁路通车里程达708公里，比“七五”末增加了287公里，增长68.2%，另外还有地方铁路253公里。五年来，铁路设施和技术装备均有了很大的改善，1995年末，拥有铁路机车203辆，比“七五”末期增加75辆，其中，蒸气机车比重逐年下降，而内燃机车、电力机车比重逐年上升，占总量的55%，客车171辆，比1990年增加40辆，95年共完成客运量195万人，旅客周转量55559万人公里，分别比1990年增长7.7%和18.7%；货运量完成1605万吨，货物周转量938271万吨公里，分别比1990年增长6.2%和56.9%，比1994年增长6.9%和30.6%，货物运输能力大大增强，由于客运票价的调整和我区公路设施的不断改善，部分旅客由公路分流。

公路建设，“八五”期间，我区重点建设项目是“一隧、两桥、四条路”，除六盘山隧道工程将于1996年5月贯通外，736米的青铜峡黄河大桥和1220米的银川黄河大桥均已建成，银古50公里一级公路，银—平镜内193公里改建二级公路，石嘴山—营盘水166公里改建二级公路，汝箕沟—西大滩37公里二级运煤专用公路，四项工程全部如期竣工，使我区公路干线网络基本形成，公路设施的整体素质有了明显的提高，公路运输生产发生了很大变化，从而使公路通车里程达到8554公里，比1990年的8200公里，增长了4.2%，银—古公路建成填补了我区一级公路的空白，高级和次高级公路1990年为2305公里，1995年末达到2910公里，占全部通车里程的比重逐年增加，二级以上公路占总里程的比重居全国各省、市、自治区第5位。“八五”末，我区公路桥梁已达993座29842米，特大桥就有4座3435米，虽然黄河流经我区只有395公里，但桥梁密度却是全国最大的省区。

改革开放的不断深入打破了国营运输企业独家经营的局面，出现了国家、集体、个体一齐上的新格局，综合运输能力不断增强。1995年末，民用汽车已达49888辆，比“七五”末期增长61．0％，比1994年增长7．5％，其中载客汽车16491辆，普通载货汽车30788辆，分别比1990年增长87．8％和50．4％，比1994年分别增长了15．0％和4．8％，个体和私营运输户，以其灵活、多变的经营方式，在激烈的运输市场竞争中日益壮大，截止“八五”末期，私人民用汽车已发展到11805辆，占全区民用车辆总数的23．7％；私人拥有的轮胎式拖拉机达113153辆，占全区总数的98．1％，已发展为我区运输市场的一股重要力量。经济的发展使人民生活水平不断提高，也为运输生产创造了良好的发展环境，全区摩托车数量也由1990年的20675辆，增长到1995年的35767辆，增长73．0％，其中私人拥有量占79．4％，与“七五”末期相比，汽车驾驶员也以平均每年增长14．6％的速度发展为74176人。

五年来运输结构发生了较大变化，公路运输量占全社会运输量的比重有了提高。1990年我区公路年货运量完成2178万吨，占全部货运的56．6％，货物周转量125898万吨公里，占总量的16．8％，到1995年末，公路货运量已达3519万吨，占全区社会运量的67．4％，货物周转量201549万吨，占全区货物周转量的17．5％。公路运输生产在宁夏经济建设中所起的作用日趋重要。如今宁夏行路难的问题也基本得到解决，1991年前，从银川—固原一个单程就得壹天，银平公路改造后，当天往返已不再是梦想。在公路设施日趋完善，载客汽车大幅度增长的同时，客运量也比1990年增长64．1％，达到4357万人，所占比重也由1990年的93．6％上升到95．4％，旅客周转量比1990年增长48．5％，达到215721万人公里，比重由75．6％上升到77．3％，比1994年分别增长12．6％和7．8％。

1995年末，我区共有独立核算运输企业46个，其中，国有企业38个。改革开放至今，个体运输成份不断增加，各项运输生产指标均已不程度地接近或超过了独立核算企业，面对激烈的竞争，国有企业不断转换经营机制，强化管理，努力提高职工业务素质，改善服务质量，树立国有企业在社会中的威信，在资金不足，设备陈旧老化的情况下，很抓多种经营，努力为国家多做贡献，1995年共创利税665万元。

宁夏民用航空近年来发展较快，“七五”末期，我区共开通国内航线1660公里，年运送旅客2万人，货物250吨，截止1995年末，航空线路里程已达8611公里，比“七五”末增长4．2倍，目前已开通的国内航线有银川—北京、银川—西安、银川—上海、银川—广州、银川—成都。中国联合航空公司银川办事处，早在1985年就开辟了西安—银川—北京航线。后又开通了银川—佛山航线，积极为地方服务，方便了宁夏乘客。1995年全区运送旅客13万人，发送货物1000吨，为我区经济发展和对外开放起到了良好的作用。目前我区还存在民航机场规模小，只能起降中小型飞机的问题，为改变这一状况，我区投入大量资金建设银川河东机场，并立项国家重点工程。1995年8月以来，宁夏民航注重西北空中运输市场的调整，多方与地方旅游部门联系，测算分析银川—敦煌—乌鲁木齐的客流量，从西北经济发展的实际出发，做好了开辟这条航线的一切准备工作，1996年4月27日正式开通，空中距离1976公里，它将对连接西安、银川、敦煌、乌鲁木齐，开通空中丝绸之路的北线，促进宁夏与新疆、与欧、亚、非其它地域的旅游、经贸关系，繁荣宁夏经济具有极其重要的意义，终于圆了宁夏人昔日之梦。

1995年，我区内河通航里程395公里，随着铁路和公路桥梁设施的不断改善，水运逐步萎缩，运输量逐渐转向铁路和公路。目前全区仅存机动船64艘，驳船8艘，大部分却是农民或个体户购置的船只用于黄河摆渡。

我区管道运输兴建较晚，1970年始建153公里，随着生产的发展逐渐延伸，到“八五”期间新建78公里，1995年末境内管道运输里程已达到348公里，全年运输油（气）96万吨，周转量10163万吨公里。展望“九五”管道运输发展前景较好。陕北靖边—银川天然气管道工程建议书已获国家计委批准，并于1995年立项，现已完成了勘测和评估工作，该项工程是宁夏化工厂第二套大化肥生产系统配套工程，建议规模管径426毫米，长度313公里。

邮电通信

几年来，我区邮电通信事业建设，努力克服过去单纯依赖国家投资的状况，大胆利用外资和国内贷款，多渠道筹集建设资金，实施规模投入，扩大了邮电通信能力，为繁荣我区经济、改善人民生活做出了贡献。目前已形成以银川为中心，具有一定规模的联结宁夏城乡和全国各地的邮电通信网络，“八五”期间，我区共投入12．4亿元，高起点，高速度大规模引进了程控交换、移动通信、无线寻呼、分组交换、数字微波、光纤通信等一批国内外先进通信设备，大大提高了全区通信装备水平，从而完成了从人工向自动化，从模拟向数字化的跨越，实现了全区乡镇通电话的目标。1995年9月30日我区地市县电话全部实现了程控化，成为西北各省区中率先实现交换程控化的省区，成为我区电信发展史上的一个重要里程碑。

1995年我区完成邮电业务总量22859．6万元，比1990年增长4．5倍，其中，邮政业务总量3133．2万元。在分项业务中，函件、包件、特快传递、报纸等发展平稳，邮政储蓄余额1995年末达到4．58亿元，占全区乡镇储蓄余额的3．8%。社会的进步和科技的发展促使电信业务迅猛发展，业务量1995年末已达到19001．6万元，通信能力明显增强，电话需求紧张状况明显缓解。全区市话和农话交换机总容量已分别达到30．26万门和2．35万门，比“七五”末期的3．08万门和0．55万门分别增长8．8倍和3．3倍，发展速度之快是前所末有的。全区城乡电话用户172070户，电话普及率达到4．4部/百人，超过全国平均水平，名列全国各省、市、区第12位，全区拥有电话机总数22．3万部，已通电话的乡镇286个。无线寻呼遍及全区各地市县。自1993年移动电话开通至今，已有14个市县开办此项业务，用户达到7073户，邮电综合通信网能力进一步增强，京呼银、西兰乌光缆工程“八五”期间已建成，光缆线路长度868公里，全区邮电局所312处比“七五”末增加66处，长话电路出由1990年的473路增加到3258路，增长5．9倍，为今后我区邮电事业大发展奠定了坚实的基础。

（执笔　孙　岩）

投资规模迅速增加　投资结构渐趋优化

“八五”时期，我区在“深化改革，调整结构，提高效益”的建设方针指导下，加强了对固定资产投资的宏观调控，注重地区和产业的结构调整，在资金相对困难的情况下，集中力量确保一批重点项目建成投产，有效地推动了我区的经济发展。

投资运行状况及特点

“八五”时期，我区固定资产投资基本上呈“马鞍”型增长状态。“八五”前三年投资增长较快，1991年增长31．2%，1992年增长32．2%，1993年增长38．2%。“八五”后两年受国家宏观调控政策的影响，我区全社会固定资产增幅逐渐回落。1994年增长15．8%，1995年增长15%。纵观“八五”投资情况，主要有以下特点：

一、投资规模快速增长，投资总量达到历史最高水平。

“八五”时期，全区累计完成全社会固定资产投资250．7亿元，比“七五”时期的94．3亿元增加156．4亿元，增长165．9%，“八五”时期年平均增长速度为26．1%，比“七五”时期平均增长速度高出近16个百分点。投资总量达到历史最高水平。

1．地方投资增长快于中央投资。

“八五”时期，我区全社会地方项目投资累计完成169．8亿元，比“七五”时期的80．9亿元增加88．9亿元，增长177．8%，占全区投资的比重由“七五”时期的64．8%上升到67．8%，中央项目累计完成投资80.1亿元，比“七五”时期增长143.8%，比地方项目的增幅低34个百分点，占全区投资比重也随之下降。

2．国有、集体、个体投资呈由低到高的梯次增长，“八五”时期我区国有单位完成投资196．1亿元，比“七五”时期增长165．2%，集体单位完成投资17．4亿元，增长161．7%，个体投资29．9亿元，增长117．8%。在国有经济中房地产投资增长最快，比“七五”增长了15倍。在集体经济中，农村集体由于乡镇企业发展较快，投资增幅最高。“八五”累计完成10．5亿元，增长208．2%，与此同时，城镇个体投资累计完成2．5亿，增长229.3%。

3．第三产业投资增长迅速。

“八五”时期，我区用于三次产业的投资均有不同程度的增长，其中：用于第一产业的投资9．5亿元，比“七五”时期增长137%，用于第二产业的投资112．3亿元，增长99．5%，用于第三产业的投资128．9亿元，增长285．1%。在三次产业中，第三产业投资增长最为迅速，且占投资总额的比重由“七五”时期的35．4%上升到51．4%，提高了16个百分点，第一和第二产业投资所占比重则分别降低了0．5和15．5个百分点。

二、投资结构得到调整，投资重点继续向基础产业和优势产业倾斜。

1．运输邮电业取得突破性进展。

交通运输邮电通讯业作为国民经济发展的大动脉，“八五”以来有了快速的发展。宝中铁路、银古公路、中卫和青铜峡黄河公路大桥及银川市程控电话扩容等工程的开工建设，使我区交通运输邮电通讯业投资大幅度增加。“八五”时期我区全社会交通运输邮电业累计完成投资50．8亿元，比“七五”时期的5．9亿增加44．9亿元，是“七五”时期的8．6倍。所占投资比重也由“七五”时期的8%上升到25．9%，提高了17．9个百分点。运输邮电业的高速发展极大地缓解了“瓶颈”制约，为我区经济的发展创造了良好的条件。

2．能源工业投资比重上升。

能源工业是我区的优势产业，“八五”时期为了发挥其优势，实行了工业投资向能源工业倾斜的政策。五年中，能源工业累计完成投资54．3亿元，占全区工业投资的比重由“七五”时期的47.7%上升到49.6%，上升了1.9个百分点。

3. 投资地区分布有了新的变化。

“八五”时期，我区投资结构又一变化是银川地区和银北地区基本建设投资比重下降，固原地区和部分地区基本建设投资比重上升。部分地区受宝中铁路、长庆油田投资的拉动，投资比重上升，幅度较大，更新改造投资则主要向银川地区和银南地区倾斜。见下表：

“七五”及“八五”时期各地区投资比重

单位：%

	“七五”时期		“八五”时期		“八五”比“七五”增减	
	基建	更改	基建	更改	基建	更改
银川地区	37.5	35.3	24.2	41.4	—13.3	6.1
银北地区	15.2	40.4	9.9	34.2	—5.3	—6.2
银南地区	33.5	16.6	32.7	20.7	—0.8	4.1
固原地区	5.7	3.5	8.0	3.0	2.3	—0.5
部分地区	8.1	4.2	25.2	0.7	17.1	—3.5

三、投资效果显著，为我区经济发展奠定了坚实的物质基础。

1. 宏观效果有所提高。

“八五”时期，我区在资金引导和使用方面始终坚持“效益第一”的原则，不断加强对建设项目和资金的管理，从而在增进投资效益方面取得积极成效。固定资产交付使用率和建设项目投产率两项指标均达到“六五”时期以来最好水平。“八五”时期，全社会累计新增固定资产213.7亿元，交付使用率为85.3%，比“七五”时期的83.4%又上升了1.9个百分点，其中：基本建设新增固定资产102.5亿元，交付使用率为81.5%，比“七五”时期的78.8%提高了2.7个百分点，更新改造累计新增固定资产45.2亿元，固定资产交付使用率85.1%，比“七五”时期的80.6%提高了4.5个百分点。“八五”时期，基本建设投产项目2167个，建设项目投产率62.3%，比“七五”时期的56.9%提高了5.4个百分点。更新改造投产项目1750个，建设项目投产率63.3%，比“七五”时期的61.8%提高1.5个百分点。

2. 建成一批重点项目和骨干工程。

“八五”时期，我区加大重点建设项目投资力度，在建设资金紧张的情况下，积极采取措施，保证重点建设工程的资金供给和施工进度。“八五”时期中央和地方在全区农业、能源、交通运输通讯、轻工、建材冶金等行业安排了27个国家和地方重点建设工程，五年来一批重点骨干工程相继竣工投入使用。其中有：宝中铁路、银古公路、青铜峡黄河大桥、大坝电厂一期工程、石嘴山三号井、宁夏水泥厂二期改造，西北轴承厂“八五”技改、银川橡胶厂改造、京呼银兰光缆工程、银川市话扩容、银川乳品厂、宁夏旅游宾馆、宁夏残疾人康复中心，青铜峡渠首电站等。这些工程的建成为加快我区经济建设发挥了重要作用。

3. 新增一批生产能力或工程效益。

“八五”时期，我区在建设过程中坚持“保投产、保收尾、保重点”的原则，使我区一批建设项目提前或按时竣工交付使用，并为我区新增一批生产能力或工程效益。主要有：原煤开采198万吨/年，发电机组容量73万千瓦，输电线路（11万伏安及以上）1255.5公里，变电设备170万伏安，轴承94万套/年，水泥21万吨/年，合成氨37万吨，新建改建公路1528公里，新建铁路286公里，市内电话自动交换机29.9万门，有效灌溉面积43.36万亩，城市储气能力85吨，高等院校学生习位1085个，中小学生习位77954个等。

存在问题及建议

一、继续加大农业投入，逐步强化农业基础地位。

“八五”时期虽然我区农业投资总量比“七五”时期增加较多。但农业投资占全部投资的比重由“七五”时期的4.3%降低到“八五”时期的3.8%。农业是我区的优势产业之一，但目前我区农业生产条件还十分落后，同时在我区贫困地区中有相当一部分群众尚未解决温饱问题。因此，必须牢固树立农业第一的思想，加实加大对农业的投入，进一步增强农业的基础地位。“九五”期间，在农业建设方面应把水利建设作为突破口，带动农林牧渔业的全面发展，逐步改变我区农业落后的面貌。

二、加大更新改造投资力度，提高更新改造投资比重。

多年来，我区更新改造的资金投入一直不够理想，“八五”时期占全社会投资比重仅为21.2%。只相当基本建设投资的42.2%。由于我区更新改造的投资绝大部分为工业企业，因此更新改造投资的多少，直接受到企业效益的影响和制约，企业筹措资金困难，再加上观念上的落后都直接影响了我区更新改造资金的投入。众所周知“内涵”扩大再生产投入少、周期短、效益好，是现有企业提高技术装备能力，促进产品更新换代，增强竞争能力的有效方式，这也是基本建设投资项目无法替代的。因此我区应不断加大更新改造投资力度，一方面依靠政府和金融等部门在资金投入上给于倾斜，另一方面要通过搞活企业，依靠调动企业积极性来提高企业筹措资金的能力，从而加快我区技术进步和技术改造的步伐。使我区的投资增长方式逐步向有利于经济增长的方式转变。

三、积极筹措资金，保证投资稳定增长。

资金不足是制约我区投资发展的重要因素，由于我区经济落后，财政负担较重，在建设过程中，地方的配套资金往往不能到位，从而影响工程的顺利进行及效益的正常发挥。多渠道，全方位筹集建设资金，保证投资任务的完成，仍然是今后时期的首要任务。“八五”期间，我区固定资产投资虽然较以往时期有较大增长，但并未摆脱与发达省区距离拉大的严峻局面，加之“八五”后期我区投资规模下降增幅过快，1995年扣除物价因素，投资增长不足6%，势必会对今后经济增长后劲产生一定影响。对我区这样一个经济不发达地区来讲，保持适度的投资规模来拉动经济发展是至关重要的。“九五”期间我区首先应努力保持投资的持续和稳定增长，避免大起大落；其次要保持适度的增长率，力争使全社会固定资产投资的实际工作量增长15%左右。

四、加快非国有经济投资，促进新的投资格局形成。

“八五”时期，我区国有经济投资所占比重为78.2%，仅比“七五”时期降低了0.2个百分点仍处于较高的地位。当前，全国非国有经济投资比重已占40%以上，在一些经济发达地区，非国有经济投资超过50%。“八五”期间，我区非国有经济投资最活跃的1995年，比重也仅为27%，大大低于全国平均水平。因此，今后时期，我区应把加快非国有投资作为重要方面来抓，在投资总量不断增长的同时，逐步提高其在全社会投资中的份额，推动我区多元化投资格局的形成和发展。

（执笔　哈昭）

建设领域成就斐然　存在问题亟待解决

“八五”时期，随着社会主义市场经济的建立，我区建筑业在加快改革步伐，转换经营机制过程中，克服重重困难，顽强拼搏，在激烈的市场竞争中不断发展壮大，在全区经济建设中发挥了支柱产业的作用。但由于受改革配套措施滞后及建筑市场不规范等因素的影响，建设领域中一些深层次的问题仍很严重，需要在改革的进程中认真加以解决。

主　要　成　绩

1. 建筑业在改革中发展壮大

“八五”时期，我区建筑业发展较快，施工企业不断增加，队伍不断壮大，到1995年末，全区城镇集体以上各种经济类型的施工企业达278家，比“七五”末期的1990年增加136家，其中：国有企业增加44家，集体企业增加87家。建筑企业的就业人员由1990年的5.89万人增加到8.86万人，增长50.4%，使2.97万人解决了就业问题。建筑企业经济类型日趋多元化。1995年全区278家建筑施工企业中，国有经济企业111家，集体企业156家，其他经济类型的企业有11家，不同经济类型的建筑企业共存的局面开始形成。随着新技术、新工艺的使用，我区建筑专业的类别更加齐全。与此同时，企业的经济实力进一步增强，到1995年末，全区建筑企业拥有固定资金98696万元，比“七五”末期的1990年增加了63183万元，增长1.8倍。其中国有企业增加43767万元，增长1.5倍，集体企业增加15215万元，增长2.8倍。全区建筑企业自有各类机械设备19523台，设备总功率34.02万千瓦，企业人均技术装备率和动力装备率分别达到34067元和3.8千瓦。

2. 建筑业生产大幅度上升

“八五”期间，全区建筑业共完成总产值80.2亿元，较“七五”时期增加51.6亿元，增长1.8倍，年平均递增速度达24.2%，其中：国有企业完成56.6亿元，增长1.6倍，集体企业完成22.9亿元，增长2.3倍。完成建筑业增加值24.8亿元，占国内生产总值的比重由“七五”末期的6.2%上升到“八五”末期的6.4%。五年间，全区建筑业完成的竣工产值60.5亿元，比“七五”时期净增42.5亿元，增长2.4倍，年平均递增18.3%，产值竣工率由“七五”时期的62.7%上升到75.5%，增长了12.8个百分点，建筑业生产的发展带动了我区建材工业、化学工业等相关行业的发展。

3. 有效供给增加

“八五”期间，全区建筑业建成交付使用的工程个数13816个；较“七五”时期增加5552个，增长367.2%，其中：建成投产的大坝电厂一期工程、银川市长途通信枢纽大楼、石嘴山三号井、银古公路、宁夏旅游宾馆等重点工程，已在我区的经济发展中发挥着重要作用。五年间，完成的各类房屋竣工面积953.41万平方米，较“七五”时期增加398.41万平方米，增长71.8%，其中住宅面积达429.34万平方米，增加265.34万平方米，增长61.8%，住宅面积占全部竣工面积的45%，使我区城镇居民的人均住宅面积由1990年的6.1平方米提高到了7.2平方米，为提高人民群众物质文化水平，改善居民居住条件做出了贡献。

4. 企业效益进一步提高

“八五”时期，全区建筑企业经济效益有了进一步的提高。全区各种经济类型的城镇集体以上的建筑企业共实现利润6477万元，较“七五”时期增加了4373万元，增长1.1倍，其中，国有企业实现利润3406万元，增加2472万元，增长2.6倍，城镇集体企业实现利润总额3562万元，增加了2392万元，增长了2倍。同时为国家上缴税金也大幅度增长，五年间累计上缴25425万元，比“七五”时期增加18866万元，增长2.9倍，其中国有企业上缴税金15746万元，增加11480万元，增长2.7倍，集体企业上缴税金9351万元，增加了7058万元，增长3.1倍。增长幅度也大大高于利润的增幅，为国家提供积累作出了积极的贡献。

存在问题

"八五"时期，我区建筑业虽然有了长足的发展，但随着改革的不断深入，围绕建筑业发展的一些深层次矛盾逐步显现出来，主要表现在：

1. 建筑市场不规范，法制不健全，造成工程质量下滑

目前在建筑市场上，违约行为和行业不正之风时有发生，特别是在工程招标投标中的不科学压价，挤兑工期，以及偷工减料等不法行为，造成建筑工程质量严重下滑。从1991年至1995年，我区建筑工程优良品率分别为11.4%、11.4%、21.8%、13.9%和12.4%。值得一提的是"八五"后两年呈下滑趋势，1995年国有大中型企业的优良品率，下降了4.7个百分点，竣工面积的优良品率仅为19.2%，仍处于低水平状态。

2. 粗放式经营未得到根本改观

"八五"时期，我区建筑业的生产规模和利税均比"七五"时期有大幅度增长，但各年的生产与效益增长是不同步的。如1992年，建筑业总产值较上年增长45.7%，而产值利润率确下降了0.8个百分点。1995年，全区建筑业总产值较上年增长6.7%，而产值利润率反而下降了2.2个百分点。这种生产与效益的不同步增长，充分表明建筑业的生产方式仍是生产速度性的粗放经营。

3. 企业亏损面仍比较大

"八五"时期，我区建筑企业亏损面连年扩大，亏损企业个数由"八五"初期的17家，增加到"八五"末期的71家，亏损面由"八五"初期的8.5%扩大到1995年的25.5%，上升了17个百分点。加上日益严重的工程款拖欠，使得建筑企业经营更加困难。1995年末，建筑工程拖欠款达2.6亿元之多，相当于全区建筑行业固定资产净值的34.7%，个别企业的拖欠款甚至相当于该企业固定资产净值的总额。建筑业长期被债务链所困绕，亏债经营，举步维艰。

4. 企业负担进一步加重

企业负担过重的问题在"八五"期间尚未得到有效的解决，特别是国有大中型建筑企业的负担进一步加重。1995年末，我区13家大中型建筑企业完成的总产值10.7亿元，占全区总产值的50.5%，而企业个数仅占4.7%，也就是说，建筑业总产值的一半是大中型企业完成的，但这些企业大都成立于五、六十年代，人员与设备趋于老化，离退休人员越来越多，各项福利费用严重超支，给企业带来沉重的负担，在竞争中失去优势，1995年13家大中型企业，亏损的就有4家，亏损额高达1283万元。

对策建议

"九五"时期，随着国家经济战略的西移，我区建筑业既有机遇，也面临着挑战，针对"八五"时期存在的问题，尚需从以下几个方面认真抓起，使我区建筑业走出困境，重振行业雄威。

1. 加大建筑市场的执法力度，坚持以"法"治市

要建立健全完整的建筑市场体系，规范市场行为，促进市场健康有序的发展，并按照社会主义市场经济的原则，把业主、承包商和中介方统一纳入市场范围，加快有形建筑市场的建设，变私下交易为公开交易，变无形市场为有形市场，杜绝投招标中的不正之风，早日为企业创造一个公开、公正、公平的竞争环境，有关部门要尽快制定出台地方建筑市场的政策法规，以便做到有法可依、违法必纠。

2. 切实提高建筑产品的质量

建筑产品是一种特殊的商品，其质量好坏，直接关系到人民群众的生命财产。"百年大计、质量第一"是建筑行业的宗旨，也是建筑业发展的基本条件，必须要树立以质量求生存，以质量求发展，以质量求效益的观念。尽快建立有企业保证、政府监督、社会监理的质量保证体系，实行从规划设计、土建施工、建筑材料、设备检验安装等全方位的质量控制，确保工程质量的稳步提高，必要时可实行工程质量否决制度，做到"以质兴业"。

3. 创造一个适应建筑业发展的宽松环境

从国家宏观管理角度讲，应制定出有利于建筑业发展的方针政策，首先，加快建筑产品的价格改革，扭转建筑产品价格背离价值的局面，使企业的支出和消耗得到应有的补偿，并逐步实现"市场定价"。改革目前执行的工程预决算办法，实行同类工程同一价格，取消按企业等级级别计费方法。实现

公平合理的竞争，尽快建立社会保障体系和待业保险体系，把企业从沉重的负担中解脱出来，使企业能够在一个较为宽松的环境中成长发展。

4. 建立“约束”机制，提高企业素质

目前我区建筑业应以建立现代企业制度为契机，在抓转机制、抓管理、练内功、增效益等方面下功夫，深化企业内部的改革，使企业由增量增速型向增质增效型转变，并结合建筑业的特点，探索现代企业制度，进行公司制改组，以及组建企业集团的途径。全面推行项目法施工，促进企业内部经营机构，用工制度、工资制度、财务制度等方面的改革，同时要加强企业内部的投入，更新设备、培训人员，以适应市场经济的需要，为我区经济建设多作贡献。

（执笔　贺惠英）

市场体系日益完善　消费市场繁荣活跃

“八五”时期，在国民经济持续、稳定发展的大环境下，我区消费品市场保持了繁荣活跃、稳步增长的运行状态，市场需求旺盛，货源供给充裕。同时，流通领域深化体制改革，加速了我区市场的建设和发展。

社会商业流通体系逐步健全

“八五”期间，随着流通渠道的不断增多，各种行业、各种经济类型零售网点如雨后春笋般地发展起来，彻底改变了国合商业独家经营的局面，已经形成了多种经济形式、多条流通渠道、多种经营方式、少环节的“三多一少”开放式商业流通网络。截止1995年底，全区社会商业零售网点达35430个，比1990年的28662个，增长23．6%，平均每万人拥有的商业零售由61个增加到69个。

多元化的流通结构已经形成，在1990年的社会消费品零售总额中，国有经济零售额占47．2%，集体经济占23．3%，个体及其他经济占29．5%；到1995年，国有经济占40．4%，集体经济占14．3%，个体及其他经济占45．3%，已呈现出国有与非国有经济各占半壁河山的局面。

商品市场体系不断完善。1990年，我区共有集贸市场216个，成交额61269万元，到1995年末，集贸市场已发展到289个，成交额猛增到259346万元，比1990年增长3．2倍，年平均增长33．5%。在初级市场发展的基础上，全区已建立规模较大的综合集贸市场239个，农副产品专业市场19个，工业品市场23个，形成了多层次、多功能的市场体系。

市场需求旺盛，总体供给充裕

市场需求的增长是保证市场繁荣活跃的重要因素，“八五”时期，我区城乡居民收入获得了较快增长，城镇居民人均生活费收入由1990年的1270．6元增加到到1995年的3026元，增长1．4倍，平均每年增长19%，快于“七五”时期的增长速度。农民人均纯收入由1990年的594．28元提高到1995年的1037元，增长74．5%，年均增长11．8%。

从市场供给看，“八五”时期总体供给充裕，品种丰富，质量、档次大大提高。做为流通主渠道的国合商业部门根据商品生产和市场发展的新情况，大力开拓新的经营领域，改变过去单一的经营方式，积极引厂进店、厂店联营，进一步扩大了经营范围，经销的商品品种花色近两万种，由于在开拓经营方面的不断努力，促使购销实绩逐年稳步增长，1995年全区商业厅系统和供销合作社从生产部门购进总值为130023万元，比1990年增长34．6%，年平均增长6．1%。

商品销售持续稳定增长
市场繁荣活跃

“八五”时期，市场销售为十一届三中全会以来增长最快的时期，并呈现持续、稳定增长的运行态势。1995年社会消费品零售总额达57．2亿元，比1990年增长1．3倍，“八五”平均每年增长17．7%，比“六五”、“七五”时期均高出3个百分点。

“八五”时期市场销售的一个明显特点是持续稳定增长，淡季不淡，月度之间、年度之间没有大的波动，分年度看，1991年增长11．2%、1992年14．3%、1993年19．2%、1994年22．2%，1995年仍保持平稳增长趋势，增长21．5%。由于我区城乡居民在收入提高的同时，城乡之间、地区之间、居民之间收入差距不断扩大，从而使消费市场在整体发展的同时，出现不同的消费层次。另外，居民消费观念改变，消费心理日趋稳定，冲击型抢购现象人人减少，这是“八五”期间市场平稳运行的一个重要原因。

个体、私营商业在改革中迅速发展

“八五”期间，随着市场经济体制改革的不断深入，我区个体、私营经济得到了迅速发展，到1995年底，全区个体、私营商业网点达35281个，从业人员52578人，分别比1990年增长48．4%和70．5%。网点和从业人员分别占社会商业网点总数的87．7%和49．5%。

个体商业的发展，对发展生产、搞活经济、繁荣市场、方便人民生活、安置社会劳动就业等方面起了重要作用。一方面，个体经营摊点发挥小、多、新、活的特点，起到拾遗补缺，完善城乡服务功能作用，大大方便了群众生活，缓和了买东西难、吃饭难、修理服务难的问题。另一方面，个体商业不仅就地购销，早晚经营、灵活多样，适应群众的生活需要，并且从事城乡之间、地区之间贩运，送工业品下乡，收农副产品进城，扩大了商品交流，特别是个体商业所经营的副食品和蔬菜，已成为社会供应的重要渠道。

（执笔　崔　琳）

利用外资不断扩大
外贸经济迅速发展

“八五”时期，随着改革开放的扩大和深入，我区对外经济贸易往来日益增多，对外经济贸易发展迅速，利用外资工作有了新的突破，特别是外商直接投资发展迅猛，旅游事业方兴未艾。

进出口额大幅度增加。

“八五”期间我区对外贸易一直保持稳步发展的势头。1995年全区进出口总额达27810万美元，比1991年增长1.7倍，“八五”期间我区进出口总额累计达到8.3亿美元，比“七五”时期的4.3亿美元增长92.3%。获得如此高速发展的主要因素在于：一是对外贸易规模不断扩大。1991年我国实行“统一政策、平等竞争、自负盈亏”外贸体制改革和1994年的汇率并轨制度，各外贸企业克服资金紧缺、出口成本上升等困难，及时把握国际、国内市场机遇，对外贸易事业得到长足的发展，1995年全区出口贸易总额达2.4亿美元，商品远销西欧、中东、东南亚和港澳台等50多个国家和地区。二是贸易渠道不断拓宽。实施宁夏—沿海—国外三点一线的对外开放战略，宁夏先后在深圳、广州、香港、新加坡等地设立对外窗口，积极参与香港、日本、新加坡以及国内举办的出口商品博览会，邀请客商来宁夏实地考察、洽谈贸易，开展促销活动，为扩大对外联系和交往创造了有利的条件，初步形成以欧共体、日本、美国为主，积极开发东南亚、东欧、独联体和伊斯兰国家出口的贸易市场。1995年出口额在1000万美元的国家和地区有香港、日本、南朝鲜、法国、意大利、英国、美国，出口总额为18871万美元，占全区出口总额的78%。三是进出口商品结构进一步改善，大宗出口商品比重增加。出口商品结构日益符合宁夏矿产资源较充裕这一特色，逐步形成以工矿产品为主体的商品结构，由过去的以农副产品出口为主向精加工、深加工、附加值高的工业产品转移，据统计1995年全区农副产品出口比重达21%，而工业产品比重则达79%，显示我区对初级产品加工能力的日益提高。

利用外资规模扩大，质量明显提高。

“八五”期间，我区利用外资工作发展进一步扩大，1991年至1995年全区共签定外商直接投资项目377个，协议金额20150万元美元。1992年自治区人民政府重新修订出台了关于鼓励外商投资的规定，初步形成多渠道、多形式招商引资新格局，仅1993年新签定外商直接投资项目181个，协议金额达11906万美元，分别比1992年增长118%和322%。截止1995年底，全区已注册登记三资企业361家，建成投产开业174家，实际利用外商直接投资3205万美元。纵观其发展有以下几个特点：一是投资领域扩大，工业投资占主体，截止1995年在已注册三资企业中工业236家，占65.4%，建筑业占7.5%，批发零售贸易业、餐饮业、公用事业和服务业等第三产业占24%。二是外商投资渠道拓宽。目前来宁夏投资的外商由1991年的香港、德国、美国等5个国家和地区发展到有日本、新加坡、台湾、俄罗期、马来西亚、意大利等24个国家和地区。三是从投资方式看，仍以合资为主，1995年全区合资企业228家，占63%，独资企业115家，占32%，合作经营企业18家，占5%。四是国有大中型企业与外商合资项目增多。1991年至1994年全区累计签定对外借款项目22项，合同外资金额10811万美元，实际使用外资金额8358万美元。重点加强农业、工业、卫生、教育和基础设施建设，有利促进宁夏技术进步和设备更新。

旅游事业方兴未艾。

“八五”期间，随着我区国际旅游事业的发展和旅游设施建设的日臻完善，旅游接待能力不断加强，1991年至1995年来我区游览观光、探亲访友以及从事各种商务活动的国际游客达1．66万人次，其中：外国人1．14万人次、港澳台同胞0．5万人次，国际旅游外汇收入累计达2792万元，1995年外汇收入938万元比1990年增长4．4倍。

（执笔　王增沈）

财政金融事业全面发展
宏观调控能力逐步增强

“八五”时期是我国经济体制改革加大力度、全面推进的重要时期。随着各项重大经济改革措施的相继实施，推动了我区财政、金融、保险事业的发展。

财政运行中的特点及贡献

“八五”时期我区财政工作对抑制通货膨胀，支持经济建设和社会各项事业的发展起到了积极的作用。

“八五”期末，全区财政收入8．98亿元，是“七五”同期的一倍半，年均增长24．0%，全区财政支出23．0亿元，是“七五”期末的一倍多，年均增长26．5%。

1．财政收支增速有所减缓，支出快于收入。“八五”期间财政收入均超额完成了预算，期末比期初增加2．17亿元，增长31．9%，年均增长26．4%，低于“七五”时期7．6个百分点，显示出我区企业经济效益下降，带来财政来源后劲不足的状况在加重。

财政支出基本控制在预算之内。1995年比1991年增加6．95亿元，增长43．3%，比财政收入高11．4个百分点，年均增长速度比“七五”低4．6个百分点，为28．7%。

2．收入结构发生了变化。(1)工商税收稳定增长，所占份额下降较多。1991—1995年递增速度为2．8%，但其占财政收入的比重却呈下降趋势。由“七五”时期的86．8%降至“八五”时期的84．1%，前两年保持在88%以上，是我区地方财政收入的主要来源，而财税体制改革后，工商税收所占比重均在80%以下，平均下降11．2个百分点。(2)农业四税和企业所得税已成为我区财政收入的另一稳定来源，“八五”期间二项合计占财政收入比重一直保持在15%左右。(3)个人所得税猛增。“八五”期间各级税收部门加强税收宣传和征收工作，提高了人们的税收意识，个人所得税从“八五”期初的2万元猛增到期末的3116万元。

4．财政投向呈现几个特点：(1)经常性支出快于投资性支出。“八五”期初经常性支出与投资性支出之比为1：0．4，在财政支出中的比重分别由55．4%和44．6%，变化为74．0%和29．0%，其中行政管理费支出占财政支出的比重由“七五”末期的8．5%上升至12．1%，反映出我区财政在不得不支付庞大的行政机构经常性支出的同时，只能压缩用于支持经济建设事业的投资性支出。(2)支农资金稳定增加，比重明显加大。“八五”时期比“七五”时期增加1．62亿元，占财政支出的比重由6．4%上升为14．1%，上升7．9个百分点，增加农业投入成为各级政府工作的重点。(3)价格补贴支出大幅度减少。“八五”期间财政用于价格补贴方面的支出达8．53亿元，有效地抑制了这一时期的通货膨胀，对安定人民生活起到了重要作用，但过大的价格补贴加重了财政的负担，“八五”期间仅此一项抵减财政收入20．5%，“八五”后期财政部门逐步调整了价格补贴政策，期末比期初减少了0．68亿元，年递减7．1%，比“七五”降低23．9个百分点。

金融信贷资金的主渠道作用日益增强

“八五”期间，全区金融部门坚持贯彻国家货币政策和各项宏观调控措施，促进了宁夏经济发展和改革的顺利进行。

1. 居民储蓄存款大幅度增加。“八五”期末，全区城乡居民储蓄111. 52亿元，比期初增加74. 43亿元，增加额为“七五”时期的2倍多，其中城镇居民储蓄增长快于农村居民，1995年末，城镇居民储蓄存款余额100. 07亿元，比1991年增加65. 71亿元，增长91. 3%，高出全区居民储蓄增幅8. 7个百分点，而农村居民增加额为8. 72亿元，增长36. 1%，低于城镇居民55. 2个百分点。居民储蓄稳定性增强，“八五”期末全区定期储蓄余额96. 70亿元，比期初增加62. 44亿元，所占比重始终在80%以上，活期储蓄18. 49亿元，增加11. 98亿元，定期占全区储蓄存款比重稳中有升，比期初高0. 6个百分点，居民储蓄的稳定性为金融机构提供了可靠的信贷资金来源。

2. 财政存款、企业存款、机关团体部队存款不同程度地增加。1995年末三项存款分别为5. 86亿元、45. 51亿元、2. 87亿元，比1991年末增加3. 81亿元、29. 43亿元、0. 34亿元，其中财政存款增长最快，1995年比1991年增长85. 9%，其次是企业存款，为83. 0%，机关团体部队存比较稳定，为13. 4%。

3. 金融贷款增加较多，投向基本合理。“八五”末期，全区金融机构用于支持经济发展的各项贷款为199. 01亿元，比期初增加105. 48亿元，增长12. 8%，其中国家银行各项贷款179. 21亿元，增加95. 30亿元，增长13. 6%。“八五”期间各金融机构严格执行国家贷款政策，突出重点，压缩一般，适度增加用于工农业生产和商品流通的流动资金贷款，努力优化信贷结构，截止1995年底，全区金融机构短期贷款128. 77亿元，占各项贷款的64. 7%，其中国家银行短期贷款为67. 60亿元，比期初增加68. 38亿元，增长29. 6%，重点支持了税收大户——国有大中型企业的正常生产经营活动。

4. 稳定增加农业投入，保证基础产业的发展。1995年末，全区用于农业生产贷款6. 69亿元，比期初增加0. 69亿元，比“七五”末期增加1. 49亿元，同时积极支持农村产品的收购工作，及时发放农副产品贷款，保证农副产品收购过程中不打“白条”，有利地调动农民的积极性。

5. 中长期贷款增长低于短期贷款。“八五”期间全区金融机构认真贯彻国家适度从紧的货币政策，严格控制固定资产贷款的发放，“八五”末期全区中长期贷款56. 63亿元，比期初增加32. 37亿元，增长33. 4%，增幅低于短期贷款9. 5%。

6. 现金收支迅速增加，货币投放增势猛烈。1995年末，全区现金收入310. 64亿元，比1991年增加233. 49亿元，增长2倍，现金支出325. 23亿元，增加242. 55亿元，增长近2倍，收支相抵，货币净投放14. 58亿元，比1991年增加9. 05亿元，增速达63. 7%，年递增13. 1%，增幅比“七五”时期高16. 0个百分点，年递增幅度也高出5. 8个百分点。

保险事业加速发展

“八五”时期随着人们保险意识的不断增强和我区保险业务的不断扩大，承保额由期初的72. 70亿元增加到111. 90亿元，保费由0. 64亿元增加到1. 59亿元，保险种类不断增加，由“八五”初期的59种增加到末期的98种，保险赔款增长100%，保险事业在我区经济建设和各项事业中真正起到了保驾护航的作用。

（执笔　张雪艳）

科学技术成果显著　教育事业欣欣向荣

"八五"期间，深入实施科技兴宁战略，以科技为先导、以教育为基础，科学技术成效显著，教育事业欣欣向荣，有效地促进了全区经济的发展和社会的进步。

科学技术成果显著

五年来，我区进一步加大科技体制改革力度，增加科技投入，广泛开展科研活动，科技实力增强，科技成果水平提高。

一、科技活动机构增加，科技队伍壮大，科技投入增加

1995年底，全区科研部门、高等院校和大中型工业企业创办的研究与开发机构130个，比"八五"初期的1991年增加了19个。其中16个是大中型工业企业办的开发机构。从事科技活动人员已达到1．2万人，比1991年增长1倍。其中科学家、工程师0．8万人，比1991年增长1．7倍。从人员结构上看，1995年投入的科技活动人员中大中型工业企业从事科技活动人员占32.7％，比1991年的29.8提高2．9个百分点。其中科学家、工程师的比重达到44．1％，比1991年的24．0％，提高20．1个百分点。科技活动人员增加，素质明显提高。科技活动人员投入逐步向产业部门倾斜，人员结构趋于合理。

与此同时，科技投入不断增加。1995年全区科技活动经费投入17287万元，比1991年增长1倍。"八五"期间年均增长19％，其中KD活动经费投入3004万元，比1991年增长54．8％，"八五"期间平均增长11．5％，从经费的使用情况看，53．5％用于科技业务和科研仪器购置，资金使用较为合理。从科技活动经费的筹集情况看，自筹资金占39.8％，比1991年提高5.6个百分点，政府拨款占21.0％，比1991年下降12.7％个百分点。银行贷款占36．8％，比1991年提高了21．6个百分点。"八五"期间科技活动经费筹集中，自筹和银行贷款所占比重明显上升、政府拨款所占比重逐年下降，多渠道筹集科技活动经费的格局已经形成。

二、科研水平得到提高，科技实力逐步增强

1995年全区实施科研课题（项目）1200个，比上年增加160个。其中RD课题430项，占35.8％，科技课题的水平明显提高。"八五"期间，全区专利申请860多项，获准专利560项。五年完成省级以上科技成果827项，推广应用科技成果537项。在此期间有7项成果获国家科技进步奖和国家星火奖。有300多项成果获自治区科技进步奖和自治区星火奖。

1995年全区科研部门、高等院校和大中型工业企业共发表科技论文652篇。出版科技著作53种，获奖成果83项，其中37项获省部级以上奖励，成果水平明显提高，实力逐步增强。

教育事业欣欣向荣

"八五"期间，全区各级党委和人民政府坚持"百年大计、教育为本"的方针，高度重视和支持教育工作，促进了各级各类教育事业蓬勃发展。

一、高等教育事业健康发展

1995年末，全区7所高等院校在校学生数达10686人，比1990年增加2694人，增长33．7％。其中我区地方投资的普通高等院校在校学生数达8978人，比1990年增加1629人，增长22．2％。全区高校的本专科学生的结构也发生了变化，本专科在校学生数的比例由1990年的1∶0．83调整到1995年的1∶0.93。五年中我区高等院校共培养大学本、专科毕业生11817人，其中地方院校五年中共培养大学本、专科毕业生10510人。平均每万人口中在校大学生数由1990年的17人，上升到1995

年的21个。在稳步发展高等学校本、专科教育的同时，又适度地发展研究生教育，五年内共培养研究生50人。

二、中等教育发展迅速

1995年全区26所中等专业学校着重挖掘现有学校潜力，积极创造条件，扩大招生规模。1995年共招生4512人，在校学生数达12463人，分别比1990年增长16．0%和7．1%。几年来，我区在办好普通高中同时，积极稳步发展职业技术教育。到1995年，全区各类中等职业技术学校招生13977人。其中中等专业学校4512人，职业中学招生4787人，技工学校招生4678人。五年中共向社会输送63302名毕业生。职业技术教育的发展不仅改变了中等教育结构，而且提高了劳动后备军的文化素质。普遍高中得到有计划地控制发展，1995年全区共有普通中学436所，在校学生为27．2万人，五年中共毕业43．0万人。

三、基础教育在巩固的基础上有新发展。

近几年我区基础教育的重点是在大力提高普及中小学教育成果的基础上逐步实行九年义务教育。到1995年全区共有小学校3843所，在校学生数达61．8万人，学龄儿童入学率由1990年的93.92%上升到1995年的96．2%，增长2．28个百分点，小学在校学生巩固率由1990年的95．9%上升到1995年的98.0%，小学毕业生升学率由1990年的85．99%上升到1995年的87．97%。初中在校学生数到1995年已达到21．9万人，12至14周岁适龄儿童，年入学率已达到55．87%。

四、成人教育以岗位培训和继续教育为重点，在整顿中提高办学质量。

1995年全区成人高校在校学生达6816人，比1990年的5964人，增长14．3%，成人中等学校在校学生达7992人，比1990年增加1276人，增长19．0%。五年间成人高等学校共培养出相当大专水平人才9818人，成人中等专业学校培养出相当中专水平人才8615人，成人技术培训学校向社会输送技术人员107．．6万人。

（执笔　吴亚明　门建军）

价格改革迈出重大步伐
存在问题应予充分重视

“八五”时期宁夏在巩固“七五”期间价格改革成果的同时，加大力度调整和理顺价格结构，建立和完善价格体系、价格运行机制和价格宏观调控体系，使扭曲的比价关系进一步得以改善，促进了宁夏国民经济的发展。同时，由于价格的持续大幅度上涨，通货膨胀明显加剧，带来了许多突出的社会、经济问题，亟需在“九五”期间加以改善。

“八五”期间宁夏价格改革进程

1994年按照中央“既要稳定物价，又要振兴经济”的指导思想，宁夏抓住宏观经济基本平衡的有力时机，整顿价格秩序，加强物价的监督检查，调整了原油、成品油、钢材、生铁和货运价格等项目，其中粮食平均销价提高68．2%，食用油价格提高159．3%，全年调价涉及六大类52种商品，累计提价金额达2．07亿元，提价的品种之广，金额之巨，是改革以来所没有的。由于价格调整时机合适，连锁反应得到控制，全年商品零售价格上涨5．9%，没有引起市场物价大的波动。

1992年宁夏在“巩固发展治理整顿成果、继续保持物价基本稳定，积极稳妥推进价格改革”的方针指导下，以建立社会主义市场经济体制为目标，转换价格形成机制，调整价格结构，2月份先后放开了78种区管商品价格和收费；4月份又对流通领域价格扩大了商业差率，对放开商品价格停止执行提价申报制度和差率控制，并下放了35种工业消费品价格和计划外机电产品价格、大部分机电产品配件、碳铵、烧碱等生产资料价格之后，又陆续放开了地产、煤炭、医疗器械、化学试剂、玻璃仪器和计划外有色、黑色金属价格等，全年共放开150多种商品和劳务价格。至此，由中央和地方管理的生产资料等商品价格已由1978年的321种类减少到127种类；工业消费品除金银首饰和部分药品外，价格全部放开；农副产品收购价格由1978年的169种减为11种，以市场形成价格为主的新体制初步确立，当年全区商品零售价格上涨7．3%，比1991年的涨幅高1．4个百分点。

1993年，在前几年大力度价格改革的基础上，放开了钢铁产品、统配煤炭的价格、调整了电费、铁路运价和提高了石油、液化气、食盐、化肥、农用地膜、黄金饰品和甜菜等商品价格，尤其放开了粮食购销价格，取消了生产资料价格“双轨制”，从根本上解决了计划经济体制的弊端，使价格改革发生了历史性的转折。但由于加大价格改革的力度，在价格机制转换过程中，潜在的通货膨胀压力释放加速，市场物价攀升，涨势迅猛。1993年全区商品零售价格上涨12．1%，比上年涨幅高4．8个百分点，其中食品类上涨12．8%，服装鞋帽类上涨12．9%，书报杂志类上涨25．9%，日用品类上涨11．3%。

1994年，国家在金融、外贸、财税、价格等方面相续出台了重大的改革措施，尤其价格改革力度继续加大。一季度国家调整了电力和煤炭价格，又陆续提高了化肥、原油和燃气价格，6月份又大幅度提高粮食收购价格，自治区也出台了自来水、农用水、公路运价、部分药品价格和服务收费标准。但由于市场发育的不健全，多年来积累起来的深层次矛盾没有得到缓解，市场物价逐月攀升，形势严峻。为了稳定市场物价，国务院决定严格制止新调价项目出台，对20种居民生活必需品及服务项目价格进行监审，并采取宏观调控措施，但全年商品零售价格仍上涨20．1%，超过了国家下达的10%控价目标，成为自治区成立以来物价上涨的最高峰。

1995年，宁夏把控制物价上涨，抑制通货膨胀做为全区经济工作的首要任务。围绕实现15%左右的控价目标，实行控价目标责任制管理，制定措施，不惜代价，狠抓落实，加大宏观调控力度，强化居民基本生活必需品及服务项目价格的监审，对粮油、肉禽蛋和鲜菜等主要副食品实行最高限价和补贴供应，工业消费品实行让利销售和差率控制，严控新出台调价项目，加大市场物价的管理、检查和监督力度，逐步完善各项价格法规和约束机制，建立粮食风险基金，增强了社会主义市场经济体制转变过程中驾驭宏观经济的能力。由于全区各级政府及有关部门的共同努力，控价工作取得明显成效，通货膨胀得到初步抑制，全区商品零售价格上涨15．3%，完成了全年15%左右的控价目标，为“九五”计划第一年创造了良好的经济环境。

“八五”期间市场物价运行回顾

“八五”期间由于国家放开、调整和理顺商品及服务收费价格，反映到市场物价总水平上，出现了物价连年大幅度上涨的局面。据统计，“八五”期间宁夏商品零售价格总水平累计上涨75.6%，年均上涨12%，比“七五”期间的平均涨幅高1．2个百分点，比全国平均11．4%的涨幅高0．6个百分点，1993—1995年连续三年物价涨幅超过二位数，分别达12．1%、20．1%和15．3%。从各类商品看：

一、食品价格大幅度上涨。“八五”期间我区加大粮食价格改革力度，1991年和1993年两次大幅度提高购销价格，多次提高了牛奶、糖料等主要农产品收购价格，禽畜产品受供求关系的影响和成本的牵动，收购价格逐年提高，“八五”期间宁夏农产品收购价格提高86．6%，受收购价格上涨的影响，食品零售价格水涨船高。“八五”时期食品类价格累计上涨1．45倍，比“七五”期间的平均涨幅高9个百分点，年均递升19.6%。由于食品价格上涨影响，“八五”时期商品零售物价总水平上升50个百分点，影响程度达64%，成为推动商品零售价格上涨的“龙头”。从各年份看，1994年和1995年食品价格上涨幅度较大，分别达36．4%和30．4%。从小类商品价格看，“八五”期间粮食类累计上涨1．45倍，年均递升19．6%；油脂类累计上涨1．56倍，年均递升20．7%；肉禽蛋类计上涨1.18倍，年均上涨16．4%；鲜菜类累计上涨1．34倍，年均递升18．6%。

二、工业消费品零售价格逐年提高。截止1995年底，我区日用工业消费品除食盐、金银首饰和部分药品仍执行国家定价外，其它商品价格全部放开，但由于受国家大幅度调整基础产业价格造成的成本推动及供需关系、经营费用上升的影响，零售价格逐年上涨。据统计，“八五”期间工业消费品零售价格累计上涨91．3%，年均递升13．9%，其中服装鞋帽类和纺织类价格分别上涨1．02倍和35%，年均递升15．1%和6．2%；书报杂志类受纸价上涨的影响，价格大幅度攀升，1993—1995年涨幅分别达25．9%、25．6%和19．7%，“八五”期间累计上涨1．03倍，年均递升15．2%；日用品类和文化用品类货源充足，价格稳中有升，“八五”期间分别累计上涨35．7%和30．7%；家用电器类供需趋于饱和，价格稳中有降，“八五”期间累计下降5%，年均下降1%，是“八五”期间累计下降5%，年均下降1%，是“八五”期间价格唯一下降的一类商品。

三、非商品收费价格上涨过猛。“八五”时期我区服务项目价格累计上涨1．32倍，年均递升18．3%，其中交通费用累计上涨80．3%，学杂费累计上涨87%，医疗保健费上涨2．78倍。这主要是“八五”时期国家为了理顺非商品收费价格，多次提高收费标准，促进了第三产业的发展，但名目繁多的乱收费，也助长了服务项目价格的上涨。

四、农业生产资料价格坚挺。“八五”期间宁夏农业生产资料价格上涨1.03倍，年均递升15.2%。其中化学化肥上涨96．2%；农药及农药器械上涨72%，半机械化农具上涨84．5%。其原因：一方面是1993年放开农资价格后，取消了“双轨制”，农资价格有较大幅度的上涨；另一方面是农产品价格提高后，农民的生产积极性高涨，对农资的需求量增加，导致供需结构矛盾突出，流通渠道较混乱，乱涨价和囤积抬价是农资价格上涨的主要原因。

“八五”期间物价运行中存在的问题

一、通货膨胀明显加剧。“八五”期间宁夏受全国投资、信贷规模扩张所拉动的需求膨胀和国家调整基础产业价格的影响，市场物价持续大幅度上涨，商品零售价格涨幅累计达75．6%，年均递升

12%，超过全国平均涨幅 0. 6 个百分点，其中从 1993 年 2 月（上涨 10. 1%）到 1995 年 8 月份（上涨 13%），价格涨幅突破二位数的时间长达 31 个月，1994 年 11 月份最高涨幅达 25. 1%，产生了明显的通货膨胀。1994 年以来，虽然国家采取相应的措施治理通货膨胀，使物价涨幅回落，但由于宁夏的经济比较落后，80%左右的工业消费品从外省区调入，受全国及外省的影响较大，自身抵抗和消化能力差，治理通货膨胀的难度加大，物价形势将更为严竣，影响我区国民经济健康、持续、稳定发展。

二、受物价上涨影响，部分城乡居民生活水平下降。“八五”期间宁夏城镇居民人均生活费收入提高 1. 38 倍，农村居民人均纯收入累计提高 89. 8%，但扣除价格因素后仅分别提高 20. 9%和 5. 7%。受物价上涨的影响，1995 年与 1990 年相比，人民币购买力降为 52%，贬值率为 48%。物价上涨对中低收入户的生活影响比较大，使城乡居民的贫困面扩大，尤其是城乡低收入户和停产、半停产以及困难企业的职工生活水平明显下降。

三、流通秩序的混乱加剧了物价上涨。“八五”期间宁夏放开价格后，流通企业具有充分的定价权力，国家虽然对不同种类商品有一定的差率限制，但绝大多数企业不同程度利用价格暴力、欺诈牟取高额利润。尤其是个体商业价格更加混乱，价格暴力、欺诈行为严重，服装、鞋帽、工艺品等类商品的进销差率在 1 倍以上，对紧俏物资囤积居奇，抬价牟利，并且假冒伪劣商品泛滥，严重损害了消费者利益。近两年，虽然出台了一些规范市场交易行为的法规，但仍然没有从根本上予以解决。

四、农业发展滞后，食品价格基础不稳固。“八五”期间宁夏加大对农业的投入力度，农业基础地位进一步加强，粮食产量累计提高 4. 9%，肉禽蛋产量累计提高 76. 2%，但由于人均占有粮食偏低和生产的不平衡，加剧了供需矛盾，同时农资价格上涨 1. 03 倍，农产品生产成本大幅度上升，推动零售价格的上涨。从需求情况看，由于生产的地区间不平衡和毗邻区需求拉动的影响，也将促动价格的进一步上涨。从当前的情况看，1996 年国家将进一步提高粮食购销价格和农资价格，必定推动市场物价的进一步上涨。所以食品价格的不稳，仍将是今后影响我区市场物价不稳定的主要原因。

（执笔　张祖辰　李清和）

城镇居民生活水平显著提高
存在问题不容忽视

“八五”短短五年间，在经济较快增长的基础上，我区城镇居民生活水平有了显著提高。但是，由于向社会主义市场经济转轨力度加大，出现了收入差距拉大，部分居民生活困难加剧等不容忽视的问题。

城镇居民生活水平显著提高

一、收入提高到一个新水平

1. 增速加快。“八五”期间，人均生活费收入增长速度为建国以来八个五年计划之冠。1995年，全区城镇居民人均生活费收入3026元，比1990年的1270元增收1756元，增加1.4倍，年递增18.9%。这一时期消费价格水平上涨也较快，但由于收入增幅超过物价涨幅，即使扣除价格上涨因素，实际收入仍增长20.9%，平均每年递增3.9%。与“七五”相比，实际收入高6.3个百分点，年均递增高1.4个百分点。

2. 增额超前。“八五”期间，宁夏城镇居民人均生活费共计收入10586元，比“七五”时期的5011元增加5575元，增加1.1倍。扣除价格上涨因素后，实际增收23.3%。实际增幅比“七五”高9.8个百分点。

3. 增幅显著提高。分组观察，最高户收入“一马当先”，增量和增幅最高。1990年，最高户人均收入为2281元，1995年为5981元，相比之下，1995年增收3700元，增幅为162.2%，扣除价格因素后，增长34.1%，平均每年递增6.1%。5年内共计收入20435元，比“七五”期间（9054元）增收11381元，增收1.3倍。高收入户占居民收入份额逐年提高。

二、消费水平全面提高。“八五”时期，全区城镇居民的消费支出逐年增多，到1995年人均消费支出达2866元，比1990年（1212元）增加1654元，增长1.4倍，年递增18.8%。扣除这一时期价格上涨因素，实际支出增长20%，平均每年递增3.7%。比“七五”时期的实际支出高7.4个百分点，平均年递增高1.4个百分点。

1. 消费构成趋于合理。“八五”时期，全区城镇居民消费构成出现新的变化。表现在：食品、用品支出比重下降，衣着、非商品支出比重上升。1995年全区城镇居民食品支出占生活消费支出的比重为46.5%。比1990年的52.8%下降6.3个百分点；用品支出比重为13.3%，比1990年的15.2%下降1.9个百分点。而衣着和非商品支出占生活消费支出的比重则由1990年的15.7%和10.2%上升为17.1%和17.6%，分别上升了1.4和7.4个百分点。

2. 消费质量日益提高。主要在食品消费方面，人们更加注重调整和改善饮食结构，具体表现为饮食逐渐向保健、营养、科学、多样、方便方向发展，高蛋白、低脂肪的禽、蛋消费量大幅度增加，1995年城镇居民人均消费家禽类比1990年增长98.3%，蛋类增长61.7%。同时随着生活节奏的加快，各种方便食品、小包装食品大量进入家庭。1995年城镇居民人均在外用餐91元，比1990年增长2.7倍。

3. 消费领域不断拓宽。主要表现在以下几方面：其一，衣着消费趋向成衣化、配套化、个性化。“八五”期间，我区城镇居民衣着消费发展较快，人们对衣着的选择性更强、更富个性化。其二，日用消费选择名优，样式求新。其三，居住条件不断改善。"八五"期间我区各级政府在推行住房制度改革的同时，积极筹措资金，千方百计地解决城市居民的住房问题，进行了声势浩大的危房改造、安居工程等，且不断开发新的住宅区，居民的住宅质量得到了较大改善。从住宅面积上看，1995年城镇居民人均居住面积达到11.3平方米，人均居住面积在8平方米以上的户由1990年的72%上升到1995年的78%，而人均居住面积6平方米以下的户由1990年的7%下降到5%。从住宅建筑类型看，具有配套设施的楼房比例提高，由1990年的52%提高到70%，而普通平房由1992年的39%下降到25%。从住宅的使用功能上看，随着城镇居住设计结构的合理化，住房的使用功能逐步齐全，如卫生间、厨房、门庭、暖气、封闭阳台、壁厨、饭厅等。1995年末城镇居民使用厨房的户达到99%，比1990年的4提高3个百分点；独用卫生间的户由1990年的46%上升到73%；使用暖气的户由1990年的38%上升到71%。

"八五"期间存在的主要问题

一、收入差距继续拉大

由于宁夏经济发展相对缓慢，区内经济发展不平衡，部分行业工资性收入增幅过猛，"八五"期间收入差距在"七五"的基础上继续拉大。收入差距拉大既包括高低收入户之间的差距，也包括宁夏与全国的收入差距。

1. 高低户收入差距拉大。"八五"期间，因各种原因，形成城镇居民之间的收入迥然不同，差距在悄然拉大。最高户与最低户收入之比已由1990年的3.45∶1，扩大到5.34∶1。行业之间的实际差距过大，尤其在"八五"后期更为突出。

2. 收入水平在全国位次快步后退。我区原属工资较高的地区，城镇居民生活费收入与全国平均水平相当。自1982年收入开始低于全国的平均水平，并快步后退。"六五"时期，平均差距为4.1%；"七五"时期，差距扩大为10.0%，"八五"时期，平均差距又扩大为20.3%。"八五"期间，我区城镇人均共计生活费收入10586元，比全国平均少收入2162元以上，而"七五"期间少收入为500元。

3. 逆向分配问题带来的负效应。随着经济的发展和改革的深化，我区城镇居民收入就平均而言，得到明显提高。但同时也出现富裕户生活收入大幅度提高，贫困户实际收入下降的局面。1994年占10%的最高收入户人均生活费收入由上年的3649.8元增加到5366..4元，人均增收1716.6元，增收达47.0%。扣除涨价因素，实际增收19.9%，为历年最高增幅。同样占10%的最低收入户生活费收入由上年的1025.04元增加到1205.76元，增加180.72元，增收17.6%，但由于物价涨幅过大，扣除价格因素后，实际收入反而减少6.6%。其中5%的更低收入户生活费收入由上年的941.88元增加到1016.46元，扣除价格因素后，实际收入竟下降14.2%，出现了严重的逆向分配问题，这种逆向分配与社会经济发展不相协调。逆向分配突出地反映在分配不公方面，出现富的更富，穷的更穷，既困扰经济发展，也增加了社会的不安定因素。

分配不公，以前主要表现在广大工薪人员与利用各种不正当手段包括非法手段大量快速聚敛财富的暴发户之间，而现在的分配不公还囊括了一些行业高度垄断的部门。他们的高收入与广大工薪员工之间有明显的差别，这些依据国有资产实行垄断经济的人员收入猛增，在城镇居民收入中如"鹤立鸡群"，形成强烈反差。

由于贫困户实际收入减少，不仅影响其物质生活，而且使其有限的医疗卫生条件进一步恶化，并且影响其子女的教育及其就业。极其困苦的生活条件难以培育健全的、高素质的劳动力，不能适应未来社会经济发展需要。同时，由于对物价上涨的承受力愈来愈低，生活不能保障也将影响社会的安定。

二、部分城镇居民生活困难加剧

贫困人口历来有之。1990年以前，尚主要表现为原民政救助对象的一些孤寡残人员。随着向社会主义市场经济迈进，我区不少企业难以适应新的经济增长方式，举步艰难，效益下降，亏损增多，出现了一批长年停产、半停产厂矿和单位，有的甚至濒临破产或宣布破产，并致使部分职工收入停滞、减少甚至停发。在市场物价快速攀升的情况下，收入停滞即意味减收。"八五"期间，城市贫困现象日趋严重，主要反映在：

1. 低收入居民收入没有提高。1995年最低户收入月人均124元，扣除实际物价因素，与1990年相比，没有提高。其中的部分户出现下降，个别户生活极其困难。

2. 贫困面扩大。由于目前全国城市不象农村已具有全国统一的贫困标准，因此衡量贫困面不尽统一。上海实行恩格尔系数法测定城市贫困线，对人均月生活收入低于贫困线的进行补助。若以此衡量，我区有近一半的城市居民户低于此标准。国家统计部门有关权威人士提出比例法测算，即按最低收入确定为贫困线，按照此方法衡量，全国约有3%的居民生活在贫困线以下。若以此为统一标准，1990年城镇居民最低层次收入全国平均水平为57.42元，我区低于这一水平的户占2.3%%；1994年，全国为1440元，我区低于这一水平的户占10.7%。四年间，贫困面比例扩大3.6倍，人数增至14.7万人。1995年贫困状况继续加剧。

三、物价上涨对居民生活消费影响较大，低收入户首当其冲。"八五"期间虽然城镇居民收入有较快增长，但物价涨幅过高，特别是近两年物价涨幅一直在两位数上运行。从表面上看居民消费金额增加较多，但扣除物价上涨因素增长不多，部分低收入户除了与高收入户承受同样的物价上涨压力，而且物价上涨主要表现为食品价格的大幅度上涨，这对食品消费比重大的困难户，犹如"雪上加霜"，为维持生活，不得不减少原本就十分有限的肉类消费。据调查，10%的低收入户，1995年猪肉消费量比1990年下降25.1%，牛羊肉下降37.6%，食用植物油下降3.1%。

（执笔　孙惠玲）

农民生活消费状况不断改善 消费水平得到较大提高

“八五”期间是国民经济发展及实施小康战略目标的重要时期，随着改革开放的不断深入，我区农村经济持续发展，农民收入跃上新的台阶，生活消费水平明显提高。

农民生活消费支出快于纯收入增长速度

1995年我区农民人均纯收入突破千元大关，达1037元，比1990年增长74.5%，平均每年递增11.8%，扣除价格因素实际年递增1.1%，人均生活消费支出1057.78元，比1990年增加571.46元，增长117.5%，年均递增16.8%，扣除价格因素，实际年递增3.8%。农民生活消费支出增长速度快于纯收入增长速度2.7个百分点。

1. 食品支出逐年增长，食物消费量有增有减。1990—1995年人均食品支出由275.25元增加到608.60元，平均每年增长17.2%。人均主食支出295.23元、副食支出234.52元，其它食品支出58.40元，与1990年相比，分别增长1.2倍、1.3倍和74%。1995年人均消费粮食274.67公斤，比1990年增长7%；蔬菜76.27公斤，减少11.2%；食油7.16公斤，增长27.9%，肉禽蛋鱼虾8.41公斤，下降20.7%。

2. 衣着支出稳定增加，成衣化倾向明显，服装质量提高。1990—1995年，人均衣着支出由50.71元增加到83.86元，年均增长10.6%。人均购买棉布0.37米，比1990年减少10.6倍，化纤布2.04米，增长23.6%；化纤服装1.06件，增长19.1%。此外，呢绒、绸缎、皮鞋、胶鞋等均有不同程度的增长，农民衣着消费趋向成衣化，多样化，衣着质量进一步提高。

3. 住房支出成倍增长，居住条件改善、质量提高。1995年人均居住支出146.30元，比1990年增长1.2倍，年均递增17.3%，人均住房面积19.7平方米，增长44.6%；其中：砖木及钢筋混泥土结构面积人均6.1平方米，增长4.8倍。新建房屋价值由每平方米60.97元增加到149.1元，增长1.4倍。

4. 家庭设备及用品支出增长迅猛，耐用消费品拥有量显著增加。1995年人均家庭设备及用品支出59.26元，比1990年增长1倍，年均递增15.4%。“八五”期间，农民家庭耐用物品拥有量逐年增多，特别是电风扇、洗衣机、电视机、电冰箱、摩托车、收录机等家用电器拥有量成倍增长。1995年末，每百户农户拥有电风扇12台、洗衣机29台、黑白电视机51台、彩色电视机36台、摩托车6辆、收录机38台，分别比1990年增长71%、46.4%、1.4倍、24%、1倍、1倍和46.2%。一些农户还购买了录像机、照相机、电冰箱等高档耐用物品。

5. 文化娱乐投资速度趋快。1995年农民人均用于文化教育用品及服务支出人均70.87元，比1990年增长1.1倍，平均年增长15.7%，是各项消费支出中增长最快的一项。农民在吃、穿、住、用等物质生活得到改善后，对精神文化的消费投向愈来愈重视，并呈持续增加的态势。

6. 医疗保健和交通通讯支出增幅较大。1995年农民人均医疗保健及服务支出44.31元，比1990年增长1.6倍，年均递增21.1%，用于交通和通讯的支出31.29元，增长1.6倍，年均递增18.1%。

不同地区、不同收入水平 农民生活消费差异发生变化

1. 山、川农民生活消费水平差距缩小

"八五"期间山、川农民纯收入大幅度增长，生活水平不断提高，消费差距逐步缩小。1995年川区农民人均生活消费支出1395.39元，比1990年增长1.1倍，年均增长16.3%，比纯收入增长速度快2.6个百分点，比全区生活消费平均增长速度低0.5个百分点。山区农民人均生活消费支出743.32元，比1990年增长1.5倍，平均年增长20.3%，比纯收入增长速度快9.7个百分点，比全区生活消费支出平均增长速度高3.1个百分点。在生活消费支出中，川区食品支出年均增长16.1%、山区增长19.7%，衣着支出川区增长10.1%，山区增长17.1%，用品及文化生活服务等支出川区增长17.7%，而山区增长27.8%。"八五"期间川区农民收入增加多、生活水平高，山区农民收入少、生活水平低，但近几年山区生活消费支出增长速度明显快于川区，差距逐步缩小，以山区生活消费支出为1，山川生活消费支出之比由1990年的1：2.3缩小到1995年的1：1.9。

2.不同收入层次农户的消费水平差距悬殊

1990—1995年，人均纯收入500元以下的农户人均生活消费支出由303.4元增加到593.83元；增长95.7%；生活消费中72.7%的支出用于吃饭上。这部分农户还不能满足基本的温饱问题，生活贫困。500—1000元的农户由577.83元，增加到971.95元，增长68.2%，生活消费中60%用在吃上，14.5%用在住房上，18.1%用在用品及其它消费上，穿着只占7.5%，这部分农户已基本解决温饱问题；1000—2000元的农户由930.31元增加到1243.31元，增长33.6%；这部分农户生活已达到较为宽余的水平，生活中注重提高食品，衣着质量，追求中高档物品消费，大力改善居住条件，其中吃的支出占55%，用品及其它支出占23%，住房支出占13.7%，穿着占8.3%。纯收入2000元以上的农户生活消费支出由1054.95元增加到1911.7元，增长81.2%，这部分农户城市化消费倾向明显，生活消费水平比较高，消费结构明显改善，与低收入户相比，食品消费比重下降，而用品、住房支出比重上升，1995年食品支出占47%、衣着占17.7%、用品及其它占17.1%、住房占18.2%。以1995年纯收入500元以下农户消费水平为1，从高到低四个不同收入层次农户生活消费支出比为3.2：2.1：1.6：1，消费差距显著。

城乡居民生活消费水平差距继续扩大

"八五"期间，农民生活消费水平虽然有较大提高，但与城镇居民相比而言，差距仍在扩大。1995年城镇居民人均生活消费支出2865.72元，比1990年增长1.36倍，平均年增长18.8%，比农村居民快2个百分点。农民与城镇居民生活消费比例由1990年的1：2.5扩大为1：2.9。城乡居民生活消费差距扩大的原因主要在于农民纯收入的增长低于城镇居民的增长，1990—1995年城镇居民生活费收入的实际增长幅度比农民纯收入快7.2个百分点，而农民纯收入不仅仅只用于生活消费，其中一部分要用于扩大再生产。缩小差距，首先要着力提高农民收入水平。

总体上看，"八五"期间，农民生活消费有了较大改善。但存在的问题仍比较多，主要表现在，消费水平层次比较低，仍有部分农户温饱问题没有解决；生活消费不平衡，质量不高，物价上涨对生活消费冲击大。因此，为了进一步提高农民生活消费水平，改善生活质量，一要保证农民实际收入逐年有所增长；二要稳定农村物价，特别是消费品价格；三要引导农民克服浪费、不科学的消费习惯，不断改善消费结构，提高消费水平；四要从政策、资金等方面向贫困地区倾斜、不断改善生产、生活条件，在生产发展、收入增长基础上，提高生活水平。

（执笔　韩惠萍）

统计资料

自治区篇

一、综合

主要统计指标解释

【国内生产总值】 是按市场价格计算的国内生产总值的简称。它是一个国家（地区）所有常住单位在一定时期内生产活动的最终成果。国内生产总值有三种表现形态，即价值形态、收入形态和产品形态。从价值形态看，它是所有常住单位在一定时期内所生产的全部货物和服务价值超过同期投入的全部非固定资产货物和服务价值的差额，即所有常住单位的增加值之和；从收入形态看，它是所有常住单位在一定时期内所创造并分配给常住单位和非常住单位的初次分配收入之和；从产品形态看，它是最终使用的货物和服务减去进口货物和服务。在实际核算中，国内生产总值的三种表现形态表现为三种计算方法，即生产法、收入法和支出法。三种方法分别从不同的方面反映国内生产总值及其构成。

【当年价格】 指报告期的实际价格，如工厂的出厂价格，农产品的收购价格，商业的零售价格等。使用当年价格计算的数字，是为了使国民经济各项指标互相衔接，便于考察当年社会经济效益，便于对生产和流通、生产和分配、生产和消费进行经济核算和综合平衡。

按当年价格计算的价值指标，在不同年份之间进行对比时，因为包含有各年间价格变动的因素，不能确切地反映实物量的增减变动。必须消除价格变动因素后，才能真实反映经济发展动态。因此，在计算增长速度时都使用按可比价格计算的数字。

【可比价格】 指在不同时期的价值指标对比时，扣除了价格变动的因素，以确切反映物量的变化。按可比价格计算有两种方法：一种是直接用产品产量乘某一年的不变价格计算；另一种是用价格指数换算。

【不变价格】 指用同类产品的年平均价格作为固定价格，来计算各年产品价值。按不变价格计算的产品价值消除了价格变动因素，不同时期对比可以反映生产的发展速度。新中国成立后，随着工农业产品价格水平的变化，国家统计局先后五次制定了全国统一的工业产品不变价格和农业产品不变价格，从1949年到1957年使用1952年工（农）业产品不变价格，从1957年到1971年使用1957年不变价格，从1971年到1981年使用1970年不变价格，从1981年到1990年使用1980年不变价格，从1990年开始使用1990年不变价格。

【平均每年增长速度】 在我国计算平均增长速度有两种方法，一种是习惯上经常使用的“水平法”，又称几何平均法，是以间隔期最后一年的水平同基期水平对比来计算平均每年增长（或下降）速度。另一种是“累计法”，又称代数平均法或方程法，是以间隔期内各年水平的总和同基期水平对比来计算平均每年增长（或下降）速度。

在一般正常情况下，两种方法计算的平均每年增长速度比较接近，但在经济发展不平衡，出现大起大落时，两种方法计算的结果差别较大。

【各个计划时期】 表内所用各个“时期”代表的年份如下：恢复时期为1950年到1952年；第一个五年计划时期(简称一五时期)为1953年到1957年；第二个五年计划时期（简称二五时期）为1958年到1962年；第三个五年计划时期（简称三五时期）为1966年到1970年；第四个五年计划时期（简称四五时期）为1971年到1975年；第五个五年计划时期（简称五五时期）为1976年到1980年；第六个五年计划时期（简称六五时期）为1981年到1985年；第七个五年计划时期（简称七五时期）为1986年到1990年。第八个五年计划时期（简称八五时期）为1991年到1995年。

【三次产业】 根据社会生产活动历史发展的顺序对产业结构的划分，产品直接取自自然界的部门称为第一产业，对初级产品进行再加工的部门称为第二产业，为生产和消费提供各种服务的部门称为第三产业。它是世界上通用的产业结构分类，但各国的划分不尽一致。我国的三次产业划分是：

第一产业：农业（包括种植业、林业、牧业和渔业）。

第二产业：工业（包括采掘工业、制造业、自来水、电力、蒸气、热水、煤气）和建筑业。

第三产业：除第一、第二产业以外的其他各业。

主要指标提要

	1990 年	1995 年	1995 年比 1990 年增长%
国内生产总值(亿元)(当年价)	64.84	169.75	47.6
工农业总产值(亿元)(当年价)	89.44	254.21	57.4
人均国内生产总值(元)	1393	3388	35.2

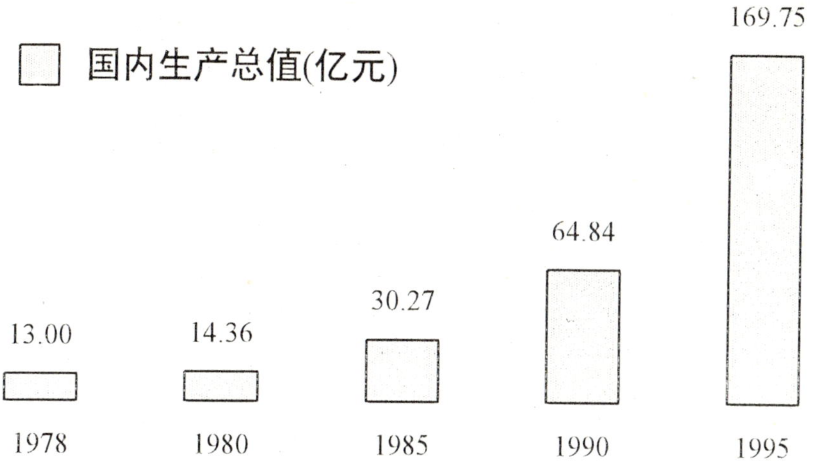

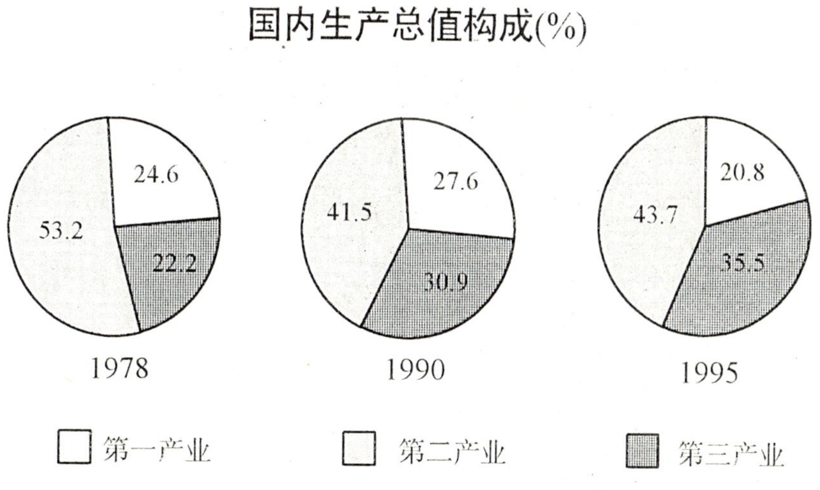

1—1 全区行政区划

（1995年底）　　　　单位：个

地县级单位名称	地级单位		县级单位		市辖区	乡级单位			街道办事处	居委会	村委会
	地区	市	市	县		合计	镇	乡			
总　　计	**2**	**2**	**2**	**16**	**6**	**298**	**67**	**231**	**29**	**512**	**2 555**
银 川 市	**-**	**1**	**-**	**2**	**3**	**28**	**7**	**21**	**16**	**207**	**212**
银 川 市	-	1	-	-	3	9	-	9	15	193	57
永 宁 县	-	-	-	1	-	9	3	6	-	9	73
贺 兰 县	-	-	-	1	-	10	4	6	1	5	82
石嘴山市	**-**	**1**	**-**	**3**	**3**	**37**	**13**	**24**	**12**	**188**	**224**
石嘴山市	-	1	-	-	3	1	-	1	12	153	4
平 罗 县	-	-	-	1	-	21	9	12	-	30	145
陶 乐 县	-	-	-	1	-	6	1	5	-	2	30
惠 农 县	-	-	-	1	-	9	3	6	-	3	45
银南地区	**1**	**-**	**2**	**5**	**-**	**110**	**31**	**79**	**-**	**83**	**861**
吴 忠 市	-	-	1	-	-	17	3	14	-	17	94
青铜峡市	-	-	1	-	-	13	6	7	-	19	98
中 卫 县	-	-	-	1	-	16	5	11	-	18	148
中 宁 县	-	-	-	1	-	17	3	14	-	4	104
灵 武 县	-	-	-	1	-	14	5	9	-	9	90
盐 池 县	-	-	-	1	-	16	3	13	-	12	98
同 心 县	-	-	-	1	-	17	6	11	-	4	229
固原地区	**1**	**-**	**-**	**6**	**-**	**123**	**16**	**107**	**1**	**34**	**1 258**
固 原 县	-	-	-	1	-	25	5	20	-	19	280
海 原 县	-	-	-	1	-	24	3	21	-	3	167
西 吉 县	-	-	-	1	-	26	2	24	-	4	302
隆 德 县	-	-	-	1	-	21	2	19	-	3	247
泾 源 县	-	-	-	1	-	8	2	6	-	2	95
彭 阳 县	-	-	-	1	-	19	2	17	1	3	167

1—2　历届区人民代表大会的代表人数

单位：人

项　　目	第一届	第二届	第三届	第四届	第五届	第六届	第七届
代表总数	208	107	81	698	461	425	432
在代表总数中							
女代表	14	-	-	156	93	88	70
占代表总数%	19.7	-	-	22.3	20.2	20.7	16.2
在代表总数中							
少数民族代表	91	-	-	247	185	171	144
占代表总数%	43.8	-	-	35.4	40.1	40.2	33.3
回族代表	89	-	-	223	171	165	136
占代表总数%	42.8	-	-	31.9	37.1	38.8	31.5
开会时间	1958年4月	1964年9月	1968年4月	1977年12月	1983年5月	1988年5月	1993年5月

1—3　历届区政治协商会议的委员人数

单位：人

	第一届	第二届	第三届	第四届	第五届	第六届
委员总数	110	155	223	278	400	336
在委员总数中						
中国共产党代表	28	26	107	95	120	131
占委员总数%	25.5	16.8	47.9	34.2	30.0	39.0
在委员总数中						
少数民族代表	48	46	59	86	90	123
占委员总数%	43.6	29.7	26.5	30.9	22.5	36.6
回族代表	44	44	54	73	80	104
占代表总数%	40.0	28.4	24.2	26.6	20.0	31.0
开会时间	1958年10月	1964年9月	1977年12月	1983年4月	1988年5月	1993年5月

1—4 自然资源状况

项　　　目	单　位	1995年	
一、自然状况			
1. 国土面积	平方公里	51 800	(约7770万亩)
#山　地	平方公里	8 179	
平　原	平方公里	13 897	
丘　陵	平方公里	19 679	
2. 气　　候			
全年平均气温	摄氏度	8.4	
年降水量	毫　米	291.1	
二、自然资源			
1. 土地资源			
可耕地面积	万公顷	175.89	(约2638.28万亩)
已耕地面积	万公顷	132.96	(约1994.37万亩)
园地面积	万公顷	2.73	(约40.94万亩)
林地面积	万公顷	36.29	(约544.29万亩)
#有林地面积	万公顷	10.20	(约153万亩)
林木蓄积量	万立方米	778.09	
森林覆盖率	%	4.85	
草地面积	万公顷	260.02	(约3900.34万亩)
#可利用面积	万公顷	260.02	(约3900.34万亩)
2. 水利资源			
淡水面积	万公顷	4.99	(约74.9万亩)
#可养殖面积	万公顷	2.30	(约34.48万亩)
#已养殖面积	万公顷	1.18	(约17.63万亩)
境内黄河长度	公　里	397	
境内黄河水面	万　亩	44.6	
水力资源蕴藏量	万千瓦	202.9	
可开发	万千瓦	194.7	
已开发	万千瓦	28.2	
3. 矿产资源			
煤保有储量	万　吨	3 094 301.5	
铁(矿石)	万　吨	105.8	
水泥用灰岩	万　吨	43 899	
石　膏	万　吨	126 608.6	
玻璃用砂岩	万　吨	1 506	

1—5 主要年份气象资料

年份	降水量（毫米）		无霜期（天）		初霜日（日/月）	
	引黄灌区	干旱山区	引黄灌区	干旱山区	引黄灌区	干旱山区
1952	214.4		164		26/9	
1957	122.3	160.3	166	152	25/9	25/9
1962	139.2	264.4	132	169	28/9	28/9
1965	115.9	178.7	123	189	6/9	14/10
1970	208.0	260.0	158	199	29/9	29/9
1975	172.4	188.6	166	177	4/10	29/10
1978	283.6	384.6	164	188	18/9	27/10
1980	77.9	164.4	166	181	4/10	1/11
1981	163.6	264.6	166	181	8/10	23/10
1982	92.9	128.4	171	186	26/9	27/9
1983	177.6	311.7	171	186	11/10	25/10
1984	196.9	274.9	155	164	4/10	5/10
1985	252.5	477.8	180	208	1/10	20/10
1986	156.8	224.1	199	208	20/9	29/10
1987	172.8	160.7	179	169	19/10	19/10
1988	162.4	315.0	165	191	5/10	5/10
1989	224.8	257.3	149	187	11/10	19/10
1990	252.8	386.7	161	173	13/10	24/10
1991	165.2	296.0	154	184	4/10	20/10
1992	295.4	241.6	179	179	6/10	6/10
1993	152.4	252.1	148	192	28/9	15/10
1994	122.4	241.4	130	168	28/9	15/10
1995	203.7	317.8	142	212	24/9	25/9

注：引黄灌区以永宁为代表，干旱山区以同心为代表。

1—6 各市县主要气象资料

(1995年)

市县名称	气温(℃)			降水量(毫米)	蒸发量(毫米)	日照时数(小时)	风速(米/秒)	
	平均	最高	最低				平均	最大
银川市	9.0	35.3	-16.9	233.1	1 654.5	2 931.2	2.7	21.1
永宁县	8.9	34.7	-18.1	203.7	1 794.7	2 997.5	3.2	17.7
贺兰县	9.2	35.0	-16.8	220.0	1 827.3	3 087.3	2.1	16.7
石嘴山市	10.1	35.6	-15.5	247.5	2 046.7	2 902.1	2.1	13.6
平罗县	8.8	34.3	-17.7	250.0	1 676.2	3 113.7	2.5	15.1
陶乐县	8.6	35.4	-18.6	209.2	1 682.2	2 900.8	2.9	14.5
惠农县	8.7	34.2	-19.0	256.3	1 983.0	3 002.7	3.4	21.2
吴忠市	9.5	36.1	-16.4	203.7	2 012.7	3 128.6	3.0	15.1
青铜峡市	9.5	34.0	-17.6	203.9	1 847.6	3 246.2	2.9	13.8
中卫县	8.6	32.3	-19.9	229.1	1 916.1	3 140.0	3.0	18.4
中宁县	10.2	36.1	-17.8	197.5	1 890.9	2 918.0	3.6	14.8
灵武县	8.8	34.6	-18.9	198.7	1 813.0	3 103.6	3.4	18.5
盐池县	8.4	34.7	-17.9	303.4	1 880.3	2 909.0	2.9	14.2
同心县	9.2	35.7	-16.7	317.8	2 060.1	2 778.4	3.0	13.2
固原县	6.7	30.3	-20.4	406.7	1 536.9	2 770.6	2.9	12.9
海原县	7.4	30.9	-15.3	475.3	1 626.8	2 629.5	3.2	18.1
西吉县	5.8	30.1	-20.2	447.8	1 502.7	2 541.3	2.3	13.7
隆德县	5.6	27.4	-19.4	427.0	1 452.7	2 435.8	2.8	14.1
泾源县	6.1	28.8	-19.2	500.0	1 608.8	2 719.1	3.8	15.7

1—7 主要年份国民经济主要指标

指标	单位	1978年	1980年	1985年	1990年	1994年	1995年
一、人口与劳动力							
年底总人口	万人	355.58	373.72	414.62	465.68	503.80	512.50
#回族人口	万人	109.47	116.73	133.76	153.89	169.16	172.41
年底劳动力资源人数	万人	178.50	194.33	221.80	259.55	318.20	324.80
年底从业人员	万人	135.63	146.52	177.38	211.17	232.68	240.60
#职工人数	万人	43.28	47.57	55.81	67.41	72.32	73.43
二、经济总量指标							
国内生产总值	亿元	13.00	15.96	30.27	64.84	133.97	169.75
第一产业	亿元	3.06	4.26	8.90	16.84	29.93	35.39
第二产业	亿元	6.60	7.27	12.12	25.34	55.78	74.14
第三产业	亿元	3.34	4.43	9.25	22.66	48.26	60.22
三、固定资产投资							
1. 全社会固定资产投资	亿元	4.27	3.98	13.63	21.96	60.98	70.12
2. 国有单位固定资产投资	亿元	4.22	3.93	11.29	17.51	48.87	51.40
# 基本建设投资	亿元	4.22	3.04	7.94	11.33	31.78	33.11
更新改造投资	亿元	-	0.89	2.65	5.20	13.39	14.96
3. 集体经济单位固定资产投资	亿元	0.05	0.05	0.99	1.26	3.68	4.17
# 城镇	亿元	0.05	0.05	0.60	0.51	1.08	1.55
农村	亿元	-	-	0.39	0.75	2.49	2.19
四、财政、金融							
财政收入	亿元	3.16	2.04	2.91	6.23	7.17	8.98
财政支出	亿元	5.78	5.75	9.85	14.47	19.38	23.00
全区存款余额	亿元	5.49	7.00	19.12	55.78	140.44	180.19
全区贷款余额	亿元	7.18	8.52	22.59	76.66	163.65	199.01

注：1991-1995年年底人口为人口抽样调查数。

1-7 续表1

指标	单位	1978年	1980年	1985年	1990年	1994年	1995年
五、物价指数(上年=100)							
1. 零售物价总指数	%	100.0	105.8	107.8	104.2	120.6	115.3
2. 城镇居民消费价格总指数	%	100.6	108.1	108.6	105.5	124.8	117.3
3. 农副产品收购价格总指数	%	101.1	110.7	107.2	98.3	135.5	123.8
六、人民生活							
工资总额	万元	30 826	40 350	65 560	146 646	306 732	371 795
平均货币工资	元	726	863	1 206	2 202	4 270	5 079
居民消费水平	元	185.3	226.7	370.0	634.2	1 355.0	1 643.0
农民	元	150.0	162.8	285.8	444.3	865.0	1 102.0
非农业居民	元	310.0	450.4	669.6	1 229.2	2 760.0	3 101.0
城镇居民人均生活费收入	元	320.4	437.6	672.5	1 270.6	2 657.7	3 026.5
农民人均纯收入	元	115.9	175.1	325.9	594.3	910.5	1 037.0
城乡居民储蓄存款余额	亿元	0.90	1.71	8.04	32.80	85.68	115.19
七、农业							
1. 农业总产值	亿元	4.81	6.41	12.02	24.69	45.80	56.55
2. 主要农产品产量							
粮食	万吨	116.98	120.36	139.53	193.30	200.83	202.95
油料	万吨	2.57	3.60	5.34	6.24	6.99	5.59
甜菜	万吨	2.36	6.70	38.52	47.79	52.82	49.48
猪、牛、羊肉	万吨	1.23	1.90	3.36	6.28	8.45	10.28
水产品	万吨	0.02	0.03	0.21	1.02	1.70	1.87
苹果	万吨	1.02	1.30	2.66	3.48	6.01	9.24
八、工业							
1. 工业总产值	亿元	13.85	13.92	24.30	64.75	149.71	197.66
2. 主要工业产品产量							
原煤	万吨	999.00	971.00	1 213.69	1 443.10	1 388.90	1480.30
发电量	亿千瓦小时	16.51	19.43	24.14	55.96	97.30	107.77
原油	万吨	39.54	56.46	39.80	25.77	30.11	39.04
钢材	万吨	2.78	4.12	3.88	4.75	7.02	7.58
铝	万吨	1.83	2.26	2.92	6.01	8.63	10.13
轮胎外胎	万条	30.09	29.30	34.34	63.50	144.20	164.67
农用化肥(折100%)	万吨	5.30	5.57	6.71	27.74	34.51	41.49
水泥	万吨	27.66	29.27	61.62	95.74	130.92	140.11

1-7 续表2

指　　标	单　位	1978年	1980年	1985年	1990年	1994年	1995年
毛　毯	万条	9.95	14.31	29.95	48.49	20.65	17.40
糖	万吨	0.25	0.55	2.08	4.35	2.95	2.83
3. 国有独立核算工业企业							
全员劳动生产率	元/人、年	15 145	13 516	18 798	25 560	31 288	33 904
4. 国有独立核算工业企业主要财务指标							
年底固定资产原值	亿元	20.16	23.60	36.52	65.16	143.14	183.14
年底固定资产净值	亿元	16.75	17.59	25.58	46.63	122.42	130.98
利税总额	亿元	2.13	2.13	3.30	4.46	7.84	10.28
九、运输、邮电							
1. 货物周转量	百万吨公里	5 622.20	4 510.30	6 196.80	7 478.93	8 888.27	11 500.29
# 铁　　路	百万吨公里	5 349.00	4 302.90	5 192.40	5 980.05	7 182.98	9 382.71
公　　路	百万吨公里	273.00	206.90	796.40	1 258.98	1 605.72	2 015.49
2. 旅客周转量	万人公里	44 223	61 200	121 000	192 033	263 766	279 190
# 铁　　路	万人公里	23 208	27 737	45 392	46 810	57 575	55 559
公　　路	万人公里	21 015	33 463	75 608	145 223	200 041	215 721
3. 邮电业务总量(1990年不变价)	万元	1 165.0	1 279.4	1 908.2	4 357.7	14 817.1	22 859.6
十、能源生产与消费(标准煤)							
能源生产总量	万吨	806.40	810.80	973.10	1 115.20	1 052.61	1 132.13
能源消费总量	万吨		320.06	420.41	707.31	740.77	775.20
十一、批发零售贸易餐饮业							
社会消费品零售总额	亿元	5.04	6.74	13.15	25.30	47.06	57.19
# 国有经济	万元	31 216	44 186	64 278	119 322	201 113	231 234
集市数	个		134	183	216	289	289
集市贸易成交额	万元		5 127	19 121	61 313	194 690	259 346

1-7 续表3

指　　　　标	单　位	1978年	1980年	1985年	1990年	1994年	1995年
十二、对外贸易							
进出口总额	万美元	2 962	4 674	5 426	8 491	17 823	27 810
出口额	万美元	2 271	4 352	3 416	7 679	14 636	24 012
进口额	万美元	691	322	2 010	812	3 187	3 798
十三、科技、教育、文化							
1. 高等学校在校学生数	人	2 890	4 156	6 425	7 992	10 502	10 686
2. 中等专业学校在校学生数	人	5 198	8 174	8 947	11 634	12 355	12 463
3. 普通中学在校学生数	万人	23.29	22.37	23.79	28.44	26.93	27.23
4. 小学在校学生数	万人	61.30	58.37	65.43	66.74	61.48	61.75
5. 图书出版数量	万册	1 136	1 433	2 206	1 890	1 674	2 310
6. 报纸出版数	万份	-	2 279	3 855	4 561	4 525	4 699
十四、卫　生							
医疗卫生机构数	个	828	919	1 059	1 165	1 037	1 028
#医　院	个	306	305	303	177	369	368
医院病床数	张	6 962	7 184	8 640	10 045	12 307	12 144
专业卫生技术人员	人	10 913	12 709	15 528	19 175	21 258	21 223
#医　生	人	5 131	5 664	6 852	9 185	10 134	10 267

1 8 国民经济主要指标发展速度

指标	1995年为下列各年%				平均每年增长%		
	1978年	1935年	1990年	1994年	1979－1995年	1986－1995年	1991－1995年
一、人口与劳动力							
年底总人口	144.1	123.6	110.1	101.7	2.2	2.1	1.9
年底从业人员人数	177.4	135.6	113.9	103.4	3.4	3.1	2.6
# 职工人数	169.7	131.6	108.9	101.5	3.2	2.8	1.7
二、经济总量指标							
国内生产总值	426.6	216.4	147.8	109.0	8.9	8.0	8.1
第一产业	251.0	126.9	108.1	101.1	5.6	2.4	1.6
第二产业	413.2	241.7	161.0	113.0	8.7	9.2	10.0
第三产业	669.2	272.7	163.8	108.9	11.8	10.6	10.4
工农业总产值	409.7	258.7	157.4	111.6	8.6	10.0	9.5
三、固定资产投资							
1. 全社会固定资产投资	1 642.2	514.5	319.3	115.0	17.9	17.8	26.1
2. 国有单位固定资产投资	1 218.0	455.3	293.5	105.2	15.8	16.4	24.0
# 基本建设投资	784.6	417.0	292.2	104.2	12.9	15.3	23.9
更新改造投资	－	564.5	287.7	111.7	－	18.9	23.5
3. 集体经济单位固定资产投资	8 340.0	421.2	331.0	113.3	29.7	15.5	27.0
四、财政、金融							
财政收入	284.2	308.6	144.1	125.2	6.3	11.9	7.6
财政支出	397.9	233.5	158.9	118.7	8.5	8.9	9.7
全区存款余额	3 282.1	942.4	323.0	128.3	22.8	25.1	26.4
全区贷款余额	2 771.7	881.0	259.6	121.6	21.6	24.3	21.0
五、人民生活							
工资总额	1 206.1	567.1	253.5	121.2	15.8	19.0	20.4
平均实际工资	162.0	115.5	106.0	90.1	2.9	1.5	1.2
居民消费水平	202.7	127.8	122.4	104.1	4.8	2.5	4.1

1-8　续表1

指　　标	1995年为下列各年%				平均每年增长%		
	1978年	1985年	1990年	1994年	1979-1995年	1986-1995年	1991 1995年
农　民	188.0	118.3	120.0	109.6	3.8	1.7	3.7
非农业居民	181.9	121.0	117.2	96.0	3.6	1.9	3.2
城镇居民人均生活费收入	944.6	450.0	238.2	113.9	14.1	16.2	19.0
农民人均纯收入	894.7	318.2	174.5	113.9	13.8	12.3	11.8
城乡居民储蓄存款余额	12 798.9	1 432.7	351.2	134.4	33.0	30.5	28.6
六、农　业							
1. 农业总产值	241.7	146.5	117.1	105.6	5.3	3.9	3.2
2. 主要农产品产量							
粮　　食	173.5	145.5	105.0	101.1	3.3	3.8	1.0
油　　料	217.5	104.7	89.6	80.0	4.7	0.5	-2.2
甜　　菜	2 096.6	128.5	103.5	93.7	19.6	2.5	0.7
猪、牛、羊肉	835.8	306.0	163.7	121.7	13.3	11.8	10.4
水 产 品	9 350.0	890.5	183.3	110.0	30.6	24.4	12.9
苹　　果	905.9	347.4	265.5	153.7	13.8	13.3	21.6
七、工　　业							
1. 工业总产值	494.3	318.9	171.9	113.2	9.9	12.3	11.4
2. 主要工业产品产量							
原　　煤	148.2	122.0	102.6	106.6	2.3	2.0	0.5
发 电 量	652.8	446.4	192.6	110.8	11.7	16.1	14.0
原　　油	98.7	98.1	151.5	129.7	-0.1	-0.2	8.7
钢　　材	272.7	195.4	159.6	108.0	6.1	6.9	9.8
铝	553.6	346.9	168.6	117.4	10.6	13.2	11.0
农用化肥(折100%)	782.8	618.3	149.6	120.2	12.9	20.0	8.4
糖	1 132.0	136.1	65.1	95.9	15.3	3.1	-8.2
八、运输、邮电							
1. 货物周转量	204.6	185.6	153.8	129.4	4.3	6.4	9.0
2. 旅客周转量	631.3	230.7	145.4	105.8	11.4	8.7	7.8
3. 邮电业务总量	1 962.2	1 198.0	524.6	154.3	19.1	28.2	39.3
九、能源生产与消费(标准量)							
能源生产总量	140.4	116.3	101.5	107.6	2.0	1.5	0.3
能源消费总量	-	184.4	109.6	104.6	-	6.3	1.8

1-8 续表2

指　　标	1995年为下列各年%				平均每年增长%		
	1978年	1985年	1990年	1994年	1979-1995年	1986-1995年	1991-1995年
十、国内商业							
社会消费品零售总额	1 134.7	434.9	226.0	121.5	15.4	15.8	17.7
十一、对外贸易							
出口额	1 057.3	702.9	312.7	164.1	14.9	21.5	25.6
进口额	549.6	189.0	467.7	119.2	10.5	6.6	36.1
十二、教育、文化							
1. 高等学校在校学生数	369.8	166.3	133.7	101.8	8.0	5.2	6.0
2. 中等专业学校在校学生数	239.8	139.3	107.1	100.9	5.3	3.4	1.4
3. 普通中学在校学生数	116.9	114.5	95.7	101.1	0.9	1.4	-0.9
4. 小学在校学生数	100.7	94.4	92.5	100.4	-	-0.6	-1.5
5. 图书出版数量	203.3	104.7	122.2	138.0	4.3	0.5	4.1
十三、卫　生							
医疗卫生机构数	124.2	97.1	88.2	99.1	1.3	-0.3	-2.5
医院病床数	174.4	140.6	120.9	98.7	3.3	3.5	3.9
专业卫生技术人员	194.5	136.7	110.7	99.8	4.0	3.2	2.1
#医　生	200.1	149.8	111.8	101.3	4.2	4.1	2.3

1—9 主要年份国民经济主要比例关系

单位:%

指标	1978年	1980年	1990年	1993年	1994年	1995年
国内生产总值中三次产业比例						
第一产业	24.6	28.2	27.6	21.1	22.3	20.8
第二产业	53.2	48.2	41.5	43.8	41.7	43.7
第三产业	22.2	23.6	30.9	36.1	36.0	35.5
国有基本建设中资金来源比例						
国家预算内投资	89.7	75.6	35.3	29.3	15.2	7.4
国内贷款	–	2.9	21.8	28.3	42.1	34.3
利用外资	10.3	0.2	2.5	4.2	7.0	7.5
自筹投资及其他投资	–	21.3	40.4	38.2	35.7	50.8
国有基本建设投资中能源、交通比列						
能源工业	57.3	17.8	48.3	25.3	26.4	25.6
交通邮电业	2.3	3.6	15.6	37.4	36.7	40.1
工业总产值中轻、重工业比例						
轻工业	24.9	27.0	27.7	21.8	20.8	20.9
重工业	75.1	73.0	72.3	78.2	79.2	79.1
农业总产值中四业的比例						
农作物种植业	78.7	82.5	70.9	71.2	68.9	67.4
林业	3.1	3.8	5.3	2.8	2.2	1.7
牧业	18.1	13.6	21.9	23.5	26.8	28.8
渔业	0.1	0.1	1.9	2.5	2.1	2.1
货运量中各种运输方式比例						
铁路	59.7	59.7	39.3	33.3	33.5	30.7
公路	38.9	31.2	56.6	64.9	64.2	67.5
水运	1.4	4.6	0.1	–	–	–
管道输油(气)	–	4.5	4.0	1.8	2.3	1.8
货物周转量中各种运输方式比例						
铁路	95.1	93.8	80.0	79.5	80.8	81.6
公路	4.9	4.5	16.8	19.4	18.1	17.5
水运	–	–	–	–	–	–
管道输油(气)	–	1.7	3.2	1.1	1.1	0.9
地方财政收入相当国内生产总值的比例	24.3	12.8	9.6	10.5	5.4	5.3

1—10　按经济类型分的国民经济主要比例关系

单位:%

指　　　标	1978年	1980年	1990年	1993年	1994年	1995年
全社会从业人数比例						
国有经济	28.00	28.20	26.70	26.44	26.59	26.15
集体经济	72.00	70.39	69.87	68.71	67.77	66.83
私营经济	-	-	-	0.61	0.93	1.12
个体经济	-	1.41	3.23	3.97	4.16	5.03
其他经济	-	-	0.20	0.27	0.55	0.87
全社会固定资产投资比例						
国有经济	98.9	98.9	79.8	78.5	80.2	73.3
集体经济	1.1	1.1	5.7	9.1	6.0	6.0
个体经济	-	-	14.5	11.4	8.9	15.2
其他经济	-	-	-	10.0	4.9	5.5
工业总产值比例						
国有经济	82.8	87.3	78.6	77.8	70.7	68.8
集体经济	17.2	12.5	17.0	13.6	12.4	11.1
其他经济	-	0.1	0.6	3.8	11.6	14.8
个体经济	-	0.1	3.8	4.8	5.3	5.3
社会消费品零售总额比例						
国有经济	61.9	65.5	47.2	47.8	42.7	40.4
集体经济	36.9	31.7	23.3	17.6	14.9	14.3
私营经济	-	-	-	0.8	1.6	2.1
联营经济	-	-	-	0.1	-	-
个体经济	-	0.3	17.2	18.7	22.1	24.5
其他经济	1.2	2.5	12.3	15.0	18.7	18.7

1—11 国内生产总值

（按当年价格计算） 单位：亿元

年份	国内生产总值	第一产业	第二产业	工业	建筑业	第三产业	运输邮电业	商业	人均国内生产总值（元/人）
1952	1.73	1.43	0.08	0.07	0.01	0.22	0.04	0.07	126
1953	1.68	1.31	0.11	0.10	0.01	0.26	0.05	0.08	115
1954	2.14	1.68	0.15	0.14	0.01	0.31	0.05	0.10	138
1955	2.24	1.71	0.17	0.15	0.02	0.36	0.06	0.11	138
1956	2.57	1.91	0.18	0.16	0.02	0.48	0.07	0.15	152
1957	2.58	1.80	0.22	0.20	0.02	0.56	0.09	0.18	147
1958	3.29	1.84	0.65	0.44	0.21	0.80	0.18	0.33	176
1959	4.36	1.82	1.34	0.94	0.40	1.20	0.25	0.56	217
1960	4.80	1.52	1.99	1.28	0.71	1.29	0.26	0.48	227
1961	4.15	2.12	0.86	0.82	0.04	1.17	0.14	0.52	199
1962	4.02	2.32	0.75	0.65	0.10	0.95	0.11	0.37	200
1963	3.96	2.06	0.85	0.70	0.15	1.05	0.13	0.41	195
1964	4.09	1.98	0.97	0.79	0.18	1.14	0.14	0.43	194
1965	4.66	2.24	1.24	0.98	0.26	1.18	0.16	0.47	211
1966	5.41	2.42	1.64	1.33	0.31	1.35	0.20	0.58	234
1967	5.47	2.62	1.63	1.33	0.30	1.22	0.18	0.51	228
1968	5.06	2.23	1.68	1.38	0.30	1.15	0.16	0.47	202
1969	5.86	2.31	2.14	1.75	0.39	1.41	0.25	0.58	225
1970	6.52	2.07	2.71	2.20	0.51	1.74	0.36	0.69	241
1971	8.12	2.70	3.35	2.71	0.64	2.07	0.44	0.80	288
1972	8.83	2.69	3.84	3.18	0.66	2.30	0.50	0.85	302
1973	8.96	2.40	4.15	3.41	0.74	2.41	0.48	0.86	296
1974	11.40	3.47	5.32	4.36	0.96	2.61	0.52	0.96	365
1975	12.06	3.35	5.90	5.03	0.87	2.81	0.61	0.99	374
1976	11.10	2.72	5.60	4.78	0.82	2.78	0.56	0.92	333
1977	12.13	2.93	6.25	5.35	0.90	2.95	0.61	0.93	354
1978	13.00	3.06	6.60	5.59	1.01	3.34	0.66	0.96	370
1979	14.36	3.41	7.36	6.37	0.99	3.59	0.65	0.97	399
1980	15.96	4.26	7.27	6.17	1.10	4.43	0.82	1.12	433
1981	17.42	5.47	6.97	5.64	1.33	4.98	0.85	1.13	460
1982	18.22	5.66	7.02	5.69	1.33	5.54	1.05	1.19	469
1983	20.79	6.62	7.87	6.35	1.52	6.30	1.20	1.33	525
1984	24.78	7.82	9.46	7.46	2.00	7.50	1.38	1.61	615
1985	30.27	8.90	12.12	9.32	2.80	9.25	1.75	1.87	737
1986	34.54	10.36	12.97	9.99	2.98	11.21	1.96	2.22	823
1987	39.63	10.44	15.77	12.44	3.33	13.42	2.46	2.83	922
1988	50.29	13.39	19.74	16.14	3.60	17.16	2.65	4.41	1 143
1989	59.21	14.80	24.39	20.91	3.48	20.02	3.33	4.90	1 317
1990	64.84	16.84	25.34	21.29	4.05	22.66	3.49	5.32	1 393
1991	71.28	17.90	27.77	23.12	4.65	26.11	4.20	6.45	1 511
1992	83.14	18.31	34.05	27.74	6.31	30.78	4.76	7.60	1 718
1993	103.82	20.84	45.52	37.15	8.37	37.46	5.19	9.45	2 123
1994	133.97	29.93	55.78	45.89	9.89	48.26	6.14	11.72	2 685
1995	169.75	35.39	74.14	62.45	11.69	60.22	8.39	14.28	3 328

1—12 国内生产总值指数

（按可比价格计算，以1952年为100）　　单位：%

年份	国内生产总值	第一产业	第二产业			第三产业		
				工业	建筑业		运输邮电业	商业
1952	100.0	100.0	100.0	100.0	100.0	100.0	100.0	100.0
1953	102.8	96.8	135.3	140.2	106.5	118.5	109.0	111.1
1954	130.9	123.5	189.4	201.0	120.5	142.4	115.7	132.0
1955	137.6	127.7	191.8	201.6	133.4	163.1	141.8	143.2
1956	165.9	152.3	202.6	212.7	142.4	217.5	171.8	185.6
1957	158.7	131.6	251.4	266.0	163.9	252.6	219.1	222.2
1958	223.5	150.4	727.7	571.7	1 658.4	361.3	418.6	401.4
1959	305.3	147.1	1 506.3	1 238.6	3 103.7	545.5	590.7	669.4
1960	322.0	122.9	1 928.1	1 447.8	4 793.4	582.8	621.0	684.0
1961	236.3	119.6	825.5	923.6	239.8	530.4	232.2	510.7
1962	212.0	117.2	751.2	765.1	668.3	429.0	174.5	382.0
1963	253.0	142.0	961.6	919.2	1 214.8	477.1	202.6	469.2
1964	278.1	155.7	1 115.4	1 057.3	1 461.9	503.5	227.1	517.6
1965	324.8	182.2	1 472.3	1 364.5	2 115.8	520.1	262.0	575.4
1966	377.5	183.8	2 046.7	1 934.0	2 718.6	594.1	363.6	738.2
1967	358.5	196.1	1 780.6	1 693.8	2 298.6	534.8	335.1	635.1
1968	344.9	168.3	1 958.7	1 881.8	2 417.3	506.9	296.8	574.9
1969	425.2	177.0	2 761.7	2 632.3	3 533.4	620.9	446.0	695.0
1970	505.5	170.4	3 645.5	3 453.1	4 793.0	769.9	653.2	828.6
1971	583.7	184.0	4 374.4	4 132.9	5 815.4	912.6	796.0	973.8
1972	637.2	184.2	5 030.6	4 865.3	6 017.1	1 013.0	907.7	1 028.3
1973	658.3	159.3	5 734.8	5 506.0	7 100.0	1 055.6	867.8	1 041.8
1974	793.2	226.3	6 652.5	6 362.9	8 380.5	1 144.3	929.5	1 163.6
1975	837.8	219.5	7 317.8	7 279.0	7 549.7	1 230.4	1 091.5	1 190.7
1976	801.9	186.6	7 320.6	7 294.2	7 478.5	1 217.4	1 003.7	1 104.5
1977	858.4	197.8	7 906.2	7 908.9	7 890.4	1 291.5	1 092.6	1 039.6
1978	934.5	209.6	8 704.7	8 601.0	9 323.9	1 407.8	1 194.4	1 071.5
1979	994.6	191.4	9 818.9	9 916.4	9 237.2	1 506.3	1 248.7	1 094.8
1980	1 073.6	225.3	10 054.0	9 965.5	10 587.0	1 696.4	1 462.8	1 157.8
1981	1 094.8	276.7	8 938.0	8 447.2	11 866.6	1 803.3	1 512.8	1 179.1
1982	1 192.7	278.1	9 608.4	9 092.8	12 684.8	2 172.9	1 899.5	1 216.3
1983	1 376.8	333.2	10 703.7	10 080.8	14 420.5	2 542.3	2 163.3	1 334.0
1984	1 564.7	383.8	12 138.1	11 170.6	17 910.7	2 860.2	2 481.6	1 527.1
1985	1 842.8	414.5	14 881.3	13 358.4	23 967.9	3 455.1	3 145.5	1 701.4
1986	1 995.6	440.3	15 833.7	14 232.6	25 386.2	3 891.7	3 533.2	1 943.7
1987	2 153.9	406.8	17 235.0	15 883.1	25 300.7	4 646.7	4 423.4	2 364.1
1988	2 415.2	443.8	19 510.0	18 627.3	24 777.2	5 241.5	4 768.4	3 149.0
1989	2 602.3	470.7	21 794.0	21 823.1	21 621.7	5 459.9	4 711.1	3 498.5
1990	2 697.9	486.8	22 334.7	21 909.6	24 871.4	5 750.5	4 595.8	3 800.1
1991	2 826.7	499.8	23 047.7	22 408.0	26 865.0	6 234.7	5 203.1	4 608.3
1992	3 069.0	478.5	25 938.5	24 674.8	33 478.5	7 092.6	5 695.8	5 431.5
1993	3 380.5	509.6	29 336.3	27 955.3	37 577.1	7 737.8	6 362.3	6 116.0
1994	3 657.7	520.3	31 829.9	30 611.1	38 554.1	8 650.9	6 960.0	6 372.9
1995	3 986.9	526.0	35 967.8	34 835.4	41 599.9	9 420.8	8 036.0	6 742.5

1—13 总 产 出

单位:亿元

指 标	按当年价格计算		构 成 (%)		1995年为
	1994年	1995年	1994年	1995年	1994年(%)
总 产 出	**326.67**	**410.84**	**100.0**	**100.0**	**112.7**
第一产业	45.80	56.55	14.0	13.8	105.7
农 业	45.80	56.55	14.0	13.8	105.7
第二产业	191.63	246.52	58.7	60.0	114.5
工 业	150.63	198.39	46.1	48.3	114.7
建筑业	41.00	48.13	12.6	11.7	113.6
第三产业	89.24	107.77	27.3	26.2	112.4
# 交通运输、仓储及邮电业	14.48	20.88	4.4	5.1	129.9
批发和零售贸易、餐饮业	27.77	30.23	8.5	7.4	102.4

注:发展速度按可比价格计算(下同)。

1—14 按支出法计算的国内生产总值

单位:亿元

指 标	按当年价格计算		1995年为
	1994年	1995年	1994年(%)
国内生产总值	**134.23**	**169.75**	**108.8**
一、总消费	95.17	113.31	105.1
(一)居民总消费	67.63	83.81	106.4
1. 农业居民	32.02	41.01	110.2
2. 非农业居民	35.61	42.80	102.7
(二)社会总消费	27.54	29.50	102.0
二、总投资	69.12	82.45	107.1
(一)固定资产形成总额	61.98	70.12	103.2
(二)库存增加	7.14	12.33	136.2
三、货物和服务净出口	-30.06	-26.01	-
出口	59.51	49.16	69.9
进口	89.57	75.17	73.8
四、统计误差	-0.26	-	-

注:统计误差=分配法现价国内生产总值-支出法现价国内生产总值。

1—15 总 消 费

单位:亿元

指 标	1994年		1995年	
	绝对额	构 成(%)	绝对额	构 成(%)
总 消 费	**95.17**	**100.0**	**113.31**	**100.0**
一、居民消费	67.63	71.1	83.81	74.0
1. 农业居民	32.02	33.6	41.01	36.2
自给性消费	12.80	13.4	15.11	13.4
商品性消费	15.53	16.3	20.64	18.2
文化生活服务性消费	2.15	2.3	3.10	2.7
住房及水电消费	1.54	1.6	2.16	1.9
# 住房消费	0.59	0.6	1.05	0.9
2. 非农业居民	35.61	37.5	42.80	37.8
商品性消费	29.10	30.6	34.89	30.8
文化生活服务性消费	5.79	6.1	7.15	6.3
住房及水电消费	0.72	0.8	0.76	0.7
# 住房消费	0.25	0.3	0.27	0.3
二、社会消费	27.54	28.9	29.50	26.0

1—16 总 投 资

单位:亿元

指 标	1994年	1995年
总 投 资	**69.12**	**82.45**
固定资产形成	61.98	70.12
国有经济	49.87	51.40
集体经济	3.69	4.18
其他经济	2.97	3.85
城乡居民私人住房	5.45	10.69
城镇居民	0.78	0.69
农村居民	4.67	10.00
库存增加	7.14	12.33
国有经济	-0.33	7.22
集体经济	2.47	0.91
其他经济	5.00	4.20

1—17 按分配法计算的国内生产总值

(1995年) 单位:亿元

项 目	增加值	劳动者报酬	固定资产折旧	生产税净额	营业盈余
总 计	**169.75**	**98.61**	**25.79**	**20.71**	**24.64**
第一产业	**35.39**	**32.81**	**0.88**	**0.69**	**1.01**
农 业	35.39	32.81	0.88	0.69	1.01
第二产业	**74.14**	**38.02**	**15.97**	**17.52**	**2.63**
1. 工 业	62.45	29.53	14.70	16.02	2.20
2. 建筑业	11.69	8.49	1.27	1.50	0.43
第三产业	**60.22**	**27.78**	**8.94**	**2.50**	**21.00**
1. 农、林、牧、渔服务业	0.87	0.81	0.06	-	-
2. 地质勘探业、水利管理业	0.91	0.70	0.19	0.02	…
3. 交通运输、仓储及邮电通信业	8.39	4.72	2.83	0.79	0.05
交通运输业、仓储业	7.34	4.18	1.70	0.67	0.79
邮电通信业	1.05	0.54	1.13	0.12	-0.74
4. 批发、零售贸易、餐饮业	14.28	5.67	1.30	-0.62	7.93
# 批发、零售贸易业	12.94	5.14	1.09	-0.81	7.52
5. 金融、保险业	17.06	2.66	0.86	1.78	11.76
# 金融业	5.36	2.59	0.83	1.71	0.23
保险业	0.57	0.07	0.03	0.07	0.40
6. 房地产业	1.79	0.12	1.36	0.24	0.07
房地产管理业	0.24	0.04	0.20	-	…
房地产开发业	0.42	0.08	0.03	0.24	0.07
城市居民自有住房	0.09	-	0.09	-	-
农村居民自有住房	1.04	-	1.04	-	-
7. 社会服务业	2.57	1.56	0.30	0.25	0.46
8. 卫生、体育和社会福利业	1.86	1.55	0.30	0.01	…
9. 教育、文化艺术及广播电影电视业	4.94	3.98	0.94	0.02	…
10. 科学研究和综合技术服务业	0.77	0.56	0.20	0.01	…
11. 国家机关、政党机关和社会团体	5.22	4.00	0.49	…	0.73
12. 其他(部队)	1.56	1.45	0.11	-	-

二、人口

主要统计指标解释

【总人口】 包括有常住户口和未落常住户口的人，以及被注销户口的在押犯、劳改、劳教人员，但不包括现役军人及人民武装警察。

【总户数】 包括家庭户和集体户。

【农业人口和非农业人口】 (1) 凡在农村从事农、林、牧、渔业的劳动者，以及乡和乡以下所办企业中不直接从事农业人口。(2) 国营的农、林、牧、渔、园艺场，拖拉机站在编的行政管理人员，文教卫生、财贸、邮电等人员，以及附属的独立核算的工业企业中常年不从事农业生产的国家职工，统计为非农业人口；这些单位的其他人员，都统计为农业人口。(3) 住在农村由职工、军人抚养的家属，退休职工等吃国家定量粮的统计为非农业人口。(4) 农业与非农业之间不好区分的，一般统计为农业人口。

【市镇人口数】 指市（包括县级市）、镇辖区内的全部人口。

【乡村人口数】 指县辖乡（不含县辖镇）的全部人口。

【性别比】 男性人数与女性人数之比（女＝100）

$$性别比=\frac{男性人数}{女性人数}\times 100\%$$

【年平均人口数】 指一年之中各个时点的平均生存人数。

$$年平均人口数=\frac{年初人口数+年末人口数}{2}$$

【出生人数】 指在一定时期内（通常为一年内）出生有生命现象（即有心跳和呼吸）婴儿数的总和。

【出生率】 指某个地区一定时期内的出生人数与同期平均人数之比。

$$出生率=\frac{年出生人数}{年平均人数}\times 1000‰$$

【死亡率】 指某个地区一定时期内的死亡人数与同期平均人数之比。

$$死亡率=\frac{年死亡人数}{年平均人数}\times 1000‰$$

【计划生育率】 指一定时期内（通常指一年）符合计划生育要求的出生人数与同一时期出生人数之比。

$$计划生育率=\frac{一年内符合计划生育要求的出生人数}{年出生人数}\times 100\%$$

主要指标提要

	1990 年	1995 年	1995 年比 1990 年增长%
年末总人口数（万人）	465.68	512.38	10.0
# 回族人口	153.89	172.41	12.0
出 生 率（‰）	24.34	19.28	-
死 亡 率（‰）	5.52	5.49	-
自然增长率（‰）	18.82	13.79	-

全区人口出生率、死亡率、自然增长率（‰）

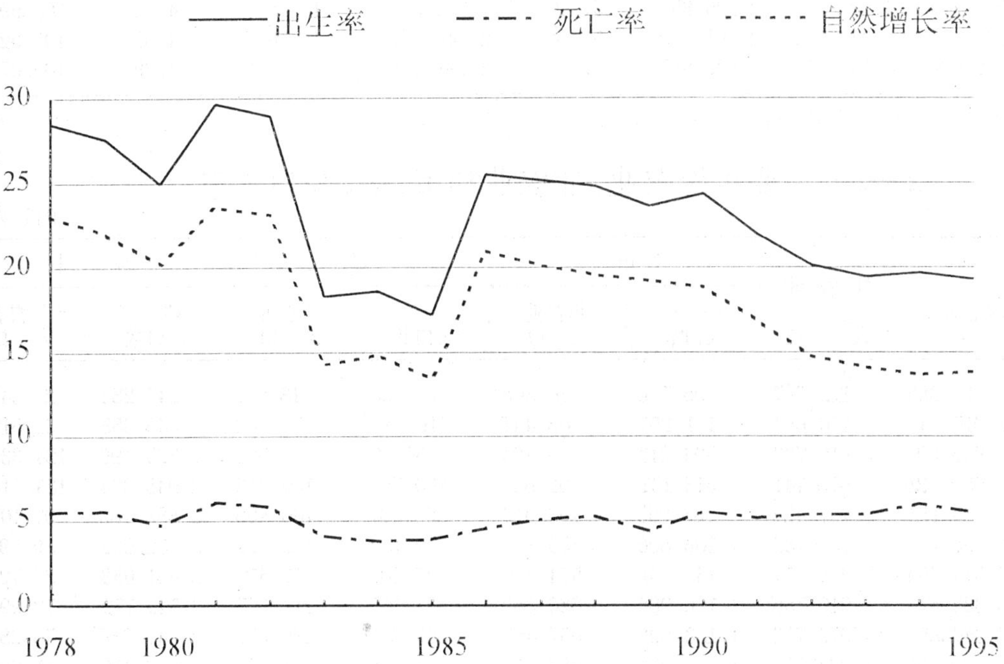

2—1 主要年份全区户数和人口数

年份	总户数(户)	总人口数 (人)					平均每户人数(人/户)	性别比(女=100)
		合计	男		女			
			人数	比重(%)	人数	比重(%)		
1952	254 281	1 424 152	755 894	53.08	668 258	46.92	5.60	113.11
1957	338 454	1 793 807	953 602	53.16	840 205	46.84	5.30	113.50
1978	667 996	3 555 828	1 841 668	51.79	1 714 160	48.21	5.32	107.44
1980	699 614	3 737 169	1 930 280	51.65	1 806 889	48.35	5.33	106.83
1983	759 001	3 990 540	2 060 293	51.63	1 930 247	48.37	5.26	106.74
1984	787 191	4 068 670	2 099 895	51.61	1 968 775	49.39	5.17	106.66
1985	808 315	4 146 215	2 137 278	51.55	2 008 937	48.45	5.13	106.39
1986	839 798	4 243 331	2 188 013	51.56	2 055 318	48.44	5.10	106.46
1987	879 620	4 351 553	2 245 877	51.61	2 105 676	48.39	4.95	106.66
1988	922 640	4 445 316	2 292 221	51.56	2 153 095	48.44	4.82	106.46
1989	959 209	4 548 081	2 344 052	51.54	2 204 029	48.46	4.74	106.35
1990	1 009 078	4 656 774	2 396 934	51.47	2 259 840	48.53	4.61	106.07
1991	1 034 681	4 738 791	2 439 762	51.48	2 299 029	48.52	4.58	106.12
1992	1 071 292	4 822 697	2 483 462	51.50	2 339 235	48.50	4.50	106.17
1993	1 099 661	4 908 582	2 525 650	51.45	2 382 932	48.55	4.46	105.99
1994	1 169 474	5 038 682	2 591 720	51.44	2 446 962	48.56	4.31	105.92
1995	1 195 094	5 123 845	2 632 599	51.38	2 491 246	48.62	4.29	105.67

注:根据公安部门户籍统计资料整理。

2—2 主要年份农业、非农业和市、镇、乡村人口

单位:人

年份	农业人口	非农业人口	市		镇		乡村	
			人口数	#非农业人口	人口数	#非农业人口	人口数	#非农业人口
1952	1 311 385	112 767	95 740	36 868	81 128	48 552	1 247 284	27 34
1957	1 617 146	176 661	131 952	68 447	116 497	75 702	1 545 358	32 51
1978	2 945 095	610 733	594 813	368 404	135 519	117 999	2 825 496	124 33
1980	3 059 028	678 141	613 131	402 669	160 704	139 756	2 945 334	135 71
1983	3 233 112	757 428	898 253	493 912	203 507	166 409	2 888 780	97 10
1984	3 286 487	782 183	1 106 806	539 871	199 182	152 714	2 762 682	89 59
1985	3 313 764	832 451	1 133 231	574 230	331 301	171 519	2 681 683	86 72
1986	3 332 573	910 758	1 166 985	620 589	531 167	217 177	2 545 179	72 99
1987	3 377 850	973 703	1 133 898	657 451	569 969	239 972	2 647 686	76 28
1988	3 420 526	1 024 790	1 162 902	682 310	598 995	261 277	2 683 419	81 20
1989	3 473 892	1 074 189	1 196 789	711 341	583 965	244 087	2 767 327	118 76
1990	3 542 939	1 113 835	1 228 411	732 334	664 508	301 659	2 763 855	79 84
1991	3 599 853	1 138 938	1 250 348	746 277	717 513	315 567	2 770 930	77 09
1992	3 656 949	1 165 748	1 273 702	761 773	813 066	325 507	2 735 929	78 46
1993	3 713 037	1 195 545	1 297 492	781 670	985 862	339 398	2 625 228	74 47
1994	3 695 492	1 343 190	1 347 777	849 840	1 119 748	408 424	2 571 157	84 92
1995	3 744 295	1 379 550	1 376 518	874 195	1 139 515	419 866	2 607 812	85 48

2—3 主要年份民族人口和构成

年份	汉族		回族		其他少数民族	
	人口数（人）	比重（%）	人口数（人）	比重（%）	人口数（人）	比重（%）
1952	966 165	67.84	465 659	32.07	1 328	0.09
1957	1 198 649	66.82	593 135	33.07	2 023	0.11
1978	2 457 551	69.11	1 094 660	30.78	3 617	0.11
1980	2 565 593	68.65	1 167 257	31.23	4 319	0.12
1983	2 706 220	67.82	1 276 388	31.98	7 932	0.20
1984	2 749 431	67.58	1 309 094	32.17	10 145	0.25
1985	2 797 427	67.47	1 337 561	32.26	11 227	0.27
1986	2 856 089	67.31	1 373 102	32.36	14 140	0.33
1987	2 918 472	67.07	1 416 085	32.54	16 996	0.39
1988	2 973 478	66.89	1 454 353	32.72	17 485	0.39
1989	3 032 565	66.68	1 496 939	32.91	18 577	0.41
1990	3 098 093	66.53	1 538 925	33.05	19 756	0.42
1991	3 145 793	66.38	1 572 370	33.18	20 628	0.44
1992	3 194 363	66.24	1 606 934	33.32	21 400	0.44
1993	3 247 349	66.16	1 639 100	33.39	22 133	0.45
1994	3 323 330	65.96	1 691 572	33.57	23 780	0.47
1995	3 374 813	65.86	1 724 148	33.65	24 884	0.49

2—4 主要年份人口自然变动情况

年份	平均人口（人）	出生		死亡		自然增长	
		人数（人）	出生率（‰）	人数（人）	死亡率（‰）	人数（人）	自然增长率（‰）
1952	1 378 010	68 763	49.90	30 923	22.44	37 840	27.46
1957	1 757 014	75 973	43.24	19 433	11.06	56 540	32.18
1978	3 511 449	99 991	28.48	19 169	5.46	80 822	23.02
1980	3 689 265	92 069	24.96	17 430	4.72	74 639	20.24
1983	3 960 472	72 451	18.29	16 084	4.06	56 367	14.23
1984	4 029 605	74 855	18.58	15 196	3.77	59 659	14.81
1985	4 107 443	70 552	17.18	15 934	3.88	54 618	13.30
1986	4 194 773	106 925	25.49	19 044	4.54	87 881	20.95
1987	4 297 422	108 038	25.14	21 659	5.04	86 379	20.10
1988	4 398 435	109 037	24.79	23 048	5.24	85 989	19.55
1989	4 496 699	106 107	23.60	19 707	4.38	86 400	19.21
1990	4 655 451	113 470	24.34	25 759	5.52	87 711	18.82
1991	4 749 749	104 328	21.96	24 366	5.13	79 962	16.83
1992	4 839 980	97 332	20.11	25 942	5.36	71 390	14.75
1993	4 912 506	95 450	19.43	26 331	5.36	69 119	14.07
1994	4 995 500	98 261	19.67	30 073	6.02	68 188	13.65
1995	5 081 264	97 967	19.28	27 896	5.49	70 071	13.79

2—5 暂 住 人 口 情 况

(1995年)　　　　单位:人

项目	合计	男	女	暂住时间			来自地区					
				一个月以下	一个月至一年	一年以上	省内		省外		港澳台	国外
							市	县	市	县		
合计	95 902	70 623	25 279	8 591	55 329	31 982	4 507	41 220	6 293	43 788	6	88
务工	44 234	39 083	5 151	4 108	30 460	9 666	1 496	18 906	2 215	21 617	–	–
务农	8 082	5 343	2 739	479	3 138	4 465	406	4 267	150	3 259	–	–
经商	19 948	13 147	6 801	841	9 839	9 268	1 018	7 886	2 353	8 691	–	–
服务	8 900	4 893	4 007	412	4 897	3 591	428	3 468	712	4 292	–	–
因公出差	750	570	180	525	193	32	49	282	116	303	–	–
借读培训	3 015	2 021	994	61	2 052	902	383	2 027	118	487	–	–
治病疗养	677	428	249	267	344	66	92	210	113	262	–	–
当保姆	364	25	339	20	222	122	3	240	21	100	–	–
投靠亲友	4 938	2 286	2 652	432	1 579	2 927	117	2 041	115	2 665	–	–
探亲访友	1 083	624	459	755	249	79	48	494	74	464	3	–
旅游观光	61	53	8	60	1	–	–	–	6	1	2	52
其他	3 850	2 150	1 700	631	2 355	864	467	1 399	300	1 647	1	36

注:公安部门统计的暂住人口(流动人口)不包含户籍总人口内。

2—6 主要年份婚姻登记情况

单位:人

年份	全区总计		市		县	
	结婚	离婚	结婚	离婚	结婚	离婚
1985	68 952	4 332	25 266	2 060	43 686	2 272
1990	73 288	7 066	23 376	3 676	49 912	3 390
1991	74 146	7 650	23 866	4 112	50 280	3 538
1992	73 360	8 552	28 068	—	45 292	—
1993	70 860	5 602	23 348	—	47 512	—
1994	70 580	10 042	24 048	—	46 532	—
1995	72 654	10 318	23 360	—	49 294	—

注:本资料根据民政部门和法院提供资料整理。

2—7 主要年份全区节育情况

年份	已婚育龄妇女(人)		采取各种节育措施人数		节育率(%)	
	合计	#少数民族	合计	#少数民族	合计	#少数民族
1985	642 996	202 714	502 048	134 011	78.08	66.11
1990	854 353	273 182	695 877	200 383	81.45	73.35
1991	883 417	290 211	742 963	216 052	84.10	74.45
1992	901 002	299 179	767 046	235 212	85.13	78.62
1993	927 515	307 513	814 040	248 875	87.77	80.93
1994	951 613	315 043	843 318	263 897	88.62	83.77
1995	986 322	324 715	890 234	284 327	90.26	89.56

2—8 主要年份全区领取独生子女证情况

年份	领取独生子女证人数(人)		领证率(%)	
	合计	#少数民族	合计	#少数民族
1985	34 961	6 204	5.44	3.06
1990	79 400	6 995	9.29	2.56
1991	89 369	8 531	10.12	2.94
1992	98 439	9 651	10.93	3.23
1993	107 344	12 163	11.57	3.96
1994	115 513	10 154	12.14	3.22
1995	124 105	11 128	12.58	3.43

注:本资料根据计划生育部门统计数据整理。

三、劳动力和工资

主要统计指标解释

【从业人员】 指从事一定社会劳动并取得劳动报酬或经营收入的全部劳动力，包括：全部职工、城镇私营企业从业人员，城镇个体劳动者、农村社会劳动者，其它社会劳动者。

这一指标取代了现行制度中的社会劳动者，它反映了一定时期内的全部劳动力资源的实际利用情况，是研究我国基本国情国力的重要指标。

各单位的从业人员是指在各级国家机关、政党机关、社会团体及企业、事业单位中工作，并取得劳动报酬的全部人员。包括职工，再就业的离退休人员、民办教师以及在各单位中工作的外方人员和港、澳、台方人员。

各单位的从业人员反映了各单位实际参加生产或工作的全部劳动力。

【职工】 指在国有经济，城镇集体经济、联营经济、股份制经济、外商和港、澳、台投资经济，其它经济单位及其附属机构工作，并由其支付工资的各类人员。不包括城镇私营企业和乡镇企业从业人员。

【合同制职工】 指单位根据国务院国发(1986)77号文件和国务院令第99号的规定，通过签订有固定期限劳动合同所使用的职工。包括实行全员劳动合同制单位的全部职工。

【长期职工】 指用工期限在一年以上（含一年）的职工：包括原固定职工、合同制职工、长期临时工以及国有单位使用的城镇集体单位的人员和其它使用期限在一年以上的原计划外用工。

【临时职工】 指用工期限不超过一年的职工。包括各单位根据国家有关规定招用的，签订一年以内的劳动合同或使用期不超过一年的临时性、季节性用。

【其它从业人员】 指劳动统计制度规定不作职工统计，但实际参加社会劳动并取得劳动报酬的人员。

各单位的其它从业人员是指职工以外的全部参加本单位生产或工作并取得劳动报酬的人员。包括再就业离退休人员，民办教师以及在各单位中工作的外方人员和港、澳、台方人员（不包括在单位中工作并领取劳动报酬在校学生、兼职人员和从事第二职业的人员）。

【职工工资总额】 指各单位在一定时期内直接支付给本单位全部职工的劳动报酬总额。包括：计时工资、计件工资、奖金、津贴和补贴、加班加点工资和其他工资。

职工工资总额是计算国内生产总值的基础指标，也是研究分配政策，居民购买力的主要依据。

【计时工资】 是指按计时工资标准（包括地区生活费补贴）和工作时间支付给个人的劳动报酬。包括：

（1）对已做工作按计时工资标准支付的工资；

（2）实行结构工资制的单位支付给职工的基础工资和职务（岗位）工资；

（3）新参加工作职工的见习工资（学徒的生活费）；

（4）运动员体育津贴；

（5）根据国家法律、法规和政策规定，因病、工伤、产假、计划生育假、婚丧假、事假、探亲假、定期休假、停工学习、执行国家或社会义务等原因按计时工资标准或计时工资标准的一定比例支付的工资；

（6）合同制职工按规定缴纳的不超过本人标准工资3%的退休养老基金，职工受处分期间的工资等。

【计件标准工资】 是指实行计件工资制的单位按照批准的计件单价和规定的劳动定额或工作量应支付给计件工人的劳动报酬。

主要指标提要

	1990 年	1995 年	1995 年比 1990 年增长%
年末从业人数（万人）	211.12	240.60	13.9
# 职工人数（万人）	67.41	73.43	8.9
职工工资总额（亿元）	14.66	37.18	1.54 倍
职工平均工资（元）	2202	5079	1.31 倍

全社会从业人员构成(%)

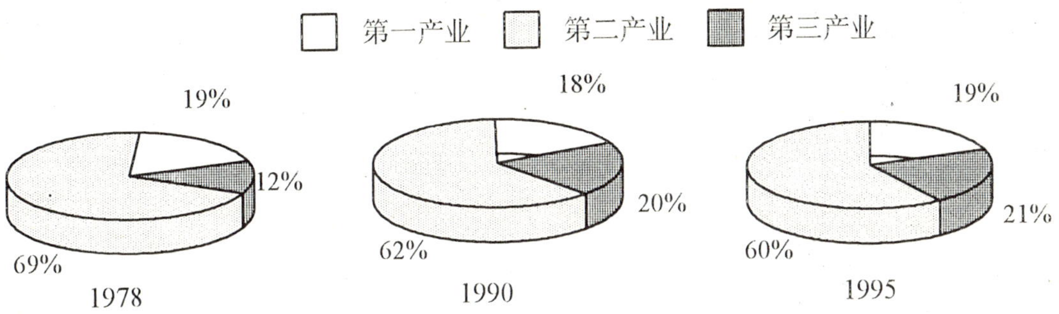

全部职工平均工资指数

(以 1978 年为 100)

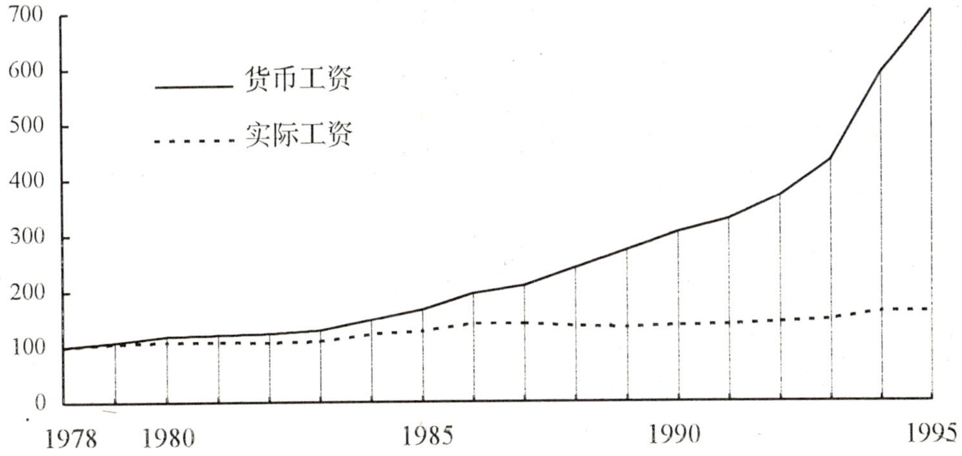

3—1 劳动力资源与分配平衡表

(1995年末数)　　　　单位:万人

指　　标	城乡合计	城　镇	乡　村
一、年末劳动力资源总数	324.8	116.3	208.5
# 当年新增加的劳动力资源	10.0	3.5	6.5
1. 年末16岁以上全部人数	332.9	118.0	214.9
# 不计入劳动力资源的人数	9.2	2.8	6.4
2. 机械变动差额跨地区调整数(+.-)	1.1	1.1	-
二、经济活动人口	245.0	85.5	159.5
(一)从业人数	240.6	81.1	159.5
1. 按就业身份分组			
(1) 全部职工	73.4	73.4	-
(2) 再就业的离退休人员	1.1	1.1	-
(3) 私营业主	0.5	0.4	0.1
(4) 个体户主	6.9	2.8	4.1
(5) 私营企业和个体从业人员	7.5	3.0	4.5
(6) 乡镇企业从业人员	9.2	-	9.2
(7) 农村劳动力	141.6	-	141.6
(8) 其他	0.4	0.4	-
2. 按经济类型分组			
(1) 国有经济	62.9	62.9	-
(2) 集体经济	160.8	9.9	150.9
(3) 私营经济	2.7	1.9	0.8
(4) 个体经济	12.1	4.3	7.8
(5) 联营经济	0.2	0.2	-
(6) 股份制经济	0.5	0.5	-
(7) 外商投资经济	0.9	0.9	-

3-1 续表 (1995年末数)

指标	城乡合计	城镇	乡村
(8) 港澳台投资经济	0.5	0.5	-
(9) 其他经济	-	-	-
3. 按国民经济行业分组			
(1) 农、林、牧、渔业	143.5	6.1	137.4
(2) 采掘业	7.6	7.6	-
(3) 制造业	26.6	22.1	4.5
(4) 电力、煤气及水的生产和供应业	1.5	1.5	-
(5) 建筑业	11.0	5.8	5.2
(6) 地质勘查业、水利管理业	1.7	1.7	-
(7) 交通运输、仓储及邮电通讯业	9.2	4.5	4.7
(8) 批发和零售贸易、餐饮业	14.4	10.9	3.5
(9) 金融、保险业	1.7	1.7	-
(10) 房地产业	0.2	0.2	-
(11) 社会服务业	2.3	2.3	-
(12) 卫生、体育和社会福利业	2.2	2.2	-
(13) 教育、文化艺术及广播电影电视业	7.6	7.6	-
(14) 科学研究和综合技术服务业	0.8	0.8	-
(15) 国家机关、政党机关和社会团体	5.8	5.8	-
(16) 其他行业	4.5	0.3	4.2
(二) 失业人员	4.4	4.4	-
三、非经济活动人口	**79.8**	**30.8**	**49.0**
# 16岁以上在校学生	18.5	10.2	8.3
家务劳动者	25.7	6.6	19.1

3—2　三次产业从业人员人数和构成

（年末数）

年 份	从业人员人数(人)				构　成(%)		
	合　计	第一产业	第二产业	第三产业	第一产业	第二产业	第三产业
1952	572 588	511 193	35 143	26 252	89.3	6.1	4.6
1957	770 205	650 369	72 151	47 685	84.4	9.4	6.2
1962	863 438	727 224	73 657	62 557	84.2	8.5	7.3
1965	968 811	822 617	92 622	71 572	83.4	9.4	7.2
1970	1 125 192	885 437	162 896	76 859	78.7	14.5	6.8
1975	1 256 362	934 666	200 946	120 750	74.4	16.0	9.6
1978	1 356 348	942 291	252 027	162 030	69.5	18.6	11.9
1980	1 465 178	1 025 621	259 396	180 161	70.0	17.7	12.3
1981	1 497 024	1 055 240	255 161	186 623	70.5	17.0	12.5
1982	1 556 089	1 089 548	266 550	199 991	70.0	17.1	12.9
1983	1 626 108	1 136 875	269 706	219 527	69.9	16.6	13.5
1984	1 697 699	1 166 932	288 697	242 070	68.7	17.0	14.3
1985	1 773 847	1 157 959	317 961	297 927	65.3	17.9	16.8
1986	1 830 749	1 174 881	332 346	323 522	64.2	18.2	17.6
1987	1 908 603	1 197 393	352 051	359 159	62.7	18.5	18.8
1988	1 974 074	1 226 177	367 345	380 552	62.1	18.6	19.3
1989	2 035 191	1 256 419	375 655	403 117	61.7	18.5	19.8
1990	2 111 678	1 314 385	385 165	412 128	62.2	18.2	19.6
1991	2 192 038	1 361 611	400 459	429 968	62.1	18.3	19.6
1992	2 258 510	1 386 882	412 861	458 767	61.4	18.3	20.3
1993	2 293 804	1 402 270	440 417	451 117	61.1	19.2	19.7
1994	2 326 804	1 412 597	452 867	461 340	60.7	19.5	19.8
1995	2 405 982	1 435 450	466 736	503 796	59.7	19.4	20.9

3—3 按经济类型分的各行业从业人员人数

(1995年末数)　　单位:万人

指　　标	合　计	# 国有经济	# 城　镇集体经济	# 其他经济
全　区　总　计	**240.6**	**62.9**	**9.9**	**2.1**
一、按行业分组				
(1) 农、林、牧、渔业	143.5	5.9	0.2	-
(2) 采掘业	7.6	6.7	0.9	-
(3) 制造业	26.6	15.4	4.1	1.8
(4) 电力、煤气及水的生产和供应业	1.5	1.5	-	-
(5) 建筑业	11.0	3.5	1.9	0.2
(6) 地质勘查业、水利管理业	1.7	1.7	-	-
(7) 交通运输、仓储及邮电通信业	9.2	4.0	0.1	0.1
(8) 批发和零售贸易、餐饮业	14.4	4.6	2.3	-
(9) 金融、保险业	1.7	1.5	0.2	-
(10) 房地产业	0.2	0.2	-	-
(11) 社会服务业	2.3	1.4	0.1	-
(12) 卫生、体育和社会福利业	2.2	2.2	-	-
(13) 教育、文化艺术及广播电影电视业	7.6	7.6	-	-
(14) 科学研究和综合技术服务业	0.8	0.8	-	-
(15) 国家机关、政党机关和社会团体	5.8	5.8	-	-
(16) 其他行业	4.5	0.1	0.1	-
二、按三次产业分组				
第一产业	143.5	5.9	0.2	-
第二产业	46.7	27.1	6.9	2.0
第三产业	50.4	29.9	2.8	0.1

3—4 主要年份职工人数

（年末数）

年份	职工人数（人）				构成（%）		
	合计	国有经济单位	城镇集体经济单位	其他各种经济类型单位	国有经济单位	城镇集体经济单位	其他各种经济类型单位
1952	18 991	18 043	948	-	95.0	5.0	-
1957	119 464	52 402	67 062	-	43.9	56.1	-
1962	157 221	140 133	17 088	-	89.1	10.9	-
1965	188 079	171 523	16 556	-	91.2	8.8	-
1970	266 310	245 469	20 841	-	92.2	7.8	-
1975	337 160	308 647	28 513	-	91.5	8.5	-
1978	432 755	379 894	52 861	-	87.8	12.2	-
1980	475 706	412 990	62 716	-	86.8	13.2	-
1981	487 524	424 742	62 782	-	87.1	12.9	-
1982	501 498	435 153	66 345	-	86.8	13.2	-
1983	516 643	444 553	72 090	-	86.0	14.0	-
1984	533 010	449 867	82 876	267	84.4	15.5	0.1
1985	558 090	467 707	89 865	518	83.8	16.1	0.1
1986	581 263	489 953	90 940	370	84.3	15.6	0.1
1987	606 481	511 832	94 140	509	84.4	15.5	0.1
1988	627 347	529 856	97 028	463	84.5	15.5	
1989	655 219	548 914	105 735	570	83.8	16.1	0.1
1990	674 115	563 791	108 687	1 637	83.6	16.1	0.3
1991	701 162	586 186	112 868	2 108	83.6	16.1	0.3
1992	718 604	601 177	112 919	4 508	83.7	15.7	0.6
1993	719 118	606 547	106 304	6 267	84.4	14.8	0.8
1994	723 241	604 138	102 945	16 158	83.5	14.2	2.3
1995	734 278	615 085	98 924	20 269	83.7	13.5	2.8

3—5 分行业女职工人数及比重

行业	女职工人数(人)		占职工人数比重(%)		1995年为1994年(%)
	1994年	1995年	1994年	1995年	
全区总计	**259 531**	**263 963**	**35.9**	**36.0**	101.7
(1)农、林、牧、渔业	25 547	24 772	41.1	42.1	97.0
(2)采掘业	18 059	18 189	23.5	24.1	100.7
(3)制造业	83 133	85 274	41.8	40.4	102.6
(4)电力、煤气及水的生产和供应业	4 961	5 265	39.2	34.1	105.9
(5)建筑业	10 696	10 385	17.4	18.7	97.1
(6)地质勘查业、水利管理业	4 160	4 145	24.1	24.9	99.6
(7)交通运输、仓储及邮电通信业	8 736	10 092	26.5	26.5	115.5
(8)批发和零售贸易、餐饮业	34 000	34 212	50.8	50.9	100.6
(9)金融、保险业	6 461	6 663	40.0	39.2	103.1
(10)房地产业	523	598	33.2	28.1	114.3
(11)社会服务业	7 591	7 748	52.7	50.0	102.1
(12)卫生、体育和社会福利业	12 225	12 427	58.7	57.2	101.7
(13)教育、文化艺术及广播电影电视业	26 595	27 001	38.5	37.3	101.5
(14)科学研究和综合技术服务业	2 744	2 760	34.5	35.6	100.6
(15)国家机关、政党机关和社会团体	13 839	13 753	23.8	24.0	99.4
(16)其他行业	261	688	27.6	33.5	263.6

3—6 职工人数变动情况

(1995年)

指标	本年增加人数							
	合计	从农村招收	从城镇招收	录用的复员转业军人	录用的大中专技工学校毕业生	调入	由外省自治区直辖市调入	其他
全区总计	**53 686**	**8 850**	**11 061**	**1 658**	**11 518**	**16 051**	**3 543**	**4 548**
一、国有经济单位合计	**44 930**	**6 634**	**7 686**	**1 541**	**10 926**	**14 694**	**3 533**	**3 449**
按企业、事业、机关分组								
1. 企业	33 287	5 595	6 714	1 124	6 426	10 370	3 402	3 058
# 地方	18 995	1 614	6 019	701	4 462	3 257	103	2 942
2. 事业	8 232	962	752	269	3 450	2 490	97	309
# 地方	7 641	962	735	254	3 256	2 143	49	291
3. 机关	3 411	77	220	148	1 050	1 834	34	82
# 地方	3 203	55	200	139	990	1 739	31	80
二、城镇集体经济单位合计	**7 281**	**1 982**	**2 805**	**73**	**308**	**1 117**	**10**	**996**
三、其他各种经济类型单位合计	**1 475**	**234**	**570**	**44**	**284**	**240**	**–**	**103**

指标	本年减少人数						
	合计	离休、退休、退职	开除、除名、辞职	终止解除合同	调出	调到外省自治区直辖市	其他
全区总计	**48 648**	**9 723**	**13 636**	**2 871**	**14 650**	**853**	**7 768**
一、国有经济单位合计	**35 693**	**8 690**	**7 296**	**1 475**	**12 191**	**827**	**6 041**
按企业、事业、机关分组							
1. 企业	27 664	6 143	6 597	1 281	8 454	630	5 189
# 地方	17 231	5 129	2 180	1 193	3 966	470	4 763
2. 事业	5 457	1 840	431	109	2 362	160	715
# 地方	4 991	1 729	425	106	2 032	146	699
3. 机关	2 572	707	268	85	1 375	37	137
# 地方	2 523	692	268	85	1 344	34	134
二、城镇集体经济单位合计	**12 119**	**920**	**6 138**	**1 341**	**2 236**	**18**	**1 484**
三、其他各种经济类型单位合计	**836**	**113**	**202**	**55**	**223**	**8**	**243**

3—7 全部职工人数和工资

(1995年)

指标	单位数(个)	职工年末人数(人)	#女性	#回族	#合同制职工	按用工期限分组 长期职工	临时职工	职工年平均人数(人)
全区总计	10 749	734 278	263 963	108 992	262 299	678 939	55 339	732 056
一、国有经济单位合计	9 073	615 085	216 143	91 550	226 353	581 107	33 978	608 962
(一)按隶属关系分组								
(1)中央	365	95 882	29 990	9 857	38 494	91 815	4 067	93 790
(2)省、自治区、直辖市	782	257 212	87 740	31 389	120 057	244 982	12 230	257 103
(3)地区	879	76 622	34 677	9 554	25 333	71 202	5 420	75 714
(4)县及县以下	7 047	185 369	63 736	40 750	42 469	173 108	12 261	182 355
(二)按企事业、机关分组								
(1)企业	1 792	408 898	144 756	52 889	207 523	383 418	25 480	404 619
#地方	1 517	324 721	118 954	44 051	170 597	302 623	22 098	322 435
(2)事业	5 444	150 203	58 421	27 349	14 343	143 133	7 070	148 735
#地方	5 367	142 598	55 537	26 680	12 983	135 732	6 866	141 202
(3)机关	1 837	55 984	12 966	11 312	4 487	54 556	1 428	55 608
#地方	1 815	51 884	11 662	10 962	4 279	50 937	947	51 535
二、城镇集体经济单位合计	1 562	98 924	40 415	14 464	28 111	80 036	18 888	102 882
按企事业、机关分组								
(1)企业	1 530	97 928	40 068	14 329	28 032	79 267	18 661	101 905
(2)事业	30	908	329	114	68	681	227	887
(3)机关	2	88	18	21	11	88	–	90
三、其他经济类型单位合计	114	20 269	7 405	2 978	7 835	17 796	2 473	20 212
(一)按经济类型分组								
(1)联营经济	6	1 569	698	307	221	1 463	106	2 275
(2)股份制经济	41	5 422	1 845	522	1 638	4 578	844	5 263
(3)外商投资经济	35	8 943	2 933	1 786	4 025	7 992	951	8 671
(4)港澳台投资经济	32	4 335	1 929	363	1 951	3 763	572	4 003
(5)其他经济	–	–	–	–	–	–	–	–
(二)按企业、事业分组								
(1)企业	114	20 269	7 405	2 978	7 835	17 796	2 473	20 212
(2)事业	–	–	–	–	–	–	–	–

3-7 续表 (1995年)

指　　标	职工工资总额（万元）	#计时和计件标准工资	#奖金和计件超额工资	#津贴和补贴	职工平均工资（元）
全区总计	**371 794.7**	**212 739.5**	**52 607.6**	**88 110.7**	**5 079**
一、国有经济单位合计	321 079.4	178 762.4	45 604.2	80 701.3	5 273
（一）按隶属关系分组					
(1) 中央	77 864.5	35 326.5	12 566.6	22 538.6	8 302
(2) 省、自治区、直辖市	138 425.5	76 387.2	24 540.6	33 672.5	5 384
(3) 地区	32 576.8	19 483.8	3 540.3	8 866.6	4 303
(4) 县及县以下	72 230.6	47 564.9	4 956.7	15 623.6	3 961
（二）按企业、事业、机关分					
(1) 企业	226 398.1	118 933.0	39 871.1	54 619.3	5 595
#地方	155 942.3	87 685.5	28 102.2	34 384.2	4 836
(2) 事业	68 208.9	41 730.7	4 290.2	19 970.3	4 586
#地方	62 902.9	38 769.6	3 708.0	18 878.3	4 455
(3) 机关	26 490.4	18 098.7	1 442.9	6 111.7	4 764
#地方	24 387.7	16 980.8	1 227.4	5 400.2	4 732
二、城镇集体经济单位合计	38 901.5	27 610.7	3 312.5	6 112.5	3 782
按企业、事业、机关分					
(1) 企业	38 519.8	27 391.8	3 301.0	6 046.1	3 780
(2) 事业	340.2	189.8	9.7	52.8	3 835
(3) 机关	50.5	29.1	1.8	13.6	5 611
三、其他各种经济类型单位合计	11 786.8	6 366.4	3 690.9	1 296.9	5 832
（一）按经济类型分组					
(1) 联营经济	981.9	519.1	67.3	132.4	4 316
(2) 股份制经济	2 368.2	1 774.6	219.7	350.7	4 500
(3) 外商投资经济	6 625.3	2 997.6	3 072.6	500.8	7 641
(4) 港澳台投资经济	1 811.4	1 075.1	331.3	313.0	4 525
(5) 其他经济	–	–	–	–	–
（二）按企业、事业分组					
(1) 企业	11 786.8	6 366.4	3 690.9	1 296.9	5 832
(2) 事业	–	–	–	–	–

3—8 按国民经济行业分组全部职工人数和工资

(1995年)

行业	单位数(个)	职工年末人数(人)	#女性	#长期职工	职工年平均人数(人)	职工工资总额(万元)	职工平均工资(元)
全区总计	**10 749**	**734 278**	**263 963**	**678 939**	**732 056**	**371 794.7**	**5 079**
(1) 农林牧渔业	618	58 828	24 772	55 793	60 207	20 051.7	3 331
(2) 采掘业	126	75 498	18 189	72 002	75 923	54 558.1	7 186
(3) 制造业	805	211 275	85 274	192 021	205 004	97 288.3	4 746
(4) 电力、煤气及水的生产和供应业	34	15 411	5 256	14 999	15 020	11 506.3	7 661
(5) 建筑业	227	55 402	10 385	40 421	62 468	28 695.2	4 594
(6) 地质勘查业、水利管理业	185	16 609	4 145	16 258	16 556	12 008.0	7 253
(7) 交通运输、仓储及邮电通讯业	182	38 062	10 092	37 271	36 436	25 574.6	7 019
(8) 批发和零售贸易、餐饮业	1 475	67 277	34 212	62 694	66 884	26 900.3	4 022
(9) 金融、保险业	409	16 998	6 663	16 680	16 681	12 553.4	7 526
(10) 房地产业	58	2 127	598	1 625	1 934	869.8	4 497
(11) 社会服务业	285	15 506	7 748	14 138	15 373	5 474.7	3 561
(12) 卫生、体育和社会福利业	436	21 717	12 427	20 789	21 461	11 359.1	5 293
(13) 教育、文化艺术及广播电影电视业	3 728	72 477	27 001	69 140	71 505	32 622.3	4 562
(14) 科学研究和综合技术服务业	193	7 752	2 760	7 299	7 645	4 044.9	5 291
(15) 国家机关、政党机关和社会团体	1 915	57 283	13 753	55 828	56 943	27 413.8	4 814
(16) 其他行业	73	2 056	688	1 981	2 016	874.2	4 336

3—9 国有经济单位职工人数和工资

(1995年)

指　　标	单位数(个)	职工年末人数(人)	#女性	#长期职工	职工年平均人数(人)	职工工资总额(万元)	职工平均工资(元)
全区总计	9 073	615 085	216 143	581 107	608 962	321 097.4	5 273
一、按隶属关系分组							
(1)中　央	365	95 882	29 990	91 815	93 790	77 864.5	8 302
(2)省、自治区、直辖市	782	257 212	87 740	244 982	257 103	138 425.5	5 384
(3)地　区	879	76 622	34 677	71 202	75 714	32 576.8	4 303
(4)县及县以下	7 047	185 369	63 736	173 108	182 355	72 230.6	3 961
二、按企业、事业、机关分组							
(1)企　业	1 792	408 898	144 756	383 418	404 619	226 398.1	5 595
#地方	1 517	324 721	118 954	302 623	322 435	155 942.3	4 836
(2)事　业	5 444	150 203	58 421	143 133	148 735	68 208.9	4 586
#地方	5 376	142 598	55 537	135 732	141 202	62 902.9	4 455
(3)机　关	1 837	55 984	12 966	54 556	55 608	26 490.4	4 764
#地方	1 815	51 884	11 662	50 937	51 535	24 387.7	4 732
三、按国民经济行业分组							
(1)农、林、牧、渔业	586	57 245	24 216	54 756	58 548	19 650.7	3 356
(2)采掘业	52	66 311	15 923	64 975	66 492	50 041.6	7 526
(3)制造业	344	153 608	57 911	142 365	148 933	73 913.0	4 963
(4)电力、煤气及水的生产和供应业	34	15 411	5 256	14 999	15 020	11 506.3	7 661
(5)建筑业	79	34 526	6 686	27 655	36 559	18 114.3	4 955
(6)地质勘查业、水利管理业	185	16 609	4 145	16 258	16 556	12 008.0	7 253
(7)交通运输、仓储及邮电通讯业	172	37 153	9 889	36 406	35 531	25 263.5	7 110
(8)批发和零售贸易、餐饮业	851	43 790	22 618	41 543	43 115	17 917.0	4 156
(9)金融、保险业	182	14 437	5 748	14 131	14 145	11 104.5	7 850
(10)房地产业	55	1 979	550	1 494	1 784	767.6	4 303
(11)社会服务业	244	14 200	7 161	12 935	14 159	5 043.1	3 562
(12)卫生、体育和社会福利业	425	21 508	12 315	20 580	21 254	11 273.5	5 304
(13)教育、文化艺术及广播电影电视业	3 726	72 405	26 971	69 068	71 433	32 592.9	4 563
(14)科学研究和综合技术服务业	192	7 745	2 757	7 292	7 638	4 043.2	5 294
(15)国家机关、政党机关和社会团体	1 911	57 176	13 729	55 722	56 834	27 352.9	4 813
(16)其他行业	35	982	268	928	961	505.3	5 258

3—10 城镇集体经济单位职工人数和工资

(1995年)

指标	单位数（个）	职工年末人数（人）	#女性	#长期职工	职工年平均人数（人）	职工工资总额（万元）	职工平均工资（元）
全区总计	**1 562**	**98 924**	**40 415**	**80 036**	**102 882**	**38 910.5**	**3 782**
一、按企业、事业、机关分组							
(1) 企业	1 530	97 928	40 068	79 267	101 905	38 519.8	3 780
(2) 事业	30	908	329	681	887	340.2	3 835
(3) 机关	2	88	18	88	90	50.5	5 611
二、按国民经济行业分组							
(1) 农、林、牧、渔业	28	1 512	546	994	1 588	368.3	2 319
(2) 采掘业	71	8 995	2 222	6 845	9 237	4 372.2	4 733
(3) 制造业	387	40 106	20 780	33 926	39 279	13 077.8	3 329
(4) 电力、煤气及水的生产和供应业	–	–	–	–	–	–	–
(5) 建筑业	138	19 255	3 298	11 599	23 607	9 707.1	4 112
(6) 地质勘查业、水利管理业	–	–	–	–	–	–	–
(7) 交通运输、仓储及邮电通讯业	9	886	201	843	886	299.9	3 385
(8) 批发和零售贸易、餐饮业	608	22 970	11 322	20 719	23 220	8 716.3	3 754
(9) 金融、保险业	226	2 536	910	2 526	2 512	1 436.9	5 720
(10) 房地产业	1	7	3	7	5	2.3	4 600
(11) 社会服务业	38	1 188	544	1 130	1 098	383.2	3 490
(12) 卫生、体育和社会福利业	11	209	112	209	207	85.6	4 135
(13) 教育、文化艺术及广播电影电视业	2	72	30	72	72	29.4	4 083
(14) 科学研究和综合技术服务业	1	7	3	7	7	1.7	2 429
(15) 国家机关、政党机关和社会团体	4	107	24	106	109	60.9	5 587
(16) 其他行业	38	1 074	420	1 053	1 055	368.9	3 497

3—11　其他各种经济类型单位职工人数和工资

(1995年)

指　　标	单位数（个）	职工年末人数（人）	#女性	#长期职工	职工年平均人数（人）	职工工资总额（万元）	职工平均工资（元）
全　区　总　计	114	20 269	7 405	17 796	20 212	11 786.8	5 832
一、按经济类型分组							
(1) 联营经济	6	1 569	698	1 463	2 275	981.9	4 316
(2) 股份制经济	41	5 422	1 845	4 578	5 263	2 368.2	4 500
(3) 外商投资经济	35	8 942	2 933	7 992	8 671	6 625.3	7 641
(4) 港澳台投资经济	32	4 335	1 929	3 763	4 003	1 811.4	4 525
二、按企业、事业分组							
(1) 企　业	114	20 269	7 405	17 796	20 212	11 786.8	5 832
(2) 事　业	–	–	–	–	–		
三、按国民经济行业分组							
(1) 农、林、牧、渔业	4	71	10	43	71	32.7	4 606
(2) 采 掘 业	3	192	44	182	194	144.3	7 438
(3) 制造业	74	17 561	6 583	15 730	16 792	10 297.5	6 132
(4) 电力、煤气及水的生产和供应业	–	–	–	–	–	–	–
(5) 建 筑 业	10	1 621	401	1 167	2 302	873.8	3 796
(6) 地质勘查业、水利管理业	–	–	–	–	–	–	–
(7) 交通运输、仓储及邮电通讯业	1	23	2	22	19	112.0	5 895
(8) 批发和零售贸易、餐饮业	16	517	272	432	549	267.0	4 863
(9) 金融、保险业	1	25	5	23	24	12.0	5 000
(10) 房地产业	2	141	45	124	145	99.9	6 890
(11) 社会服务业	3	118	43	73	116	48.4	4 172
(12) 卫生、体育和社会福利业	–	–	–	–	–	–	–
(13) 教育、文化艺术及广播电影电视业	–	–	–	–	–	–	–
(14) 科学研究和综合技术服务业	–	–	–	–	–	–	–
(15) 国家机关、政党机关和社会团体	–	–	–	–	–	–	–
(16) 其他行业	–	–	–	–	–	–	–

3—12　工业、建筑业企业职工人数和工资

(1995年)

指　　标	单位数(个)	年末人数(人)	按劳动岗位分组 #工人和学徒	 #工程技术人员	 #管理人员	 #服务人员	平均人数(人)	工资总额(万元)
总　计	1 192	357 586	257 774	20 126	34 502	32 910	358 415	192 047.9
一、采掘业	126	75 498	48 766	2 632	5 210	14 802	75 923	54 558.1
(一)按经济类型分组								
1. 国有经济单位	52	66 311	41 664	2 195	4 572	14 195	66 492	50 041.6
#地　方	47	59 314	37 703	1 769	3 987	12 305	59 676	42 878.6
2. 城镇集体经济单位	71	8 995	6 940	428	620	605	9 237	4 372.2
3. 其他各种经济类型单位	3	192	162	9	18	2	194	144.3
(二)按轻、重工业分组								
1. 轻　工　业	8	884	623	27	63	12	896	379.4
2. 重　工　业	118	74 614	48 143	2 605	5 147	14 790	75 027	54 178.7
(三)按行业分组								
1. 煤炭采选业	108	66 954	43 589	2 152	4 462	12 824	67 606	46 879.8
2. 石油和天然气开采业	5	6 997	3 961	426	585	1 890	6 816	7 163.0
3. 黑色金属矿采选业	1	148	120	5	15	3	158	68.8
4. 有色金属矿采选业	1	270	202	12	28	17	239	96.3
5. 非金属矿采选业	11	1 129	894	37	120	68	1 104	350.2
二、制　造　业	805	211 275	157 810	11 478	22 400	13 977	205 004	97 288.3
(一)按经济类型分组								
1. 国有经济单位	344	153 608	112 031	9 032	16 630	11 399	148 933	73 913.0
中　央	12	13 041	9 179	1 170	1 402	1 055	12 726	9 963.9
地　方	332	140 567	102 852	7 862	15 228	10 344	136 207	63 948.8
2. 城镇集体经济单位	387	40 106	32 533	1 498	4 094	1 311	39 279	13 077.8
3. 其他各种经济类型单位	74	17 561	13 246	948	1 676	1 267	16 792	10 279.5
(二)按轻、重工业分组								
1. 轻　工　业	456	72 432	56 522	2 731	7 344	3 831	69 536	24 289.6
2. 重　工　业	349	138 843	101 288	8 747	15 056	10 146	135 468	72 998.7
(三)按行业分组								
1. 食品加工业	60	9 755	7 447	457	1 005	585	8 335	3 593.0
2. 食品制造业	46	5 891	4 496	299	662	204	5 907	1 955.5
3. 饮料制造业	10	2 191	1 373	106	409	281	1 947	818.1
4. 烟草加工业	2	631	455	33	95	46	629	320.7
5. 纺织业	31	14 441	11 644	351	1 045	964	14 336	4 605.5
6. 服装及其他纤维制品制造业	36	2 999	2 574	108	271	37	2 623	687.3
7. 皮革、毛皮、羽绒及其制品业	19	2 186	1 793	76	259	46	2 097	379.3
8. 木材加工及竹、藤、棕、草制品业	3	464	420	14	27	2	466	177.8
9. 家具制造业	23	1 774	1 450	31	172	95	1 752	540.6
10. 造纸及纸制品业	26	9 862	8 341	254	734	390	9 371	3 382.2

3-12 续表

指标	单位数(个)	年末人数(人)	按劳动岗位分组 #工人和学徒	#工程技术人员	#管理人员	#服务人员	平均人数(人)	工资总额(万元)
11. 印刷业、记录媒介的复制	37	3 208	2 514	120	347	221	3 234	1 062.6
12. 文教体育用品制造业	18	692	570	27	79	14	699	167.2
13. 石油加工及炼焦业	10	5 380	3 996	446	364	448	5 263	2 993.3
14. 化学原料及化学制品制造业	54	26 073	19 359	1 665	2 557	1 978	25 054	12 869.0
15. 医药制造业	13	1 899	1 423	112	268	49	1 857	1 051.0
16. 化学纤维制造业	1	857	604	65	130	40	903	332.3
17. 橡胶制品业	9	5 743	4 566	268	430	392	5 479	4 725.7
18. 塑料制品业	27	4 619	3 652	212	450	181	4 557	1 360.8
19. 非金属矿物制品业	96	21 517	16 566	916	2 225	1 303	21 248	8 032.7
20. 黑色金属冶炼及压延加工业	22	15 876	11 428	751	1 647	1 299	14 926	8 079.7
21. 有色金属冶炼及压延加工业	6	9 955	7 545	823	911	621	9 797	8 210.3
22. 金属制品业	63	6 126	4 638	225	878	224	6 149	2 051.2
23. 普通机械制造业	44	26 067	18 353	1 725	3 565	1 631	25 742	16 215.7
24. 专用设备制造业	38	15 722	10 702	1 002	1 747	1 735	15 460	6 843.4
25. 交通运输设备制造业	27	2 263	1 637	149	288	120	2 233	805.9
26. 武器弹药制造业	1	725	455	87	69	57	668	271.5
27. 电气机械及器材制造业	25	4 198	2 970	368	518	185	4 171	1 877.2
28. 电子及通信设备制造业	3	1 250	920	93	127	66	1 253	540.2
29. 仪器仪表及文化、办公用机械制造业	10	5 406	3 169	578	749	610	5 377	2 318.6
30. 其他制造业	45	3 505	2 750	117	372	153	3 471	1 020.0
三、电力、煤气及水的生产和供应业	**34**	**15 411**	**10 167**	**1 278**	**1 571**	**1 526**	**15 020**	**11 506.3**
(一)按经济类型分组								
国有经济单位	34	15 411	10 167	1 278	1 571	1 526	15 020	11 506.3
中　央	10	12 598	8 158	1 024	1 228	1 393	12 320	10 352.0
地　方	24	2 813	2 009	254	343	133	2 700	1 154.3
(二)按轻、重工业分组								
1. 轻工业	13	1 673	1 248	129	219	54	1 603	762.0
2. 重工业	21	13 738	8 919	1 149	1 352	1 472	13 417	10 744.3
(三)按行业分组								
1. 电力、蒸汽、热水的生产和供应业	18	13 228	8 645	1 083	1 266	1 412	12 919	10 528.4
2. 煤气生产和供应业	2	493	261	65	83	60	482	210.6
3. 自来水的生产和供应业	14	1 690	1 261	130	222	54	1 619	767.3
四、建筑业	**227**	**55 402**	**41 031**	**4 738**	**5 321**	**2 605**	**62 468**	**28 695.2**
按经济类型分组								
1. 国有经济单位	79	34 526	24 380	2 897	3 612	2 195	36 559	18 114.3
2. 城镇集体经济单位	138	19 255	15 561	1 602	1 559	342	23 607	9 707.1
3. 其他各种经济类型单位	10	1 621	1 090	239	150	68	2 302	873.8

3—13 职工工资总额、平均工资及指数

项　　目	1990年	1991年	1992年	1993年	1994年	1995年
一、绝对数(万元)						
全部职工工资总额	146 646.4	162 592.6	190 450.4	224 690.1	306 731.6	371 794.7
国有单位工资总额	128 897.9	142 701.1	166 670.4	195 728.8	267 637.0	321 097.4
城镇集体单位工资总额	17 545.7	19 530.5	22 990.8	27 266.9	32 029.5	38 910.5
其他各种经济类型单位工资总额	202.8	361.0	789.2	1 694.4	7 065.1	11 786.8
二、指数(以上年为100)						
全部职工工资总额	116.8	110.9	117.1	118.0	136.5	121.2
国有单位工资总额	117.1	110.7	116.8	117.4	136.7	119.9
城镇集体单位工资总额	114.1	111.3	117.7	118.6	117.5	121.5
其他各种经济类型单位工资总额	216.2	178.0	218.6	214.7	417.0	166.8
三、职工平均工资(元)						
全部职工平均工资	2 202	2 366	2 674	3 128	4 270	5 079
国有单位平均工资	2 313	2 478	2 808	3 264	4 476	5 273
城镇集体单位平均工资	1 631	1 785	2 006	2 425	3 062	3 782
其他各种经济类型单位平均工资	1 814	1 892	1 958	2 728	4 464	5 832
四、指数(以1978年为100)						
全部职工平均工资						
货币工资	303.3	325.9	368.3	430.9	588.2	699.6
实际工资	137.6	138.3	143.0	145.9	161.9	162.0
# 国有单位平均工资						
货币工资	307.2	329.1	372.9	433.5	594.4	700.2
实际工资	139.3	139.6	144.8	146.8	163.6	162.1
# 城镇集体单位平均工资						
货币工资	304.3	333.0	374.3	452.4	571.3	705.6
实际工资	138.0	141.3	145.3	153.1	157.3	163.3

3—14 职工保险福利费用构成

(1995年)　　　　单位:万元

项　　目	合　计	集体保险福利费 小　计	集体福利设施及福利事业补贴费	文体宣传费	医疗卫生费	其　他
总　　计	**40 761.8**	**28 769.1**	**6 994.5**	**1 308.4**	**19 146.4**	**1 319.8**
一、国有经济单位	**38 895.6**	**27 562.0**	**6 678.7**	**1 258.1**	**18 342.6**	**1 282.6**
(一)按隶属关系分组						
1.中　央	8 525.6	7 161.0	1 636.3	370.1	4 833.3	321.3
2.省、自治区、直辖市	19 515.2	14 110.6	3 022.3	594.7	9 832.0	661.6
3.地　区	5 165.4	3 508.1	1 358.9	132.5	1 865.7	151.0
4.县及县以下	5 689.4	2 782.3	661.2	160.8	1 811.6	148.7
5.其　他	–	–	–	–	–	–
(二)按企业、事业、机关分组						
1.企　业	26 500.3	19 791.7	5 088.2	819.5	13 017.1	866.9
#地　方	19 299.3	13 773.1	3 545.0	502.8	9 129.6	595.7
2.事　业	8 351.3	5 196.5	1 224.8	303.1	3 386.3	282.3
#地　方	7 266.6	4 233.4	1 161.5	261.7	2 570.7	239.5
3.机　关	4 044.0	2 573.8	365.7	135.5	1 939.2	133.4
#地　方	3 804.1	2 394.5	335.9	123.5	1 809.0	126.1
(三)按国民经济行业分组						
1.农、林、牧、渔业	1 701.9	1 060.9	201.3	46.0	797.9	15.7
2.采掘业	4 193.3	2 936.9	452.6	136.4	2 313.0	34.9
3.制造业	9 142.3	7 026.9	2 604.8	245.6	3 873.7	302.8
4.电力、煤气及水的生产和供应业	1 253.7	1 040.0	362.7	20.2	592.6	64.5
5.建筑业	4 291.4	3 149.5	775.1	96.9	2 045.5	232.0
6.地质勘查业、水利管理业	1 417.0	1 152.7	135.0	66.7	898.8	52.2
7.交通运输、仓储及邮电通讯业	2 679.3	1 905.2	450.8	146.1	1 187.6	120.7
8.批发和零售贸易、餐饮业	2 506.0	1 708.8	218.9	67.3	1 288.3	134.3
9.金融、保险业	1 379.4	1 136.1	119.3	86.4	917.4	13.0
10.房地产业	89.0	62.5	16.8	4.2	36.7	4.8
11.社会服务业	471.5	292.5	63.2	12.9	192.0	24.4
12.卫生、体育和社会福利业	2 393.1	1 712.4	484.5	53.7	1 158.1	16.1
13.教育、文化艺术及广播电影电视业	2 831.5	1 467.5	344.1	111.1	912.7	99.6
14.科学研究和综合技术服务业	326.5	228.0	41.0	19.9	139.9	27.2
15.国家机关、政党机关和社会团体	4 219.7	2 682.1	408.6	144.7	1 988.4	140.4
16.其他行业	–	–	–	–	–	–
二、城镇集体经济单位合计	**1 710.1**	**1 094.6**	**300.3**	**44.2**	**719.4**	**30.7**
#企　业	1 699.1	1 086.3	300.3	44.0	711.3	30.7
三、其他各种经济类型单位合计	**156.1**	**112.5**	**15.5**	**6.1**	**84.4**	**6.5**
#外商投资单位	7.6	5.7	2.5	0.4	2.6	0.2
港澳台投资单位	13.2	11.7	–	–	6.5	5.2

3-14 续表 (1995年) 单位:万元

项目	个人保险福利费					
	小计	丧葬抚恤救济费	生活困难补助	计划生育补贴	冬季取暖补贴	其他
总计	11 992.7	1 178.7	848.8	1 006.9	5 845.6	3 112.7
一、国有经济单位	11 333.6	1 137.6	825.7	963.6	5 482.1	2 924.6
(一)按隶属关系分组						
1.中央	1 364.6	84.7	83.5	201.7	696.8	297.9
2.省、自治区、直辖市	5 404.6	704.7	525.3	483.1	2 256.0	1 435.5
3.地区	1 657.3	97.7	45.4	134.8	621.6	757.8
4.县及县以下	2 907.1	250.5	171.5	144.0	1 907.7	433.4
5.其他	-	-	-	-	-	-
(二)按企业、事业、机关分组						
1.企业	6 708.6	818.6	591.1	673.3	3 120.1	1 505.5
#地方	5 526.2	746.4	517.3	491.5	2 497.3	1 273.2
2.事业	3 154.8	226.0	151.4	217.1	1 680.2	880.1
#地方	3 033.2	215.6	145.5	202.7	1 623.5	845.9
3.机关	1 470.2	93.0	83.2	73.2	681.8	539.0
#地方	1 409.6	90.9	79.4	67.7	664.0	507.6
(三)按行业分组						
1.农、林、牧、渔业	641.0	69.3	45.2	57.2	365.5	103.8
2.采掘业	1 256.4	291.0	145.9	98.6	421.9	299.0
3.制造业	2 115.4	175.9	97.4	250.2	1 068.2	523.7
4.电力、煤气及水的生产和供应业	213.7	14.9	13.8	24.1	88.3	72.6
5.建筑业	1 141.9	195.2	199.0	88.9	547.2	111.6
6.地质勘查业、水利管理业	264.3	20.2	20.0	36.3	132.6	55.2
7.交通运输、仓储及邮电通讯业	774.1	43.4	73.3	71.9	425.5	160.0
8.批发和零售贸易、餐饮业	797.2	52.8	38.4	69.4	378.3	258.3
9.金融、保险业	243.3	11.6	6.3	38.0	148.7	38.7
10.房地产业	26.5	0.7	2.0	2.5	13.2	8.1
11.社会服务业	179.0	8.2	8.9	14.3	97.2	50.4
12.卫生、体育和社会福利业	680.7	34.9	16.4	40.0	251.7	337.7
13.教育、文化艺术及广播电影电视业	1 364.0	112.7	68.0	85.8	768.9	328.6
14.科学研究和综合技术服务业	98.5	5.5	5.5	9.7	43.3	34.5
15.国家机关、政党机关和社会团体	1 537.6	101.3	85.6	76.7	731.6	542.4
16.其他行业	-	-	-	-	-	-
二、城镇集体经济单位	615.5	40.2	20.0	39.1	332.7	183.5
#企业	612.8	39.9	19.9	39.1	330.8	183.1
三、其他各种经济类型单位	43.6	0.9	3.1	4.2	30.8	4.6
#外商投资单位	1.9	-	0.1	0.3	1.4	0.1
港澳台投资单位	1.5	-	-	-	1.5	-

3—15 主要年份城镇新就业人数

单位：人

项　　目	1990年	1991年	1992年	1993年	1994年	1995年
总　　计	39 733	40 038	42 259	43 299	48 391	52 804
一、就业人员主要来源						
城镇劳动力	14 442	13 211	16 514	12 668	14 869	18 061
农村劳动力	5 880	7 134	6 617	5 818	11 152	11 850
大学、中专、技校毕业生	10 689	11 205	11 000	10 661	9 374	11 518
复转军人	1 103	1 498	1 439	2 042	1 585	1 658
其他	7 619	6 990	6 689	12 110	11 411	9 717
二、就业人员安置去向						
国有经济单位	26 487	25 193	25 591	30 644	35 282	30 236
城镇集体经济单位	7 765	12 431	12 270	5 412	5 280	6 164
其他各种经济类型单位	-	-	1 910	367	1 103	1 235
从事私营和个体劳动	5 481	2 414	2 488	6 876	6 726	15 169

3—16 主要年份城镇失业人数和失业率

年　份	城镇失业人数（人）	#失业青年	占城镇失业人数（%）	失业率（%）
1980	18 403			3.64
1985	18 226	11 072	60.8	3.10
1986	21 753	19 123	87.9	3.53
1987	27 825	24 634	88.5	4.30
1988	33 930	32 469	95.7	4.98
1989	38 263	37 171	97.2	5.35
1990	40 384	39 160	97.0	5.44
1991	37 482	35 757	95.4	4.87
1992	32 645	29 685	90.9	4.10
1993	29 900	27 900	93.3	4.00
1994	42 800	41 400	96.7	5.17
1995	44 000	42 600	96.8	5.47

四、固定资产投资

主要统计指标解释

【全社会固定资产投资】 固定资产投资额是以货币表现的建造和购置固定资产活动的工作量，它是反映固定资产规模、速度、比例关系和使用方向的综合性指标。

现行国家统计制度规定，固定资产投资统计范围包括：基本建设单位及更新改造企、事业单位，国有其他固定资产投资单位，城镇集体经济、联营经济、股份制经济、外商投资经济、港澳台投资经济及其他经济的固定资产投资单位，各种经济类型的房地产开发单位，农村集体单位和个人投资，城镇私人建房投资以及国防、人防基本建设投资。

1、基本建设单位即基本建设项目。

2、企、事业单位的更新改造项目。

3、国有其他固定资产投资单位。

4、城镇集体固定资产投资单位。

5、联营经济、股份制经济、外商投资经济、港澳台投资经济及其他经济类型的企、事业投资单位。

6、房地产开发投资单位。

7、农村集体固定资产投资项目。

8、城镇和工矿区私人建房投资。

9、国防、人防基本建设。

10、农村个人固定资产投资。

11、零星固定资产投资，指五万元以下的零星固定资产建造和购置活动。

【施工项目】 是指报告期内进行过建筑或安装施工活动的项目。凡是报告期内施过工的建设项目，不论施工时间长短，均作为施工项目统计。施工项目个数可以反映一定时期固定资产投资实际规模，与同期建成投产的建设项目个数相比，可以从建设速度的角度反映固定资产投资的效果。

根据建设项目施工活动的不同性质，施工项目又分为：本年正式施工项目、本年收尾项目和以前年度全部停缓建项目。

【建成投产项目】 是指报告期内按设计文件规定建成主体工程和相应配套的辅助设施，形成生产能力或工程效益，经过验收合格，并且已正式报入生产或交付使用的建设项目。建成投产项目个数是反映报告期建设成果和考核投资效果的重要依据。

建成投产项目分为全部建成投入生产项目和部分建成投入生产项目。

【房屋施工面积】 是指报告期内施工的全部房屋建筑面积。包括本期新开工的面积和上期开工跨入本期继续施工的房屋面积，以及上期已停建在本期恢复施工的房屋面积。本期竣工和本期施工后又停缓建的房屋，其建筑面积仍计入本期房屋施工面积中。

【房屋竣工面积】 是指在报告期内房屋建筑按照设计要求已全部完工。达到住人和使用条件，经验收鉴定合格（或达到竣工验收标准），正式移交使用单位的各栋房屋建筑面积的总和。

【新增固定资产】 新增固定资产（又称交付使用的固定资产），是指已经完成建造和购置过程，并已交付生产或使用单位的固定资产价值。

新增固定资产是反映固定资产投资活动成果的价值量指标，只有已经完成建造和购置过程，并正式移交生产、使用单位的固定资产才能计算新增固定资产。没有安装的需要安装设备、正在施工的建设工程等都不能计算新增固定资产。

主要指标提要

	1990 年	1995 年	1995 年比 1990 年增长%
全社会固定资产投资（亿元）	21.96	70.12	2.19 倍
# 国有固定资产投资（亿元）	17.51	51.40	1.94 倍
# 基本建设（亿元）	11.33	33.11	1.92 倍
# 更新改造（亿元）	5.20	14.96	1.88 倍

全社会固定资产投资总额(亿元)

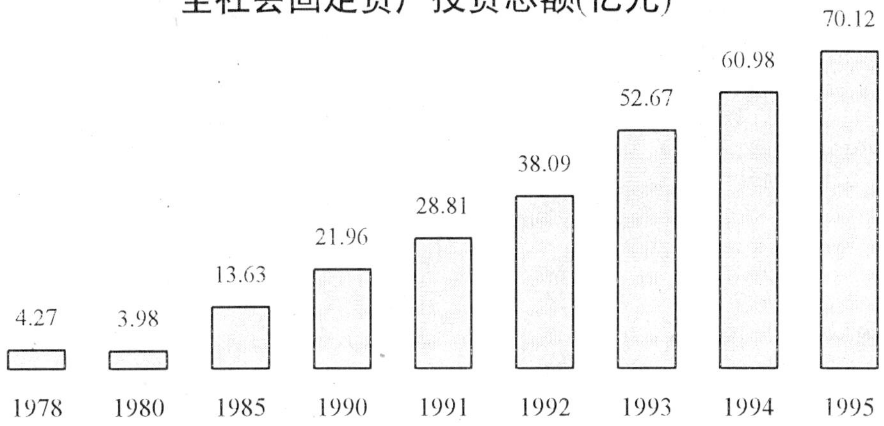

全社会固定资产投资构成(%)

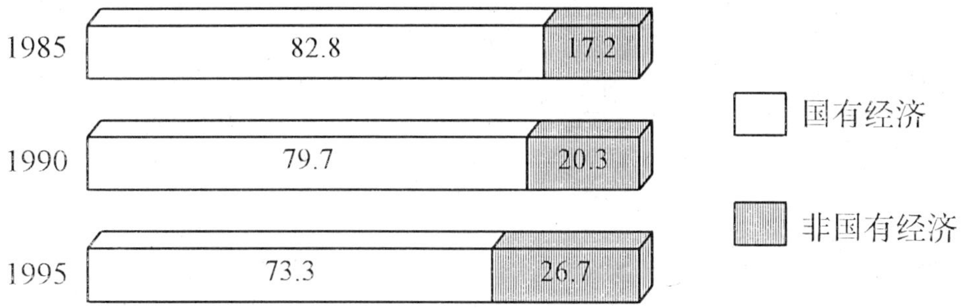

4—1 全社会固定资产投资

单位:万元

指　　标	1990年	1991年	1992年	1993年	1994年	1995年
一、投资总额	**219 603**	**288 134**	**380 942**	**526 673**	**609 780**	**701 237**
# 宝中铁路	7 617	20 647	30 090	60 497	64 415	56 421
长庆油田	5 117	11 512	11 919	7 350	13 696	16 938
按隶属关系分						
1. 中　央	78 568	114 222	116 005	149 758	188 220	240 347
2. 地　方	141 035	173 912	264 937	376 915	421 560	460 890
按资金来源分						
国家预算内投资	40 974	32 212	47 588	78 533	50 398	27 830
国内贷款	52 510	80 865	111 157	160 775	243 956	204 064
利用外资	4 697	3 834	4 748	11 933	26 846	28 265
自筹投资	121 422	171 223	177 094	212 628	205 217	310 001
其他投资			40 355	62 804	83 363	131 077
按经济类型分						
1. 国有经济	175 126	237 723	306 485	413 669	488 725	514 041
基本建设	113 336	158 334	196 743	253 662	317 832	331 107
# 宝中铁路	7 617	20 647	30 090	60 497	64 415	56 421
更新改造	52 045	54 523	79 569	113 741	133 907	149 584
# 长庆油田	550	392	–	871	780	7 301
其　它	6 911	15 646	14 373	17 288	14 506	5 483
# 长庆油田	3 086	11 104	11 919	15 205	12 916	2 856
房地产	2 834	9 220	15 800	28 978	22 480	27 867
2. 集体经济	12 614	17 646	29 854	47 721	36 841	41 719
# 城　镇	5 088	7 630	11 879	16 241	10 821	15 481
农　村	7 526	10 016	17 975	30 011	24 916	21 925
房地产	–	–	–	1 469	1 104	4 313
3. 个体经济	31 863	32 765	44 603	60 067	54 486	106 927
# 城　镇	1 046	1 220	4 667	4 036	7 816	6 859
农　村	30 817	31 545	39 936	56 031	46 670	100 068
4. 其他经济	–	–	–	5 216	29 728	38 550
# 房地产	–	–	–	647	6 748	16 880
按构成分						
1. 建筑工程	118 868	141 267	216 746	324 764	395 282	436 889
# 宝中铁路	7 617	13 061	13 931	43 108	53 600	42 068
长庆油田	2 646	2 605	2 279	5 401	5 356	9 729
2. 安装工程	18 513	22 178	20 070	24 698	30 535	44 453
# 宝中铁路	–	–	–	–	522	695
长庆油田	–	232	4 699	168	69	3 224

4-1 续表 单位:万元

指 标	1990年	1991年	1992年	1993年	1994年	1995年
3. 设备购置	63 526	82 693	89 638	126 041	138 614	162 404
# 宝中铁路	-	-	-	612	2 997	11 708
长庆油田	2 201	8 364	9 459	9 378	7 903	2 869
4. 其 它	18 696	41 996	54 488	51 170	45 349	57 491
# 宝中铁路	-	7 586	16 159	16 777	7 296	1 950
长庆油田	270	311	369	1 129	368	1 116
按行业分						
1. 农林牧渔业	11 395	11 165	8 972	10 908	9 624	10 934
2. 采掘业				67 209	69 935	71 481
3. 制造业	126 695	155 004	174 651	113 728	141 711	128 817
4. 电力、煤气及水的生产和供应业				43 947	62 227	64 497
5. 建筑业	1 162	2 028	5 640	8 442	11 343	2 427
6. 地质勘查业、水利管理业	467	5 632	11 854	10 382	9 668	9 776
7. 交通运输、仓储及邮电通讯业	22 874	38 344	60 564	106 907	134 291	169 104
8. 批发和零售贸易、餐饮业	4 775	10 258	18 072	22 278	27 851	10 220
9. 金融、保险业	1 248	2 366	3 357	4 292	3 383	11 023
10. 房地产业	4 037	14 546	24 462	38 059	34 823	50 177
11. 社会服务业				8 561	13 544	19 564
12. 卫生、体育和社会福利业	1 580	2 339	3 091	3 925	4 725	4 924
13. 教育、文化艺术及广播电影电视业	5 665	5 153	6 371	9 775	8 258	14 756
14. 科学研究和综合技术服务业	409	545	977	1 716	1 657	1 021
15. 国家机关、政党机关和社会团体	3 743	6 155	9 585	15 562	18 293	19 095
16. 其他行业	3 690	1 834	8 743	915	3 961	6 494
二、新增固定资产	**193 282**	**222 873**	**337 687**	**397 372**	**461 795**	**717 528**
# 长庆油田	4 124	10 865	10 541	12 531	11 607	-
三、交付使用率(%)	**91.2**	**77.4**	**88.6**	**75.4**	**75.7**	**102.3**
四、建筑施工面积(万平方米)	**538.6**	**691.3**	**810.0**	**795.7**	**681.6**	**767.7**
# 宝中铁路	-	-	-	-	24.1	-
长庆油田	4.0	4.4	2.2	1.8	4.4	9.4
# 住 宅	380.5	457.5	547.2	530.3	408.8	495.5
# 宝中铁路	-	-	-	-	8.9	-
长庆油田	-	3.8	1.6	1.2	4.1	8.2
五、竣工面积(万平方米)	**459.3**	**571.3**	**666.6**	**626.7**	**526.7**	**598.5**
六、施工项目(个)	**934**	**1 325**	**1 496**	**1 365**	**1 341**	**1 244**
# 新开工	499	856	1 042	861	899	920
投 产	576	733	908	816	884	824

注:按行业分不含城乡个人投资。

4—2 全社会竣工房屋面积

单位: 万平方米

指　　标	1985年	1990年	1991年	1992年	1993年	1994年	1995年
全部竣工房屋面积	**576**	**459**	**571**	**667**	**623.6**	**526.7**	**598.5**
# 国有单位	187	145	157	203	192.8	202.5	174.1
基本建设	130	81	78	109	95.1	115.0	88.2
更新改造	47	45	45	55	55.5	48.5	39.5
其　他	10	19	34	39	42.2	39.0	46.4
# 集体单位	24	6	26	37	44.0	31.3	33.1
城　镇	10	6	9	16	19.0	21.5	15.0
农　村	14	–	17	21	25.0	9.8	18.1
# 城乡个人	365	308	388	427	386.8	281.7	361.4
城　镇	17	10	9	20	14.8	34.2	22.8
农　村	348	298	379	407	372.0	247.5	338.6

4—3 全社会竣工住宅面积

单位: 万平方米

指　　标	1985年	1990年	1991年	1992年	1993年	1994年	1995年
全部竣工住宅面积	**429**	**350**	**408**	**488**	**459.1**	**354.2**	**407.8**
# 国有单位	82	68	81	108	99.4	107.2	108.7
基本建设	57	36	37	52	43.7	54.2	44.7
更新改造	21	22	20	25	27.6	23.9	26.6
其　他	4	10	24	31	28.1	29.1	37.4
# 集体单位	6	3	3	4	17.4	9.7	10.1
城　镇	2	3	3	4	9.4	6.1	9.1
农　村	4	–	–	–	8.0	3.6	1.0
# 城乡个人	341	280	324	376	340.8	230.6	287.0
城　镇	17	9	8	12	11.8	22.6	13.6
农　村	324	271	316	364	329.0	208.0	273.4

4—4　主要年份国有单位固定资产投资

单位:万元

年　份	总　　计	# 基本建设投资	# 国家预算内投资	# 更新改造投资	# 其他固定资产投资
1952	502	502	502	–	–
1957	1 536	1 536	1 536	–	–
1962	3 964	3 964	3 964	–	–
1965	14 002	14 002	14 002	–	–
1970	24 659	24 659	22 593	–	–
1975	24 957	24 957	21 995	–	–
1978	42 246	42 246	37 906	–	–
1979	41 378	38 486	34 284	2 892	–
1980	39 312	30 409	22 981	8 903	–
1981	34 484	20 143	12 726	14 341	–
1982	42 769	27 348	13 106	15 421	–
1983	50 949	32 992	19 641	16 352	1 605
1984	68 014	45 500	24 492	17 595	4 919
1985	112 944	79 413	37 762	26 493	7 038
1986	143 003	93 164	39 600	39 982	9 857
1987	155 511	108 563	33 835	39 422	7 526
1988	139 535	87 760	25 212	44 476	7 299
1989	133 687	80 681	21 617	46 943	6 063
1990	175 126	113 336	40 010	52 045	6 911
1991	237 723	158 334	30 159	54 523	24 866
1992	306 485	196 743	45 251	79 569	30 173
1993	413 669	253 662	74 222	113 741	46 266
1994	488 725	317 832	48 366	133 907	14 506
1995	514 041	331 107	24 336	149 584	5 483

4—5 按各种分组的国有单位固定资产投资

项目	1990年	1991年	1992年	1993年	1994年	1995年
一、投资额(万元)	**175 126**	**237 723**	**306 485**	**413 669**	**488 725**	**514 041**
1. 按隶属关系分						
中央项目	78 568	114 222	116 005	147 758	183 220	240 347
地方项目	96 558	123 501	190 480	265 911	305 505	273 694
2. 按资金来源分						
国家预算内投资	40 327	30 636	45 728	74 239	49 577	25 552
国家预算外投资	134 799	207 087	260 757	339 430	439 148	488 489
3. 按构成分						
建筑安装工程	106 304	130 967	182 520	282 178	338 466	337 221
设备工具器具购置	52 691	66 858	71 932	82 455	108 617	132 452
其他费用	16 131	39 898	52 033	49 036	41 642	44 368
4. 按建设性质分						
新　　建	88 005	107 836	125 371	152 835	197 185	170 647
扩　　建	42 230	66 006	93 102	120 874	155 791	190 889
改　　建	34 724	43 372	47 453	64 948	87 450	98 387
5. 按国民经济主要行业分						
# 农　　业	10 285	12 810	16 401	4 390	5 682	8 933
工　　业	116 246	143 330	156 587	191 757	227 386	217 639
能源工业	81 505	95 141	80 025	25 243	119 740	129 225
运输、邮电业	22 788	38 274	60 499	10 801	134 291	169 104
二、新增固定资产(万元)	**150 009**	**173 431**	**263 827**	**287 467**	**357 215**	**539 823**
三、房屋建筑面积(万平方米)						
1. 施工面积	216	261	337	354	337	316
# 住宅	96	128	166	173	155	162
2. 竣工面积	145	157	203	194	203	174
# 住宅	67	81	108	100	107	109

4—6　主要年份国有单位基本建设投资

单位:万元

年　份	投资总额	按资金来源分				
		国家预算内	贷　款	利用外资	自　筹	其　他
1978	42 246	37 906	-	-	4 340	
1980	30 409	22 982	873	89	6 465	
1985	79 413	37 762	14 793	4 005	21 056	1 797
1986	93 164	39 600	12 088	11 433	18 595	11 448
1987	108 563	33 835	46 271	4 065	23 498	894
1988	87 760	25 212	31 933	795	20 842	8 978
1989	80 681	21 617	22 064	1 249	19 674	16 077
1990	113 336	40 010	24 683	2 841	42 832	2 970
1991	158 334	30 159	46 414	2 181	33 719	45 861
1992	196 743	45 251	49 776	3 738	68 467	29 511
1993	253 662	74 222	71 761	10 755	66 764	30 160
1994	317 832	48 366	133 935	22 333	79 982	33 216
1995	331 107	24 336	113 596	24 883	95 467	72 825

年　份	按构成分			按建设性质分		
	建筑安装工　程	设备工具器具购置	其它费用	# 新　建	# 扩　建	# 改　建
1978	30 834	9 865	1 547	14 944	27 302	
1980	24 428	4 370	1 611	22 017	8 392	
1985	52 482	16 410	10 521	44 641	22 875	3 264
1986	58 655	24 330	10 179	55 738	25 819	5 306
1987	62 377	31 688	14 498	69 936	25 232	6 760
1988	61 421	18 034	8 305	53 988	19 831	8 199
1989	54 959	17 521	8 201	52 972	16 622	6 805
1990	73 705	28 677	10 954	83 426	15 901	9 586
1991	90 857	36 194	31 283	103 158	37 307	8 440
1992	124 572	27 392	44 779	122 544	48 594	13 885
1993	188 951	28 563	36 148	148 562	61 797	19 664
1994	250 960	34 104	32 768	195 434	79 993	25 890
1995	237 501	62 437	31 169	169 308	105 651	32 344

4—7　按国民经济行业分的基本建设投资额

单:万元

行　业	1990年	1991年	1992年	1993年	1994年	1995年
总　计	113 336	158 334	196 743	253 662	317 832	331 107
1. 农林牧渔业	2 400	3 167	3 537	2 483	4 120	7 778
2. 采掘业	12 926	18 901	24 676	29 766	36 958	37 995
3. 制造业	22 776	21 053	32 903	25 531	25 335	21 092
4. 电力、煤气及水的生产和供应业	34 677	47 480	24 735	36 909	51 576	51 714
5. 建筑业	297	630	1 371	2 290	5 121	559
6. 地质勘查业、水利管理业	7 406	9 164	11 843	10 322	9 347	8 677
7. 交通运输、仓储及邮电通讯业	17 774	34 046	53 806	94 789	116 521	132 644
8. 批发和零售贸易、餐饮业	1 718	3 492	9 727	12 393	23 542	6 882
9. 金融、保险业	1 062	2 051	2 687	3 516	3 350	8 140
10. 房地产业	1 644	1 796	2 236	1 407	325	1 117
11. 社会服务业	981	2 693	3 299	6 246	11 516	17 046
12. 卫生、体育和社会福利业	1 508	2 259	2 938	3 259	3 274	3 795
13. 教育、文化艺术及广播电影电视业	4 535	4 623	5 978	8 726	7 798	12 630
14. 科学研究和综合技术服务业	249	479	600	1 329	840	1 021
15. 国家机关、政党机关和社会团体	2 887	5 541	8 524	14 290	16 032	17 190
16. 其他行业	496	959	7 883	406	2 177	2 827

4—8　能源工业和运输邮电业基本建设投资

年　份	绝　对　数(万元)		比　重　(以投资总额为100)	
	能源工业	运输邮电业	能源工业	运输邮电业
1985	16 930	3 642	21.3	4.6
1986	17 379	6 970	18.7	7.5
1987	26 887	7 342	24.8	6.8
1988	24 314	7 363	27.7	8.4
1989	30 011	7 339	37.2	9.1
1990	54 762	17 690	48.3	15.6
1991	66 376	34 046	48.2	21.5
1992	46 648	53 039	23.7	26.9
1993	64 141	94 786	25.3	37.4
1994	84 023	116 521	26.4	36.7
1995	84 766	132 644	25.6	40.1

4—9 基本建设新增主要生产能力或效益

名　　称	计　算　单　位	1995年
煤炭开采业	万吨/年	30
烧　　碱	吨/年	-
火　　电	万千瓦/年	-
输电线路长度(11万伏及以上)	公里	35
变电设备能力(11万伏及以上)	万千伏安	19
合　成　氨	吨/年	-
化　　肥	吨/年	-
铁路货车购置	辆	-
新建公路	公里	122
改建公路	公里	224
新建微波电路	公里	-
长途自动电话交换设备	路端	-
市内电话自动交换	门	79 000
造林面积	万亩	50
有效灌溉面积	万亩	4
粮食仓库	万公斤	3 301
	平方米	11 780
商业、饮食、服务网点	处	17
	平方米	22 551
中等学校:学生席位	个	5 037
	平方米	15 321
小学校:学生席位	个	18 666
	平方米	46 816
其他学校:学生席位	个	-
	平方米	-
医院病床	张	10
自来水供给能力	万吨/日	5
城市道路扩建:长度	公里	27

4—10 国有单位更新改造投资

单位: 万元

项目	1990年	1991年	1992年	1993年	1994年	1995年
投资总额	**52 045**	**54 523**	**79 569**	**113 741**	**133 907**	**149 584**
按隶属关系分						
中央	14 240	8 399	12 859	21 588	37 404	71 073
地方	37 805	46 124	66 710	92 153	96 503	78 511
按构成分						
建筑	25 639	25 994	39 159	51 828	48 351	54 627
安装				9 928	12 840	16 146
设备	21 676	21 986	34 514	44 295	66 611	68 383
其它	4 730	6 543	5 896	7 690	6 105	10 428
按建设性质分						
# 新建	4 174	4 237	2 397	4 202	1 751	1 139
扩建	25 138	26 411	43 717	58 332	62 654	81 949
改建	20 208	22 184	28 838	44 265	61 241	64 345
按行业分						
# 农业	833	946	1 504	1 907	1 550	1 136
采掘业				20 287	17 165	29 003
制造业	42 510	44 603	62 067	58 915	77 596	61 921
电力煤气				5 026	5 651	12 684
交通邮电	3 371	2 753	6 940	10 801	17 310	35 217
新增固定资产	**39 147**	**40 872**	**63 528**	**94 712**	**112 243**	**141 060**
交付使用率(%)	**75.2**	**74.9**	**79.8**	**83.3**	**83.8**	**94.3**
施工面积(万平方米)	**64.5**	**68.9**	**91.7**	**92.0**	**74.4**	**66.3**
竣工面积(万平方米)	**45.3**	**45.1**	**54.8**	**55.5**	**48.5**	**39.5**
竣工率(%)	**70.2**	**65.5**	**59.8**	**60.3**	**65.2**	**59.6**
施工项目(个)	**457**	**535**	**609**	**589**	**573**	**457**
投产项目(个)	**280**	**350**	**379**	**320**	**374**	**327**
投产率(%)	**61.3**	**65.4**	**62.2**	**54.3**	**65.3**	**71.6**

4—11　按细用途分的更新改造投资

（1995年）　　　　单位：万元

行　　业	增　产	节约能源	其他节约	增加品种	提高产品质量	三废治理	其他
总　　计	**66 177**	**6 117**	**478**	**12 974**	**10 324**	**150**	**53 434**
(1) 农林牧渔业	445	2	35	91	92	-	471
(2) 采掘业	5 316	15	-	-	1 981	-	21 691
(3) 制造业	27 741	6 100	443	12 861	3 844	20	10 912
(4) 电力、煤气及水的生产和供应业	4 856	-	-	-	4 402	130	3 296
(5) 建筑业	290	-	-	22	5	-	264
(6) 地质勘查业、水利管理业	-	-	-	-	-	-	1 099
(7) 交通运输、仓储及邮电通讯业	27 459	-	-	-	-	-	7 758
(8) 批发和零售贸易、餐饮业	-	-	-	-	-	-	1 325
(9) 金融、保险业	-	-	-	-	-	-	2 854
(10) 房地产业	-	-	-	-	-	-	-
(11) 社会服务业	-	-	-	-	-	-	712
(12) 卫生、体育和社会福利业	-	-	-	-	-	-	794
(13) 教育、文化艺术及广播电影电视业	-	-	-	-	-	-	710
(14) 科学研究和综合技术服务业	-	-	-	-	-	-	-
(15) 国家机关、政党机关和社会团体	-	-	-	-	-	-	1 280
(16) 其他行业	-	-	-	-	-	-	268

4—12　城镇集体单位固定资产投资

单位:万元

项　　　目	1990年	1992年	1993年	1994年	1995年
一、投资总额	5 088	11 879	16 241	11 925	15 481
1. 按构成分					
建筑安装	2 480	7 592	10 814	8 340	8 801
设　备	1 855	3 381	4 798	2 668	4 848
其　他	753	906	629	917	1 832
2. 按行业分					
(1) 农林牧渔业	-	-	-	-	-
(2) 采掘业	-	-	1 877	1 766	1 620
(3) 制造业	4 230	7 506	9 394	6 108	10 836
(4) 电力、煤气及水的生产和供应业	-	-	-	-	84
(5) 建筑业	198	590	626	514	932
(6) 地质勘查业、水利管理业	-	-	-	-	-
(7) 交通运输、仓储及邮电通讯业	65	16	-	-	-
(8) 批发和零售贸易、餐饮业	434	3 038	3 151	1 720	1 203
(9) 金融、保险业	40	92	462	33	29
(10) 房地产业 (11) 社会服务业	121	65	407	1 154	-
(12) 卫生、体育和社会福利业	-	31	70	-	179
(13) 教育、文化艺术及广播电影电视业	-	-	-	-	150
(14) 科学研究和综合技术服务业	-	129	-	-	-
(15) 国家机关、政党机关和社会团体	-	-	254	60	370
(16) 其他行业	-	412	-	570	78
二、新增固定资产	4 314	11 282	15 638	11 758	14 602
三、施工项目(个)	89	115	92	57	63

4—13　农村集体单位固定资产投资

项　　　　目	单　　位	1993年	1994年	1995年	1995年为
一、投资总额	**万　元**	**30 011**	**24 916**	**21 925**	**88.0**
1、按构成分					
建筑安装	万　元	12 847	12 893	21 121	163.8
设备购置	万　元	16 358	12 023	638	5.3
其　　它	万　元	806		166	
2、按来源分					
预算内	万　元	1 597	821	2 214	269.7
预算外	万　元	28 414	24 095	19 711	81.8
二、新增固定资产	**万　元**	**30 011**	**24 916**	**21 925**	**88.0**
三、施工面积	**万平方米**	**25.00**	**21.52**	**18.15**	**84.3**
# 住宅	万平方米	8.00	3.59	0.98	27.3
四、竣工面积	**万平方米**	**25.00**	**21.52**	**18.15**	**84.3**
# 住宅	万平方米	8.00	3.59	0.98	27.3

4—14　重点建设项目投资情况

(1995年)　　　　单位:万元

建　设　项　目	计划投资	完成投资	完成计划(%)	建设规模
盐环定扬水工程	4 430	3 340	74.6	有效灌溉面积32万亩排灌装机6万千瓦
灵武矿区	29 076	39 588	136.2	煤炭开采1040万吨/年
大坝电厂二期	38 000	38 000	100.0	火电60万千瓦
中卫黄河公路桥	2 500	2 600	104.0	桥梁1座,桥长:1116米
石嘴山黄河水厂	1 915	1 188	62.0	日供水4万吨
宁夏残疾人康复中心	250	250	100.0	3000平方米
宝中铁路(跨省)	56 420	56 421	100.0	新建铁路宁夏段286公里
京呼银兰通迅光缆	5 370	5 370	100.0	通迅光缆512公里
石嘴山钢厂1万吨异型股钢丝绳技术	5 361	2 945	54.9	异型钢丝绳1万吨
青铜峡电厂渠首电站技改项目	4 856	4 856	100.0	水电:3万千瓦

五、能源、物资

主要统计指标解释

【能源生产总量】 指一定时期内一次能源生产量的总和，是观察能源生产水平、规模、构成和发展速度的总量指标。一次能源生产量包括原煤、原油、天然气、水电及其他动力能（如风能、地热能等）发电量。不包括低热值燃料生产量、生物质能、太阳能等利用和由一次能源加工转换而成的二次能源产量。

【能源消费总量】 指一定时期内物质生产部门，非物质生产部门和生活消费的各种能源的总和，是观察能源消费水平、构成和增长速度的总量指标。能源消费总量包括原煤及其制品、天然气、电力。不包括低热值燃料、生物质能和太阳能等的利用。能源消费总量分为三部分。即终端能源消费量、能源加工转换损失量和损失量。

【终端能源消费量】 指一定时期内物质生产部门、非物质生产部门和生活消费的各种能源在扣除了用于加工转换二次能源消费量和损失量以后的数量。

【能源加工转换损失量】 指一定时期内投入加工转换的各种能源数量之和与产出各种能源产品之和的差额。它是观察能源在加工转换过程中损失量变化的指标。

【能源损失量】 指一定时期内能源在输送、分配、储存过程中发生的损失和由于客观原因造成的各种损失量。不包括各种气体能源放空、放散量。

【能源经济效益综合指标】 主要考察能源利用的经济效果，同时考察能源消耗与国民经济增长之间的关系。

【能源消费量】 是指工业部门或工业用于工业生产的各种能源消费量的总和。

$$\text{单位能源消费实现的工业总产值}=\frac{\text{工业总产值}}{\text{能源消费量}}$$

$$\text{单位工业总产值能源消费量}=\frac{\text{能源消费量}}{\text{工业总产值}}$$

$$\text{人均能源占有量}=\frac{\text{可供消费的能源量}}{\text{人口总数}}$$

【生活用能源消费量】 是指本地区报告期内用于生活的各种能源的数量。包括用于炊事取暖、照明及家用电器等方面的消费量。

【能源生产弹性系数】 是研究能源生产量的增长同国民经济增长之间关系的指标。通常计算能源生产弹性系数和电力生产弹性系数。计算公式：

$$\text{能源生产弹性系数}=\frac{\text{能源生产总量年平均增长速度}}{\text{国民经济年平均增长速度}}$$

$$\text{电力生产弹性系数}=\frac{\text{电力生产量年平均增长速度}}{\text{国民经济年平均增长速度}}$$

【电力生产量】 是指水电、火电及其它动力能发电量。

【能源消费弹性系数】 能源消费弹性系数是研究能源消费量增长同国民经济增长之间关系的指标。通常计算能源消费弹性系数和电力消费弹性系数。计算公式

$$\text{能源消费弹性系数}=\frac{\text{能源消费量年平均增长速度}}{\text{国民经济年平均增长速度}}$$

$$\text{电力消费弹性系数}=\frac{\text{电力消费量年平均增长速度}}{\text{国民经济年平均增长速度}}$$

能源消费弹性系数是反映一个国家或地区经济发展与能源消费增长之间一定的比例关系。一般情况下，弹性系数愈小愈好。能源消费弹性系数的大小同生产力发展水平、国民经济结构、产品结构、技术装备、生产工艺、能源管理水平以及居民生活消费水平等密切相关。从国内外经济发展情况看，在工业化初期，能源消费弹性系数一般大于1，实现了工业化或工业有较大发展后，一般小于1；发达国家的能源消费弹性系数大致等于或小于1，发展中国家大多数大于1，而且国民收入越低。弹性系数越大。

【乡镇建筑企业施工消费】是指由乡镇企业局管理的建筑企业承包本企业（单位）的建设项目所使用的原材料，能源的数量和价值。

【原材料、能源总值分类的内容】 原材料、能源总值包括能源类、黑色金属类、有色金属类、化工类、建材类、木材类，一次转移价值的机电产品类和其他类。

一次转移价值的机电产品类：是指某些消耗性的机电产品其价值转移方式同原材料一样，一次摊入成本。

主要指标提要

	1990 年	1995 年	1995 年比 1990 年增长%
能源生产总量（折万吨标准煤）	1115.2	1132.1	1.5
能源消费总量（折万吨标准煤）	707.3	775.2	9.6
能源加工转换总效率（%）	41.40	49.57	-

能源生产、消费总量

(折万吨标准煤)

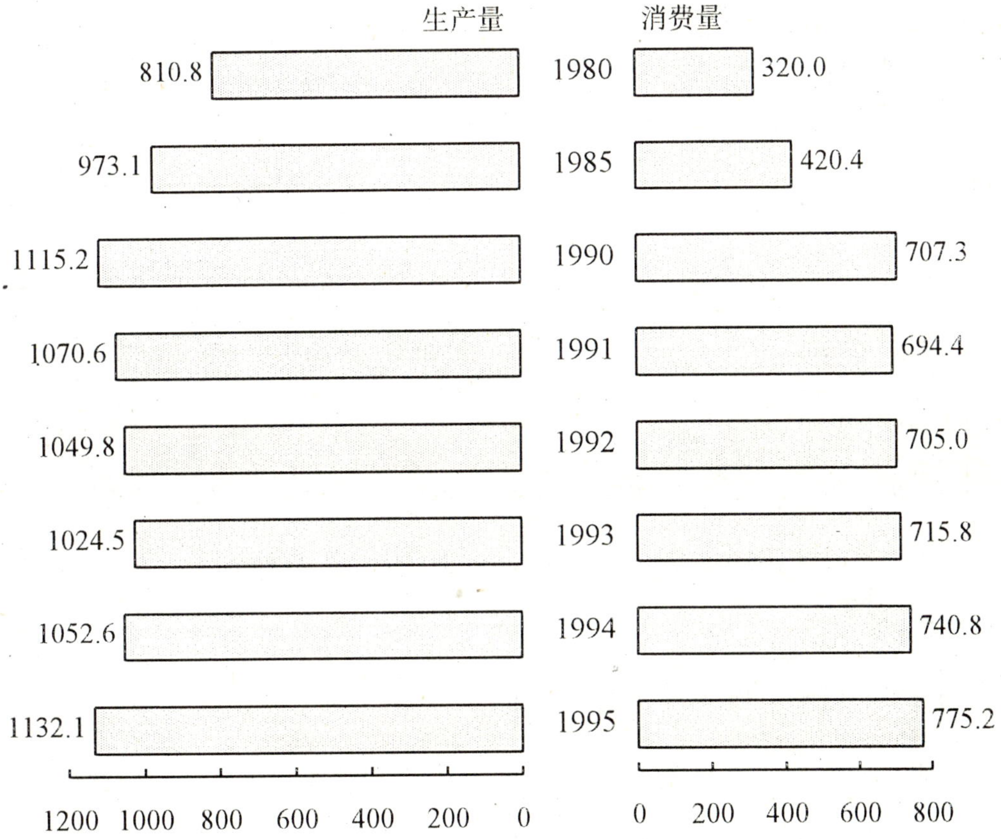

5—1 主要年份能源生产、消费总量和构成

年份	能源生产总量（折万吨标准煤）	占能源生产总量（%）				能源消费总量（折万吨标准煤）	占能源消费总量（%）			
		煤炭	原油	天然气	水电		煤炭	石油	天然气	电力
1952	5.1	100.0								
1957	24.3	100.0								
1965	219.9	100.0								
1970	348.3	97.0			3.0					
1975	580.4	92.1	1.3		6.6					
1978	806.4	88.5	7.0		4.5					
1980	810.8	85.5	10.0		4.5	320.0	73.4	3.8		22.8
1985	973.1	89.6	5.9		4.5	420.4	65.6	7.6	0.3	26.4
1986	960.4	90.7	5.1	0.1	4.1	451.0	62.9	7.5	0.3	29.4
1987	997.6	92.3	4.4	0.1	3.2	509.0	61.6	6.8	0.2	31.4
1988	1 031.8	92.1	4.5	0.1	3.3	549.6	58.5	7.2	0.3	34.1
1989	1 051.0	91.2	3.9	0.1	4.8	614.9	55.8	8.8	0.2	35.3
1990	1 115.2	92.4	3.3	0.1	4.2	707.3	57.6	9.2	0.1	33.1
1991	1 070.6	93.6	3.1	0.1	3.2	694.4	54.1	9.8	0.1	36.0
1992	1 049.8	93.8	2.8	0.1	3.2	705.0	50.8	11.0	0.2	38.0
1993	1 024.5	95.6	2.9	0.2	1.3	715.8	47.7	11.8	0.2	40.3
1994	1 052.6	94.2	4.1	0.5	1.2	740.8	75.0	10.5	0.7	13.8
1995	1 132.1	93.4	4.9	0.7	1.0	775.2	75.0	10.2	0.2	14.6

注：1993、1994、1995年电力折标系数采用当量热值折算，即1.229吨标煤/万千瓦时。

5—2 主要年份能源生产、消费弹性系数

项目	1980年	1985年	1990年	1991年	1992年	1994年	1995年
能源生产比上年增长(%)	-6.32	10.87	6.11	-4.00	-1.95	2.75	7.56
电力生产比上年增长(%)	9.10	3.83	3.27	12.79	21.40	11.21	10.77
国内生产总值比上年增长(%)	7.90	17.80	3.70	4.80	8.60	8.20	9.00
能源生产弹性系数	-0.80	0.61	1.65	-0.83	-0.23	0.34	0.84
电力生产弹性系数	1.15	0.22	0.88	2.66	2.49	1.37	1.20
能源消费比上年增长(%)	6.68	7.44	15.03	-1.82	1.52	3.48	4.64
电力消费比上年增长(%)	10.13	6.02	8.65	9.03	10.32	6.00	10.86
能源消费弹性系数	0.85	0.42	4.06	-0.38	0.18	0.42	0.52
电力消费弹性系数	1.28	0.34	2.34	1.88	1.26	0.73	1.21

注:国内生产总值增长速度按可比价格计算。

5—3 能源加工转换效率

(1985-1995年)

单位:%

年份	总效率	发电及电站供热	炼焦	炼油
1985	44.85	27.18	90.77	99.04
1986	40.36	27.70	87.64	95.89
1987	36.45	26.65	90.24	99.91
1988	36.21	28.19	80.57	97.92
1989	37.84	28.75	68.06	96.17
1990	41.40	29.12	68.79	95.04
1991	42.92	29.78	68.46	89.27
1992	46.57	30.82	77.12	93.87
1993	44.57	26.86	91.36	97.94
1994	49.35	32.00	97.00	96.00
1995	49.57	31.76	81.06	97.05

注:1. 总效率中不包括原煤洗选加工;发电及电站供热投入量不包括余热、余气、制糖厂自备发电的投入量。
2. 能源加工转换效率=加工转换产出量(标准煤)÷加工转换投入量(标准煤)×100%。

5—4 平均每天各种能源消费量

项目	单位	1990年	1991年	1992年	1993年	1994年	1995年
合计	**吨标准煤**	**19 378.36**	**19 025.75**	**19 314.25**	**19 254.31**	**20 295.07**	**21 237.26**
煤炭	吨	24 241.10	25 088.22	25 727.67	24 716.10	27 411.78	27 018.90
焦炭	吨	572.05	438.90	432.88	482.06	560.00	573.15
原油	吨	318.36	637.26	1 159.18	1 547.43	1 593.15	1 859.18
燃料油	吨	649.32	650.68	766.58	645.06	670.14	758.08
汽油	吨	270.68	272.05	309.32	328.25	335.89	293.42
煤油	吨	9.04	39.73	6.03	3.23	10.14	11.51
柴油	吨	247.40	250.96	333.70	287.50	278.90	267.12
电力	万千瓦小时	1 507.40	1 643.56	1 821.37	2 153.70	2 283.01	2 530.96

5—5 每人年平均生活用能源

(1985-1995年)

年份	平均每人生活消费能源（千克标准煤/人）	煤炭（千克）	电力（千瓦小时）	煤油（千克）	液化石油气（千克）	天然气（立方米）
1985	223.86	277.54	49.88	0.46	0.12	0.79
1986	192.07	251.88	28.61	0.31	0.19	–
1987	191.65	253.69	31.88	0.30	0.54	–
1988	191.95	246.41	35.47	0.39	0.52	–
1989	184.25	231.17	42.25	0.42	0.71	–
1990	183.72	227.43	46.40	0.34	0.75	–
1991	169.80	202.58	51.37	0.29	0.88	–
1992	175.39	204.32	59.82	0.25	1.97	–
1993	172.32	202.50	66.25	0.21	2.35	–
1994	139.21	167.37	68.66	0.54	2.90	5.20
1995	151.81	161.42	73.41	0.49	2.83	0.79

注:本表按年平均人口数计算。

5—6 每亿元工业总产值能源、电力消费量

年 份	能源消费量(万吨标准煤)			电力消费量(万千瓦小时)		
	工 业	重工业	轻工业	工 业	重工业	轻工业
1985	11.99	15.25	4.14	8 935	11 751	2 154
1986	12.19	15.91	4.11	9 989	13 514	2 331
1987	12.10	15.17	5.59	10 914	13 658	5 089
1988	11.55	15.24	3.41	11 070	15 157	2 053
1989	11.80	15.55	3.17	11 175	15 136	2 054
1990	12.17	15.63	4.28	10 858	14 765	1 945
1991	6.87	8.20	2.85	6 677	8 368	1 543
1992	6.14	7.31	2.43	6 488	8 038	1 603
1993	6.12	7.29	2.39	7 015	8 532	1 591
1994	5.64	6.68	1.79	6 128	7 368	1 525
1995	5.20	6.04	1.83	5 992	7 097	1 541

注:1991-1995年工业总产值按1990年不变价计算。

5—7 单位能源、电力消费实现的工业总产值

年 份	每吨能源消费实现的工业总产值			每千瓦小时电力消费实现的工业总产值		
	工 业	重工业	轻工业	工 业	重工业	轻工业
1985	834.00	656.00	2 415.00	1.21	0.85	4.64
1986	820.25	628.48	2 433.56	1.00	0.74	4.29
1987	826.41	659.27	1 789.77	0.92	0.73	1.96
1988	865.70	656.08	2 934.74	0.90	0.66	4.87
1989	847.42	643.14	3 191.75	0.89	0.66	4.87
1990	821.67	639.77	2 337.33	0.92	0.68	5.14
1991	1 454.63	1 219.36	3 511.16	1.50	1.19	6.48
1992	1 629.49	1 367.21	4 121.30	1.54	1.24	6.24
1993	1 634.00	1 371.73	4 183.80	1.42	1.17	6.29
1994	1 772.66	1 497.25	5 595.94	1.63	1.36	6.56
1995	1 922.36	1 655.68	5 475.75	1.67	1.41	6.49

注:1991-1995年工业总产值按1990年不变价计算。

5—8 主要原材料消费与库存

(1995年)　　单位:吨

项　　目	生　铁	钢　材	铜	铝	铅	锌	铜　材
一、年初库存量	5 941	67 882	69	56	119	126	1 989
二、本年消费量合计	25 338	4 915 602	931	5 278	9 768	1 342	737
1. 工　　业	23 628	4 852 456	931	5 278	226	1 338	730
# 工业生产用	23 468	4 842 901	915	5 278	226	1 338	730
建筑施工用	–	4 362	–	–	–	–	–
运输邮电用	–	–	–	–	–	–	–
2. 建筑业	1 710	63 033	–	–	9 542	4	7
# 建筑施工用	1 691	62 421	–	–	9 542	4	6
工业生产用	19	612	–	–	–	–	–
运输邮电用	–	–	–	–	–	–	–
3. 运输邮电业	–	113	–	–	–	–	–
# 运输邮电用	–	113	–	–	–	–	–
工业生产用	–	–	–	–	–	–	–
建筑施工用	–	–	–	–	–	–	–
三、年末库存合计	29 402	102 726	59	3 400	56	316	2 167
工业企业	4 928	65 237	44	83	50	313	2 130
建筑业	66	17 233	1	1	4	–	9
运输邮电业	–	26	–	–	–	–	–
批发零售贸易经营库存	8	9 830	14	16	2	3	28
工业产品库存	24 400	10 400	–	3 300	–	–	–

5-8 续表 (1995年)

项目	铝材（吨）	硫酸（吨）	烧碱（吨）	合成橡胶（吨）	水泥（吨）	平板玻璃（重量箱）	原木（立方米）	锯材（立方米）
一、年初库存量	178	2 582	763	1 830	125 364	4 097	20 168	2 638
二、本年消费量合计	658	56 068	15 742	12 061	1 211 028	36 798	97 005	10 309
1. 工业	583	55 992	15 735	12 058	91 083	17 834	77 729	6 631
# 工业生产用	574	55 862	15 735	12 053	74 792	14 599	72 473	6 593
建筑施工用	9	–	–	–	12 863	3 077	2 180	38
运输邮电用	–	–	–	–	–	–	–	–
2. 建筑业	71	2	7	3	1 119 492	18 938	19 271	3 673
# 建筑施工用	65	2	3	3	1 115 575	18 027	18 832	3 673
工业生产用	–	–	–	–	974	130	10	–
运输邮电用	–	–	–	–	–	–	–	–
3. 运输邮电业	4	74	–	–	453	26	5	5
# 运输邮电用	4	74	–	–	380	26	5	5
工业生产用	–	–	–	–	–	–	–	–
建筑施工用	–	–	–	–	73	–	–	–
三、年末库存合计	206	6 994	2 762	1 989	161 730	66 554	20 253	1 700
工业企业	162	4 691	949	1 952	7 704	4 208	18 595	869
建筑业	28	1	1	–	6 436	2 211	1 476	773
运输邮电业	–	2	–	–	–	–	7	–
批发零售贸易经营库存	16	–	12	37	2 753	3 735	175	58
工业产品库存	–	2 300	1 800	–	144 837	56 400	–	–

5—9 主要能源消费与库存

(1995年)

项目	煤炭（吨）	焦炭（吨）	焦炉煤气（万立方米）	原油（吨）	汽油（吨）	煤油（吨）
一、年初库存量	310 262	46 222	25 953	68 130	13 750	162
二、本年消费量合计	5 146 865	209 165	2 200	548 374	250 159	1 579
1.工业	5 146 623	208 419	2 200	548 332	236 902	943
# 工业生产用	2 969 170	208 417	2 200	548 332	236 040	942
建筑施工用	4 214	–	–	–	177	–
运输邮电用	–	–	–	–	672	–
2. 建筑业	2	115	–	8	2 728	489
# 建筑施工用	2	42	–	–	2 306	483
工业生产用	–	21	–	8	422	6
运输邮电用	–	–	–	–	–	–
3.运输邮电业	240	631	–	34	10 505	147
# 运输邮电用	240	631	–	34	10 464	147
工业生产用	–	–	–	–	–	–
建筑施工用	–	–	–	–	–	–
三、年末库存合计	1 929 427	183 280	5 626	31 234	17 830	568
# 工业企业	349 518	73 334	–	25 133	4 740	238
建筑业	12	52	–	–	78	–
运输邮电业	15	–	5 626	1	507	–
批发零售贸易经营库存	20	–	–	–	8 155	312
工业产品库存	1 381 031	109 097	–	6 100	2 300	–

(1995年)

项　　目	柴　油 (吨)	燃料油 (吨)	液　化 石油气 (吨)	炼　厂 干　气 (吨)	天然气 (万立方米)	热　力 (百万千焦)	电　力 (万千瓦时)
一、年初库存量	**2 101**	**40 724**	**960**	**–**	**–**	**134**	**24**
二、本年消费量合计	**20 209**	**276 811**	**7 932**	**3 131**	**1 109**	**1 190 413**	**513 457**
1. 工　　业	15 066	276 792	6 525	3 131	1 109	1 167 443	465 951
# 工业生产用	14 983	276 792	6 525	3 131	1 109	1 167 028	465 674
建筑施工用	8	–	–	–	–	–	43
运输邮电用	75	–	–	–	–	–	1
2. 建筑业	1 064	3	1 407	–	–	–	47 162
# 建筑施工用	1 045	3	1 407	–	–	–	46 518
工业生产用	19	–	–	–	–	–	644
运输邮电用	–	–	–	–	–	–	–
3. 运输邮电业	4 079	16	–	–	–	–	313
# 运输邮电用	4 079	16	–	–	–	22 970	313
工业生产用	–	–	–	–	–	22 970	–
建筑施工用	–	–	–	–	–	–	–
三、年末库存合计	**10 533**	**16 105**	**1 093**	**–**	**–**	**–**	**–**
# 工业企业	2 353	9 603	1 012	–	–	–	–
建筑业	88	–	81	–	–	–	–
运输邮电业	88	2	–	–	–	–	–
批发零售贸易经营库存	4 286	–	–	–	–	–	–
工业产品库存	2 400	6 500	–	–	–	–	–

5—10 原材料、能源消费与库存总值

(1995年)　　单位:万元

项　目	年初库存总值	本年消费总值合计	工业企业	建筑企业	运输邮电企业	年末库存总值
总　值	**1 570 780**	**9 144 943**	**9 078 000**	**61 791**	**5 152**	**1 627 746**
一、按隶属关系分						
1.中　央	352 447	1 985 289	1 982 151	1 109	2 029	366 250
2.省、自治区、直辖市	942 928	5 338 874	5 309 059	28 554	1 261	976 779
3.地　区	170 630	960 498	944 754	15 540	204	168 412
4.县	93 945	635 408	618 662	15 088	1 658	98 993
5.街　道	2 680	28 401	28 278	123	–	3 748
6.镇	33	1 063	46	1 017	–	41
7.乡	–	372	12	360	–	–
8.其　他	8 117	195 038	195 038	–	–	13 523
二、按经济类型分						
1.国有经济	1 174 302	6 294 387	6 250 954	33 729	4 704	1 157 647
2.集体经济	67 832	508 177	484 668	23 062	447	74 024
3.私营经济	977	6 817	6 817	–	–	378
4.联营经济	2 248	18 049	18 049	–	–	2 564
5.股份制经济	36 473	543 473	543 473	–	–	70 121
6.外商投资经济	275 720	1 670 641	1 670 641	–	–	295 131
中外合资经营企业	275 714	1 666 538	1 666 538	–	–	294 694
中外合作经营企业	5	2 181	2 181	–	–	4
外资企业	1	1 922	1 922	–	–	433
7.港、澳、台投资经济	13 228	103 399	103 398	–	1	27 881
与大陆合资经营企业	8 108	94 215	94 215	–	–	12 075
与大陆合作经营企业	5 094	8 914	8 913	–	1	15 668
港、澳、台独资企业	26	270	270	–	–	138
三、按类值分						
1.黑色金属材料类	154 128	485 894	465 809	20 058	27	164 391
2.有色金属材料类	63 529	598 750	598 358	390	2	85 624
3.化工类	94 077	586 680	585 884	753	43	92 375
4.建材类	16 628	109 728	86 271	23 455	2	19 215
5.木材类	14 166	25 984	18 412	7 571	1	5 738
6.一次转移价值的机电产品类	201 571	312 346	308 301	3 288	757	214 974
7.其他类	329 972	2 654 060	2 649 559	3 926	575	349 201
四、按工业、建筑业、运输邮电行业大类分						
采掘业						
煤炭采选业	11 572	39 772	39 772	–	–	11 693
石油和天然气开采业	777	11 255	11 255	–	–	779
黑色金属矿采选业	5	27	27	–	–	8
有色金属矿采选业	86	265	265	–	–	32
非金属矿采选业	475	2 304	2 304	–	–	553
其他矿采选业	3	517	517	–	–	30

 (1995年) 单位:万元

项目	年初库存总值	本年消费总值	工业企业	建筑企业	运输邮电企业	年末库存总值
制造业						
食品加工业	31 398	276 292	276 292			41 718
食品制造业	16 767	227 928	227 928			19 362
饮料制造业	19 433	84 499	84 499			10 410
烟草加工业	69	2 363	2 363			371
纺织业	33 606	282 602	282 602			32 851
服装及其他纤维制品制造业	16 758	60 849	60 849			14 656
皮革、皮毛、羽绒及其制品业	2 584	6 460	6 460			2 994
木材加工及竹、藤、棕、草制品业	805	3 228	3 228			764
家具制造业	4 506	27 814	27 814			5 638
造纸及纸制品业	15 944	108 939	108 938		1	26 765
印刷业	3 495	30 197	30 197			4 736
文教体育用品制造业	468	2 013	2 013			612
石油加工及炼焦业	142 193	1 109 948	1 109 948			100 690
化学原料及化学制品制造业	297 675	1 396 591	1 396 591			272 618
医药制造业	3 073	16 961	16 961			2 657
化学纤维制造业	4 860	48 198	48 198			6 582
橡胶制品业	262 396	1 559 495	1 559 495		5	281 793
塑料制品业	6 408	67 648	67 643			7 389
非金属矿物制品业	29 460	253 584	253 584			35 283
黑色金属冶炼及压延加工业	61 598	129 828	129 676	152		59 101
有色金属冶炼及压延加工业	81 976	1 017 394	1 017 394			104 277
金属制品业	13 993	90 224	90 217	7		14 083
普通机械制造业	297 758	1 203 523	1 203 523			354 586
专用设备制造业	36 449	278 458	278 458			37 385
交通运输设备制造业	5 634	26 980	26 980			5 869
武器弹药制造业	2 096	14 632	14 632			5 402
电气机械及器材制造业	45 117	147 466	147 466			36 593
电子及通信设备制造业	9 798	44 097	44 097			11 924
仪器仪表及文化.办公用机械制造业	16 804	30 476	30 476			18 357
其他制造业	1 547	51 562	51 562			6 555
电力、煤气及水的生产和供应业						
电力、蒸汽热水的生产和供应业	75 673	391 517	391 517			70 221
煤气生产和供应业	1 660	10 656	10 656			2 101
自来水的生产和供应业	1 477	21 603	21 603			2 212
建筑业						
土木工程建筑业	9 207	55 078		55 078		8 598
线路管道和设备安装	5 019	6 554		6 554		9 044
运输、邮电通信业						
公路运输业	154	4 966			4 966	451
水上运输业		1			1	
邮电通信业	4	179			179	3

六、财政、金融、保险

主要统计指标解释

【财政收入】 ①企业收入，包括各部门所属国有企业、事业单位上交国家的利润和事业收入。②各项税收，包括工商税，工商所得税、盐税、关税、农牧业税、屠宰税、牲畜交易税、集市交易税以及有关罚款补税收入等。

【财政支出】 ①基本建设拨款，是指国家预算内的基本建设拨款。一九八五年起，国家对预算内基本建设拨款实行拨款改贷款的新的管理办法。因改革中情况不一，目前仍有一些基建项目没有实行拨改贷的办法。

②增拨企业流动资金，是指国家预算增拨各部门所属国有企业的流动资金。

③文教科学卫生事业费，包括科学、文化、教育、卫生、公费医疗、体育、通讯和广播、地震、海洋、文物、计划生育等方面的事业费。

④行政管理费

【预算外资金】 指不纳入国家财政预算，由各地方、各部门、各企业、事业、行政单位，按国家规定范围自行筹集和使用的资金，它是国家财政预算内资金的补充财力、其收入来源，主要包括地方财政机关掌握使用的自筹基金，如工商税附加、农业税附加、城市公用事业附加等部门。企业单位管理的专用基金，如更新改造资金、企业利润留成、企业福利基金等；事业行政单位自收自支和以收抵支未纳入预算管理的各项资金，如养路费、学杂费等。这些资金一般都有特定用途，主要是基本建设或更新改造固定资产投资、增加流动资金、简易建筑费、大修理、科技三项费用、支付养路费、城市维护费、职工福利和奖励支出、补充事业、行政经费、上交财政能源交通重点建设基金、预算调节基金等。

【存款】 企业、机关、团体和居民根据可以收回的原则，把货币资金存入银行或其他信用机构保管并取得一定利息的一种信用活动形式。根据存款对象的不同可划分为：企业存款、财政存款、机关团体存款、城镇居民储蓄存款和农村存款等。

【贷款】 银行或其他信用机构根据必须归还的原则，按一定利率，为企业、个人等提供资金的一种信用活动形式。我国银行贷款分流动资金贷款、中短期设备贷款以及农户贷款等科目。

【现金投放】 “现金回笼”的对称。中央银行在一定时期内，根据国家批准计划，而投入流动领域的现钞。它是国家银行据市场现金流通状况，有计划地通过工资发放、商品采购、贷款等渠道，将现金投入市场。

【现金回笼】 “现金投放”的对称。它是中央银行在一定时期内，吸回流通中的现钞。它是国家银行根据市场现金流通状况，有计划通过出售商品、提供劳务、吸收储蓄、收回贷款，向居民个人征收税款，组织市场多余现金，流回国家银行。

【保费收入】 ①保险费收入：指投保人或被保险人为获得保险保障而付给保险人的代价。

②储金收入：指投保人为取得经济保障而存入保险公司的存款，保险期满，保险公司连同部分利息退还投保人。

【赔偿支出】 ①赔款，财产保险在被保险财产发生保险合同规定的损失后，保险公司按实际损失给予的经济补偿金额。

②给付：人身保险在保险责任发生的意外伤害或事故及返还性保险期满，保险公司给保险人支付的款项。

【保险金额】 指的是保险对象的投保价值，也是保险承担经济补偿或给付的最高金额。

【赔案件数、赔付率】 赔案件数指的是保险公司已经支出赔款（给付）的业务笔数。财产险按立案件数统计，人身险按人数统计。赔付率指的是保险公司支付的赔款金额占同期保费收入（不包括储金）总额的百分比。

主要指标提要

	1990 年	1995 年	1995 年比 1990 年增长%
地方财政收入（亿元）	6.23	8.98	44.1
地方财政支出（亿元）	14.47	23.00	58.9
年末全区各项存款余额（亿元）	55.78	180.19	2.23 倍
城乡居民储蓄年末余额（亿元）	32.80	115.19	2.51 倍
国内保险业务承保额（亿元）	87.2	123.6	41.7

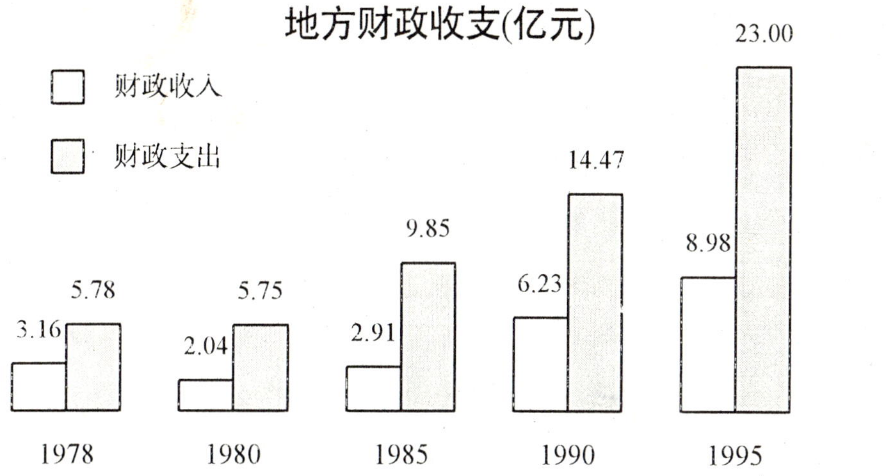

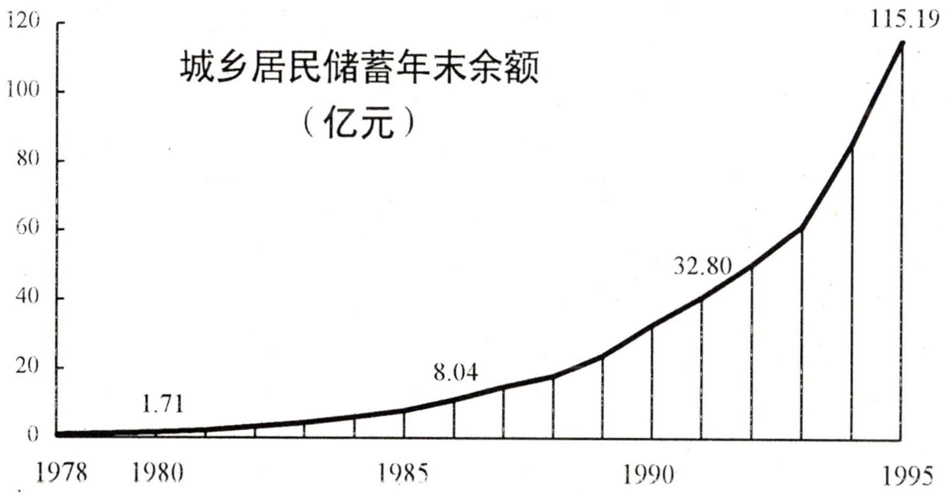

6—1 主要年份全区财政收支总表

单位:万元

年份	地方财政收入	中央补助收入	地方财政支出	地方财政收支指数(以上年为100)	
				收入	支出
1978	31 603	27 074	57 755	179.1	143.2
1980	20 353	37 810	57 526	66.8	91.4
1985	29 075	73 715	98 526	125.6	112.1
1986	36 613	82 417	120 214	125.9	122.0
1987	41 135	89 339	118 441	112.4	98.5
1988	46 603	83 804	134 074	113.3	113.2
1989	57 630	83 404	140 930	123.7	105.1
1990	62 307	82 213	144 663	108.1	102.7
1991	68 100	84 472	160 496	109.3	111.0
1992	77 265	85 848	158 636	113.5	98.8
1993	108 522	88 481	193 959	140.5	122.3
1994	71 728	87 157	193 754	122.7	99.9
1995	89 792	85 051	229 963	125.2	118.7

注:财政收支均不含电力建设专项收支和社会保险基金收支。1994、1995年中央补助收入不含税收返还收入。

6—2 主要年份地方财政收入

单位:万元

年份	企业收入	#工业收入	各项税收	#工商税	#农牧税	其他收入
1978	15 106	11 334	14 176	13 163	995	2 321
1980	4 808	6 519	14 355	13 514	872	1 091
1985	1 610	5 051	26 775	25 684	1 091	690
1986	5 273	3 985	30 304	29 190	1 114	1 036
1987	4 404	3 946	35 317	34 060	1 179	1 414
1988	1 154	4 358	42 663	41 110	1 199	6 866
1989	-1 143	4 365	53 836	51 246	1 963	4 937
1990	-2 710	3 224	59 130	56 481	2 051	5 887
1991	-1 568	3 640	63 287	60 549	2 250	6 381
1992	1 107	3 286	68 308	64 856	2 629	7 850
1993	-1 212	2 139	102 987	99 071	2 887	6 747
1994	1 247	1 513	68 257	57 054	3 920	2 224
1995	5 992	758	80 263	67 672	3 746	3 537

注:1994年以前企业收入含所得税、调节税、上缴利润、计划亏损补贴和承包收入退库。1994年后含所得税、上缴利润、计划亏损补贴和所得税退税。

6—3 各项工商税收

单位:万元

项目	1994年	1995年	1995年为1994年(%)
工商税收合计	**57 054**	**67 672**	**118.6**
增值税	20 177	21 575	106.9
营业税	21 739	27 818	128.0
个人所得税	2 186	3 116	142.5
证券交易税	-	-	-
遗产税	-	-	-
土地增值税	-	6	-
外商投资企业和外国企业所得税	2	18	900.0
城市维护建设税	5 703	7 163	125.6
车船税	281	313	111.4
房产税	3 432	4 102	119.5
屠宰税	4	1	25.0
资源税	561	473	84.3
城镇土地使用税	1 255	1 143	91.1
印花税	601	806	134.1
筵席税	-	-	-
固定资产投资方向调节税	970	932	96.1
工商税收滞纳金补税罚款	143	206	144.1

6—4 地方财政分项目支出

单位:万元

项　　目	1990年	1991年	1992年	1993年	1994年	1995年
总　　计	**144 663**	**160 496**	**158 636**	**193 959**	**193 754**	**229 963**
基本建设支出	14 610	15 313	14 392	14 724	11 794	15 941
企业挖潜改造资金类	5 323	6 969	7 740	19 627	6 850	7 021
简易建筑费类	575	346	369	387	390	315
地质勘探费类	20	50	50	50	50	57
科技三项费类	1 827	2 063	1 999	1 655	1 650	1 613
流动资金类	1 480	1 796	1 172	2 176	825	870
支援农村生产支出类	10 373	11 419	11 115	12 033	12 964	11 938
农林、水利、气象等部门的事业费	9 642	10 166	11 284	13 342	16 992	16 760
工业交通等部门的事业费类	1 846	1 689	2 082	2 199	2 761	2 633
商业部门事业费类	331	337	364	491	661	757
城市维护费类	4 714	5 020	5 497	5 648	5 474	7 408
文教卫生事业费类	34 658	36 497	40 866	46 452	57 815	63 037
科学事业费类	2 001	2 095	2 529	1 707	2 303	2 376
其他部门的事业费类	5 177	5 849	6 802	7 450	8 640	8 611
抚恤和社会福利救济费类	2 099	2 658	2 543	2 539	3 220	3 473
国防支出类	195	218	202	207	238	301
行政管理费类	12 660	14 102	16 777	20 566	25 049	27 916
公检法支出类	4 725	5 171	6 132	7 205	9 307	10 938
价格补贴支出类	19 907	26 704	13 453	11 668	13 574	19 867
支援不发达地区支出类	4 842	1 895	1 854	1 401	1 868	1 689
其他支出类	7 006	8 780	9 912	19 359	8 361	17 513
专款支出类	405	1 104	1 203	2 785	2 968	3 925
农业综合开发支出类	-	-	-	-	-	5 004

6—5 预算外资金收支情况

（1995年）　　单位：万元

项　　目	金　额	项　　目	金　额
收入合计	**73 019**	12. 体育部门收入	8
一、地方财政部门收入	4 855	13. 科学部门收入	377
1. 各项附加收入	4 275	14. 广播影视部门收入	-
2. 集体事业收入	98	15. 旅游部门收入	-
3. 其他收入	482	16. 行政机关收入	-
二、事业和行政单位收入	68 164	17. 公检法部门收入	3 089
1. 工业部门收入	434	18. 工商管理部门收入	1 561
2. 交通部门收入	30 965	19. 其他部门收入	5 122
3. 内贸部门收入	559	**支出合计**	**61 361**
4. 农业部门收入	2 256	一、固定资产投资支出	19 542
5. 林业部门收入	423	二、城市维护支出	2 511
6. 水利部门收入	855	三、福利奖金支出	3 003
7. 城市公用部门收入	4 870	四、行政事业支出	19 304
8. 文化、文物部门收入	1 724	五、转作抵支收入	1 603
9. 新闻出版部门收入	-	六、上交国家能源交通基金	34
10. 教育部门收入	8 739	七、上交国家预算调节基金	20
11. 卫生部门收入	7 182	八、其他支出	15 344

6—6 全区存贷款年末余额

单位:万元

项　　目	1990年	1991年	1992年	1993年	1994年	1995年
存款合计	**557 769**	**691 320**	**862 453**	**1027 631**	**1404 446**	**1 801 860**
一、企业存款	125 052	160 810	198 607	233 685	341 743	455 140
二、地方财政存款	15 436	16 495	14 465	20 303	42 730	51 253
三、机关、团体、部队存款	21 820	25 286	23 413	23 060	30 589	28 708
四、城乡居民储蓄存款	327 998	407 641	503 207	614 522	856 794	1 151 902
# 城镇储蓄存款	274 542	343 581	426 665	527 350	738 036	1 000 68[illegible]
五、其他各项存款	63 049	74 929	115 093	126 989	132 590	114 857
贷款合计	**766 624**	**935 325**	**1124 182**	**1353 229**	**1636 467**	**1 990 132**
一、流动资金贷款	460 768	532 314	635 188	771 837	1018 477	1 287 724
# 工业贷款	229 204	275 632	317 748	387 551	433 814	537 681
商业贷款	184 992	202 645	244 409	295 578	358 070	444 328
二、农业贷款	52 027	60 023	72 354	93 913	82 828	66 858
三、固定资产贷款	177 214	242 587	280 879	343 477	489 382	566 253
四、其他各项贷款	76 615	100 401	135 761	144 002	45 780	69 297

6—7 市场货币流通量

单位:万元

项　　目	1990年	1991年	1992年	1993年	1994年	1995年
一、全区年末货币流通量	95 100	105 000	130 000	170 000	200 000	220 000
二、全区全年平均货币流通量	91 150	100 050	117 500	150 000	185 000	210 000
三、社会集团单位库存现金	18 300	20 800	28 300	42 300	52 300	59 300
四、农村居民手存现金	38 200	40 700	45 700	51 700	57 700	62 700
五、职工与城镇居民手存现金	14 900	16 300	19 300	23 300	27 300	30 300
六、其他人口手存现金	23 700	27 200	36 700	52 700	62 700	67 700
货币与商品流通比例						
一、每一元货币拥有消费品零售额(元)	2.8	2.8	2.7	2.6	2.5	2.7
二、每一元货币拥有商品库存额(元)	1.8	1.8	1.6	1.2	1.4	1.4

6—8 主要年份银行存、贷款余额

单位：万元

年份	存款余额		贷款余额		存贷差额
	年末数	比上年增(+)减(-)数	年末数	比上年增(+)减(-)数	
1952	1 077	376	527	270	550
1957	3 012	620	6 915	158	-3 903
1965	17 023	1 990	16 927	3 304	96
1970	23 280	1 478	40 439	8 014	-17 159
1975	42 379	7 240	54 571	4 106	-12 192
1978	54 335	8 999	71 803	5 319	-17 468
1979	61 703	7 368	73 298	1 495	-11 595
1980	55 103	-6 600	69 184	-4 114	-14 081
1981	63 139	8 036	71 083	1 899	-7 944
1982	70 041	6 902	71 988	905	-1 947
1983	85 071	15 030	81 989	10 001	3 082
1984	152 349	67 278	143 740	61 751	8 609
1985	186 917	34 568	219 494	75 754	-31 577
1986	228 219	41 302	294 407	74 913	-66 188
1987	285 780	57 561	369 678	75 271	-83 898
1988	321 584	35 804	467 319	97 641	-145 735
1989	382 715	61 131	550 073	82 754	-167 358
1990	484 932	102 217	695 426	145 353	-210 494
1991	597 891	112 959	839 101	143 675	-241 210
1992	733 018	135 127	989 684	150 583	-256 666
1993	887 330	154 489	1 208 471	218 787	-321 141
1994	1 166 130	308 508	1 466 794	259 913	-300 664
1995	1 520 185	369 448	1 792 135	319 317	-271 950

6—9 主要年份银行现金收入

单位:万元

年份	现金收入总额	# 商品销售收入	# 服务事业收入	# 储蓄存款收入	比重(%) 商品销售收入	服务事业收入	储蓄存款收入
1978	51 909	37 077	4 157	5 681	71.4	8.0	10.9
1980	75 468	50 885	5 241	13 064	67.4	6.9	17.3
1985	214 070	109 685	11 232	68 325	51.2	5.2	31.9
1986	262 639	129 706	13 238	89 466	49.4	5.0	34.1
1987	330 020	148 561	16 843	125 325	45.0	5.1	38.0
1988	490 747	212 798	21 997	191 824	43.4	4.5	39.1
1989	598 452	229 838	29 180	261 827	38.4	4.9	43.8
1990	677 405	237 943	37 546	309 567	35.1	5.5	45.7
1991	771 501	263 825	44 123	352 926	34.2	5.7	45.7
1992	1 081 981	320 078	55 359	524 961	29.6	5.1	48.5
1993	1 581 052	437 980	76 788	799 118	27.7	4.9	50.5
1994	2 169 368	522 775	105 243	1 197 969	24.1	4.9	55.2
1995	3 106 449	701 125	139 305	1 759 135	22.6	4.5	56.6

6—10 主要年份银行现金支出

单位:万元

年份	现金支出总额	# 工资性支出	# 农付产品采购支出	# 行政事业管理支出	比重(%) 工资性支出	农付产品采购支出	行政事业管理支出
1978	56 189	33 329	2 876	4 282	59.3	5.1	7.6
1980	83 747	45 471	7 310	6 325	54.3	8.7	7.6
1985	236 189	91 453	29 178	17 443	38.7	12.4	7.4
1986	289 315	115 318	41 266	19 571	39.9	14.3	6.8
1987	353 904	132 064	43 205	23 271	37.3	12.2	6.6
1988	554 589	158 793	80 624	35 004	28.6	14.5	6.3
1989	635 474	181 658	76 390	41 635	28.6	12.0	6.6
1990	716 803	219 554	82 964	50 096	30.6	11.6	7.0
1991	826 803	247 701	81 228	60 154	30.0	9.8	7.3
1992	1 195 037	306 568	91 674	87 672	25.7	7.7	7.3
1993	1 693 363	366 798	81 974	148 349	21.7	4.8	8.8
1994	2 334 033	476 415	113 933	189 117	20.4	4.9	8.1
1995	3 252 280	568 121	137 763	238 908	17.5	4.2	7.3

6—11 银行现金收支情况

(1995年)　　单位：万元

项　　目	金　额	项　　目	金　额
收入合计	**3 106 449**	国家对个人其他支出	161 595
一、商品销售收入	701 125	特种存款支出	16 444
# 县及县以下商品销售收入	202 517	城镇集体单位工资及奖金支出	36 836
二、服务事业收入	139 305	城镇集体单位对个人其他支出	14 750
三、税款收入	15 847	二、对农村投放	251 226
四、农村信用社收入	55 068	农副产品采购支出	137 763
五、乡镇企事业收入	25 227	农村信用社支出	74 385
六、城乡个体经营收入	75 046	乡镇企事业支出	39 078
七、储蓄存款收入	1 759 135	# 工资性支出	4 140
八、其他金融机构收入	63 031	三、工矿产品收购支出	27 919
九、汇兑收入	50 444	四、行政企业管理费支出	238 908
十、其他收入	178 994	五、城乡个体经营支出	150 065
十一、债券收入	43 227	六、储蓄存款支出	1 687 070
		七、汇兑支出	28 502
支出合计	**3 252 280**	八、其他金融机构支出	71 536
一、工资性支出	568 121	九、其他支出	197 951
# 国家工资支出	301 645	十、债券支出	30 982
国家对职工奖金支出	36 851	货币投放(+)或回笼(-)	145 831

6—12 按定期活期分的城乡居民储蓄存款余额

单位：万元

项　　目	1991年	1992年	1993年	1994年	1995年
城乡居民储蓄存款余额	**407 641**	**503 207**	**614 522**	**856 794**	**1 151 902**
定期储蓄存款	342 557	414 345	509 648	703 741	966 998
活期储蓄存款	65 084	88 862	104 874	153 053	184 904
1. 城镇居民储蓄存款	343 581	426 665	527 350	738 036	1 000 688
定期储蓄存款	289 713	351 155	436 636	608 484	846 390
活期储蓄存款	53 868	75 510	90 714	129 552	154 298
2. 农民储蓄存款	64 060	76 542	87 172	118 758	151 214
定期储蓄存款	52 844	63 190	73 012	95 257	120 608
活期储蓄存款	11 216	13 352	14 160	23 501	30 606
3. 城乡居民每人平均储蓄(元)	867.7	1 043.4	1 251.9	1 722.8	2 248.1
城镇居民每人平均储蓄(元)	1 779.8	2 044.6	2 309.5	3 106.9	3 977.2
农业居民每人平均储蓄(元)	231	280	332	457	580

6—13 主要年份城乡居民储蓄存款年末余额

年 份	全区总计（万元）	城镇储蓄（万元）	农村信用社（万元）	每人平均储蓄额（元）		
				全 区	城 镇	乡 村
1952	157	157	–	1.0	9.0	–
1957	807	807	–	4.0	32.0	–
1962	1 476	1 212	264	7.0	33.0	2
1965	2 399	1 958	441	11.0	46.0	2
1970	3 071	2 676	395	11.0	49.0	2
1975	6 296	5 227	1 069	19.0	80.0	4
1978	8 989	7 234	1 755	25.0	99.0	6
1979	12 142	9 767	2 375	33.0	127.0	8
1980	17 134	13 796	3 338	46.0	174.0	11
1981	22 815	18 418	4 397	59.0	218.0	15
1982	32 607	25 747	6 860	83.0	289.0	23
1983	44 398	34 755	9 643	111.0	315.0	33
1984	61 675	47 950	13 725	152.0	367.0	47
1985	80 353	63 414	16 939	194.0	433.0	63
1986	110 449	87 614	22 835	260.0	598.0	90
1987	148 890	119 461	29 429	342.0	701.0	111
1988	180 849	147 480	33 369	407.0	837.0	124
1989	238 652	198 685	39 967	526.9	1 115.7	144
1990	327 998	274 542	53 456	704.3	1 494.6	193
1991	407 641	343 581	64 060	867.7	1 779.8	231
1992	503 207	426 665	76 542	1 043.4	2 044.6	280
1993	614 522	527 350	87 172	1 251.9	2 309.5	332
1994	856 794	738 036	118 758	1 722.8	3 106.9	457
1995	1 151 902	1 000 688	151 214	2 248.1	3 977.2	580

6—14　主要年份保险业务经济技术指标

项　目	单　位	1990年	1991年	1992年	1993年	1994年	1995年
一、国内业务							
(一)可保财产额	亿元	107	110	116	126	150	185
1. 企业财产	亿元	94	96	100	105	120	150
2. 运输工具	亿元	13	14	16	21	30	35
(二)承保额	亿元	87.2	72.7	100.6	111.9	101.3	123.6
1. 企业财产	亿元	32.1	52.3	73.3	83.0	68.8	95.3
2. 运输工具	亿元	11.9	13.5	15.8	20.7	27.2	24.0
3. 家庭财产	亿元	2.4	6.9	11.5	8.2	5.3	4.3
(三)保费	万元	4 183.2	6 441.0	10 324.3	13 072.1	12 807.3	15 908.6
1. 企业财产险	万元	788.4	1 205.2	1 768.1	1 983.7	1 983.6	2 229.6
2. 运输工具及责任	万元	1 848.3	2 270.1	2 675.0	3 069.8	4 125.4	6 489.3
3. 家庭财产险	万元	72.3	298.7	775.9	248.4	268.2	253.7
4. 养老金险	万元	23.9	163.8	272.3	293.5	181.7	450.9
5. 人身意外伤害险	万元	410.1	587.3	1 132.5	1 578.1	2 094.1	2 244.1
6. 简易人身险	万元	572.9	881.5	1 897.9	2 147.8	2 500.9	3 584.3
7. 农业险	万元	60.5	203.2	472.9	318.8	272.2	210.0
8. 货运险	万元	386.9	399.9	321.9	358.0	402.0	381.7
9. 其他险	万元	19.9	431.3	1 007.8	2 116.2	979.2	65.0
(四)赔案件数	件	12 610	13 297	23 489	26 249	34 726	26 090
1. 已决	件	11 206	11 784	23 401	22 595	30 316	23 645
2. 未决	件	1 404	1 513	88	3 654	4 410	2 445
(五)已决赔款	万元	1 384.6	1 980.8	3 533.8	3 968.0	6 683.3	5 773.2
1. 企业财产险	万元	192.3	206.6	661.2	796.7	917.5	718.9
2. 家庭财产险	万元	33.7	36.9	102.7	364.6	260.7	130.8
3. 运输工具及责任险	万元	934.9	1 258.8	1 651.9	1 939.0	4 106.0	3 707.5
4. 养老年金险	万元	0.2		0.2	1.5	0.1	0.6
5. 人身意外伤害险	万元	87.9	118.2	157.7	305.3	683.2	685.2
6. 简易人身险	万元	23.4	34.9	60.8	133.2	122.5	192.2
7. 农业险	万元	45.8	260.4	801.6	205.0	225.7	160.2
8. 货运险	万元	53.9	58.7	27.9	78.2	161.1	148.3
9. 其他险	万元	12.5	6.3	69.8	180.5	206.5	29.5

6-14 续表

项　　目	单　位	1990年	1991年	1992年	1993年	1994年	1995年
二、国外业务							
(一)保　额	万美元	16 469.2	26 191.5	32 073.3	51 510.5	73 010.1	113 218.6
1. 进口货物运输	万美元	689.7	570.2	1 571.3	2 007.9	9 388.4	44 388.2
2. 出口远洋货物运输	万美元	1 216.6	1 216.6	1 815.3	2 379.6	17 452.9	23 623.5
3. 出口港澳货物运输	万美元	3 581.3	4 051.8	4 674.2	3 279.6	18 865.6	19 352.1
4. 各种非水险	万美元	1 144.0	19 976.0	24 012.5	43 843.4	27 303.2	25 854.8
(二)保　费	万美元	37.1	42.3	53.5	65.1	396.3	490.0
1. 进口运输货物险	万美元	3.6	2.1	7.9	11.4	71.8	63.4
2. 出口远洋运输货物险	万美元	11.1	13.7	16.1	21.6	138.5	127.8
3. 出口港澳运输货物险	万美元	17.2	19.6	20.9	14.3	62.8	64.9
4. 其它险(非水险)	万美元	5.2	6.9	8.6	17.8	123.2	233.9
(三)赔案件数	件	64	58	51	63	99	168
1. 已决	件	64	58	51	63	99	168
2. 未决	件						
(四)已决赔款	万美元	10.2	7.7	7.9	27.8	771.1	243.6
1. 进口货物运输险	万美元	1.1			0.6	620.1	22.5
2. 出口远洋货物运输险	万美元	6.8	7.0	3.3	14.1	41.4	84.8
3. 出口港澳货物运输险	万美元	1.9		3.7	9.5	65.6	31.5
4. 其它险(非水险)	万美元	0.4	0.7	0.9	3.6	44.0	104.8
三、保费实际完成计划			**141.7**	**136.8**	**106.7**	**105.9**	**113.5**
(一)国内业务	%	112.0	143.1	137.7	106.6	106.1	113.6
(二)国外业务	%	106.0	111.3	114.0	111.0	99.8	112.9
四、损失率							
(一)国内企业财产险	%	0.07	0.10	0.10	0.11	0.15	0.08
(二)国内家庭财产险	%	0.18	0.06	0.09	0.29	0.89	0.31
五、当年结案率							
(一)国内业务	%	87.4	88.7	99.7	80.7	87.3	90.6
(二)国外业务	%	100.0	100.0	100.0	100.0	100.0	100.0
六、赔付率							
(一)国内业务	%	38.1	38.5	50.0	45.9	52.3	35.6
(二)国外业务	%	27.5	18.2	14.8	42.7	194.6	49.7
七、年内费用支出	**万元**	**524.0**	**790.2**	**1 430.3**	**1 827.3**	**2 856.0**	**4 120.0**
八、人均保费	**元/人**	**10.1**	**15.0**	**21.3**	**22.0**	**20.0**	**20.0**

注:1994年国外业务中的保额、保费、已决赔款计量单位为人民币万元。1995年数据不含平安保险公司。

七、物　价

主要统计指标解释

【零售物价指数】 是反映工业、商业、餐饮业和其他零售企业向城乡居民、机关团体出售生活消费品和办公用品的价格变动趋势和变动程度的相对数。其目的在于掌握零售商品的平均价格水平，为国家制定经济政策提供依据。

【居民消费价格指数】 是反映居民支付所购买生活消费品和获得服务项目的价格变动趋势和变动程度的相对数。其目的在于观察居民生活消费品及服务项目价格的变动对城乡居民生活的影响，为各级党政领导掌握居民消费价格状况，研究和制定居民消费价格政策、工资政策以及为新国民经济核算体系中消除价格变动因素的不变价格核算提供科学依据。还是反映通货膨胀的重要指标。

【农村工业品零售价格指数】 是反映农村市场工业品零售价格水平变动趋势和程度的相对数。农村工业品零售价格指数，是在农村零售物价指数的基础上调整计算的。即在其消费品的八大类中扣除食品类中的粮食、肉禽蛋、水产品、鲜果、干果、中药等以农产品为主的类别。

【农产品与工业品的综合比价指数】 是反映农副产品和工业品交换比价的变化情况的经济指数。用以说明计算期农副产品对工业品的交换量比基期增加还是减少了。农产品与工业品的综合比价指数是采用农民出售农副产品价格指数，农副产品收购价格指数与农村工业品零售价格指数计算，有正指标和逆指标之分。

正指标是以农村工业品零售价格指数为100计算的。其经济内容是反映用农副产品交换工业品的比价变化情况，即不同时期因价格变动，农民用等量的农副产品换到的工业品数量是增多了还是减少了。

逆指标是以农产品收购价格指数或农民出售农副产品价格指数为100计算的。其经济内容是反映用工业品交换农副产品的比价变化情况，即在不同时期因价格变动，国家用等量的工业品所交换到的农副产品数量是增加了还是减少了，或者，农民要换回等量的工业品，由于价格的变动所需要的农产品是增加了还是减少了。

【农副产品收购价格指数】 是反映国家企业、个体商业及有关部门，以各种不同形式收购农副产品的价格综合变动趋势和程度的相对数。目前我区编制农副产品收购价格指数的商品按用途分为：粮食，经济作物、禽畜产品、干鲜果、干鲜菜及调味品、药材、土副产品、水产品等八大类共90个品种。按单项商品的社会收购金额加权计算。

【固定资产投资价格指数】 是反映固定资产投资中涉及的各类商品和取费项目价格的变动趋势和变动幅度的相对数。

固定资产投资额是由建筑安装工程投资完成额，设备、工器具购置投资完成额和其它费用投资完成额三部分组成的。因此，编制投资价格指数应首先分别编制上述三部分投资的价格指数，然后采用加权算术平均法求出固定资产投资价格总指数。

主要指标提要

	以 1990 年为 100	以 1994 年为 100
商品零售价格总指数（%）	177.7	115.3
城镇居民消费品价格总指数（%）	197.1	117.3
农副产品收购价格总指数（%）	186.6	123.8

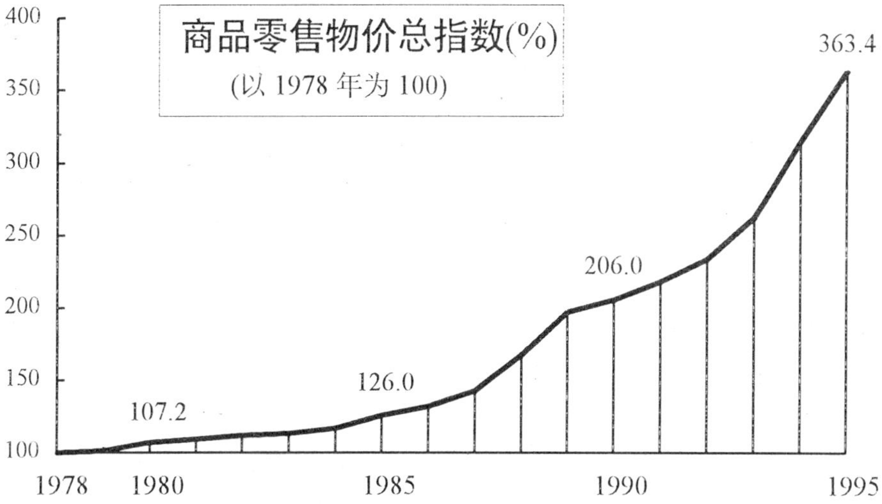

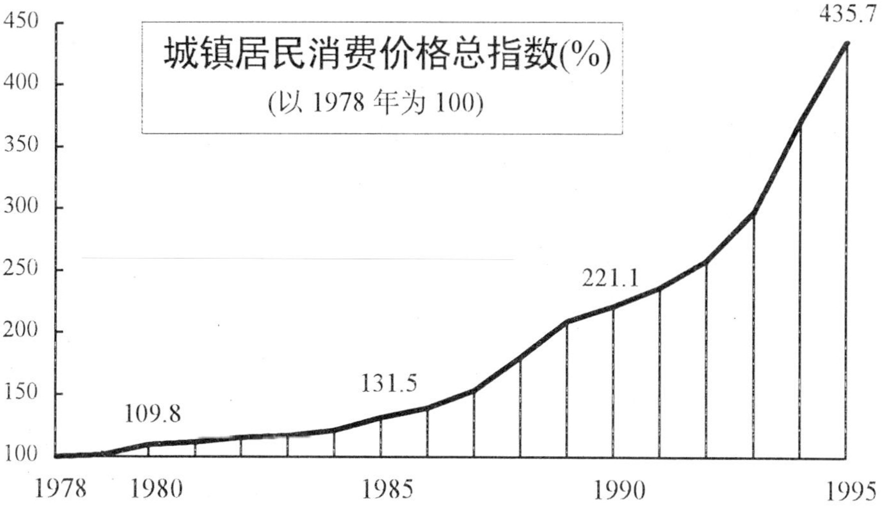

7—1 主要年份各种物价总指数

（以上年价格为100）

年份	零售物价总指数	城镇居民消费价格总指数	农副产品收购价格总指数	农村工业品零售价格总指数	工农商品综合比价指数	
					以农副产品收购价格指数为100	以农村工业品零售价格指数为100
1958	101.0	102.4	101.4	96.8	95.5	104.8
1962	96.3	95.1	99.8	102.0	102.2	97.8
1965	97.6	97.7	99.9	97.1	97.2	102.9
1970	100.5	100.8	100.0	100.0	100.0	100.0
1975	100.3	100.6	100.5	100.0	99.5	100.5
1978	100.0	100.6	101.1	99.9	98.8	101.2
1980	105.8	108.1	110.7	100.7	91.0	109.9
1985	107.8	108.6	107.2	103.8	96.8	103.3
1986	104.9	106.0	109.6	103.5	94.4	105.9
1987	108.0	109.9	110.3	105.7	95.8	104.4
1988	117.5	117.7	127.9	115.5	90.3	110.7
1989	117.8	116.2	110.8	118.6	107.0	93.4
1990	104.2	105.5	98.3	106.7	108.5	92.1
1991	105.9	106.9	98.0	105.1	107.2	93.2
1992	108.1	109.3	107.4	103.7	96.6	103.6
1993	112.1	115.2	105.7	113.2	107.1	93.4
1994	120.1	124.8	135.5	117.9	87.0	114.9
1995	115.3	117.3	123.8	116.4	94.0	106.4

7—2 全区各种物价总指数

基期	零售物价总指数	城镇居民消费价格总指数	农副产品收购价格总指数	农村工业品零售价格总指数	工农商品综合比价指数	
					以农副产品收购价格指数为100	以农村工业品零售价格指数为100
1950=100	508.4	673.2	1 318.7	326.9	24.8	403.5
1952=100	448.7	593.2	865.6	312.1	36.0	277.4
1957=100	430.9	525.4	795.8	282.2	35.4	282.1
1965=100	405.3	507.4	634.2	282.9	44.5	224.3
1970=100	394.1	481.8	606.9	282.6	46.5	214.8
1978=100	366.1	432.0	557.7	296.7	53.2	188.0
1980=100	341.5	393.5	450.0	294.5	65.4	152.8
1985=100	290.4	328.6	314.2	270.7	86.1	116.0
1990=100	177.7	197.1	186.6	169.4	90.7	110.2
1994=100	115.3	117.3	123.8	116.4	94.0	106.4

7—3 全区零售物价分类指数

(1995年,以上年价格为100)

商品类别及名称	全区	城市	农村
一、商品零售物价总指数	**115.3**	**114.7**	**115.9**
(一) 食品类	130.4	129.3	131.3
1. 粮食	136.4	137.0	136.0
(1)细粮	137.6	138.1	137.2
(2)粗粮	116.0	115.6	116.8
2. 油脂类	124.6	124.0	125.1
3. 肉禽蛋	130.9	128.6	133.5
4. 水产品	109.5	110.8	107.7
5. 鲜菜	134.7	136.1	131.4
6. 干菜	122.2	113.0	130.5
7. 鲜果	125.0	124.4	126.3
8. 干果	138.8	144.1	133.5
9. 其他食品类	130.4	127.6	133.0
(1)调味品	120.5	120.1	121.0
(2)食糖	138.2	136.8	138.9
(3)糖果	127.5	121.8	134.3
(4)糕点	134.6	132.3	138.5
(5)奶及奶制品	133.3	130.2	136.2
(6)罐头	120.3	114.4	122.9
10. 饮食业	127.9	126.6	129.9
(1)主食	131.2	127.5	134.8
(2)炒菜	125.6	126.2	125.1
(3)地方小吃	136.5	127.8	145.3

7-3 续表1　　(1995年，以上年价格为100)

商品类别及名称	全区	城市	农村
(二) 饮料、烟酒类	104.6	103.9	105.3
1．饮料	117.3	115.7	118.6
2．烟酒	102.1	101.9	102.2
(三) 服装、鞋帽类	123.4	122.6	125.5
1．服装	116.3	114.2	119.6
2．鞋	129.1	128.7	129.1
3．其他衣着	133.5	130.3	140.1
(四) 纺织品类	116.0	116.3	115.2
1．棉布	147.3	142.3	149.6
2．棉花化纤混纺布	118.1	122.1	114.4
3．化纤布	110.1	115.8	104.7
4．呢绒	108.3	108.8	107.6
5．绸缎	111.2	107.0	114.5
6．其他纺织品	117.3	116.5	118.0
(五) 中、西药品类	106.4	105.8	106.7
1．中药	104.6	105.9	103.3
2．西药	106.5	104.1	108.7
3．医疗用品	111.0	111.0	111.5
(六) 化妆品类	107.6	109.9	106.0
(七) 书报、杂志类	119.7	120.8	118.5
(八) 文化体育用品类	107.7	101.5	114.3
1．文化用品	106.2	98.9	115.4
2．体育用品	113.1	115.2	111.1

（1995年，以上年价格为100）

商品类别及名称	全区	城市	农村
（九）日用品类	104.7	104.0	105.5
1．一般日用品	103.8	101.8	106.2
2．家具类	102.4	104.4	100.1
3．日用杂品	114.8	116.0	113.9
（十）家用电器类	101.0	100.1	102.4
（十一）首饰类	96.4	96.9	95.9
（十二）燃料类	101.6	101.4	101.1
（十三）建筑装璜材料类	105.0	100.9	108.2
（十四）机电产品类	94.5	88.7	102.3
二、农业生产资料类	130.4	-	130.4
1．小农具	127.6	-	127.6
2．饲料	160.8	-	160.8
3．幼禽家畜	196.8	-	196.8
4．大牲畜	157.8	-	157.8
5．半机械化农具	107.1	-	107.1
6．机械化农具	123.1	-	123.1
7．化学肥料	126.5	-	126.5
8．农药及农药械	119.4	-	119.4
(1)化学农药	119.6	-	119.6
(2)农药械	118.0	-	118.0
9．农机用油	104.1	-	104.1
10．其他	146.4	-	146.4

7—4 全区居民消费物价分类指数

(1995年，以上年价格为100)

商品类别及名称	全区	城市	农村
居民消费价格总指数	**117.1**	**117.3**	**116.4**
一、食品	126.1	125.4	127.1
1．粮食	137.9	138.2	137.4
(1)细粮	137.8	138.1	137.2
(2)粗粮	145.8	149.7	144.3
2．淀粉及薯类	141.7	137.9	147.7
3．干豆类及豆制品	112.3	110.4	117.3
4．油脂类	124.6	124.0	125.2
5．肉禽及其制品	131.0	129.1	135.5
6．蛋类	114.1	113.4	116.9
7．水产品类	109.9	109.8	108.6
8．菜类	133.0	134.5	130.3
(1)鲜菜	133.9	135.4	130.6
(2)干菜	117.4	106.4	129.5
(3)菜制品	117.2	121.9	112.7
9．调味品	120.4	119.8	121.1
10．糖类	131.4	126.1	137.9
(1)食糖	138.5	136.9	139.9
(2)糖果	125.0	119.5	134.1
11．烟草类	99.3	98.6	100.3
12．酒和饮料	110.5	109.9	111.3
13．干鲜瓜果类	126.6	126.7	126.5

（1995年，以上年价格为100）

商品类别及名称	全　区	城　市	农　村
(1)鲜　果	123.4	123.2	123.8
(2)干　果	141.5	142.9	138.7
14．糕点类	131.1	128.8	137.2
15．奶及奶制品	135.0	132.2	138.1
16．其他食品	115.0	112.1	122.9
17．饮食业	129.2	126.4	131.6
(1)主　食	130.6	128.2	133.0
(2)炒　菜	122.2	120.3	124.0
(3)地方小吃	136.0	127.8	144.3
二、衣着类	118.1	117.0	120.4
1．服　装	115.1	112.9	119.6
2．衣着材料	112.1	112.8	111.3
(1)棉　布	143.1	138.5	148.2
(2)棉花化纤混纺布	116.6	119.0	115.1
(3)化纤布	110.2	112.6	105.8
(4)呢　绒	108.8	110.6	106.9
(5)绸　缎	114.7	108.9	118.9
(6)毛　线	105.5	106.6	104.0
3．鞋袜帽及其他衣着	128.6	128.2	129.6
(1)鞋　类	130.1	130.7	129.1
(2)袜　子	112.8	103.5	125.5
(3)帽　子	112.1	125.4	99.1
(4)其他衣着	128.6	124.1	141.2
三、家庭设备及用品	105.9	104.1	108.6
1．耐用消费品	101.5	100.6	103.3
(1)家　具	99.3	98.6	100.5
(2)家庭设备	103.2	101.9	105.6
2．室内装饰品	104.9	104.6	105.3
3．床上用品	114.1	109.1	118.2
4．家庭日用杂品	117.5	117.9	116.8
5．其他日用品	102.5	100.4	106.2

7-4 续表2 (1995年，以上年价格为100)

商品类别及名称	全区	城市	农村
四、医疗保健	106.3	105.4	107.0
1.医疗器具及保健用品	112.6	106.0	120.0
2.中药	105.2	106.0	103.6
3.西药	106.5	105.0	108.1
五、交通和通讯工具	97.6	97.1	98.5
1.交通工具	97.9	97.9	98.3
2.通讯工具	95.9	94.5	101.2
六、娱乐教育文化用品	104.8	103.6	106.4
1.文娱用耐用消费品	99.2	97.4	101.5
2.教材及参考书	129.3	131.5	126.4
3.文化娱乐用品	106.3	107.2	104.7
⑴文娱用品	109.8	111.2	107.1
⑵报纸杂志	100.3	100.0	100.8
七、居住	105.2	108.8	100.4
1.住房	104.6	112.3	97.8
⑴建筑材料	96.1	96.3	96.8
⑵房租	129.5	142.9	106.7
2.水、电、燃料	105.8	105.9	105.0
八、服务项目	113.7	115.2	110.3
1.电讯费	105.5	105.9	104.0
2.邮费	102.4	102.7	100.0
3.交通费	107.3	108.9	104.4
4.洗理美容费	109.5	107.4	115.8
5.文娱费	138.6	136.8	144.0
6.学杂保育费	109.5	109.7	108.6
7.修理及其他服务费	124.1	126.4	116.3
8.医疗保健服务	100.5	100.0	101.2

7—5 全区农副产品收购价格分类指数

(1995年)

项　　目	1950年=100	1952年=100	1957年=100	1978年=100	1980年=100	1985年=100	1990年=100	1994年=100
总　指　数	**1 318.7**	**865.6**	**795.8**	**557.7**	**450.0**	**314.2**	**186.6**	**123.8**
一、粮 食 类	1 418.8	829.1	914.2	578.7	412.8	333.2	187.7	131.8
#小　麦	-	-	-	505.8	374.9	339.0	191.9	135.7
稻　谷	-	-	-	318.7	230.9	199.3	187.7	121.0
玉　米	-	-	-	616.4	445.5	404.4	216.1	130.2
黄　豆	-	-	-	530.5	390.3	373.7	172.6	122.4
二、经济作物类	1 471.9	1 090.9	936.5	512.8	349.9	305.8	194.8	127.0
1.食用植物油及油料	1 626.1	1 582.1	1 194.6	562.9	365.4	327.3	225.0	111.3
2.麻	1 001.3	723.3	344.1	205.3	160.1	151.8	182.4	125.0
3.糖　料	966.5	966.5	805.2	483.3	322.1	322.1	187.1	156.8
#甜　菜	966.5	966.5	805.2	483.3	322.1	322.1	187.1	156.8
三、禽畜产品类	1 791.5	1 245.7	1 007.6	776.9	646.2	361.1	218.6	117.6
1.肉　畜	1 690.0	1 481.1	1 041.1	779.3	598.3	418.7	250.0	133.1
#肥　猪	-	-	-	824.5	632.8	519.1	260.9	130.9
2.禽　蛋	1 103.8	1 103.8	787.0	530.3	405.9	260.2	168.1	119.3
#鸡　蛋	-	-	-	515.3	394.6	254.1	155.7	114.2
3.皮　张	4 494.2	2 713.0	2 535.5	1 959.2	1 779.1	491.8	414.8	111.5
4.鬃　毛	1 215.4	637.8	783.0	572.8	514.1	196.0	133.4	94.0
四、干鲜果类	413.2	311.0	260.7	224.8	280.6	197.0	138.0	133.2
瓜　果	210.4	131.5	105.2	150.9	146.1	110.6	69.9	104.3
#苹　果	-	-	-	198.3	198.3	126.5	76.5	90.9
五、干鲜菜及调味品类	3 961.0	2 633.0	693.6	920.9	832.9	471.2	236.2	119.2
#鲜　菜	1 804.4	1 306.5	422.1	792.7	765.8	519.0	253.4	130.0
六、药 材 类	1 260.0	918.8	906.6	638.9	637.9	426.0	217.4	111.1
七、土副产品类	884.0	823.7	475.0	342.2	370.6	468.5	257.2	152.5
八、水产品类	1 083.1	1 010.9	425.6	345.5	228.4	143.0	119.3	103.4

7—6 全区农副产品收购价格分类指数

（以上年价格为100）

项　　目	1991年	1992年	1993年	1994年	1995年
总 指 数	**98.0**	**107.4**	**105.7**	**135.5**	**123.8**
一、粮 食 类	87.4	104.1	107.2	146.0	131.8
#小 麦	93.3	103.0	101.2	145.4	135.7
稻 谷	94.8	100.9	103.4	156.8	121.0
玉 米	80.8	110.6	115.0	161.5	130.2
黄 豆	81.5	115.6	127.7	117.2	122.4
二、经济作物类	100.6	95.2	105.6	151.7	127.0
1.食用植物油及油料	101.2	96.3	109.3	189.8	111.3
2.麻	109.4	100.0	116.7	114.3	125.0
3.糖 料	100.0	93.5	100.0	127.6	156.8
#甜 菜	100.0	93.5	100.0	127.6	156.8
三、禽畜产品类	99.9	112.4	116.4	142.2	117.6
1.肉 畜	97.8	113.6	109.0	155.1	133.1
#肥 猪	98.8	113.1	97.2	183.5	130.9
2.禽 蛋	98.6	96.0	116.0	128.3	119.3
#鸡 蛋	97.8	94.8	117.1	125.6	114.2
3.皮 张	128.7	142.6	157.5	128.7	111.5
4.鬃 毛	84.7	101.3	110.9	149.1	94.0
四、干鲜果类	119.6	85.0	79.1	128.8	133.2
瓜 果	87.7	71.5	84.6	126.4	104.3
#苹 果	154.5	60.6	73.6	122.2	90.9
五、干鲜菜及调味品类	126.0	129.2	102.2	119.1	119.2
#鲜 菜	135.2	115.5	105.6	118.2	130.0
六、药 材 类	161.1	120.5	95.8	105.2	111.1
七、土副产品类	94.1	118.0	121.4	125.1	152.5
八、水产品类	99.4	95.1	118.6	102.9	103.4

7—7 全区主要农产品成交价格指数

(1995年,以上年价格为100)

名　称	指　数	名　称	指　数
农产品成交价格指数	**125.4**	带　鱼	105.5
1. 粮食	156.8	鲤　鱼	105.0
(1)细　粮	158.1	鲢　鱼	108.7
大　米	157.4	虾	130.3
江米(糯米)	197.4	海　参	104.7
(2)粗　粮	124.4	海　带	132.7
小　米	140.0	草　鱼	115.9
黄　米	-	5. 鲜　菜	134.3
2. 油脂类	124.9	6. 干　菜	137.8
植物油	124.9	干辣椒	166.5
动物油	128.0	黄花菜	95.8
3. 肉禽蛋	124.5	黑木耳	90.6
猪　肉	132.5	干　菇	92.1
牛　肉	136.4	7. 鲜　果	124.2
羊　肉	129.4	8. 干　果	137.0
鸡	113.8	红　枣	109.2
鸭	135.7	核　桃	99.4
鲜　蛋	112.0	瓜　子	189.8
4. 水产品	107.8	花生米	108.6

7—8 全区固定资产投资价格指数

（以上年价格为100）

项　　目	1991年	1992年	1993年	1994年	1995年
社会投资总额	**110.42**	**117.25**	**122.95**	**112.60**	**109.3**
一.建筑安装工程	**110.30**	**119.90**	**128.50**	**115.20**	**109.7**
(1)直接费	111.10	122.80	134.40	111.10	110.8
#人工费	111.00	131.90	128.50	130.10	121.2
材料费	112.10	121.80	136.20	106.20	105.2
#钢　材	108.30	139.50	145.70	103.30	101.3
木　材	100.20	114.60	159.80	88.60	107.4
水　泥	109.10	122.50	132.10	95.50	101.8
地方材料	106.80	113.10	124.70	93.70	116.5
其它材料	116.90	131.10	131.90	112.50	108.5
(2)其它费用	107.50	110.10	112.60	129.00	106.7
二.设备、工器具购置	**107.17**	**114.58**	**115.10**	**105.00**	**105.9**
三.其它费用	**118.18**	**109.39**	**113.40**	**114.80**	**114.3**

八、人民生活

主要统计指标解释

【常住人口】 主要用于计算农村住户平均每人收入、消费和积累水平及分析家庭人口状况的依据。常住人口是指经济生活和本户连成一体的人口。包括其主要收入带回家的在外劳动的合同工、临时工和其他副业工。也包括在家居住，生活和本户连成一体的国家职工、退休人员也要计算在内。但不包括参军、在外居住的职工。

【常住人口中整半劳动力】 劳动力是农村住户生产的基本要素之一，劳动力的多少和劳动力负担人口的多少，直接影响农村住户收入和生活消费水平的增长变化。整劳动力是指男子18周岁到50周岁，女子18周岁到45周岁；半劳动力是指男子16周岁到17周岁，51周岁到60周岁；女子16周岁到17周岁，46周岁到55周岁，同时具有劳动能力的人。虽然在劳动年龄之内，但已丧失劳动能力的人，不应算为劳动力；在劳动年龄以外，但能经常参加劳动，能顶上一个整劳动力或半劳动力的人，应计在劳动力数内。常住人口中的职工，若这些职工为劳动力，就包括在本户的整半劳动力中。

【全年总收入】 是指农村住户年内从各种来源得到的全部实际收入（包括现金收入和实物收入）。由基本收入，转移性收入和财产性收入等三部分组成。

【家庭经营收入】 主要用来反映以家庭为生产单位的收入水平、生产规模和经济效益情况。它是农村住户既投入劳动又投入资金和财产从事各项生产的收入，包括种植业收入、林业收入、牧业收入、渔业收入、手工业收入、采集捕猎收入、工业收入、建筑业收入、运输业收入、商业收入、饮食业收入、服务业收入和其他家庭经营收入。

【纯收入】 是总收入扣除相应的各项费用性支出后，归农民所有的收入。它既可以用于生产、非生产投资，改善物质和文化生活，以及用于再分配的支出和结余的收入。这个指标用来观察农民实际收入水平，以及农民扩大再生产和改善生活的能力。

纯收入＝总收入－家庭经营费用支出－生产用固定资产折旧－税收－上交集体承包任务－调查补贴－集体提留和摊派。

1、生产性纯收入：即来自农业、工业、建筑业、交通运输业、商业、饮食业的生产性纯收入。生产性纯收入在调查表中包括如下各项纯收入：劳动者的报酬收入；家庭经营纯收入中的种植业纯收入、林业纯收入、牧业纯收入、渔业纯收入、手工业纯收入、采集捕猎纯收入、工业纯收入、建筑业纯收入、运输业纯收入、商业纯收入、饮食业纯收篱、其他家庭经营纯收入。

生产性纯收入＝劳动者报酬收入＋家庭经营纯收入－服务业纯收入。

2、家庭经营纯收入＝家庭经营收入－家庭经营费用－缴纳税款－生产用固定资产折旧－上交集体承包任务－集体提留和摊派。

3、家庭经营收入按三个产业划分：

家庭经营的第一产业收入包括：种植业收入、林业收入、牧业收入、渔业收入、手工业收入、采集捕猎收入。第二产业包括：工业收入、建筑业收入。第三产业包括：运输业收入、商业收入、饮食业纯收入、其他家庭经营收入。

【全年总支出】 是指农村住户全年用于生产、生活和再分配等方面的全部实际支出。包括家庭经营费用支出、购置生产用固定资产支出、缴纳税款、上交集体承包任务、集体提留和各种摊派、生活消费支出和其他非借贷性支出。但借贷性支出不包括在内。

【生活消费支出】 是指农村住户年内用于物质生活和精神生活方面的实际支出，直接反映农民的生活水平、研究农民消费结构变化的基本指标。生活消费支出包括食品，衣着，居住，家庭设备，用品及服务，医疗保健，交通和通讯，文化教育娱乐用品及服务，其他商品和服务等消费支出。

【生活用房面积】 是指实际住人或可以用来住人的房屋面积。与住房连成一体的起居室或放置灶具的地方、专用厨房，均应包括在内。但不包括专用仓库等生产用房面积。

主要指标提要

	1990年	1995年	1995年比1990年增长%
城镇居民生活费收入（元）	1270.6	3026.5	1.38倍
城镇居民生活费支出（元）	1211.8	2865.7	1.36倍
农民人均纯收入（元）	594.3	1037.0	74.5
农民人均生活消费支出（元）	571.5	1057.8	85.1

城镇居民人均生活费收入、支出(元)

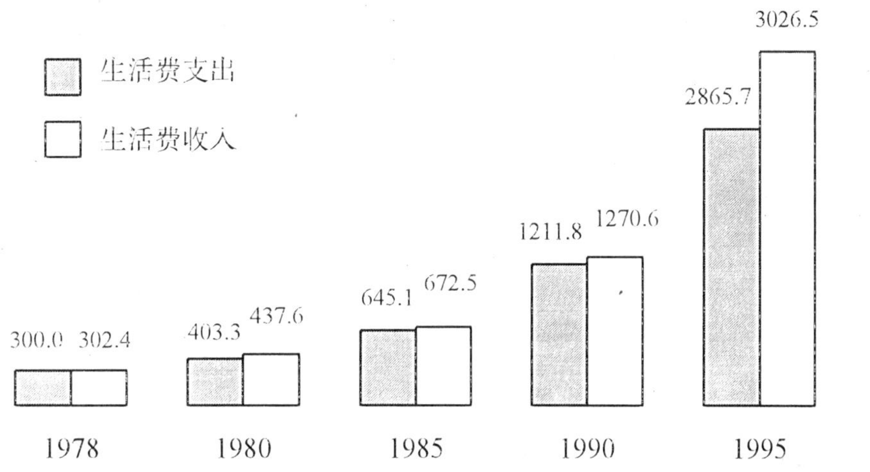

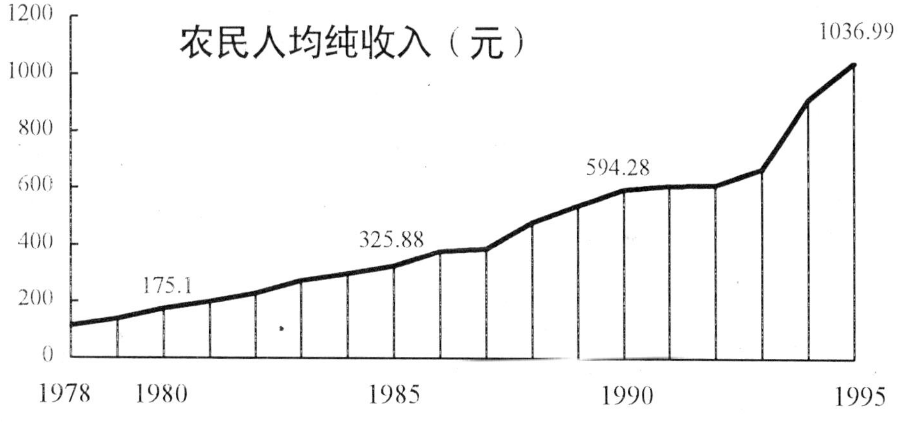

8—1 主要年份人民物质文化生活提高情况

项　　目	单位	1978年	1980年	1985年	1990年	1994年	1995年
一、就　业							
每一农村劳动力负担人数	人	2.5	2.6	2.0	2.0	1.7	1.7
每一城镇就业者负担人数	人	2.5	2.1	1.9	2.0	1.7	1.8
城镇待业率	%		3.6	3.1	5.4	5.2	5.5
二、收　入							
农民家庭人均纯收入	元	115.9	175.1	325.9	594.3	910.5	1 037.0
城镇居民家庭人均生活费收入	元	320.4	437.6	672.5	1 270.6	2 657.7	3 026.5
职工年平均工资	元	726	863	1 206	2 202	4 270	5 079
三、消费水平							
全区居民消费水平	元	185.3	226.7	370.0	634.2	1 355.0	1 643.0
农　民	元	150.0	162.8	285.8	444.3	865.0	1 102.0
非农业居民	元	310.0	450.4	669.6	1 229.2	2 760.0	3 101.0
四、储　蓄							
城乡居民年底储蓄存款余额	万元	8 989	17 134	80 353	327 998	856 794	1 151 902
平均每人储蓄存款余额	元	75.3	45.8	193.8	704.3	1 722.8	2 248.1
五、住　房							
农村平均每生活用人住房面积	平方米	7.8	8.8	11.8	13.6	16.3	19.8
城镇平均每人居住面积	平方米	4.5	5.0	9.1	10.3	11.0	11.3
六、交　通							
每百人拥有自行车	辆	16.7	17.2	26.1	38.6	42.1	43.0
七、文　化							
每百人拥有电视机	台			8.3	15.5	20.0	21.3
每百人每天有报纸	份	1.5	1.7	2.6	2.7	2.5	2.5
每人每年拥有图书杂志	册		3.8	5.3	4.2	4.3	4.7
八、教　育							
学龄儿童入学率	%	91.2	86.2	91.5	93.9	95.8	96.2
每万人口有大学生	%	8.2	11.3	15.6	17.2	20.8	20.9
九、卫　生							
每万人拥有医院病床数	张	19.6	19.2	20.8	22.6	24.4	23.7
每万人拥有医生数	人	14.4	15.2	16.5	20.2	20.1	20.0

8—2　城镇居民家庭生活基本情况

项　　　目	单位	1991年	1992年	1993年	1994年	1995年
调查户数	户	550	550	550	550	550
家庭人口数	人	1 892	1 876	1 848	1 782	1771
平均每户家庭人口数	人	3.44	3.41	3.36	3.24	3.22
平均有收入者人数	人	2.03	2.07	2.03	2.10	2.07
# 就业者人数	人	1.85	1.92	1.93	1.88	1.84
# 国有单位职工人数	人	1.57	1.62	1.61	1.61	1.50
集体单位职工人数	人	0.24	0.26	0.26	0.19	0.23
平均每户就业面	%	53.78	56.34	57.44	58.02	56.98
平均每一就业者负担人数	人	1.86	1.77	1.74	1.72	1.75
平均每人生活费收入	元	1 391.53	1 602.96	1 906.92	2 657.64	3 026.47
最低收入户人均年生活费收入	元	726.36	839.16	1 025.04	1 205.76	1 485.30
# 更低收入户人均年生活费收入	元	640.32	746.04	941.88	1 016.40	1 318.25
低收入户人均年生活费收入	元	961.32	1 093.92	1 280.04	1 714.20	1 962.61
中等偏下户人均年生活费收入	元	1 151.52	1 317.12	1 552.32	2 125.92	2 444.56
中等收入户人均年生活费收入	元	1 364.52	1 582.20	1 816.56	2 568.96	2 861.54
中等偏上户人均年生活费收入	元	1 646.28	1 894.80	2 236.32	3 088.56	3 532.57
高收入户人均年生活费收入	元	1 991.40	2 268.24	2 702.52	3 778.96	4 306.03
最高收入户人均年生活费收入	元	2 544.96	2 892.84	3 649.80	5 366.40	5 981.28
平均每人消费支出	元	1 353.86	1 513.20	1 877.40	2 477.76	2 865.71
# 最低收入户	元	836.88	918.96	1 181.76	1 363.20	1 553.22
低收入户	元	1 065.12	1 092.36	1 290.24	1 798.80	2 147.56
最高收入户	元	2 230.44	2 340.00	3 023.88	4 244.40	4 513.88
平均每人居住面积	平方米	10.39	10.66	11.16	11.02	11.28

8—3　城镇居民人均生活费收入增长情况

年份	生活费收入（元）	比上年增长额（元）	比上年增长（%）	城镇居民生活费用价格指数（以上年为100）	扣除物价上涨因素后
					实际收入（元）
1978	320.40	-	-	100.6	318.49
1980	437.64	105.36	31.71	108.1	404.85
1985	672.48	95.52	16.56	108.6	619.23
1986	798.73	126.25	18.77	106.0	753.52
1987	854.88	56.15	7.03	109.9	777.87
1988	980.76	125.88	14.72	117.7	833.27
1989	1 104.60	123.84	12.63	116.2	950.60
1990	1 270.55	165.95	15.02	105.5	1 204.31
1991	1 391.53	120.98	9.52	106.9	1 301.71
1992	1 602.96	211.43	15.19	109.3	1 466.57
1993	1 906.92	303.96	18.96	115.2	1 655.31
1994	2 657.65	750.73	39.37	124.8	2 129.53
1995	3 026.47	368.82	13.88	117.3	2 580.11

8—4　城镇居民人均生活费支出增长情况

年份	生活费支出（元）	比上年增长额（元）	比上年增长（%）	城镇居民生活费用价格指数（以上年为100）	扣除物价上涨因素后
					实际支出（元）
1978	300.00	-	-	100.6	298.21
1980	403.32	82.56	25.74	108.1	373.10
1985	645.12	101.88	18.75	108.6	594.03
1986	745.32	100.20	15.53	109.0	703.13
1987	791.76	46.44	6.23	109.9	720.44
1988	1 013.64	221.88	28.02	117.7	861.21
1989	1 089.24	75.60	7.46	116.2	937.38
1990	1 211.79	122.55	11.25	105.5	1 148.62
1991	1 353.86	142.07	11.72	106.9	1 266.47
1992	1 505.64	151.78	11.21	109.3	1 377.53
1993	1 877.40	371.76	24.69	115.2	1 629.69
1994	2 477.76	600.36	31.95	124.8	1 985.38
1995	2 865.71	387.95	15.66	117.3	2 443.06

8—5 城镇居民家庭平均每人现金收支情况

单位:元

项　　目	1991年	1992年	1993年	1994年	1995年
一、实际收入	**1 581.73**	**1 828.26**	**2 176.08**	**2 988.78**	**3 386.79**
# 生活费收入	1 391.53	1 602.96	1 906.92	2 657.65	3 026.47
1. 国有单位职工工资	1 058.52	1 331.28	1 541.64	2 110.37	2 273.31
(1) 计时工资	-	664.43	705.48	1 058.48	1 255.86
(2) 计件工资	-	10.34	31.80	53.13	98.71
(3) 奖金	-	225.48	288.96	272.08	212.67
(4) 津贴和补贴	-	412.08	494.28	627.04	661.14
2. 集体单位职工工资	105.72	147.57	165.48	144.68	234.71
(1) 计时工资	-	80.16	73.08	62.33	101.41
(2) 计件工资	-	11.52	26.28	29.26	64.82
(3) 奖金	-	16.32	20.40	13.44	20.15
(4) 津贴和补贴	-	37.32	43.90	38.25	46.83
3. 其他单位职工收入	-	-	-	5.46	12.90
4. 职工从工作单位得到其他收入	57.00	66.51	93.36	151.29	139.83
5. 个体经营者的净收益	7.44	6.84	15.72	27.65	53.67
6. 个体被雇者收入	4.20	7.20	5.28	2.15	12.83
7. 离退休再就业者收入	7.20	7.56	11.76	25.95	28.52
8. 其他就业者收入	0.61	1.32	0.48	1.27	1.89
9. 其他劳动收入	32.04	28.08	38.88	56.61	72.94
10. 财产性收入	12.60	20.40	23.40	33.35	39.01
11. 转移性收入	241.08	206.04	275.88	429.73	515.93
12. 家庭副业生产收入	-	5.40	4.20	0.27	1.26
二、储蓄借贷收入	**369.96**	**440.05**	**636.60**	**907.42**	**918.84**
# 提取储蓄存款	252.72	309.39	482.76	634.49	639.12
三、实际支出	**1 625.04**	**1 824.96**	**2 322.72**	**3 192.61**	**3 587.72**
1. 消费性支出	1 353.80	1 505.64	1 877.40	2 477.76	2 865.71
2. 非消费性支出	78.96	311.76	439.92	711.94	718.46
3. 家庭副业生产支出	-	7.56	5.40	2.91	3.55
四、储蓄借贷支出	**308.28**	**435.12**	**475.09**	**657.45**	**695.22**
# 存入银行款	229.08	324.24	361.92	498.39	519.36
购买有价证券	13.92	19.68	23.88	34.36	12.43
五、期末手存现金	**57.18**	**65.93**	**81.80**	**111.38**	**125.88**

8—6 城镇居民家庭平均每人生活费支出情况

(1995年)　　单位:元

项　目	全区平均	最低收入户	#更低收入户	低收入户
消费性支出	2 865.71	1 553.22	1 454.88	2 147.56
一、食品支出	1 331.12	886.47	815.77	1 099.11
#粮　食	237.26	240.30	239.62	229.28
干豆类及制品	19.75	13.85	14.71	18.39
油脂类	80.28	85.83	85.89	75.77
肉禽及制品	271.10	150.88	130.66	209.83
蛋　类	41.63	24.28	22.02	32.57
水产品类	36.07	16.84	11.76	26.27
菜　类	160.43	123.64	125.08	144.25
调味品	18.96	16.88	15.19	19.40
糖　类	19.65	12.99	10.94	14.07
烟草类	89.83	51.30	34.37	61.95
酒和饮料	53.26	26.59	18.43	37.24
干鲜瓜果类	97.59	39.01	35.44	76.73
奶及奶制品	26.75	7.19	3.63	19.16
在外用餐	90.77	26.59	21.83	62.39
二、衣着支出	491.21	224.13	201.60	361.30
三、家庭设备用品及服务	232.42	81.38	71.23	164.34
四、医疗保健	130.50	107.94	123.92	100.23
五、交通和通讯	179.83	28.88	23.81	75.26
六、娱乐文教服务	246.99	95.59	95.05	152.36
七、居　住	115.85	71.09	62.27	89.38
八、杂项商品和服务	137.78	57.74	61.23	105.58

8—6 续表 (1995年) 单位:元

项 目	中等偏下户	中等收入户	中等偏上户	高收入户	最高收入户
消费性支出	**2 420.65**	**2 944.39**	**3 294.16**	**3 882.73**	**4 513.88**
一、食品支出	**1 204.47**	**1 344.09**	**1 467.12**	**1 610.04**	**1 940.13**
# 粮 食	231.28	237.64	223.16	232.23	297.62
干豆类及制品	18.74	19.75	20.66	19.91	30.09
油脂类	80.65	78.25	77.18	76.89	94.25
肉禽及制品	228.28	278.65	320.68	337.67	424.98
蛋 类	39.24	42.61	50.21	41.10	62.44
水产品类	29.12	36.60	43.20	44.94	66.50
菜 类	147.75	157.89	167.11	186.13	229.35
调味品	18.76	17.31	18.30	21.10	25.15
糖 类	16.97	19.02	25.00	27.51	24.00
烟草类	82.85	88.42	107.07	118.66	131.66
酒和饮料	44.25	55.09	63.03	74.50	84.90
干鲜果类	89.77	105.51	110.02	132.51	140.38
奶及奶制品	26.72	24.94	31.83	34.57	48.65
在外用餐	76.00	91.42	112.32	139.70	151.40
二、衣着支出	**388.97**	**500.27**	**596.69**	**713.93**	**790.95**
三、家庭设备用品及服务	**193.50**	**221.70**	**268.27**	**363.27**	**436.79**
四、医疗保健	**111.24**	**137.55**	**142.50**	**176.53**	**157.22**
五、交通和通讯	**136.56**	**227.43**	**232.40**	**256.49**	**318.35**
六、娱乐文教服务	**204.89**	**261.82**	**298.94**	**393.13**	**377.56**
七、居 住	**81.09**	**122.14**	**133.32**	**143.85**	**216.80**
八、杂项商品和服务	**99.94**	**129.40**	**154.92**	**225.49**	**276.08**

8—7　城镇居民家庭购买主要商品数量

（平均每人全年）

品　　种	单位	1991年	1992年	1993年	1994年	1995年
粮　　食	公斤	149.57	127.54	108.01	111.94	106.62
鲜　　菜	公斤	132.01	125.73	117.83	135.00	121.88
食用植物油	公斤	8.88	7.81	8.81	7.98	6.59
猪　　肉	公斤	9.60	8.50	9.03	8.49	8.36
牛 羊 肉	公斤	9.36	7.30	6.81	6.69	6.12
家　　禽	公斤	2.64	–	3.49	3.63	3.77
鲜　　蛋	公斤	3.96	4.92	5.65	6.93	6.21
渔　　虾	公斤	3.60	–	–	3.45	–
食　　糖	公斤	2.16	1.91	1.93	1.80	1.52
卷　　烟	盒	44.88	40.23	43.26	36.92	36.21
酒　　类	公斤	4.56	–	4.06	4.13	3.83
棉　　布	米	0.84	0.56	0.52	0.66	0.32
化 纤 布	米	1.91	1.46	1.19	1.31	1.50
呢　　绒	米	0.31	0.26	0.18	0.21	0.20
绸　　缎	米	0.38	0.22	0.23	0.21	0.25
男式服装	件	–	1.87	1.85	1.89	1.75
女式服装	件	–	2.61	2.69	2.65	2.58
各式童装	件	–	1.33	1.13	0.89	1.19
鞋　　类	双	–	2.87	2.79	3.03	2.92
肥　　皂	块	3.00	2.62	2.72	1.70	3.14
煤　　炭	公斤	259.56	225.17	200.32	111.20	116.64

8—8 城镇居民家庭购买主要耐用消费品数量

(1995年，平均每百人全年)

项目	单位	全区平均	最低收入户	#更低收入户	低收入户	中等偏下户	中等收入户	中等偏上户	高收入户	最高收入户
沙发床	个	0.89	0.43	0.77	1.68	0.23	0.70	1.01	1.97	1.19
沙发	个	5.10	4.29	4.60	1.68	5.52	3.18	6.02	3.24	14.80
地毯	平方米	2.17	-	-	-	-	2.10	6.49	2.67	3.21
地板革	平方米	7.91	-	-	-	6.22	26.58	5.93	0.18	-
电炊具	个	2.34	0.86	-	3.76	2.06	0.47	3.01	4.83	3.56
淋浴热水器	个	0.80	0.43	-	-	-	0.70	1.51	0.54	3.36
脱排油烟机	台	0.81	-	-	0.69	0.69	0.47	1.01	2.86	0.59
自行车	辆	5.50	3.13	1.53	2.52	8.72	5.04	5.68	3.05	8.11
钟	个	-	-	-	-	-	-	-	-	-
缝纫机	架	0.10	-	-	-	-	0.23	0.25	-	-
电话	台	3.63	-	-	1.53	2.45	5.19	4.84	3.94	7.49
游戏机	台	0.65	-	-	-	1.22	0.47	1.17	0.89	-
电风扇	台	0.35	0.43	-	-	-	0.23	1.08	-	0.59
洗衣机	台	0.81	0.43	-	0.84	0.46	0.93	0.50	2.70	0.59
电冰箱	台	1.45	-	-	1.11	1.91	1.85	1.25	2.51	0.98
录放像机	台	0.29	-	-	-	0.23	0.23	0.50	0.54	0.59
彩色电视机	台	0.58	-	-	0.84	0.23	0.47	1.26	0.54	0.59
立体声收录机	台	0.24	-	-	-	-	-	-	2.67	-
普通录音机	台	0.83	0.43	-	-	0.69	1.40	0.75	0.89	1.58
照相机	架	0.33	-	-	-	0.23	-	0.42	1.78	0.59
手表	个	3.76	3.56	3.83	11.98	2.37	2.25	3.67	2.70	1.19

8—9 城镇居民家庭居住情况

项　　目	1991年	1992年	1993年	1994年	1995年
一、居住面积(平方米)					
平均每户居住面积					
1. 使用面积	48.66	49.05	50.93	49.01	49.78
2. 居住面积	35.56	36.18	37.26	35.48	36.06
3. 辅助面积	13.10	12.87	13.67	13.53	13.72
二、按人均居住面积分组的各类家庭比重(%)	100.00	100.00	100.00	100.00	100.00
(1) 无房户	0.33	0.18	-	-	-
(2) 4平方米以下的户	0.89	0.18	-	0.36	0.36
(3) 4-6平方米户	8.73	6.00	4.91	4.00	4.91
(4) 6-8平方米户	18.80	17.27	15.64	17.45	16.18
(5) 8平方米以上户	71.25	76.37	79.45	78.19	78.55
三、按自来水分组的各类家庭比重(%)	100.00	100.00	100.00	100.00	100.00
1. 无自来水	4.78	3.83	2.55	1.64	1.64
2. 独用自来水	91.51	91.97	94.36	94.18	94.91
3. 公用自来水	3.71	4.20	3.09	4.18	3.65
四、按卫生设备拥有的各类家庭比重(%)	100.00	100.00	100.00	100.00	100.00
1. 无卫生设备	44.25	42.62	35.64	22.65	18.91
2. 有浴室厕所	10.94	15.48	16.55	19.27	20.36
3. 有厕所无浴室	40.08	36.79	42.91	51.27	52.36
4. 公有卫生设备	4.74	5.11	4.90	6.81	8.37
五、按取暖设备拥有情况分组的家庭比重(%)					
# 有取暖设备户	42.89	46.63	55.09	62.91	62.18
六、按厨房使用情况分组的家庭比重(%)					
# 1. 无厨房	1.87	2.36	1.27	0.91	0.91
2. 独用厨房	97.80	97.64	98.55	99.09	99.09
七、按燃料使用情况分组家庭比重(%)					
# 1. 液化石油气	20.15	25.32	31.64	55.89	56.73
2. 煤	76.69	72.31	64.00	38.37	37.09
八、按电话拥有情况分(%)					
# 1. 公费电话	-	4.01	6.00	7.09	6.55
2. 自费电话	-	1.27	4.54	13.46	32.36

8—10　主要年份农民家庭基本情况

指　　标	单　位	1986年	1987年	1988年	1989年	1990年
调查户数	户	1 090	1 090	1 090	1 090	990
调查户常住人口	人	6 557	6 454	6 407	6 286	5 753
平均每户整、半劳动力	人	2.93	2.88	2.91	2.92	2.96
平均每个整、半劳动力负担人口	人	2.05	2.06	2.02	1.98	1.96
平均每百个劳动力中:						
文盲、半文盲	人	41.28	40.14	38.76	37.02	37.29
小学程度	人	29.42	30.86	30.74	30.80	30.20
初中程度	人	24.13	23.90	25.00	26.34	27.06
高中程度	人	5.10	5.07	5.46	5.81	5.35
中专程度	人	0.06	0.03	0.03	0.03	0.10
大专程度	人					
平均每户年内新建房屋间数	间／户	0.38	0.34	0.32	0.33	0.30
平均每人年末生活用房面积	平方米／人	12.50	12.98	13.22	13.73	

指　　标	单　位	1991年	1992年	1993年	1994年	1995年
调查户数	户	990	990	990	990	1 050
调查户常住人口	人	5 561	5 434	5 358	5 377	5 517
平均每户整、半劳动力	人	2.95	2.91	3.00	3.13	3.10
平均每个整、半劳动力负担人口	人	1.96	1.88	1.78	1.73	1.72
平均每百个劳动力中:						
文盲、半文盲	人	35.55	34.40	32.30	31.16	26.60
小学程度	人	30.86	30.51	30.50	30.65	32.30
初中程度	人	27.51	28.85	30.20	31.23	33.10
高中程度	人	5.95	6.03	6.57	6.52	7.50
中专程度	人	0.10	0.17	0.37	0.35	0.47
大专程度	人	0.03	0.03	0.03	0.09	0.09
平均每户年内新建房屋间数	间／户	0.34	0.31	0.33	0.25	0.24
平均每人年末生活用房面积	平方米／人	13.97	14.64	15.42	16.33	19.67

8—11　农民家庭平均每人总收入和纯收入

单位:元

指　　　标	1991年	1992年	1993年	1994年	1995年
一、全年总收入	**907.50**	**952.23**	**1 010.70**	**1 414.69**	**1 798.61**
(一)基本收入	879.72	920.31	977.78	1 371.23	1 746.08
1.劳动者的报酬收入	96.86	114.25	134.38	146.35	178.28
(1)在集体组织中劳动的报酬	14.75	15.01	26.28	24.67	33.66
(2)在企业和其他单位劳动得到的报酬	82.11	99.24	108.09	121.67	144.61
# 在集体企业劳动得到的报酬	4.68	5.58	11.88	19.48	20.21
2.家庭经营收入	782.86	806.06	843.40	1 224.88	1 567.80
(1)种植业收入	543.88	537.10	565.79	840.68	1 033.64
# 粮食收入	376.83	366.40	412.44	629.36	758.08
(2)林业收入	8.03	7.14	6.55	6.97	7.66
(3)牧业收入	134.28	150.47	141.98	219.14	338.75
(4)渔业收入	2.65	2.60	1.94	1.09	1.94
(5)手工业收入	6.38	3.98	3.40	8.78	9.03
(6)采集捕猎收入	8.07	16.39	23.14	19.19	20.36
(7)工业收入	9.47	10.75	8.90	13.30	19.42
(8)建筑业收入	5.89	7.87	6.56	4.57	7.45
(9)运输业收入	35.73	38.99	41.50	45.30	71.22
(10)商业收入	9.69	15.07	20.60	34.76	31.35
(11)饮食业收入	1.93	0.87	7.10	5.64	4.89
(12)服务业收入	4.82	6.07	6.53	9.34	6.73
(13)其它家庭经营收入	12.04	8.76	9.42	16.11	15.36
(二)转移性收入	18.20	20.94	24.97	22.00	23.30
(三)财产性收入	9.58	10.98	7.95	21.46	29.23
二、全年纯收入	**608.13**	**618.72**	**667.04**	**910.45**	**1 036.99**

8-12　主要年份农民家庭按纯收入水平分组的户数构成

单位：%

分组	1990年	1991年	1992年	1993年	1994年	1995年
100元以下	0.3	0.6	1.5	1.0	0.2	2.8
100-150元	1.2	2.1	3.3	0.7	1.1	1.5
150-200元	4.5	4.4	4.6	2.5	0.9	1.3
200-300元	11.7	10.9	11.7	10.8	4.5	3.3
300-400元	14.2	14.2	11.1	10.9	6.6	6.8
400-500元	13.7	11.5	9.4	11.9	7.7	7.2
500-600元	10.2	9.6	9.1	10.2	7.6	6.8
600-800元	17.2	18.4	18.1	16.0	15.1	11.9
800-1000元	12.6	12.7	13.6	14.6	15.8	9.9
1000元以上	14.4	15.6	17.6	21.4	40.5	48.5

8-13　主要年份农民家庭平均每人纯收入

单位：元

年份	全年纯收入	按纯收入来源分				按纯收入性质分			
		基本收入	劳动者报酬收入	家庭经营收入	转移性、财产性收入	生产性纯收入	农业生产收入	非农业生产收入	非生产性纯收入
1978	115.90	111.23	88.37	22.86	4.67	111.23			4.67
1980	175.10	152.14	84.43	67.71	21.96	149.70			25.40
1985	325.88	302.33	61.18	241.15	23.55	281.84	214.86	66.98	44.04
1990	594.28	573.20	78.89	494.31	21.08	546.70	457.93	88.77	47.58
1991	608.13	586.10	96.87	489.23	22.03	564.50	442.42	122.08	43.63
1992	618.72	591.64	114.25	477.39	27.08	567.32	421.93	145.39	51.40
1993	667.04	638.70	134.38	504.32	28.34	632.90	447.52	185.38	34.14
1994	910.45	872.16	146.35	725.81	38.29	864.96	657.60	207.36	45.49
1995	1 036.99	988.72	178.28	810.44	48.27	983.44	713.19	270.25	53.55

8—14　主要年份农民家庭平均每人家庭经营纯收入

单位：元

指标	1990年	1991年	1992年	1993年	1994年	1995年
家庭经营纯收入	494.31	489.23	477.39	504.32	725.81	810.45
# 1. 农业收入	377.94	339.79	306.67	338.31	534.43	593.57
2. 林业收入	4.65	6.87	6.12	5.05	5.95	6.78
3. 牧业收入	66.94	82.27	89.45	70.27	75.10	80.88
4. 工业收入	6.41	5.54	6.58	5.79	6.82	11.89
5. 建筑业收入	3.53	5.79	7.83	5.94	3.98	6.69
6. 运输业收入	10.82	9.57	12.56	15.79	23.60	37.65
7. 商业、饮食业收入	7.80	10.88	15.49	23.59	31.96	31.20

8—15 农民家庭平均每人现金收入

单位:元

指标	1991年	1992年	1993年	1994年	1995年
一、期初存款余额	**143.04**	**189.89**	**231.12**	**256.01**	**385.97**
二、期初手存现金	**172.16**	**219.59**	**236.07**	**248.01**	**232.70**
三、期内现金收入合计	**773.61**	**821.67**	**864.55**	**1 162.77**	**1 589.14**
(一)基本收入	583.40	603.44	626.41	865.26	1 174.39
1. 劳动者的报酬收入	96.77	113.89	132.94	146.17	178.23
(1)在集体组织中劳动的报酬	14.75	14.87	26.28	24.63	33.66
(2)在企业和其他单位劳动得到的报酬	82.01	99.02	106.39	104.38	144.58
# 在集体企业劳动得到的报酬	4.68	5.58	11.88	19.48	20.01
2. 家庭经营现金收入	486.63	489.55	493.47	719.09	996.16
(1)出售产品的现金	408.95	403.78	393.40	588.17	833.14
①出售种植业产品的现金	287.52	264.67	251.08	386.53	525.03
# 出售粮食的现金	183.36	156.72	162.17	271.06	359.53
出售油料的现金	11.78	5.77	11.94	21.20	18.92
出售糖料的现金	25.42	13.27	16.77	20.49	15.75
出售蔬菜的现金	34.74	40.73	35.93	44.08	8.72
②出售林业产品的现金	8.01	6.94	5.30	5.80	7.08
③出售牧业产品的现金	95.60	107.38	108.41	177.18	279.61
④出售渔业产品的现金	2.54	2.50	1.89	1.08	1.86
⑤出售手工业产品的现金	6.37	3.98	3.40	3.84	2.31
⑥出售采集捕猎产品的现金	7.14	15.70	21.01	12.51	16.71
⑦出售工业产品的现金	1.30	2.52	0.26	0.92	0.02
⑧出售其他产品的现金	0.47	0.08	2.05	0.30	0.52
(2)工业加工费的现金收入	8.16	8.23	8.64	12.38	19.38
(3)建筑业的现金收入	5.89	7.86	6.56	4.57	7.45
(4)运输业的现金收入	35.73	38.99	41.50	45.30	71.23
(5)商业的现金收入	9.69	15.07	20.60	34.76	31.35
(6)饮食业的现金收入	1.93	0.87	7.10	5.64	4.89
(7)服务业的现金收入	4.82	6.07	6.52	9.34	6.73
(8)其他家庭经营的现金收入	11.46	8.68	9.15	18.93	21.99
(二)转移性收入	34.18	31.26	40.05	41.94	33.73
(三)财产性收入	20.01	25.14	25.61	35.39	44.08
(四)储蓄借贷现金收入	136.02	161.83	172.48	220.17	336.94

8—16　农民家庭平均每人出售主要农产品收入

单位:元

指　标	1991年	1992年	1993年	1994年	1995年
一、出售粮食	183.36	156.72	162.17	271.06	359.53
二、出售油料	11.78	5.77	11.94	21.20	16.83
三、出售麻类	0.09	-	0.13	0.01	0.49
四、出售糖料	25.42	13.27	16.77	20.49	30.62
五、出售烟叶	0.77	0.72	0.31	0.74	1.50
六、出售蔬菜	34.74	40.73	35.93	44.08	66.77
七、出售果用瓜	11.89	8.64	4.23	2.28	10.22
八、出售水果	5.98	10.94	8.37	15.28	18.75
九、出售树苗	1.81	1.75	0.19	1.52	2.44
十、出售木材	3.45	3.99	4.51	3.99	4.25
十一、出售蛋类	6.54	8.41	7.03	24.01	11.57
十二、出售毛皮	4.97	3.30	2.89	5.19	6.32
十三、出售牛羊奶	4.80	6.42	10.08	16.59	39.71
十四、出售水产品	2.54	2.45	1.89	1.08	1.81

8—17 农民家庭平均每人总支出

单位:元

指　　标	1991年	1992年	1993年	1994年	1995年
全年总支出	**843.77**	**920.86**	**987.20**	**1 395.20**	**1 945.87**
一、家庭经营费用支出	**245.91**	**273.71**	**278.99**	**421.77**	**652.58**
1. 种植业生产支出	170.69	191.96	185.38	253.21	370.99
2. 林业生产支出	1.15	1.02	1.50	0.58	0.35
3. 牧业生产支出	47.24	55.52	65.71	130.22	235.23
4. 渔业生产支出	1.24	1.66	1.02	0.83	3.53
5. 手工业生产支出	2.37	1.62	1.59	2.58	1.62
6. 工业生产支出	3.93	4.17	3.11	5.64	6.21
7. 建筑业支出	0.09	0.04	0.62	0.30	0.26
8. 运输业支出	16.62	15.44	13.71	18.85	28.81
9. 商业支出	0.44	0.43	1.31	2.56	2.41
10. 饮食业支出	0.30	0.02	2.80	3.33	0.19
11. 服务业支出	0.54	0.88	0.73	1.55	0.99
12. 其他经营支出	1.30	0.95	1.51	2.12	1.99
二、购置生产用固定资产支出	**44.19**	**45.27**	**57.71**	**66.63**	**132.24**
三、缴纳税金	**8.68**	**9.81**	**10.61**	**16.54**	**15.20**
四、上交集体承包任务	**11.08**	**15.00**	**3.39**	**7.22**	**3.14**
五、集体提留和摊派	**–**	**–**	**12.13**	**12.22**	**21.06**
六、生活消费支出	**518.79**	**561.37**	**605.93**	**831.32**	**1 057.78**
七、其他非借贷性支出	**15.12**	**15.70**	**18.44**	**39.50**	**63.87**

8—18 农民家庭平均每人现金支出

单位:元

指标	1991年	1992年	1993年	1994年	1995年
一、期内现金支出合计	**692.14**	**767.14**	**835.95**	**1 099.62**	**1 511.28**
(一)生产费用支出的现金	218.19	240.38	257.05	352.00	580.72
1.家庭经营费用支出的现金	174.00	195.10	199.34	285.37	448.48
(1)种植业生产支出	119.48	135.59	136.31	178.18	274.55
(2)林业生产支出	1.15	1.02	1.50	0.58	0.35
(3)牧业生产支出	26.69	33.29	35.36	68.93	127.64
(4)渔业生产支出	1.12	1.66	0.81	0.75	3.46
(5)手工业生产支出	2.35	1.62	1.59	2.58	1.62
(6)工业生产支出	3.93	4.17	3.11	5.64	6.21
(7)建筑业生产支出	0.09	0.04	0.62	0.30	0.26
(8)运输业生产支出	16.62	15.44	13.71	18.85	28.81
(9)商业生产支出	0.44	0.43	1.31	2.56	2.41
(10)饮食业生产支出	0.30	0.90	2.80	3.33	0.19
(11)服务业生产支出	0.54		0.73	1.55	0.99
(12)其他现金支出	1.29	0.95	1.50	2.12	1.99
2.购置生产用固定资产支出	44.19	45.27	57.71	66.63	132.24
(二)缴纳税金	8.21	9.49	10.22	13.84	12.14
(三)上交集体承包任务现金	11.05	14.83	3.39	7.21	2.66
(四)集体提留和摊派			12.13	12.22	21.06
(五)生活消费支出的现金	320.10	335.38	375.80	484.85	654.37
(六)其他非借贷性支出	46.74	50.71	55.67	76.68	82.76
# 寄给和带给在外人口的	2.39	5.21	3.40	4.19	4.76
赠送亲友的现金	34.74	36.93	39.73	54.28	54.86
(七)储蓄借贷现金支出	87.85	116.35	121.69	152.80	157.57
二、期末手存现金	**253.63**	**274.12**	**264.66**	**311.19**	**310.56**
三、期末存款余额	**153.33**	**204.59**	**248.69**	**289.63**	**370.39**

8—19 主要年份农民家庭平均每人主要消费品消费量

名　　称	单位	1990年	1991年	1992年	1993年	1994年	1995年
粮　　食(原粮)	公斤	254.88	272.70	267.87	264.36	260.21	274.67
# 细　　粮	公斤	227.54	243.17	242.68	234.76	236.41	234.68
蔬　　菜	公斤	83.49	76.36	93.79	70.97	63.63	76.27
食　　油	公斤	5.53	5.59	6.35	6.56	6.09	7.16
肉　　类	公斤	8.73	10.10	8.76	7.65	7.62	8.41
家　　禽	公斤	0.33	0.44	0.57	0.71	0.62	0.81
蛋　　类	公斤	1.26	1.30	1.49	1.11	1.06	1.07
鱼　　虾	公斤	0.23	0.24	0.29	0.27	0.29	0.35
食　　糖	公斤	1.58	1.47	1.61	1.44	1.68	1.32
酒	公斤	0.86	0.87	0.79	0.93	0.94	0.92
棉　　布	米	0.98	0.88	0.77	0.71	0.51	0.37
棉　　花	公斤	0.07	0.11	0.11	–	–	–
化 纤 布	米	1.65	1.97	1.97	1.87	1.98	2.04
呢　　绒	米	0.07	0.09	0.05	0.07	0.08	0.05
绸　　缎	米	0.08	0.11	0.08	0.04	0.03	0.01
毛线及毛线织品	公斤	0.08	0.11	0.09	0.14	0.12	0.12

8-20 主要年份农民家庭平均每百户耐用消费品年末拥有量

名　　称	单位	1990年	1991年	1992年	1993年	1994年	1995年
自 行 车	辆	170.20	164.24	168.48	172.42	173.50	176.57
缝 纫 机	架	68.89	68.18	66.77	68.89	69.50	72.19
收 音 机	台	44.75	29.49	28.69	24.84	21.80	25.71
钟　　表	只	41.31	46.57	62.02	73.53	77.27	76.00
手　　表	只	191.92	165.56	165.86	162.32	151.80	166.95
电 风 扇	台	5.35	8.38	8.69	10.80	12.70	11.61
洗 衣 机	台	19.60	24.14	24.14	25.25	27.30	29.42
摩 托 车	辆	2.73	2.32	1.82	2.53	3.20	5.81
沙　　发	个	68.79	94.14	102.83	110.30	105.40	128.76
大 衣 柜	个	70.20	73.43	73.64	79.60	81.70	80.28
写 字 台	个	73.74	71.52	71.92	74.14	74.14	75.52
黑白电视机	台	41.01	41.41	43.43	45.05	45.10	50.95
彩色电视机	台	17.88	22.63	25.76	31.11	35.60	35.71
收 录 机	台	25.56	30.51	29.90	33.63	35.43	38.38
照 相 机	架	0.51	0.40	0.51	0.91	1.10	0.95

九、农业

主要统计指标解释

【乡村实有劳动力】 指乡村人口实际参加各种行业劳动并取得实物或货币收入的劳动力人数。包括劳动年龄内实际参加劳动的人口和不足或超过劳动年龄实际参加劳动的人口数。不包括户口在家的在外学生和丧失劳动能力的人。也不包括待业人员和家务劳动者。

【年初实有耕地面积】 是指年初实有能够种植农作物，经常进行耕锄的田地。包括熟地，当年新开荒地，连续撩荒未满三年的耕地和当年的休闲地（轮歇地）。以种植农作物为主附带种植桑树、茶树、果树和其他林木的土地，以及沿海、沿湖地区已围垦利用的“海涂”“湖田”等也应包括在内。但不包括专业性的桑园、茶园、果园、果木苗圃、林地、芦苇地、天然草原等。

【农用机械总动力】 是指主要用于农、林、牧、渔业的各种动力机械动力总和，包括耕作机械、农用排灌机械、收获机械、植保机械、林业机械、畜牧机械、渔业机械、农产品加工机械、农用运输机械、其他农业机械。按能源又分为柴油、汽油、电力和其他动力。总动力按法定计算单位千瓦计算。（注：1马力＝0．735千瓦）

【有效灌溉面积】 是指具有一定的水源，地块比较平整，灌溉工程或设备已经配套，在一般年景下当年能够进行正常灌溉的耕地面积。

在一般的情况下，有效灌溉面积等于灌溉工程或设备已经配套，能够进行正常灌溉的水田和水浇地之和。

【农作物总产量】 是指本年度内生产的各种农作物总产量，都应该统计在内，不得遗漏。

农作物产量应该统计全社会的产量。不仅要把国营农场等国有经济和乡（社）集体经济的农作物产量统计在内，还要把社员自留地，工矿企业职工家属办的农场和其他经营生产的农作物产量统计在内。不仅要把卖给国家的农作物产量统计在内，还要把生产单位自产自用的农作物产量统计在内。粮食作物全年实产数与实割实测数相差±2%以上的，需要重新核实。

农作物产量应统计晒干入库的产量。有些地区，粮食脱粒、晒干、入库比较迟，必须认真按照折干比例如实地折成晒干的粮食产量进行统计。

【造林面积】 是指报告期内在荒山、荒地、沙丘等一切可以造林的土地上，采用人工播种、植苗、飞机播种等方法新植的成片乔木林和灌木林，经过检查验收符合“造林技术规程”要求株数，成活率达85%以上的面积。四旁植树如一侧在四行以上，连续面积0．066公顷（一亩）以上，应统计在造林面积内。

在造林面积中，不包括补植面积、治沙种草面积、经济林垦复面积、迹地更新面积和低产林改造面积。

【肉类总产量】 是指当年出栏并已屠宰的畜禽肉产量。即屠宰后除去头蹄下水带骨肉的重量，也叫胴体重。

【农业增加值】 农业增加值可从客观反映农林牧渔业企业或行业的投入、产出、效益、速度和收入等情况。它与农业总产值相比，一个最大的优点在于避免了中间产品的重复计算。计算结果是社会最终产品的价值，因此它能客观反映企业单位或行业对社会的贡献。也是计算各项经济效益指标的重要依据。

【分配法计算农业增加值】 分配法也称收入法，是根据各种生产要素在生产过程中应取得收入份额来进行计算的一种方法。

农林牧渔业增加值＝固定资产折旧＋劳动者报酬＋生产税净额（生产税－生产补贴）＋营业盈余

【固定资产折旧】 是指固定资产在生产经营过程中逐步消耗并转移到产品成本和流通费用中的那一部分价值。包括两部分：一是当年按一定标准提取的固定资产折旧基金，对于农业企业，一般按照当年实际发生额计入增加值中，对于农户，可按历史资料和当年固定资产结构进行推算，估算。对于农业生产单位不计提折旧的固定资产，可参照类似的固定资产及其使用年限计算虚拟折旧并记入增加值。二是农业生产单位实际发生或预提的固定资产修理费。

主要指标提要

	1990 年	1995 年	1995 年比 1990 年增长%
农业总产值（亿元）（当年价）	24.69	56.55	17.1
粮食总产量（万吨）	193.30	202.95	5.0
农村劳动力（万人）	140.93	162.53	15.3
大牲畜头数（万头）	74.33	89.67	20.6
农业机械总动力（亿千瓦小时）	19.11	24.15	26.4

农业总产值构成(%)

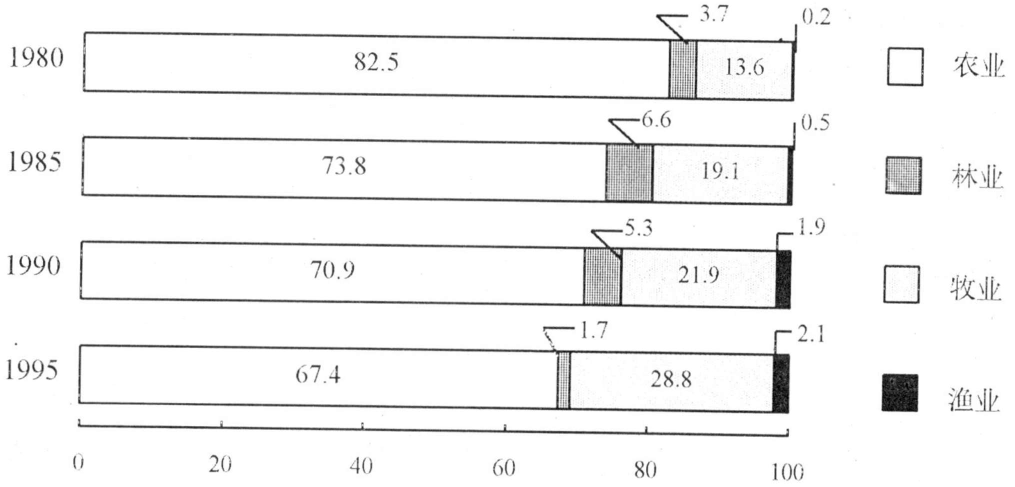

粮食总产量(万吨)

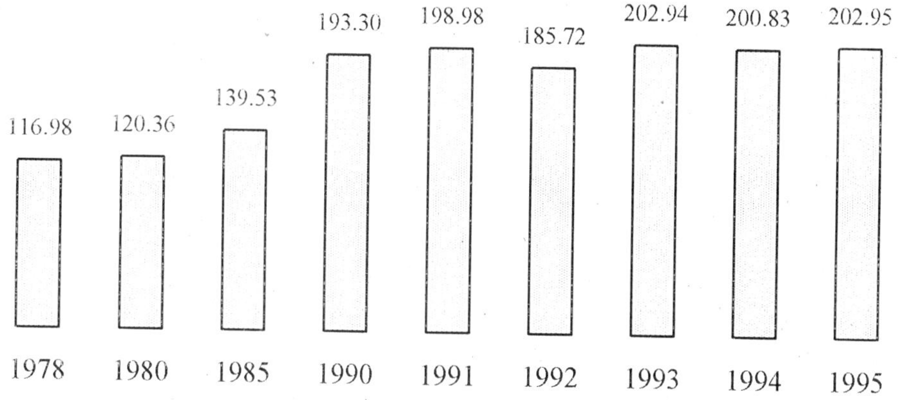

9-1 农 村 基 层 基 本 情 况

指　　标	单 位	1990年	1994年	1995年
一、乡镇个数	**个**	**288**	**293**	**295**
# 镇个数	个	40	57	57
乡镇干部人数	人	8 717	10 876	11 284
# 回族干部	人	2 098	3 099	3 151
村民委员会个数	个	2 501	2 565	2 595
村民小组个数	个	15 108	15 575	15 603
二、农业企业个数				
自来水受益村数	个	–	458	477
通汽车村数	个	–	1 984	2 090
通电话村数	个	–	204	297
通电村数	个	–	2 418	2 530
通电村民小组数	个	–	13 946	14 409
三、乡村户数	**户**	**686 573**	**741 279**	**760 743**
乡村人口数	人	3 427 129	3 587 049	3 640 316
# 男	人	1 741 783	1 821 646	1 850 417
回族人口	人	1 346 793	1 425 972	1 457 961
劳动年龄内人口数	人	1 466 216	1 625 480	1 657 544
# 劳动年龄内上学的人数	人	–	121 790	105 168
劳动年龄内丧失劳动人数	人	–	39 401	44 613
不足或超过劳动年龄而参加劳动人数	人	190 986	105 258	117 577
四、乡村实有劳动力合计	**人**	**1 409 341**	**1 569 547**	**1 625 340**
# 男劳动力	人	733 813	830 320	859 131
农林牧渔业劳动力	人	1 244 241	1 348 567	1 374 338
# 农业劳动力	人	1 195 566	1 241 367	1 268 978
工业劳动力	人	34 398	42 665	44 688
建筑业劳动力	人	27 516	45 995	52 240
交通运输、邮电通讯业劳动力	人	27 817	41 844	47 154
批发零售贸易业、餐饮业劳动力	人	15 785	30 684	34 642
金融、保险业劳动力	人	283	–	–
其他非农行业劳动力合计	人	59 301	59 792	72 278
# 外出合同工、临时工	人	21 086	27 873	30 179

9-2 主要农业机械拥有量

（年底数）

年份	农业机械总动力（万瓦特）	大中型拖拉机（混合台）	小型及手扶拖拉机（台）	大中型机引农具（部）	农用排灌动力机械（混合台）	联合收割机（台）
1978	66 279	4 655	12 088	8 158	8 875	147
1980	84 123	5 811	16 442	9 659	11 778	252
1985	123 897	5 848	42 384	6 622	9 003	215
1986	137 516	6 011	50 583	6 583	9 687	307
1987	150 414	5 831	58 303	6 686	9 836	188
1988	160 890	5 783	65 369	6 535	9 585	195
1989	176 225	5 795	75 494	6 469	9 603	203
1990	191 105	5 966	83 934	6 084	10 611	169
1991	202 687	6 200	93 400	6 011	11 449	233
1992	212 126	5 481	100 245	6 030	10 653	245
1993	217 581	4 693	105 319	5 598	–	228
1994	228 601	4 433	110 137	5 236	–	294
1995	241 463	3 822	115 196	4 780	–	307

9-3 农业施肥量及农村用电量

年份	化肥施用量（万吨）	氮肥	磷肥	钾肥	复合肥	农村用电量（万千瓦小时）
1978	22.8	14.7	7.5	0.6	–	10 540.6
1980	17.7	11.6	5.0	–	1.1	15 134.1
1985	23.2	17.6	2.7	–	2.9	19 477.7
1986	26.9	19.7	3.9	–	3.3	21 554.1
1987	28.3	20.8	4.0	–	3.5	26 232.6
1988	35.2	25.9	5.5	0.1	3.7	28 077.8
1989	40.7	29.8	7.0	–	3.9	32 369.1
1990	46.1	32.1	9.2	0.1	4.7	38 570.0
1991	48.8	33.4	9.9	0.2	5.3	45 292.9
1992	51.9	35.4	10.0	0.3	6.2	48 676.0
1993	50.8	33.8	10.3	0.3	6.4	47 732.7
1994	55.2	35.8	12.4	0.3	6.7	53 794.7
1995	61.7	39.6	14.4	0.3	7.4	55 631.3

注：化肥施用量按实物量计算。

9—4 农村固定资产结构

(1995年)

单位:万元

指标	合计	乡级	村级	村以下
年末固定资产原值	**463 459.35**	**67 609.79**	**28 660.02**	**367 189.54**
1. 农林牧渔业固定资产	131 210.48	6 570.08	9 138.32	115 502.08
# 生产用房屋及建筑物	25 530.53	4 242.21	5 527.46	15 760.86
役畜及产品畜	56 462.74	52.91	81.43	56 328.40
大中型铁木农具	13 344.75	120.42	964.43	12 259.90
农林牧渔业设备	34 332.56	1 712.34	2 030.50	30 589.72
2. 工业固定资产	66 046.87	42 375.15	10 633.73	13 037.99
# 生产用房屋及建筑物	20 167.62	12 176.05	4 322.29	3 669.28
生产设备	44 349.38	29 452.90	6 127.67	8 768.81
3. 建筑业固定资产	8 028.28	4 091.93	610.25	3 326.10
4. 运输业固定资产	58 439.02	1 789.80	872.21	55 777.01
5. 商业饮食服务业固定资产	16 213.78	4 127.40	3 200.95	8 885.43
6. 住宅	173 604.44	5 548.87	2 479.39	165 576.18
7. 其他固定资产	9 916.48	3 106.56	1 725.17	5 084.75

9—5 农林牧渔业增加值

单位:万元

指标	1991年	1992年	1993年	1994年	1995年
一、总产值	**269 458.2**	**283 711.3**	**318 862.5**	**458 022.1**	**565 493.0**
二、中间消耗	**91 517.3**	**100 637.8**	**110 467.4**	**158 685.5**	**211 539.0**
(一)中间物质消耗	88 046.9	96 872.7	107 432.9	154 847.1	207 294.0
(二)对非物质生产部门劳务支出	3 470.4	3 765.1	3 034.5	3 838.4	4 245.0
三、增加值	**177 940.9**	**183 073.5**	**208 395.1**	**299 336.6**	**353 954.0**
(一)固定资产折旧	4 626.5	5 889.3	6 687.0	7 670.2	8 837.0
(二)劳动者报酬	152 139.5	162 555.2	187 822.0	277 148.5	328 053.0
(三)生产税	8 897.0	6 008.6	4 816.7	5 547.4	6 913.0
(四)生产补贴	–	–	–	–	–
(五)营业盈余	12 277.9	8 620.4	9 069.4	8 970.5	10 151.0

9—6 农林牧渔业增加值及构成

单位:万元

指标	1994年		1995年	
	绝对数	构成(%)	绝对数	构成(%)
一、农林牧渔业总产值	**458 022.07**	**100**	**565 493.00**	**100**
农业	315 462.75	68.9	381 301.00	67.4
林业	9 853.58	2.2	9 688.00	1.7
牧业	122 935.60	26.8	162 897.00	28.8
渔业	9 770.14	2.1	11 607.00	2.1
二、农林牧渔业中间消耗	**158 685.51**	**100**	**211 539.00**	**100**
1. 中间物质消耗	154 847.10	97.6	207 294.00	98.0
农业	99 088.78	64.0	128 952.00	62.2
林业	3 135.38	2.0	3 674.00	1.8
牧业	48 364.77	31.2	69 122.00	33.3
渔业	4 258.17	2.8	5 546.00	2.7
2. 对非物质生产部门的劳务支出	3 838.41	2.4	4 245.00	2.0
农业	3 445.85	89.8	3 768.00	88.8
林业	25.41	0.7	27.00	0.6
牧业	335.63	8.7	419.00	9.9
渔业	31.52	0.8	31.00	0.7
三、农林牧渔业增加值	**299 336.56**	**100**	**353 954.00**	**100**
1. 按生产法				
农业	212 928.12	71.1	248 581.00	70.2
林业	6 692.79	2.3	5 987.00	1.7
牧业	74 235.20	24.8	93 356.00	26.4
渔业	5 480.45	1.8	6 030.00	1.7
2. 按分配法				
固定资产折旧	7 670.21	2.6	8 837.00	2.5
劳动者报酬	277 148.49	92.6	328 053.00	92.7
生产税	5 547.42	1.8	6 913.00	1.9
生产补贴(-)	–	–	–	–
营业盈余	8 970.44	3.0	10 151.00	2.9

9—7　主要年份农村社会总产值和构成

年　份	农村社会总产值	农　业总产值	农村工业总产值	农村建筑业总产值	农村运输业总产值	农村商业饮食业总产值
绝对数(万元)						
1978	66 163.3	49 868.4	6 972.0	3 526.7	3 563.0	2 233.2
1980	83 832.3	64 139.1	8 331.2	4 268.8	4 663.0	2 430.2
1985	160 041.4	120 163.5	16 257.1	7 168.4	11 742.5	4 709.9
1986	191 934.8	141 647.9	22 442.7	7 899.6	15 343.6	4 601.0
1987	212 406.3	147 592.8	30 887.1	9 239.8	18 749.7	5 936.9
1988	281 070.1	196 617.2	45 085.5	10 688.7	21 437.9	7 240.8
1989	316 019.3	214 341.8	57 533.1	11 067.9	23 801.8	9 274.7
1990	358 091.7	246 887.3	63 738.2	11 826.6	26 278.8	9 360.8
1991	396 229.9	269 458.2	71 695.9	16 575.1	28 806.4	9 694.3
1992	452 130.9	283 711.5	96 962.2	22 623.6	35 682.2	13 151.4
1993	561 905.9	318 862.5	147 385.0	30 291.5	43 792.3	21 574.6
1994	797 629.1	458 022.1	199 601.5	52 798.8	55 277.7	31 929.0
1995	1 029 179.0	565 493.0	273 679.0	59 061.0	85 879.0	45 067.0
构　成　(以农村社会总产值为100)						
1978	100.0	75.4	10.5	5.3	5.4	3.4
1980	100.0	76.5	9.9	5.1	5.6	2.9
1985	100.0	75.1	10.2	4.5	7.3	2.9
1986	100.0	73.8	11.7	4.1	8.0	2.4
1987	100.0	69.5	14.5	4.4	8.8	2.8
1988	100.0	70.0	16.0	3.8	7.6	2.6
1989	100.0	67.8	18.2	3.5	7.6	2.9
1990	100.0	68.9	17.8	3.3	7.4	2.6
1991	100.0	68.0	18.1	4.2	7.3	2.4
1992	100.0	62.7	21.5	5.0	7.9	2.9
1993	100.0	56.8	26.2	5.4	7.8	3.8
1994	100.0	57.5	25.0	6.6	6.9	4.0
1995	100.0	54.9	26.6	5.7	8.4	4.4

9-8 主要年份耕地面积

单位:千公顷

年份	年末实有耕地面积	水田	旱地	#水浇地	平均每一农业人口占有耕地（公顷）	平均每一农村劳动力占有耕地（公顷）
1978	891.13	172.20	718.93	64.20	0.30	0.89
1980	895.73	173.60	722.13	64.80	0.29	0.84
1985	795.13	140.60	654.53	103.13	0.24	0.70
1986	791.13	162.07	629.06	86.07	0.24	0.60
1987	790.87	176.00	614.87	78.47	0.23	0.59
1988	795.73	176.60	619.13	80.73	0.23	0.57
1989	795.00	178.60	616.40	81.27	0.23	0.56
1990	795.87	175.07	620.80	85.20	0.22	0.54
1991	797.60	174.60	623.00	89.53	0.22	0.52
1992	801.07	168.53	632.54	100.07	0.22	0.51
1993	803.40	174.80	628.60	100.60	0.22	0.52
1994	805.90	174.20	631.70	102.70	0.22	0.49
1995	807.18	170.92	636.26	105.77	0.22	0.48

9—9 主要年份农林牧渔业总产值

（按现行价格计算）　　单位:万元

年份	农、林、牧渔业总产值	农业	林业	牧业	渔业
1978	48 132.9	37 877.7	1 504.8	8 728.6	21.8
1980	64 139.1	52 922.8	2 440.5	8 721.6	54.2
1985	120 163.5	88 619.5	8 034.9	22 902.5	606.6
1986	141 647.9	105 806.8	6 524.2	28 220.9	1 096.0
1987	147 592.8	109 067.8	4 440.4	32 228.0	1 856.6
1988	196 617.2	136 122.2	5 712.3	51 454.2	3 328.5
1989	214 341.8	155 106.2	6 226.3	49 072.3	3 937.0
1990	246 887.3	175 113.7	13 186.0	53 973.9	4 613.7
1991	269 458.2	191 221.6	12 586.7	60 428.9	5 221.0
1992	283 711.4	200 611.7	10 185.9	66 405.8	6 508.0
1993	318 862.5	226 870.0	9 041.7	74 997.0	7 953.8
1994	458 022.0	315 462.7	9 853.6	122 935.6	9 770.1
1995	565 493.0	381 301.0	9 688.0	162 897.0	11 607.0

9—10 农林牧渔业总产值指数

（以1952年为100）

年　份	农、林、牧渔业总产值	农　业	林　业	牧　业	渔　业
1949	68.34	68.70	—	74.31	—
1950	72.76	72.95	30.51	76.59	—
1951	84.41	81.12	49.24	85.55	—
1952	100.00	100.00	100.00	100.00	—
1953	96.01	89.83	137.60	114.44	—
1954	123.05	123.35	81.86	126.38	—
1955	128.03	128.34	150.75	124.45	—
1956	159.37	154.65	768.48	110.77	—
1957	137.36	127.57	727.74	109.63	—
1958	150.98	146.20	748.39	102.79	—
1959	145.96	137.79	631.74	122.01	—
1960	122.77	106.92	666.22	121.24	—
1961	116.77	114.08	259.29	108.91	—
1962	115.06	108.49	410.12	114.33	—
1963	140.50	142.92	212.84	121.87	—
1964	156.26	145.97	523.97	152.98	—
1965	179.40	163.24	573.90	194.81	—
1966	181.13	159.20	682.32	215.53	—
1967	192.24	177.06	664.56	195.95	—
1968	162.18	143.10	667.31	176.85	—
1969	171.03	155.44	640.64	176.57	—
1970	166.33	146.06	686.78	183.94	—
1971	186.58	167.57	465.16	225.36	—
1972	186.17	166.76	474.54	226.38	—
1973	161.85	146.64	359.41	198.86	—
1974	228.19	225.86	629.81	192.50	—
1975	220.59	203.97	820.03	215.94	—
1976	178.16	148.23	1 005.39	199.18	—
1977	207.00	184.96	806.20	223.20	—
1978	232.97	208.11	1 119.27	228.72	—
1979	222.07	193.23	1 236.76	218.55	—
1980	253.48	238.03	1 222.06	205.21	—
1981	270.82	257.57	1 258.10	212.30	—
1982	272.29	253.58	1 293.35	221.29	—
1983	319.61	300.04	1 803.91	229.02	—
1984	375.29	323.31	2 922.15	289.06	—
1985	384.50	332.53	2 308.96	362.98	—
1986	414.30	368.43	1 874.92	415.88	—
1987	380.95	341.44	1 128.52	430.50	—
1988	435.74	399.91	1 222.83	454.13	—
1989	461.14	431.13	1 100.58	470.17	—
1990	480.99	435.55	1 400.54	515.51	—
1991	504.36	455.93	1 416.91	544.01	—
1992	489.18	439.06	1 104.74	560.86	—
1993	522.15	483.19	734.10	590.03	—
1994	533.03	472.58	685.56	680.42	—
1995	563.14	475.08	695.60	808.94	—

9—11 农林牧渔商品产值和商品率

指　　标	商品产值(万元)		商品率(%)	
	1994年	1995年	1994年	1995年
农林牧渔业商品产值	**235 990.5**	**301 154.0**	**51.5**	**53.3**
一、农业商品产值	**151 859.1**	**187 648.0**	**48.1**	**49.2**
(一)种植业商品产值	147 286.7	181 059.0	47.6	48.3
1. 主产品商品产值	144 138.7	175 504.0	50.3	51.6
(1)谷　　物	78 239.7	98 787.0	46.7	47.3
(2)豆　　类	6 928.3	4 725.0	52.2	50.7
(3)油　　料	8 830.7	7 384.0	38.3	39.9
(4)棉　　花	-	96.0	-	63.6
(5)糖　　类	9 282.1	14 251.0	94.7	95.8
(6)烟　　叶	207.3	368.0	99.6	98.1
(7)药 材 类	1 524.3	2 058.0	82.6	80.1
(8)薯　　类	3 574.0	5 329.0	28.6	24.4
(9)蔬菜瓜类	27 180.2	30 462.0	61.9	66.9
(10)水　　果	7 093.5	10 644.0	72.8	77.5
(11)其他种植业	1 278.6	1 400.0	30.4	35.0
2. 副产品商品产值	3 148.0	5 555.0	13.8	16.1
(二)其他农业	4 572.4	6 589.0	72.9	97.1
二、林业商品产值	**1 623.2**	**2 271.0**	**16.5**	**23.4**
# 林产品	44.5	50.0	85.1	83.3
三、牧业商品产值	**74 203.1**	**101 577.0**	**60.4**	**62.4**
(一)牲畜商品产值	45 692.7	59 388.0	57.6	59.7
1. 大牲畜	5 218.5	8 205.0	40.7	47.0
2. 猪	24 935.4	32 405.0	57.8	61.9
3. 羊	15 538.9	18 778.0	66.4	63.1
4. 其　它	-	-	-	-
(二)家　　禽	4 615.0	7 174.0	53.5	56.9
(三)活的畜禽产品	23 526.1	34 645.0	68.3	69.0
(四)捕　　猎	145.7	86.0	87.8	69.9
(五)其它动物产品	223.5	284.0	64.7	68.6
四、渔业商品产值	**8 305.1**	**10 044.0**	**85.0**	**86.5**

9-12 主要年份农作物播种面积

单位:千公顷

年份	总播种面积	#粮食	一、谷物	1. 稻谷	2. 小麦	3. 玉米	4. 高粱
1978	901.58	764.49	658.40	47.19	301.51	17.57	9.73
1980	896.48	742.33	625.01	46.42	291.15	27.90	7.45
1985	827.92	650.44	558.06	49.83	282.36	35.45	1.62
1986	823.45	659.73	561.83	51.03	291.20	46.32	1.36
1987	834.08	682.50	575.03	52.89	247.65	63.03	1.78
1988	873.16	703.47	577.62	53.35	289.08	74.84	1.53
1989	876.53	705.73	578.61	57.13	299.91	73.74	0.99
1990	888.95	723.53	591.61	60.01	308.43	76.35	1.07
1991	901.39	728.73	594.55	60.52	314.25	78.96	1.02
1992	895.05	728.57	604.57	62.77	253.74	76.70	1.07
1993	905.53	731.19	577.12	62.76	313.34	75.68	1.19
1994	917.59	736.98	584.99	57.18	290.48	78.74	0.54
1995	955.98	762.26	618.97	62.31	294.07	95.54	0.31

9—12 续表

单位:千公顷

年份	二、豆类	三、薯类	四、油料	五、甜菜	六、烟叶	七、药材	八、蔬菜	九、瓜果
1978	23.53	82.57	76.73	2.41	0.03	0.40	13.00	1.77
1980	54.67	64.66	86.34	3.03	-	0.05	9.89	1.95
1985	56.83	35.55	91.47	11.90	0.02	0.24	12.27	7.53
1986	62.48	35.43	93.94	10.18	0.01	0.13	14.07	7.47
1987	64.19	43.95	76.84	9.05	0.02	0.12	16.56	6.51
1988	78.15	47.71	98.35	12.10	0.01	0.25	15.50	7.15
1989	81.15	45.97	97.57	13.90	0.09	0.27	14.89	6.07
1990	87.90	44.03	97.24	13.83	0.09	0.21	16.00	3.87
1991	89.05	45.13	102.58	17.97	0.11	0.17	17.57	4.55
1992	80.05	43.95	94.11	12.51	0.15	0.35	18.20	4.44
1993	109.33	45.34	95.73	13.55	0.40	1.60	23.87	3.93
1994	106.41	45.58	96.92	15.96	0.38	2.09	27.14	3.86
1995	90.47	52.82	100.89	14.53	0.37	1.75	32.97	4.02

9—13 主要年份主要农产品产量

单位：万公斤

年份	粮食产量	一、谷物	# 稻谷	# 小麦	# 玉米	# 谷子	# 高粱
1978	116 981	106 688	27 785	47 901	5 698	2 109	3 067
1980	120 357	109 017	32 915	49 469	8 545	1 387	2 870
1985	139 534	129 311	41 889	58 553	14 214	1 467	798
1986	153 959	143 134	42 106	70 300	17 310	1 365	727
1987	138 978	130 311	43 907	46 355	29 052	527	1 118
1988	164 337	152 828	45 317	65 532	31 017	1 142	798
1989	177 201	164 145	48 509	71 891	33 633	1 137	488
1990	193 301	179 405	51 924	77 470	36 764	1 611	616
1991	198 979	186 641	55 992	83 295	39 322	587	615
1992	185 723	173 446	44 032	68 974	43 540	1 436	567
1993	202 939	186 351	43 502	85 425	46 009	697	616
1994	200 831	183 359	46 714	68 225	50 311	1 123	402
1995	202 947	187 380	47 022	68 617	61 971	475	206

9—13 续表

单位：万公斤

年份	二、豆类	三、薯类	四、油料	五、甜菜	六、烟叶
1978	1 844	8 449	2 567.8	2 358.0	3.3
1980	4 567	6 775	3 598.5	6 700.0	0.2
1985	6 202	4 021	5 337.9	38 518.0	2.0
1986	6 360	4 465	6 221.9	32 628.5	0.5
1987	5 184	3 483	4 447.9	31 660.0	1.7
1988	5 031	6 479	5 403.0	46 633.7	3.7
1989	5 448	7 608	6 169.1	45 950.6	12.1
1990	5 539	8 357	6 243.4	47 789.0	15.6
1991	7 920	4 418	7 164.5	66 528.8	19.0
1992	5 882	6 395	6 240.2	45 448.1	41.5
1993	8 641	7 947	6 330.2	45 310.6	69.6
1994	8 074	9 399	6 990.9	52 822.4	62.1
1995	5 120	10 447	5 590.6	49 476.1	55.0

9—14 主要年份水果、枸杞产量

单位:万公斤

年份	水果产量	苹果	梨	葡萄	枣	其他	枸杞
1978	1 830.2	1 018.2	258.8	75.4	158.6	319.2	27.8
1980	2 061.0	1 300.4	272.5	49.4	163.7	275.0	41.8
1985	3 542.2	2 663.5	292.1	78.5	103.2	405.2	79.2
1986	3 613.4	2 621.3	374.7	110.7	135.9	370.8	85.3
1987	4 423.0	3 332.5	403.8	185.2	146.8	354.7	109.8
1988	4 559.4	3 143.7	417.9	241.4	99.2	657.2	91.2
1989	5 612.7	4 178.6	400.1	237.6	90.8	705.6	81.9
1990	5 520.8	3 476.8	484.3	349.2	58.8	1 151.7	75.8
1991	2 716.4	1 721.7	164.6	180.1	133.6	516.4	63.5
1992	6 170.5	4 337.5	513.7	323.1	110.3	885.9	85.1
1993	8 556.7	6 288.2	460.9	415.1	85.7	1 306.8	126.1
1994	8 145.6	6 007.9	487.0	373.3	118.2	1 159.2	120.1
1995	11 642.4	9 243.0	500.6	495.4	131.9	1 271.5	107.0

9—15 主要年份林业生产情况

年份	当年造林面积(公顷)	用材林	经济林	防护林	薪炭林	当年零星植树(万株)	年末实有育苗面积(公顷)
1978	22 252					2 148.4	7 652
1980	17 677	7 635	386	8 203		2 607.4	7 920
1985	64 402	19 631	679	31 461	11 668	8 982.0	4 830
1986	52 536	10 179	422	37 067	3 148	6 968.3	2 744
1987	15 324	5 359	602	8 774	135	3 760.6	1 731
1988	23 244	4 683	386	15 252	2 224	2 877.3	1 323
1989	15 481	3 776	412	7 951	3 295	3 183.9	1 129
1990	9 402	2 648	338	5 573	842	2 462.0	1 072
1991	15 457	3 125	271	8 721	3 339	2 722.5	1 194
1992	16 282	1 955	166	12 654	1 489	1 945.9	1 485
1993	24 065	3 670	4 002	12 669	3 723	1 668.1	866
1994	29 031	3 898	4 888	18 615	1 630	2 161.9	705
1995	25 868	2 522	4 498	18 155	692	1 668.1	626

9—16 主要年份大牲畜、猪、羊年末存栏数

年份	大牲畜年底头数（头）	#役畜	#牛	猪（头）	羊（只）	#绵羊
1978	536 370	365 722	178 651	719 779	2 959 537	1 806 351
1980	574 754	390 268	196 107	559 241	3 223 730	2 140 377
1985	733 689	563 946	232 377	604 276	3 097 010	2 351 692
1986	787 375	587 758	273 123	657 914	3 442 245	2 620 215
1987	777 624	561 452	278 571	598 862	3 490 279	2 633 524
1988	765 825	573 702	280 085	578 102	3 813 489	2 829 168
1989	735 165	547 072	270 672	653 802	3 506 905	2 539 904
1990	743 289	551 117	278 544	659 980	3 176 052	2 273 298
1991	734 499	553 713	280 454	668 202	2 716 925	1 902 627
1992	743 999	554 742	303 453	707 238	2 525 409	1 782 607
1993	763 354	559 238	335 046	794 154	2 493 022	1 767 764
1994	831 121	538 654	429 298	845 324	2 691 188	1 882 956
1995	896 677	546 311	519 042	918 667	2 927 007	2 032 721

9—17 主要年份畜产品产量

指标	单位	1978年	1980年	1985年	1990年	1994年	1995年
出栏肉猪头数	万头	25.8	32.7	39.1	59.1	76.1	88.4
出售和自宰的肉用牛	头	5 576	4 986	9 761	44 236	98 636	153 642
出售和自宰的肉用羊	万只	23.9	42.9	60.6	104.7	89.8	107.4
肉类总产量	吨	–	–	34 882	68 545	95 845	120 599
# 猪肉	吨	9 698	14 856	24 326	40 833	55 880	63 069
牛肉	吨	283	290	1 116	5 447	12 992	22 465
羊肉	吨	2 329	3 823	8 119	16 510	15 605	17 138
禽肉	吨	–	–	1 283	4 544	9 685	15 982
牛奶产量	吨	3 719	4 151	12 653	40 704	99 931	139 889
蜂蜜产量	吨	–	426	434	517	756	552
禽蛋产量	吨	–	–	11 317	21 846	31 673	38 960

9—18 乡镇企业单位数

单位:个

项目	1985年	1987年	1990年	1993年	1994年	1995年
合计	**67 379**	**72 601**	**81 611**	**98 691**	**108 898**	**117 439**
1.按隶属关系分						
# 乡办企业	1 557	1 504	1 398	1 702	1 557	1 501
村办企业	1 552	1 306	1 184	1 582	1 552	1 623
2.按国民经济部门分						
农业企业	613	590	552	601	593	656
工业企业	21 334	21 328	22 446	26 399	26 981	26 584
交通运输企业	31 761	34 236	40 398	45 192	48 020	53 134
建筑企业	2 719	2 249	2 426	3 181	4 576	4 469
批发零售贸易业	5 994	7 097	9 120	14 583	17 933	20 857
餐饮业	1 621	2 364	3 027	4 647	5 471	7 988
服务业	1 679	2 449	2 815	3 298	3 922	3 007
其他企业	1 658	2 288	827	790	1 402	744

9—19 乡镇企业人员数

单位:人

项目	1985年	1987年	1990年	1993年	1994年	1995年
合计	**185 612**	**217 679**	**235 329**	**322 596**	**370 012**	**404 573**
1.按隶属关系分						
# 乡办企业	50 914	58 315	60 575	80 069	80 781	77 408
村办企业	16 909	17 908	18 452	29 387	31 057	30 651
2.按国民经济部门分						
农业企业	4 387	3 992	4 681	6 196	7 013	7 067
工业企业	69 835	78 773	94 943	128 525	137 119	148 486
交通运输企业	41 087	52 535	60 914	76 931	88 449	94 043
建筑企业	49 943	52 031	45 302	64 123	72 405	82 251
批发零售贸易业	8 281	12 712	14 956	26 591	37 448	43 177
餐饮业	3 199	4 943	7 233	12 092	15 471	20 572
服务业	3 282	4 957	5 669	5 995	9 185	7 634
其他企业	5 598	7 754	1 631	2 143	2 922	1 343

9—20 乡镇企业总产值

单位：万元

指　　标	1985年	1987年	1990年	1994年	1995年
合　　计	**60 335.5**	**87 825.1**	**137 877.4**	**429 828**	**568 679**
1. 按隶属关系分					
#乡办企业	21 357.6	30 698.7	51 258.4	151 903	168 707
村办企业	6 445.4	7 673.5	10 911.2	45 564	56 446
2. 按国民经济部门分					
农业企业	822.8	1 238.6	2 208.6	6 835	8 005
工业企业	19 042.5	33 278.2	66 746.8	219 056	275 454
交通运输企业	13 779.0	20 244.3	29 613.8	61 564	97 123
建筑企业	19 355.6	23 132.5	25 389.5	86 618	106 755
批发零售贸易业	4 313.6	6 156.1	8 299.7	37 503	54 410
餐　饮　业	917.2	3 775.4	5 619.0	18 252	26 932
服　务　业	797.3	–	–	–	–
其他企业	1 307.3	–	–	–	–

注：本表按现价计算。

9—21 乡镇企业总收入

单位：万元

指　　标	1985年	1987年	1990年	1994年	1995年
合　　计	**60 934.5**	**92 327.3**	**141 541.8**	**435 091**	**577 793**
1. 按隶属关系分					
#乡办企业	21 206.3	31 051.3	46 783.9	136 544	165 942
村办企业	6 603.0	7 821.2	11 016.1	43 216	57 754
2. 按国民经济部门分					
农业企业	830.2	1 196.7	2 220.6	5 547	7 798
工业企业	18 118.7	31 575.3	58 979.3	206 547	271 953
交通运输企业	13 797.9	20 042.8	29 759.8	58 846	60 718
建筑企业	19 127.0	22 537.8	24 898.6	79 930	139 207
批发零售贸易业	5 627.9	11 252.1	18 338.3	60 039	66 518
餐饮服务业	1 816.7	4 212.1	6 742.7	22 151	29 682
其他企业	1 616.1	1 510.5	602.8	2 031	1 917

9—22 主要年份乡镇企业主要财务指标

单位:万元

指标	1985年	1987年	1990年	1994年	1995年
1. 总收入	60 934.5	92 327.3	141 541.8	435 091.0	577 793.0
2. 国家税金	2 597.6	3 406.6	5 874.6	23 540.0	28 773.0
# 所得税	233.4	190.3	528.5	3 353.0	3 063.0
3. 纯利润	8 391.8	10 394.9	13 440.2	32 857.0	43 987.0
4. 工资总额	12 222.3	16 658.3	22 151.6	54 125.0	74 481.0
5. 年底固定资产原值	27 609.0	40 826.3	79 687.0	159 745.0	178 823.0
6. 本年提取折旧额	-	2 335.7	5 332.0	5 555.0	13 981.0
7. 固定资产净值	9 669.1	33 130.9	63 333.5	132 599.0	142 976.0
8. 年底占用流动资金	5 958.8	9 360.9	32 162.4	112 868.0	128 245.0
9. 年底银行贷款余额	-	4 658.9	10 963.7	101 581.0	105 256.0
10. 亏损企业(个)	59.0	-	91.0	110.0	187.0
11. 亏损额	102.3	48.4	689.5	2 035.0	1 650.0
12. 主要经济效益指标					
每百元固定资产原值实现利润	30.4	25.5	16.9	23.2	24.6
每百元总收入实现利润	13.8	11.3	9.5	10.8	7.6
每百元固定资产原值实现总收入	220.7	226.1	177.6	272.4	323.1
每百元总收入占有流动资金	9.8	10.1	22.7	25.9	22.2

注:本年提取折旧额1994年、1995年为乡村两级合计数。

9—23 乡镇企业财务状况

(1995年) 单位: 万元

指标	合计	乡办	村办	# 工业企业	乡办	村办	# 建筑业	乡办	村办
营业收入	223 696	165 942	57 754	150 772	113 014	37 758	39 903	33 169	6 734
# 营业成本	182 989	136 264	46 725	121 987	91 470	30 517	33 820	28 213	5 607
营业费用	8 408	5 861	2 547	6 160	4 230	1 930	1 130	895	235
营业税金及附加	4 139	3 004	1 135	1 923	1 447	476	1 360	1 115	245
管理费用	6 801	5 418	1 383	5 070	4 149	921	968	785	183
财务费用	8 809	7 827	982	7 454	6 630	824	555	496	59
利润总额	12 338	7 481	4 857	7 966	4 982	2 984	2 040	1 638	402
# 应交所得税	1 462	1 054	408	1 057	763	294	244	199	45
增值税	6 098	4 463	1 635	5 675	4 173	1 502	–	–	–
利税总额	22 575	14 948	7 627	15 564	10 602	4 962	3 400	2 753	647
可供分配的利润	4 369	337	4 032	1 132	–1 282	2 414	1 488	1 149	339
# 提取盈余公积金	1 952	1 169	783	1 234	720	514	371	319	52
应付利润	5 476	2 950	2 526	3 360	1 918	1 442	830	596	234
工资总额	25 928	18 542	7 386	15 241	10 541	4 700	6 579	251	6 328
固定资产原值年末数	146 727	116 936	29 791	114 159	96 959	17 200	10 184	8 505	1 679
累计折旧	32 832	26 439	6 393	25 460	21 297	4 163	2 417	2 104	313
固定资产净值	113 895	90 497	23 398	88 699	75 662	13 037	7 767	6 401	1 366
流动资产年末数	115 682	99 106	16 576	84 679	73 794	10 885	18 886	15 916	2 970
# 货币资金	14 260	11 473	2 787	10 745	9 012	1 733	1 606	1 325	281
存货	43 724	37 696	6 028	34 693	30 149	4 544	5 249	4 555	694
流动负债合计	113 657	99 664	13 993	85 364	76 521	8 843	18 215	15 325	2 890
本年长短期借款余额	120 001	109 914	10 087	106 158	98 629	7 529	4 370	3 710	660
# 银行借款	93 418	85 929	7 489	83 243	77 321	5 922	4 130	3 800	330
增加值	69 833	52 174	17 659	48 400	36 928	11 472	12 410	10 163	2 247
亏损企业(个)	175	130	45	147	109	38	7	7	–
亏损金额	1 619	1 451	168	1 469	1 314	155	27	27	–

9—24　宁南山区吊庄建设情况

(1995年)

项　　目	单　位	八县合计			盐池县	
		合　计	县外吊庄（含插户）	县内吊庄	县外吊庄（含插户）	县内吊庄
一、年末累计搬迁安置人数	人	152 788	84 051	68 737	4 257	—
#旱改水就地安置人数	人	91 570	37 134	54 436	3 200	—
二、当年新增搬迁安置人数	人	7 026	6 856	170	—	—
三、年末累计建成农房	间	74 430	43 612	30 818	2 340	—
#当年新建农房	间	2 908	2 082	826	50	—
四、年末累计土地开发面积	公顷	33 806	21 267	12 539	891	—
#当年新开发面积	公顷	1 279	349	930	—	—
五、已开发地种植利用面积	公顷	24 107	18 229	5 878	567	—
六、粮食播种面积	公顷	13 875	7 597	6 278	265	—
七、粮食总产量	吨	47 759	24 671	23 088	818	—
八、年末造林存活面积	公顷	2 429	2 237	192	302	—
#当年造林面积	公顷	162	150	12	102	—
九、当年四旁植树（零星）	万株	285.6	103.6	182	5	—
十、年末人工种草存活面积	公顷	678	472	206	—	—
#当年种草面积	公顷	51	34	17	—	—
十一、年末大家畜存栏	头	16 751	9 153	7 598	120	—
十二、年末羊只存栏	只	27 691	12 325	15 366	1 400	—
十三、年末生猪存栏	头	6 579	6 438	141	620	—
十四、年末家禽存栏	只	92 113	70 973	21 140	17 000	—

(1995年)

项目	单位	同心县		固原县		海原县	
		县外吊庄(含插户)	县内吊庄	县外吊庄(含插户)	县内吊庄	县外吊庄(含插户)	县内吊庄
一、年末累计搬迁安置人数	人	898	32 027	11 625	–	11 258	36 710
# 旱改水就地安置人数	人	898	21 916	–	–	–	32 520
二、当年新增搬迁安置人数	人	–	–	967	–	–	170
三、年末累计建成农房	间	589	18 878	11 317	–	2 938	11 940
# 当年新建农房	间	35	823	600	–	29	3
四、年末累计土地开发面积	公顷	–	6 806	3 424	–	7 605	5 733
# 当年新开发面积	公顷	–	930	200	–	–	–
五、已开发地种植利用面积	公顷	–	5 158	2 192	–	7 080	720
六、粮食播种面积	公顷	–	6 278	1 608	–	1 048	–
七、粮食总产量	吨	–	23 088	5 845	–	2 643	–
八、年末造林存活面积	公顷	–	88	1 215	–	452	104
# 当年造林面积	公顷	–	–	–	–	23	12
九、当年四旁植树(零星)	万株	–	21	10	–	85	161
十、年末人工种草存活面积	公顷	–	143	280	–	158	63
# 当年种草面积	公顷	–	17	27	–	–	–
十一、年末大家畜存栏	头	–	6 046	1 984	–	1 942	1 552
十二、年末羊只存栏	只	–	13 445	2 864	–	2 841	1 921
十三、年末生猪存栏	头	–	–	2 036	–	53	141
十四、年末家禽存栏	只	–	17 990	10 660	–	7 110	3 150

9-24 续表2 (1995年)

项目	单位	西吉县		隆德县		泾源县		彭阳县	
		县外吊庄（含插户）	县内吊庄	县外吊庄（含插户）	县内吊庄	县外吊庄（含插户）	县内吊庄	县外吊庄（含插户）	县内吊庄
一、年末累计搬迁安置人数	人	10 110	–	17 970	–	22 977	–	4 956	–
#旱改水就地安置人数	人	10 110	–	17 970	–	–	–	4 956	–
二、当年新增搬迁安置人数	人	1 220	–	797	–	3 872	–	–	–
三、年末累计建成农房	间	2 200	–	7 213	–	13 139	–	3 876	–
#当年新建农房	间	276	–	792	–	–	–	300	–
四、年末累计土地开发面积	公顷	1 600	–	2 095	–	4 792	–	860	–
#当年新开发面积	公顷	133	–	–	–	–	–	16	–
五、已开发地种植利用面积	公顷	533	–	2 037	–	4 792	–	1 028	–
六、粮食播种面积	公顷	466	–	1 689	–	1 721	–	800	–
七、粮食总产量	吨	700	–	6 508	–	6 207	–	1 950	–
八、年末造林存活面积	公顷	17	–	–	–	57	–	194	–
#当年造林面积	公顷	2	–	–	–	15	–	8	–
九、当年四旁植树（零星）	万株	–	–	–	–	–	–	3.6	–
十、年末人工种草存活面积	公顷	–	–	–	–	–	–	34	–
#当年种草面积	公顷	–	–	–	–	–	–	7	–
十一、年末大家畜存栏	头	160	–	803	–	3 351	–	793	–
十二、年末羊只存栏	只	1 000	–	1 864	–	1 984	–	369	–
十三、年末生猪存栏	头	127	–	3 410	–	–	–	192	–
十四、年末家禽存栏	只	2 000	–	30 000	–	3 943	–	260	–

十、工 业

主要统计指标解释

【工业总产值】 是指以货币表现的工业企业在报告期内生产的工业产品总量。它包括的范围是成品价值、工业性作业价值和自制半成品、在产品期末期初差额价值。它是以“工厂法”进行计算的，按企业生产活动的最终成果来计算，企业内部允许重复计算。

【工业增加值】 指工业企业在报告期内以货币表现的工业生产活动的最终成果。工业增加值有两种计算方法：一是生产法，即工业总产出减去工业中间投入；二是收入法，即从收入的角度出发，根据生产要素在生产过程中应得到的收入额计算，具体构成项目有固定资产折旧、劳动者报酬、生产税净额、营业盈余，这种方法也称要素分配法。

【产品销售收入】 指企业销售产品的销售收入和提供劳务等主要经营业务取得的业务总额。

【产品销售成本】 指企业销售产品和提供劳务等经营业务的实际成本。

【产品销售费用】 指企业在销售产品和提供劳务等主要经营业务过程中所发生的运输费、装卸费、包装费、保险费、广告费以及为销售本企业产品而专设的销售机构的职工工资福利费、业务费等经常费用。

【管理费用】 指企业行政管理部门为组织和管理生产经营活动而发生的各项费用。包括工资和福利费折旧、工会经费、业务招待费、房产税、车船使用税、土地使用税、印花税、技术转让费、无形资产摊销、职工教育经费、劳动保险费、待业保险费、研究开发费、坏帐损失以及其他管理费用。

【财务费用】 指企业为筹集生产经营所需资金等发生的费用。包括利息支出、汇兑损失、以及相关的手续费。

【成本费用总额】 指企业的产品销售成本，产品销售费用，管理费用和财务费用之和。

【利润总额】 指企业实现的利润，亏损以“—”号表示。

【实现利税总额】 指企业产品销售税金及附加、增值税和利润总额之和。

【工业产品销售率】 是指报告期工业销售产值与同期全部工业总产值之比。计算公式：

$$\text{工业产品销售率}(\%)=\frac{\text{报告期现价工业销售产值}}{\text{报告期现价工业总产值}}\times100\%$$

【工业资金利税率】 指报告期已实现的利润、税金总额与同期资产之比，计算公式：

$$\text{资金利税率}(\%)=\frac{\text{报告期累计实现利税总额}}{\text{报告期流动资产平均余额}+\text{报告期固定资产平均余额}}\times100\%$$

【工业增加值率】报告期工业增加值占工业总产值的比重。计算公式：

$$\text{工业增加值率}(\%)=\frac{\text{报告期现价工业增加值}}{\text{报告期现价工业总产值}}\times100\%$$

【工业成本费用利润率】 指报告期实现利润与成本费用总额之比。计算公式：

$$\text{工业成本费用利润率}(\%)=\frac{\text{报告期实现利润总额}}{\text{报告期成本费用总额}}\times100\%$$

【工业全员劳动生产率】 指企业报告期平均每个职工创造的工业总产值或工业增加值。计算公式：

$$\text{工业全员劳动生产率（元/人）}=\frac{\text{报告期累计工业总产值或增加值}}{\text{报告期全部职工平均人数}}$$

本资料中的全员劳动生产率是采用不变价工业总产值计算的。

【流动资产周转率】 指一定时期内流动资产完成的周转次数。计算公式：

$$\text{流动资产周转率（次）}=\frac{\text{报告期累计产品销售收入}}{\text{报告期流动资产平均余额}}$$

【企业亏损面】 指报告期亏损企业占全部企业单位数的比重。计算公式：

$$\text{企业亏损面}(\%)=\frac{\text{报告期亏损企业单位数}}{\text{报告期全部企业单位数}}\times100\%$$

主要指标提要

	1990年	1995年	1995年比1990年增长%
乡及乡以上工业企业单位数（个）	1911	1994	4.3
工业总产值（亿元）	64.75	197.66	71.9
#轻工业产值（亿元）	18.50	32.73	64.5
重工业产值（亿元）	46.25	149.92	87.2

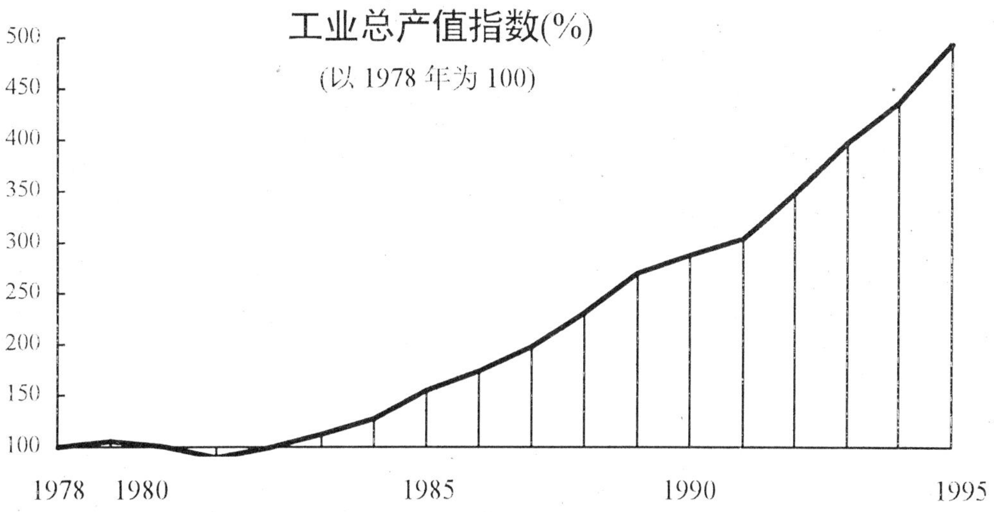

工业主要产品产量

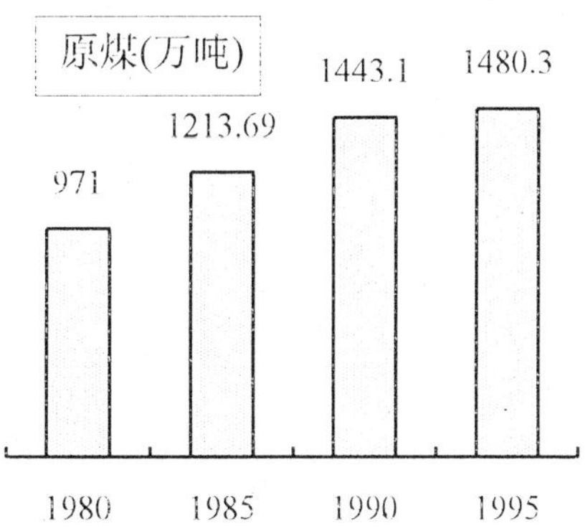

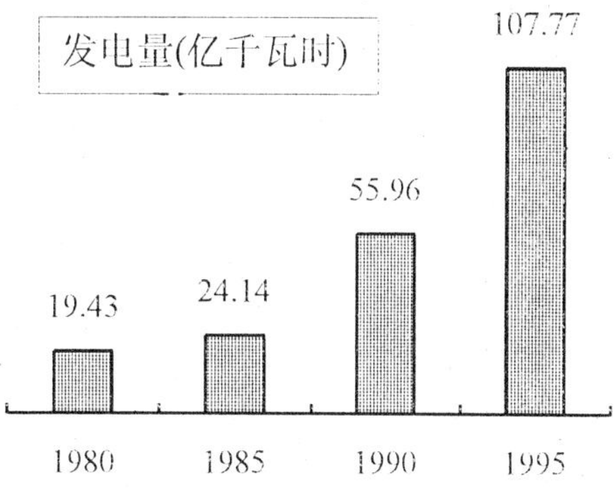

10—1 全部工业企业单位数和工业总产值

指　　标	企业单位数(个)		工业总产值(万元)			
			当 年 价 格		1990年不变价格	
	1994年	1995年	1994年	1995年	1994年	1995年
全 区 总 计	**31 057**	**24 677**	**1 497 094**	**1 976 612**	**1 123 483**	**1 280 599**
一、按经济类型分						
1. 乡及乡以上工业						
国有经济	546	594	1 065 471	1 360 118	724 348	805 521
中央企业	22	30	362 461	491 828	232 054	261 537
地方企业	524	564	703 010	868 291	492 294	543 985
#县属企业	238	256	112 388	170 554	94 697	116 146
集体经济	1 204	1 274	186 592	218 780	173 137	172 951
#县属企业	275	306	50 900	56 447	45 634	44 471
私营经济	6	10	3 965	348	3 199	275
联营经济	6	11	6 671	6 038	5 283	4 747
股份制经济	22	37	12 928	73 952	8 070	39 873
外商投资经济	25	26	92 961	135 549	100 948	120 642
港、澳、台投资经济	42	40	22 623	31 717	20 826	26 153
其他经济	-	2	-	33	-	25
2. 村及村以下工业						
城镇联营工业	50	63	498	384	412	283
城镇个体工业	4 160	2 911	8 662	9 987	7 172	7 347
农村村办工业	787	693	29 425	34 339	24 364	25 263
农村联营工业	294	239	3 281	2 535	2 717	1 865
农村个体工业	23 915	18 777	64 018	102 832	53 007	75 654
二、按轻重工业分						
轻工业	23 092	18 350	311 660	413 640	265 337	289 367
重工业	7 965	6 327	1 185 434	1 562 972	858 146	991 232

10—2 按经济类型分的乡及乡以上工业企业单位数和工业总产值

指　　标	企业单位数(个)		工业总产值(万元)			
			当年价格		1990年不变价格	
	1994年	1995年	1994年	1995年	1994年	1995年
全区总计	**1 851**	**1 994**	**1 391 210**	**1 826 535**	**1 035 811**	**1 170 187**
一、按经济类型分						
国有经济	546	594	1 065 471	1 360 119	724 348	805 521
中央企业	22	30	362 461	491 282	232 054	261 537
地方企业	524	564	703 010	868 291	492 294	543 985
# 县属企业	238	256	112 388	170 554	94 697	116 146
集体经济	1 204	1 274	186 592	218 780	173 137	172 951
# 县属企业	275	306	50 900	56 447	45 634	44 471
私营经济	6	10	3 965	347	3 199	275
联营经济	6	11	6 671	6 038	5 283	4 747
股份制经济	22	37	12 928	73 952	8 070	39 873
外商投资经济	25	26	92 961	135 549	100 948	120 642
港、澳、台投资经济	42	40	22 623	31 717	20 826	26 153
其他经济	–	2	–	33	–	25
二、按轻重工业分						
轻工业	849	919	249 442	327 292	213 821	225 840
以农产品为原料	639	687	199 676	279 537	165 062	180 935
以非农产品为原料	210	232	49 766	47 755	48 759	44 905
重工业	1 002	1 075	1 141 768	1 499 243	821 990	944 347
采掘工业	165	180	160 723	209 944	108 694	118 321
原料工业	197	218	557 634	727 350	351 150	404 453
制造工业	640	677	423 412	561 949	362 147	421 573
三、按企业规模分						
大型企业	21	24	615 039	784 168	436 352	493 671
中型企业	59	59	338 167	400 031	227 514	236 649
小型企业	1 771	1 911	438 004	642 336	371 945	439 867

10—3 主要年份工业企业单位数

单位:个

年份	工业企业单位数	按隶属关系分		按经济类型分		按轻重工业分		按企业规模分		
		中央企业	地方企业	#国有经济	#集体经济	轻工业	重工业	大型企业	中型企业	小型企业
1978	1 072	5	1 067	374	698	607	465	5	22	1 045
1980	1 097	12	1 085	377	718	637	460	5	24	1 068
1981	1 085	11	1 074	365	720	642	443	6	22	1 057
1982	1 120	12	1 108	380	740	672	448	6	24	1 090
1983	1 187	12	1 175	382	802	712	475	7	24	1 156
1984	1 249	14	1 235	385	860	757	492	8	25	1 216
1985	1 503	16	1 487	434	1 062	810	693	12	27	1 464
1986	1 716	18	1 698	450	1 260	923	793	12	28	1 676
1987	1 781	18	1 763	473	1 301	912	869	16	30	1 735
1988	1 795	20	1 775	479	1 308	918	877	16	34	1 745
1989	1 885	20	1 865	496	1 382	979	906	17	38	1 830
1990	1 911	20	1 891	510	1 390	978	933	18	39	1 854
1991	1 895	21	1 874	520	1 360	958	937	20	42	1 833
1992	1 875	21	1 854	514	1 341	932	943	20	49	1 806
1993	1 903	23	1 880	562	1 300	887	1 016	21	55	1 827
1994	1 851	23	1 828	546	1 204	849	1 002	21	59	1 771
1995	1 994	30	1 964	594	1 274	919	1 075	24	59	1 911

注:本表为乡及乡以上工业企业。

10—4 主要年份全部工业总产值

(按当年价格计算)

单位:万元

年份	工业总产值	按隶属关系分		按经济类型分		按轻重工业分		按企业规模分		
		中央企业	地方企业	#国有经济	#集体经济	轻工业	重工业	大型企业	中型企业	小型企业
1978	138 485	5 763	132 722	114 664	23 821	34 453	104 032	30 359	38 220	69 906
1980	139 179	20 233	118 946	121 539	17 354	37 525	101 654	32 318	41 236	65 625
1981	127 942	20 242	107 700	106 499	20 830	40 482	87 460	39 096	26 116	62 730
1982	147 456	22 430	125 026	125 034	22 076	44 898	102 558	43 070	36 822	67 564
1983	165 352	22 506	142 846	140 698	23 961	48 892	116 460	46 279	41 842	77 231
1984	191 129	32 715	158 414	160 724	28 699	57 540	133 589	50 291	49 899	90 939
1985	243 007	37 068	205 939	196 586	29 104	72 723	170 284	73 307	49 927	119 773
1986	282 359	43 118	239 241	221 659	50 560	91 294	191 065	78 592	57 446	146 321
1987	333 806	55 663	278 143	259 660	61 169	107 901	225 906	100 236	62 443	171 127
1988	440 048	80 753	359 295	339 772	83 091	139 016	301 031	135 194	82 419	222 435
1989	585 323	120 765	464 558	458 240	104 595	177 548	407 774	175 547	115 811	293 965
1990	647 463	143 471	503 992	509 009	109 895	179 605	467 858	204 786	126 578	316 099
1991	731 028	170 938	560 090	577 050	117 663	195 390	535 638	297 601	109 061	324 366
1992	892 555	207 347	685 208	701 903	141 864	262 588	670 022	369 520	144 195	378 840
1993	1 214 904	278 304	936 600	950 189	189 837	222 533	952 316	494 283	265 536	455 085
1994	1 497 094	362 511	1 134 583	1 065 471	219 796	311 660	1 185 434	615 039	338 167	543 888
1995	1 976 612	491 828	1 484 784	1 360 118	256 038	413 640	1 562 972	784 168	400 031	792 413

10—5　主要年份工业总产值

（按当年价格计算）　　单位：万元

年　份	工业总产值	国有经济	集体经济	其他经济	城乡个体经济	在总计中：农村村及村以下办工业总产值
1978	138 485	114 664	23 821	-	-	3 705
1980	139 179	121 539	17 354	186	100	2 461
1981	127 942	106 499	20 830	578	35	4 987
1982	147 456	125 034	22 076	243	103	5 314
1983	165 352	140 698	23 961	246	447	5 055
1984	191 129	160 724	28 699	381	1 325	6 159
1985	243 007	196 586	39 104	1 068	6 249	10 991
1986	282 359	221 659	50 560	955	9 185	13 460
1987	333 806	259 660	61 169	1 208	11 769	16 728
1988	440 048	339 772	83 091	1 749	15 436	23 161
1989	585 323	458 240	104 595	2 098	20 390	27 732
1990	647 463	509 009	109 895	3 962	24 597	30 183
1991	731 028	577 050	117 663	8 385	27 930	38 143
1992	892 555	701 903	141 864	10 171	38 618	53 062
1993	1 214 904	950 189	189 837	20 922	53 956	77 618
1994	1 497 094	1 065 471	219 796	139 147	72 680	105 884
1995	1.976 612	1 360 118	256 038	247 637	112 819	150 077

10—6　主要年份工业总产值

（按1990年不变价格计算）　　单位：万元

年　份	工业总产值	国有经济	集体经济	其他经济	城乡个体经济	在总计中：农村村及村以下办工业总产值
1978	258 784	226 238	32 546	-	-	3 719
1980	263 192	233 916	28 812	326	138	3 761
1981	225 648	193 647	31 159	794	48	5 120
1982	258 665	225 433	32 724	365	143	4 978
1983	290 845	253 362	36 495	369	619	5 211
1984	331 012	285 398	43 183	597	1 834	4 608
1985	401 456	333 774	58 135	898	8 649	5 086
1986	450 637	363 718	73 456	1 150	12 313	10 348
1987	511 792	409 693	85 349	1 461	15 289	13 460
1988	598 607	473 952	103 773	2 038	18 844	16 728
1989	698 521	551 050	122 059	2 441	22 971	26 315
1990	744 524	587 014	124 982	4 340	28 188	28 640
1991	787 185	613 890	132 569	8 998	31 728	43 330
1992	898 672	695 330	153 617	10 910	38 815	54 824
1993	1 023 569	767 597	184 667	19 788	51 517	74 110
1994	1 123 483	724 348	200 630	138 326	60 179	87 672
1995	1 280 599	805 521	200 362	191 715	83 001	110 412

10-7 主要年份工业总产值指数

（上年=100）

年份	工业总产值	国有经济	集体经济	城乡个体经济	其他经济类型
1952	120.9	166.2	–	106.6	–
1957	123.9	155.7	142.3	38.0	–
1962	84.8	78.5	130.8	–	–
1965	134.7	130.9	152.3	–	–
1970	141.9	146.5	111.5	–	–
1975	115.5	115.3	117.1	–	–
1978	118.4	119.6	111.6	–	–
1979	105.8	105.9	105.2	–	–
1980	95.4	94.5	99.4	33.0	238.7
1981	86.4	84.0	98.7	106.1	127.7
1982	114.6	116.9	105.0	294.3	42.9
1983	112.4	112.4	111.5	434.0	101.2
1984	113.8	112.3	118.3	296.4	161.8
1985	121.3	115.5	134.6	471.6	271.4
1986	112.3	108.1	126.4	147.0	90.8
1987	113.6	112.2	116.2	128.1	123.4
1988	117.0	115.7	121.6	115.7	141.6
1989	116.7	116.3	117.6	121.9	100.2
1990	106.6	106.5	102.5	122.7	165.6
1991	105.7	104.6	106.1	112.6	207.3
1992	114.3	113.3	115.9	125.8	121.2
1993	113.8	110.4	120.2	129.1	168.0
1994	109.8	94.4	108.6	116.8	699.0
1995	114.0	112.2	99.9	137.9	138.6

10—8　全部乡及乡以上分行业工业企业单位数和工业总产值

单位: 万元

指　　标	企业单位数(个)		工业总产值			
			当年价格		1990年不变价格	
	1994年	1995年	1994年	1995年	1994年	1995年
总　　计	1 851	1 994	1 391 210	1 826 535	1 035 811	1 170 187
采掘业						
# 煤炭采选业	87	102	136 438	159 778	96 467	103 548
石油和天然气开采业	2	2	20 079	45 369	8 248	10 469
黑色金属矿采选业	1	2	10	76	10	182
有色金属矿采选业	8	3	746	477	488	273
非金属矿采选业	70	70	3 459	3 887	3 489	3 365
制造业						
# 食品加工业	173	200	52 968	80 546	34 937	41 005
食用盐加工业	2	2	41	53	23	32
食品制造业	105	109	34 799	48 276	26 549	29 373
饮料制造业	26	28	9 531	18 498	5 595	8 102
烟草加工业	1	3	5 535	7 647	5 005	6 895
纺织业	56	52	34 274	35 588	30 964	26 776
# 棉纺织业	10	9	7 196	9 036	4 281	4 465
毛纺织业	15	11	16 194	17 295	17 390	15 659
服装及其他纤维制品制造业	52	54	5 683	7 188	5 822	5 631
# 服装制造业	42	42	4 964	6 309	5 119	4 867
皮革、毛皮、羽绒及其制品业	33	33	3 562	3 337	3 018	2 360
木材加工竹、藤、棕、草制品业	26	24	3 689	2 009	3 659	1 657
家具制造业	41	45	6 430	8 639	5 285	6 551
造纸及纸制品业	51	52	30 261	48 133	32 414	36 363
印刷业	46	56	6 818	7 983	7 100	7 452
文教体育用品制造业	27	26	1 038	1 004	1 019	812

10-8 续表 单位:万元

指标	企业单位数(个)		工业总产值			
			当年价格		1990年不变价格	
	1994年	1995年	1994年	1995年	1994年	1995年
石油加工及炼焦业	26	24	92 402	125 557	33 575	43 284
化学原料及化学制品制造业	100	118	141 189	206 292	121 484	140 095
医药制造业	18	19	11 414	11 082	10 234	9 054
化学纤维制造业	1	2	5 183	2 871	5 906	2 625
橡胶制品业	13	13	86 015	123 076	97 438	116 513
塑料制品业	50	59	13 387	18 288	13 966	15 026
非金属矿物制品业	322	351	68 539	78 010	57 558	61 841
# 水泥制造业	24	25	31 476	30 891	21 369	21 265
陶瓷制品业	17	18	5 719	5 163	6 297	5 996
黑色金属冶炼及压延加工业	50	50	100 521	144 623	67 139	71 484
有色金属冶炼及压延加工业	9	12	129 839	202 726	88 820	107 965
金属制品业	135	122	25 550	22 231	19 816	19 208
# 日用金属制品业	27	23	2 924	2 003	2 316	1 676
普通机械制造业	69	86	117 904	144 160	75 939	87 882
# 金属加工机械制造业	6	7	17 212	11 528	12 772	9 366
# 金属切削机床制造业	2	3	15 743	10 858	11 460	8 856
专用设备制造业	67	64	48 915	62 355	39 815	47 749
# 农、林、牧、渔.水利机械制造业	22	19	18 067	23 702	14 536	16 738
电子及通讯设备制造业	4	5	3 742	3 754	4 099	4 247
# 日用电子器具制造业	1	1	442	215	520	251
电气机械及器材制造业	35	35	14 293	19 580	15 956	22 530
仪器仪表及文化、办公用品机械制造业	13	12	11 813	12 807	8 651	9 190
电力、煤气及水的生产和供应业						
电力、蒸汽、热水的生产和供应	18	23	148 752	179 149	92 255	104 333
煤气生产和供应业	3	2	540	1 288	494	361
自来水的生产和供应业	13	13	3 453	4 130	2 424	2 526

10—9 主要年份主要工业产品产量

年　份	原　煤（万吨）	发电量 亿千瓦时	原　油（万吨）	钢　材（万吨）	铝（万吨）	轮胎外胎（万条）	合成氨（万吨）	农用化肥（万吨）
1978	999.0	16.51	39.54	2.78	1.83	30.09	6.77	5.30
1980	971.0	19.43	56.46	4.12	2.26	29.30	7.95	5.57
1985	1 214.0	24.14	39.80	3.88	2.92	34.34	9.20	6.71
1986	1 237.0	31.40	34.80	4.22	3.30	38.45	9.33	7.59
1987	1 297.0	42.64	30.84	4.33	3.58	57.01	10.37	8.58
1988	1 328.0	50.11	32.14	4.20	4.89	67.08	12.02	10.01
1989	1 339.0	54.19	28.71	4.20	5.17	69.10	27.64	21.33
1990	1 443.1	55.96	25.77	4.75	6.01	63.50	34.32	27.74
1991	1 403.2	63.11	23.02	4.87	6.66	75.62	38.51	31.09
1992	1 379.1	76.62	20.78	5.97	7.30	103.59	39.96	32.11
1993	1 371.6	87.49	21.00	6.20	8.38	122.66	36.77	29.27
1994	1 388.9	97.30	30.11	7.02	8.63	144.20	41.09	34.51
1995	1 480.3	107.77	39.04	7.58	10.13	164.67	47.59	41.49

年　份	金属切削机　床（台）	起重设备（吨）	金属材料试验机（台）	轴　承（万套）	小　型拖拉机（台）	水　泥（万吨）	布（万米）	呢　绒（万米）
1978	1 402	1 503	1 345	171.89	2 502	27.66	1 268.32	21.91
1980	1 194	2 104	1 779	132.60	600	29.27	1 508.00	17.53
1985	1 671	3 714	1 959	62.80	7 606	61.62	1 059.98	103.22
1986	1 507	4 861	2 054	71.50	5 834	67.09	1 339.07	106.32
1987	1 422	6 742	1 716	79.86	9 492	72.80	1 569.72	101.32
1988	1 747	8 716	1 354	105.55	11 196	87.31	1 403.47	97.14
1989	1 813	8 196	1 390	180.78	8 200	93.82	1 609.27	79.60
1990	1 308	7 004	445	197.57	11 900	95.74	1 232.64	103.23
1991	1 154	6 804	892	215.04	10 900	97.29	1 102.57	112.88
1992	2 005	7 341	1 021	188.03	11 800	113.54	1 114.69	67.77
1993	2 205	9 634	1 305	224.76	7 800	121.89	682.74	80.66
1994	1 649	10 519	794	243.80	9 860	130.92	541.43	79.74
1995	994	5 140	715	274.00	15 908	140.11	540.00	92.00

10—9 续表

年份	毛绒（吨）	毛毯（万条）	地毯 万平方米	糖（万吨）	饮料酒（吨）	纸及纸板（万吨）	日用陶瓷（万件）	塑料制品（吨）
1978	807	9.95	2.65	0.25	2 700	0.97	894	2 878
1980	1 180	14.31	2.10	0.55	2 785	0.99	1 191	2 632
1985	1 772	29.95	1.57	2.08	12 816	2.47	1 202	5 584
1986	1 882	37.87	2.71	3.83	17 773	2.93	1 311	7 550
1987	1 960	49.91	3.69	2.83	21 000	4.04	1 790	8 422
1988	2 131	62.63	6.35	3.23	25 900	4.98	1 889	9 227
1989	2 446	63.24	6.85	4.58	27 800	6.73	2 288	9 865
1990	1 706	48.49	4.37	4.35	26 300	6.68	1 923	7 783
1991	1 484	19.50	4.64	5.09	29 200	8.35	2 237	10 552
1992	2 082	33.42	4.57	5.81	29 120	9.80	2 493	11 593
1993	2 044	44.36	9.37	3.55	45 100	10.61	2 827	11 174
1994	1 635	20.65	20.23	2.95	37 252	11.88	3 616	9 137
1995	1 556	17.40	6.41	2.83	48 858	13.98	3 504	15 459

年份	钢（万吨）	生铁（万吨）	铁矿石（万吨）	铁合金（万吨）	皮鞋（万双）	卷烟（万箱）	食用植物油（万吨）	炭素制品（万吨）
1978	0.95	3.88	2.02		11.99	1.80	0.69	1.75
1980	0.72	0.61	2.65		19.62	1.75	0.73	1.64
1985	0.88	1.31	2.72	0.63	40.14	1.21	1.50	2.69
1986	1.17	4.61	5.65	1.50	48.10	2.01	0.93	3.01
1987	2.12	4.37	4.50	3.69	63.57	2.52	1.09	4.86
1988	2.05	4.23	3.92	4.97	69.64	2.51	0.82	5.65
1989	2.41	3.12	4.04	6.30	72.73	3.54	1.84	8.97
1990	2.59	5.54	3.68	7.79	66.50	4.47	2.19	6.51
1991	3.78	5.00	2.37	8.00	61.06	4.53	2.43	6.82
1992	4.71	3.37	1.83	8.63	39.40	5.00	2.19	7.19
1993	3.84	5.03	2.60	11.87	25.87	4.04	3.24	9.37
1994	3.77	5.01	2.21	14.19	18.19	3.30	2.11	12.69
1995	3.46	7.29	6.27	15.32	18.00	3.50	4.17	20.77

10—10 全部独立核算工业分行业企业单位数和工业总产值

(1995年)

指标	国有经济			集体经济		
	企业单位数（个）	1990年不变价格总产值（万元）	当年价格总产值（万元）	企业单位数（个）	1990年不变价格总产值（万元）	当年价格总产值（万元）
全区总计	440	781 013	1 143 963	1 161	162 251	182 600
煤炭采选业	20	80 770	116 157	61	15 887	16 997
石油和天然气开采业	1	10 504	40 005	–	–	–
黑色金属矿采选业	1	174	58	1	8	12
有色金属矿采选业	1	198	377	2	75	95
非金属矿采选业	5	637	960	60	2 503	2 433
食品加工业	49	25 247	42 614	81	6 337	8 377
饮料制造业	7	1 160	2 051	12	969	1 013
烟草加工业	2	6 695	6 417	1	200	238
纺织业	17	20 503	23 178	27	3 184	3 469
服装及其他纤维制品制造业	2	1 115	1 267	44	2 493	2 742
皮革、毛皮、羽绒及其制品业	4	454	634	19	839	1 105
木材加工竹、藤、棕、草制品业	3	468	442	18	927	1 008
家具制造业	4	374	389	38	3 087	3 656
造纸及纸制品业	13	22 535	27 075	28	12 137	13 116
印刷业	11	2 738	2 044	34	2 685	2 928
文教体育用品制造业	2	100	114	20	671	735
石油加工及炼焦业	5	39 592	103 279	16	2 541	3 232
化学原料及化学制品制造业	43	119 989	156 446	53	8 461	9 010
医药制造业	7	8 482	8 734	7	141	320
化学纤维制造业	1	2 623	2 477	1	2	2
橡胶制品业	2	2 405	2 569	9	3 385	2 451
塑料制品业	3	3 492	3 829	39	5 837	6 184
非金属矿物制品业	65	35 142	40 699	209	16 888	17 067

注：本表工业总产值现价与不变价均按计算工业总产值的新规定执行。

10-10 续表　　　　　　　　(1995年)

指　　标	国有经济			集体经济		
	企　业 单位数 (个)	1990年不变 价格总产值 (万元)	当年价格 总产值 (万元)	企　业 单位数 (个)	1990年不变 价格总产值 (万元)	当年价格 总产值 (万元)
#陶瓷制品业	8	3 230	2 652	9	2 844	1 715
黑色金属冶炼及压延加工业	13	51 515	74 602	28	16 385	20 566
有色金属冶炼及压延加工业	4	93 662	149 844	4	2 479	2 967
金属制品业	7	1 880	2 100	103	14 908	14 924
#日用金属制品业	-	-	-	23	1 675	1 743
普通机械制造业	17	56 083	80 642	48	10 561	11 912
#金属加工机械制造业	2	9 397	9 996	5	549	593
#金属切削机床制造业	2	9 397	9 996	1	10	13
专用设备制造业	20	41 323	47 659	35	4 988	5 567
#农、林、牧、渔、水利机械制造业	10	14 075	17 718	8	403	495
电子及通讯设备制造业	3	4 246	3 609	1	64	58
#日用电子器具制造业	1	251	184	-	-	-
电气机械及器材制造业	7	17 100	11 055	21	3 836	4 073
仪器仪表及文化、办公用品机械制造业	6	8 524	10 234	5	515	559
电力、煤气及水的生产和供应业	36	103 206	154 980	1	3 935	6 881
#电力、蒸汽、热水的生产和供应	21	100 398	150 012	1	3 935	6 881
#煤气生产和供应业	2	361	1 237	-	-	-
#自来水的生产和供应业	13	2 447	3 731	-	-	-

10—11　全部独立核算工业企业全员劳动生产率

单位:元/人

指　　标	1990年	1991年	1992年	1993年	1994年	1995年
全区总计	**22 749**	**23 278**	**25 501**	**28 520**	**31 039**	**34 673**
一、按经济类型分						
国有经济	25 560	25 963	28 268	32 586	31 288	33 904
中央企业	53 552	55 584	59 511	76 422	84 834	84 182
地方企业	21 863	22 011	23 933	26 541	23 884	26 105
#县属企业	19 159	20 800	22 317	24 065	25 359	29 947
集体经济	14 341	14 898	16 554	17 570	20 404	21 392
#县属企业	12 662	12 145	13 968	19 646	21 531	20 976
私营经济					39 496	8 017
联营经济				30 258	32 753	31 019
股份制经济				40 120	25 322	67 183
外商投资经济				29 636	129 338	164 140
港、澳、台投资经济				48 343	41 819	48 345
其他经济						10 556
在总计中:						
乡属企业	13 160	13 877	15 970	20 634	25 251	25 972
二、按轻重工业分						
轻工业	21 388	22 032	24 053	24 058	24 470	25 761
以农产品为原料	21 620	21 851	23 785	23 631	23 941	26 375
以非农产品为原料	20 545	22 725	25 095	25 587	26 372	23 626
重工业	23 277	23 760	26 035	30 022	33 289	37 664
采掘工业	12 471	11 824	11 547	11 952	13 229	14 324
原料工业	40 320	42 913	15 596	50 569	54 850	56 541
加工工业	23 412	23 656	27 026	33 080	35 882	42 886
三、按企业规模分						
大型企业	28 871	32 584	32 515	39 504	45 424	48 254
中型企业	29 315	23 792	29 357	31 457	31 305	34 656
小型企业	17 345	18 164	19 151	20 293	22 065	26 100

10-11 续表1

单位:元/人

指标	1990年	1991年	1992年	1993年	1994年	1995年
四、按行业分						
# 煤炭采选业	11 941	11 553	11 162	12 009	13 161	14 177
石油和天然气开采业	22 173	20 719	19 265	14 075	17 780	20 730
黑色金属矿采选业	13 214	8 178	13 965	7 650	5 000	10 111
有色金属矿采选业	8 980	9 822	9 986	13 185	9 021	10 111
饮料制造业	15 529	22 777	15 897	18 291	13 450	19 175
烟草加工业	128 156	125 761	120 618	92 656	82 050	98 219
纺 织 业	17 135	16 341	19 409	20 267	18 889	17 429
皮革、毛皮、羽绒及其制品业	17 181	13 050	10 387	9 010	9 791	8 264
木材加工竹、藤、棕、草制品业	11 093	11 151	12 661	18 580	30 644	11 900
家具制造业	10 498	12 008	12 674	16 373	26 082	30 734
造纸及纸制品业	20 151	20 907	23 577	26 732	27 079	30 658
印 刷 业	13 136	14 817	14 778	19 366	19 413	19 467
文教体育用品制造业	2 689	9 540	11 174	12 677	12 884	12 339
石油加工及炼焦业	24 731	23 451	27 810	58 991	57 673	62 605
化学原料及化学制品制造业	21 919	22 590	25 021	39 974	46 500	53 230
医药制造业	32 071	45 027	50 026	48 590	50 439	43 682
化学纤维制造业	77 061	82 310	98 534	78 613	58 130	28 317
橡胶制品业	99 895	99 448	116 594	154 957	174 719	209 341
塑料制品业	20 588	27 442	32` 581	25 556	27 186	27 493
非金属矿物制品业	12 769	14 259	16 361	17 946	17 498	18 421

10-11 续表2 单位:元/人

指标	1990年	1991年	1992年	1993年	1994年	1995年
#陶瓷制品业	11 341	11 452	13 367	15 963	17 010	15 126
黑色金属冶炼及压延加工业	32 933	36 773	32 096	35 576	40 748	40 915
有色金属冶炼及压延加工业	74 424	83 459	93 618	83 614	99 189	115 556
金属制品业	16 609	17 193	19 274	19 587	23 004	22 708
#日用金属制品业	-	13 140	14 237	18 908	20 684	17 085
普通机械制造业	23 575	21 955	24 426	30 442	28 489	33 745
#金属加工机械制造业	17 759	17 239	25 360	32 247	24 117	19 068
#金属切削机床制造业	-	17 552	21 659	33 421	24 962	19 282
通用设备制造业	25 292	27 734	30 143	37 923	45 071	31 061
#农、林、牧、渔、水利机械制造业	26 060	24 265	28 324	25 798	29 086	25 751
电子及通讯设备制造业	7 111	11 018	19 362	21 884	34 504	32 897
电气机械及器材制造业	21 739	22 094	29 190	34 391	32 503	41 828
仪器仪表及文化、办公用品机械制造业	11 796	12 861	15 240	16 448	15 074	15 864
电力、蒸汽、热水的生产和供应业	58 450	58 290	61 440	76 308	84 895	73 609
煤气生产和供应业	-	5 044	5 649	9 457	10 533	7 490
自来水的生产和供应业	17 132	19 826	15 590	17 764	16 182	16 120

十一、建 筑 业

主要统计指标解释

一、价值量指标

【建筑业总产值（自行完成施工产值）】　它是以货币表现的建筑安装企业和附营施工单位在一定时间内生产的建筑业产品的总和。建筑业总产值统计的内容分四部分：

①建筑工程产值；

②设备安装工程产值；

③房屋构筑物修理产值；

④非标准设备制造产值。

它计算的价格原则上按施工单位和建设单位结算价格计算。

【建筑业增加值】　是指建筑企业在报告期内以货币表现的建筑业生产经营活动的最终成果。有两种计算方法：一是生产法、二是分配法（收入法）

①生产法计算公式：

建筑业增加值＝建筑业总产出－建筑业中间投入

②分配法（收入法）计算公式：

建筑业增加值＝固定资产折旧＋劳动者报酬＋生产税净额＋营业盈余。

【竣工产值】　是指以货币表现的建筑业生产所形成的成品的价值。它包括的范围应是报告期内竣工的单位工程从开工到竣工的全部自行完成的价值。如一个单位工程跨年度应包括上年完成的产值。

二、实物量指标

【单项工程】　是指有独立设计文件，建成后能独立发挥效益或生产设计规定产品的车间（联合企业分厂）生产线或独立工程等。

【单位工程】　是指单项工程的组成部分，通常是按照不同性质的工程内容能否独立施工划分的，一个单项工程可以划分为若干个单位工程。它又分为①施工单位工程；②新开工单位工程；③竣工单位工程。

【房屋建筑面积】　是指房屋全部平面面积的总和。它一般通过房屋施工和竣工面积来具体体现

【房屋施工面积】　是指报告期内施过工的全部房屋建筑面积，它包括本期新开工的面积、上期跨入本期继续施工的房屋面积、上期停缓建在本期恢复施工的房屋面积、本期竣工的房屋面积以及本期施工后又停缓建的房屋面积。

【房屋新开工面积】　是指在报告期内新开工的各个房屋的建筑面积之和。

【房屋竣工面积】　是指在报告期内房屋建筑按照设计要求已全部完工，达到了使用条件经检查验收鉴定合格的房屋建筑面积。

三、财务指标

【资本金】　是指企业在工商行政管理部门登记的注册资金。企业筹集的资本金按其投资主体一般分为国家资本金、法人资本金、个人资本金以及外商资本金等。

【流动资产】　是指可以在一年或者超过一年的一个营业周期内变现或者耗用的资产，包括现金及各种存款，短期投资，应收及预付款项、存货等。

【固定资产】　是指使用期限超过一年的房屋及建筑物、机器、机械、运输工具以及其他与生产经营有关的设备、器具、工具等。

【资产】　是企业拥有或控制的能以货币计量的经济资源，包括各种财产、债权和其他权利。

【负债】　是企业所承担的能以货币计量、将以资产或劳务偿付的债务。负债一般按其偿还期长短分为流动负债和长期负债。

【所有者权益】　是企业投资人对企业净资产的所有权，企业净资产等于企业全部资产减去全部负债后的余额。其中包括实收资本、资本公积、盈余公积和未分配利润四部分。

主要指标提要

	1990 年	1995 年	1995 年比 1990 年增长%
全区建筑施工企业年末职工人数(万人)	9.97	10.34	3.7
建筑业总产值(亿元)	13.50	48.13	58.6
国有建筑企业房屋竣工面积(万平方米)	60.1	94.6	57.4

建筑业总产值（亿元）

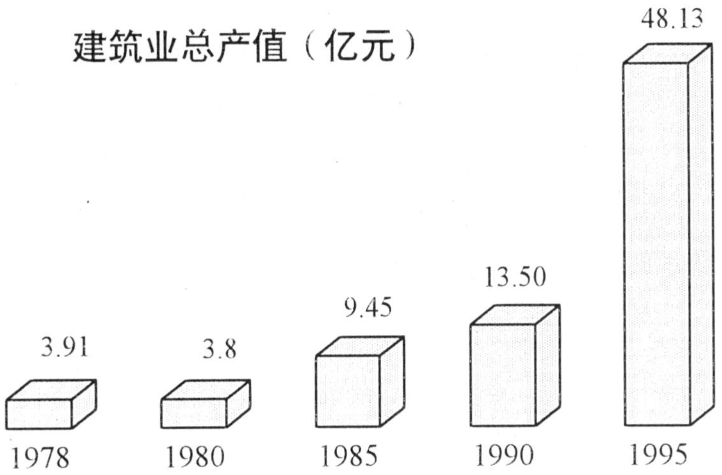

施工企业年末职工人数（万人）

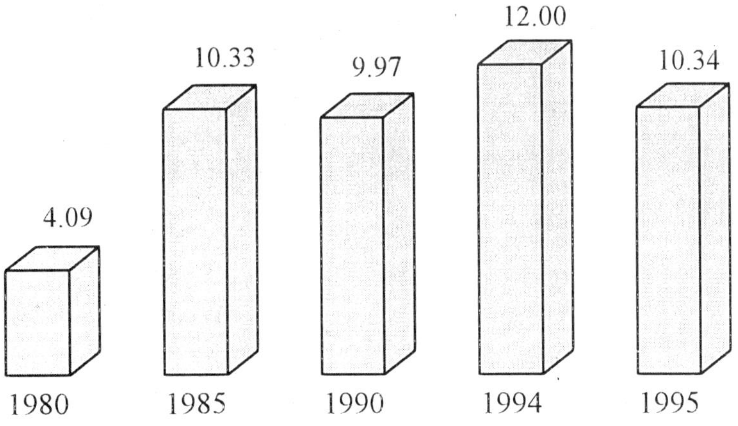

11—1　全区建筑施工企业个数和人数

项　　目	1990年	1991年	1992年	1993年	1994年	1995年
一、施工企业个数(个)	**2 568**	**2 723**	**2 888**	**3 417**	**960**	**1 036**
国有建筑施工企业	67	101	111	105	119	111
城镇集体建筑施工企业	75	99	97	131	153	156
农村建筑业	2 426	2 523	2 680	3 181	681	758
其他经济类型	–	–	–	–	7	11
二、施工企业年末职工人数	**99 669**	**114 607**	**126 137**	**125 313**	**120 045**	**103 392**
国有建筑施工企业	38 947	45 053	48 100	41 465	44 715	36 670
城镇集体建筑施工企业	15 420	19 640	21 300	19 725	26 970	19 831
农村建筑业	45 302	49 914	56 737	64 123	46 173	44 529
其他经济类型	–	–	–	–	2 187	2 362

注:1994、1995年农村建筑业企业个数和人数为除个体后的数。

11—2　主要年份国有建筑施工企业个数、职工人数及总产值

年　　份	施工企业个数(个)	年底全部职工人数(人)	#固定职工	建筑业总产值(万元)
1978	17	24 750	–	10 695
1980	23	28 702	–	13 477
1981	23	28 273	–	10 323
1982	24	33 495	–	13 809
1983	24	46 548	–	17 228
1984	30	34 527	28 469	22 184
1985	54	45 033	33 334	34 012
1986	59	46 884	32 632	40 994
1987	54	39 307	29 715	41 060
1988	52	38 689	26 396	37 874
1989	46	37 550	24 969	43 709
1990	67	38 947	30 556	53 326
1991	101	45 053	–	65 214
1992	111	48 100	–	92 986
1993	105	41 465	–	116 315
1994	119	44 715	–	143 448
1995	111	36 670	–	150 806

11—3 建筑企业生产情况(主营)

(1995年)

指标	计量单位	总计	# 大中型	经济类型		行业类别		
				国有经济	城镇集体经济	土木工程建筑业	房屋建筑业	矿山
企业个数	个	236	13	87	138	180	143	1
# 亏损企业	个	71	4	26	37	52	45	-
建筑业总产值	万元	202 162	106 730	144 019	53 769	171 493	144 306	980
# 建筑工程	万元	160 021	84 592	112 897	43 109	155 195	131 138	980
安装工程	万元	39 329	21 856	29 764	9 256	13 619	10 698	-
建筑业增加值	万元	64 952	-	44 112	19 009	50 250	43 236	-
竣工产值	万元	132 181	52 459	83 825	43 773	110 902	97 253	980
单位工程施工个数	个	3 145	793	1 564	1 504	2 494	2 080	30
# 本年新开工	个	2 300	487	1 120	1 119	1 822	1 481	30
单位工程竣工个数	个	2 325	354	995	1 275	1 759	1 420	30
# 优良工程	个	296	66	135	146	225	148	-
房屋建筑施工面积	万平方米	296.9	131.9	188.3	96.0	294.7	289.0	-
房屋竣工面积	万平方米	167.2	52.0	94.6	65.1	165.9	166.7	-
# 住宅面积	万平方米	31.8	12.8	20.6	11.0	31.3	30.2	-
自有机械设备年末总台数	台	17 573	5 721	8 983	7 535	15 329	12 915	158
自有机械设备年末总功率	万千瓦	30.8	15.3	21.5	8.8	27.1	17.0	0.6

11-3 续表

(1995年)

指标	计量单位	行业类别						
		铁路公路建筑业	堤坝电站建筑业	其他土木工程建筑业	线路管道设备安装业	线路管道安装业	设备安装业	建筑物装修装饰业
企业个数	个	13	4	19	43	27	16	13
# 亏损企业	个	1	1	4	10	5	5	9
建筑业总产值	万元	17 603	4 027	4 577	29 163	26 163	3 079	1 428
# 建筑工程	万元	17 589	3 633	1 855	3 512	3 483	29	1 314
安装工程	万元	-	395	2 531	25 679	22 658	3 022	31
建筑业增加值	万元	4 857	1 226	2 205	12 230	11 073	1 157	672
竣工产值	万元	4 781	3 550	4 338	19 935	16 977	2 958	1 344
单位工程施工个数	个	116	49	219	574	407	167	77
# 本年新开工	个	80	30	201	421	273	148	57
单位工程竣工个数	个	79	44	186	512	353	159	54
# 优良工程	个	25	8	44	69	59	10	2
房屋建筑施工面积	万平方米	0.1	1.7	3.9	0.8	0.8	-	1.4
房屋竣工面积	万平方米	0.1	1.4	2.8	0.5	0.5	-	0.8
# 住宅面积	万平方米	0.1	0.4	0.7	0.5	0.5	-	-
自有机械设备年末总台数	台	1 168	767	321	2 044	1 304	740	200
自有机械设备年末总功率	万千瓦	6.0	1.5	20	3.5	2.4	1.1	0.2

11—4 建筑企业财务状况(主营)

(1995年) 单位:万元

指标	总计	经济类别				行业类别		
		国有经济	中央企业	地方企业	城镇集体经济	土木工程建筑业	线路管道设备安装业	建筑物装修装饰业
资本金合计	63 371	39 881	386	39 495	19 343	50 428	8 452	891
流动资产年末合计	184 975	126 642	2 054	124 588	53 879	167 538	15 686	1 751
存货	61 096	35 165	395	34 770	24 369	56 503	4 042	551
# 在建工程	36 369	15 696	321	15 375	19 623	35 176	987	206
固定资产年末合计	70 929	51 320	345	50 975	16 372	61 935	8 152	842
固定资产原值年末合计	93 000	69 017	404	68 613	19 781	80 450	11 591	959
# 生产经营用	59 718	42 164	398	41 767	14 357	51 251	8 140	327
累计折旧	22 653	17 956	59	17 897	3 732	19 074	3 459	120
# 本年提取折旧	5 034	4 016	17	3 999	797	4 408	551	65
资产年末总计	271 530	187 820	2 647	185 172	74 383	243 673	24 880	2 977
流动负债年末合计	180 631	124 042	1 878	122 164	51 528	165 491	13 841	1 299
长期负债年末合计	20 451	15 088	–	15 088	5 024	19 235	959	257
所有者权益年末合计	70 261	48 537	770	47 767	17 798	58 760	10 080	1 421
工程结算收入	185 596	131 671	3 997	127 674	49 210	157 392	26 843	1 361
工程结算成本	163 049	116 056	3 553	112 503	42 701	140 743	21 257	1 049
工程结算税金及附加	5 585	3 638	56	3 583	1 792	4 730	814	41
工程结算利润	16 963	11 977	389	11 588	4 717	11 920	4 771	272
其他业务利润	2 296	1 820	14	1 806	454	2 084	203	9
管理费用	15 628	11 601	146	11 456	3 388	12 190	3 098	340
# 税金	640	458	6	452	168	360	251	29
劳动、待业保险费	2 559	2 155	–	2 155	237	2 185	367	7
利润总额	358	–150	252	–402	973	–352	783	–73
应交所得税	683	336	64	272	343	486	193	4
转作奖金利润	41	15	–	15	25	40	1	–
应付利润	292	209	106	103	76	158	133	–
利税总额	7 266	4 282	378	3 904	3 276	5 224	2 041	1
本年应付工资	31 881	20 859	397	20 462	10 140	26 873	4 785	223
本年应付福利费	3 780	2 463	26	2 437	1 183	3 053	692	35

11—5 附营建筑业施工单位财务指标

(1995年) 单位:万元

	总计	经济类型		行业类别			
		国有经济	城镇集体经济	土木工程建筑业	房屋建筑业	矿山建筑业	铁路公路隧道桥梁建筑业
固定资产原值年末数	5 696	4 759	937	5 130	1 002	1 226	2 090
固定资产累计折旧	899	702	196	798	300	324	120
# 固定资产本年折旧	426	378	48	408	64	129	204
固定资产净值年末数	4 458	3 744	714	3 993	677	903	1 821
工程结算收入	9 097	6 605	2 492	8 462	3 792	2 368	1 795
工程结算成本	8 227	5 986	2 241	7 574	3 472	1 942	1 690
工程结算税金及附加	248	144	104	208	110	75	9
工程结算利润	543	487	56	600	119	351	108
本年应付福利费	189	85	104	188	109	70	5

11-5 续表 (1995年) 单位:万元

	堤坝电站建筑业	其他土木工程建筑业	线路管道设备安装业	线路管道安装业	设备安装业	建筑物装修装饰业
固定资产原值年末数	257	555	416	160	226	150
固定资产累计折旧	15	39	94	70	24	7
# 固定资产本年折旧	5	6	16	10	6	2
固定资产净值年末数	242	350	321	90	231	144
工程结算收入	97	410	423	52	371	212
工程结算成本	87	383	414	55	358	239
工程结算税金及附加	4	10	14	2	12	25
工程结算利润	7	15	-4	-5	1	-53
本年应付福利费	1	3	1	1	-	-

11—6 按施工产值/增加值排序的前20家建筑施工企业

(1995年)

企业名称	位次	施工产值（万元）	企业名称	位次	增加值（万元）
宁夏第一建筑公司	1	19 163.1	宁夏第一建筑公司	1	5 042.5
宁夏第二建筑工程公司	2	13 264.8	宁夏第二建筑工程公司	2	4 647.0
宁夏煤炭基本建设公司	3	12 058.1	宁夏煤炭基本建设公司	3	4 162.4
宁夏公路工程局	4	11 028.8	宁夏送变电工程公司	4	4 107.2
宁夏送变电工程公司	5	10 208.0	宁夏电力建筑安装工程公司	5	3 981.8
宁夏第五建筑工程公司	6	9 472.1	宁夏公路工程局	6	2 636.9
宁夏电力建筑安装工程公司	7	8 916.0	宁夏第五建筑工程公司	7	2 245.8
宁夏第三建筑工程公司	8	5 549.3	宁夏石油化工建设公司	8	1 674.0
银川市第三建筑工程公司	9	4 258.2	宁夏第三建筑工程公司	9	1 500.7
宁夏石油化工建设公司	10	3 988.4	石嘴山矿务局建筑安装工程公司	10	1 274.4
银川郊区第二建筑公司	11	3 600.0	银川郊区第二建筑公司	11	1 264.3
银川市第一建筑工程公司	12	3 548.2	银川市第一建筑工程公司	12	1 000.5
宁夏建设公司	13	3 182.4	宁夏水利水电工程局	13	877.3
宁夏水利水电工程局	14	3 051.7	银川市第三建筑工程公司	14	825.2
宁夏通信建设公司	15	3 000.0	银川市第一市政工程公司	15	763.6
区建六公司	16	2 443.3	宁夏中卫建筑安装工程总公司	16	689.2
银川铁路分局房屋建设公司	17	2 316.9	石嘴山矿务局建安公司建筑队	17	676.9
区建第四建筑公司	18	2 263.0	银川市第二市政工程公司	18	676.4
银川市第一市政工程公司	19	2 223.5	宁夏冶金建设公司	19	646.1
石嘴山矿务局建筑安装工程公司	20	2 109.3	宁夏建设公司	20	625.3

11—7 按固定资产原值、利税总额排序的前20家建筑施工企业

(1995年)

企业名称	位次	固定资产原值(万元)	企业名称	位次	利税总额(万元)
宁夏煤炭基本建设公司	1	9 769.0	宁夏第一建筑公司	1	1 524.3
宁夏第一建筑公司	2	6 979.4	宁夏电力建筑安装工程公司	2	659.6
宁夏公路工程局	3	5 479.1	宁夏送变电工程公司	3	536.6
宁夏第二建筑工程公司	4	4 896.2	宁夏第二建筑工程公司	4	461.3
宁夏电力建筑安装工程公司	5	4 328.3	宁夏公路工程局	5	371.6
宁夏第三建筑工程公司	6	3 738.7	银川郊区第二建筑公司	6	257.5
宁夏送变电工程公司	7	3 684.1	石嘴山区建筑公司	7	226.1
宁夏水利水电工程局	8	3 057.8	宁夏通信建设公司	8	221.8
宁夏石油化工建设公司	9	2 258.8	中卫铁路工程队	9	191.4
宁夏第五建筑工程公司	10	2 074.9	吴忠市供销社建筑工程公司	10	175.6
石炭井矿务局工程处	11	1 993.4	银川城区供电分局综合服务公司	11	157.6
银川市第三建筑工程公司	12	1 904.4	宁夏石油化工建设公司	12	149.6
银川市第一市政工程公司	13	1 888.6	房地产开发建筑安装公司	13	146.9
宁夏农垦建设实业总公司	14	1 859.7	宁夏三元工贸总公司建筑安装公司	14	141.4
银川国威建筑工程有限责任公司	15	1 746.1	区建第四建筑公司	15	132.7
石嘴山矿务局建筑安装工程公司	16	1 696.1	银川市第一市政工程公司	16	130.0
银川市第一建筑工程公司	17	1 408.6	宁夏中卫建筑安装工程总公司	17	124.3
宁夏新月建筑公司	18	1 209.0	中宁县宁安建筑公司	18	119.0
区建第四建筑公司	19	1 048.0	银川市第三建筑工程公司	19	115.9
宁夏建设公司	20	882.7	中卫县城乡建筑工程公司	20	115.2

十二、运输、邮电

主要统计指标解释

【货运量】 指一定时期（年、季、月）内，以重量单位（吨）计算的由各种运输工具实际完成运输过程的货物数量。货运量包括：铁路货运量、公路货运量、水运货运量、民航货运量和管道运输量。凡属国有、集体单位运输企业和由运输部门组织非运输部门和运输工具所完成的货运量，以及个体运输者完成的货运量，都应计入货运总量。

【货物周转量】 指一定时期（年、季、月）内，由各种运输工具实际完成运送过程的，以综合运量和运距的复合单位（吨公里）计算的货物总运输量。它是反映货物运输量的另一个指标。货物周转量中包括铁路、公路、水运、航空、管道等各种运输工具完成的货物周转量。计算公式为：

$$\text{货物周转量（吨公里）}=\sum\left[\text{货运量（吨）}\times\text{该批货物的运送距离（公里）}\right]$$

【客运量】 指分别按各类运输方式计算的实际运送的旅客人数。包括：铁路客运量、公路客运量、水运客运量、空运客运量。

【旅客周转量】 指由各种运输方式在一定时期（年、季、月）内实际运送的每位旅客乘车（船、民用飞机）里程的综合数，计算单位是"人公里"。计算公式为：

$$\text{旅客周转量}=\sum\left(\text{实际运送的每一位旅客}\times\text{该旅客出发与到达港站间距离}\right)$$

【平均运距】 是指在一定时期内实际运送的货物或旅客的平均距离。计算单位为"公里"。计算公式为：

$$\text{货物平均运距（公里）}=\frac{\text{货物周转量（吨公里）}}{\text{货运量（吨）}}$$

$$\text{旅客平均运距（公里）}=\frac{\text{旅客周转量（人公里）}}{\text{客运量（人）}}$$

【民用汽车】 由公安交通监理部门所掌管的领有本地区民用车辆牌照的普通载货汽车、专用载货汽车、载客汽车、其他专用汽车、特种汽车等。不包括拖拉机、摩托车、其他机动车等。

【营运汽车】 指领有公安交通监理部门核发的车辆牌照、并经当地工商行政管理机关核准，领取营业执照，参加营业性运输的载客和载货汽车，包括使用权属于公路运输企业的租入、借入、代管的营运汽车。计算单位为"辆"。

【铁路通车里程】 亦称通车长度，是指每条线路第一线可以运行列车的实际长度，即全部正线第一线的建筑长度。单线线路的通车长度为该线的实际建筑长度。复线及其以上线路的通车长度按第一线（下行线）的实际建筑长度计算。第二线及其以上线路、站线及段管线、岔线、特别用途线不计算通车长度。

【运输弹性系数】 是指运输增长速度与经济增长速度之比，用以研究不同历史时期运输业发展与国民经济发展之间的比例关系、变化特征及其规律。

$$\text{运输弹性系数}=\frac{\text{运输增长速度}}{\text{经济增长速度}}$$

【运输方式】 主要分为五大类，包括铁路运输、公路运输、水上运输、航空运输、管道运输等。

【运输结构】 是指在运输业中，各种运输方式的组合形式。主要包括三个方面的内容：1. 运输线路、运输工具等运输设备结构。2. 运输的技术结构。3. 旅客、货物运输的生产结构。

【邮电业务总量】 是以货币表示的邮电部门为社会提供通信服务的总量。邮电业务总量是以各类业务的实物量分别乘以相应的不变单价，求出各类业务的货币量相加求得（出租代维及其他业务收入直接相加）。其计算公式为：

$$\text{邮电业务总量}=\sum\left(\text{各类邮电业务量}\times\text{不变单价}\right)+\left(\text{出租代维及其他业务收入}\right)$$

【市话交换机总容量】 指市话交换机设备的全部容量，包括现用、备用、未使用、损坏停用四部分设备的容量。市内电话局内的查询台、查号台、障碍台、报时台、火警台等特种业务容量均不包括在内。

主要指标提要

	1990 年	1995 年	1995 年比 1990 年增长%
货物周转量（亿吨公里）	74.79	115.00	53.8
旅客周转量（亿人公里）	19.20	27.92	45.4
邮电业务总量（万元）	4357.7	22859.6	4.2 倍
市内电话（万户）	2.36	15.41	5.5 倍

全社会客货周转量

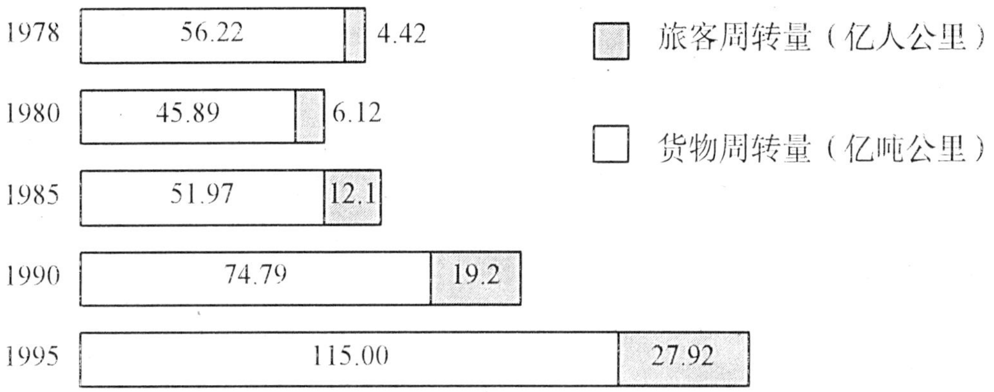

邮电业务总量（万元）

（1990 不变价）

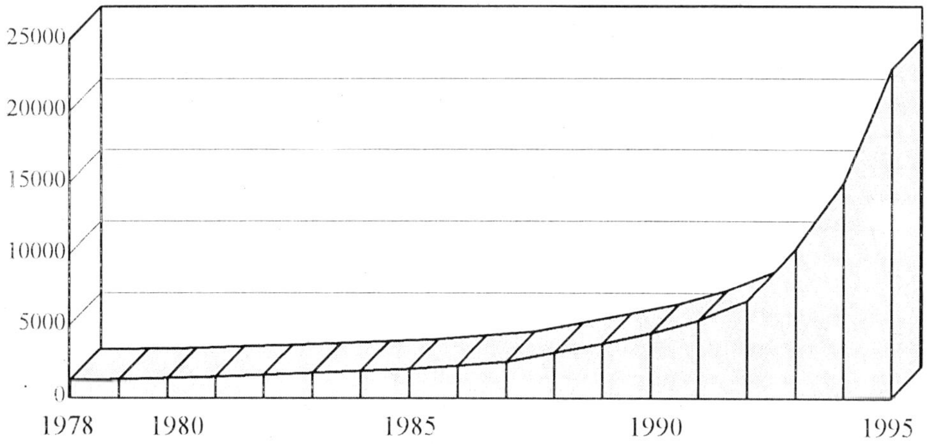

12—1 主要年份运输线路长度

单位:公里

年份	铁路通车里程	内河通航里程	公路通车里程	有路面里程	高级次高级	中级	低级	无路面里程
1978	421	395	5 227					
1980	421	395	6 848					
1985	421	395	7 016	4 077	1 723	78	2 276	2 939
1986	421	395	7 181	4 325	1 858	86	2 381	2 856
1987	421	395	7 704	5 003	1 994	71	2 938	2 701
1988	421	395	8 106	5 888	2 146	71	3 671	2 218
1989	421	395	8 106	5 895	2 216	71	3 608	2 211
1990	421	395	8 200	6 900	2 305	71	4 524	1 300
1991	421	395	8 200	7 744	2 574	–	5 170	456
1992	421	397	8 200	7 753	2 597	–	5 156	447
1993	446	397	8 301	7 854	2 690	–	5 164	447
1994	453	395	8 324	7 877	2 753	–	5 124	447
1995	708	395	8 554	8 110	2 910	–	5 200	444

12—2 运输线路长度

(1995年)

项目	单位	上年末线路长度	本年增加 合计	本年增加 #新建	本年减少	本年末线路长度
一、中央铁路	**公里**	**453**	**225**	**225**	–	**708**
营业里程	公里	453	225	225	–	708
二、地方铁路	**公里**	**253**	–	–	–	**253**
总延展里程	公里	253	–	–	–	253
三、民用航空线路里程	**公里**	**7 463**	**1 148**	**1 148**	–	**8 611**
#国内航线	公里	7 463	1 148	1 148	–	8 611
四、输油(气)管道	**公里**	**348**	–	–	–	**348**

12—3　民用车辆拥有量

(1995年)

指标名称	计量单位	总计	#独立核算运输企业	#交通部系统	#个体及联户
一、民用汽车	**辆**	**49 888**	**1 840**	**1 299**	**11 805**
1. 载客汽车	辆	16 419	820	710	4 226
载客量	客位	227 262	34 119	31 407	61 025
#大型	辆	2 409	685	605	225
载客量	客位	108 682	32 036	28 967	10 047
2. 普通载货汽车	辆	30 788	978	589	7 569
载重量	吨位	130 938	5 674	3 051	31 065
#大型	辆	21 073	898	549	5 808
载重量	吨位	113 881	5 420	2 916	28 305
3. 专用载货汽车	辆	799	42	–	8
载重量	吨位	4 810	318	–	32
4. 其它专用汽车	辆	1 009	–	–	2
5. 特种汽车	辆	873	–	–	–
二、轮胎式拖拉机	**辆**	**115 304**	**–**	**–**	**113 153**
#手扶拖拉机	辆	95 172	–	–	94 314
三、摩托车	**辆**	**35 767**	**33**	**–**	**28 392**
#两轮	辆	25 913	2	–	20 969
四、其他机动车	**辆**	**3 703**	**–**	**–**	**2 452**
五、载货挂车	**辆**	**7 265**	**569**	**452**	**2 378**

注：1995年末机动车驾驶员169701人，其中：汽车驾驶员74176人。
由于计算口径不同，部分车辆的吨（客位）及拖拉机、摩托车数据与公安部门有差异。

12—4 主要年份货运量

单位:万吨

年份	货运量总计	铁路	公路	#交通部门	输油管道	水运
1978	2 175	1 298	847	190	27	3
1980	2 302	1 374	719	155	104	1
1985	3 610	1 478	1 912	204	110	-
1986	3 928	1 442	2 377	213	108	1
1987	3 820	1 457	2 203	209	150	-
1988	3 702	1 450	2 078	162	174	-
1989	3 837	1 511	2 167	149	159	-
1990	3 851	1 512	2 178	125	153	8
1991	3 987	1 467	2 316	137	201	3
1992	4 321	1 502	2 695	157	124	-
1993	4 418	1 471	2 868	119	79	-
1994	4 489	1 502	2 880	107	107	-
1995	5 220	1 605	3 519	103	96	-

12—5 主要年份货物周转量

单位:万吨公里

年份	总计	#铁路	#公路	#输油管道	#水运
1978	562 221	534 901	27 302	-	18
1980	458 925	430 286	20 693	7 900	46
1985	619 679	519 235	79 644	20 800	-
1986	622 042	505 987	90 150	25 898	-
1987	642 698	517 104	99 881	25 713	-
1988	654 770	529 081	101 037	24 625	-
1989	737 856	598 251	115 410	24 195	-
1990	747 893	598 005	125 898	23 832	158
1991	699 568	549 786	127 663	21 686	433
1992	737 072	574 826	140 888	21 344	-
1993	780 544	620 387	151 852	8 289	-
1994	888 827	718 298	160 572	9 927	-
1995	1 150 029	938 271	201 549	10 163	-

12—6 主要年份客运量

单位：万人

年份	总计	铁路	公路	水运	民航
1978	466.1	144.4	321.4	–	0.3
1980	645.9	176.0	469.6	–	0.3
1985	1 349.0	217.0	1 131.6	–	0.4
1986	1 764.3	234.0	1 530.0	–	0.3
1987	2 298.7	246.6	2 050.4	–	1.7
1988	2 933.0	267.0	2 665.0	–	1.0
1989	2 966.0	237.0	2 727.0	–	2.0
1990	2 838.0	181.0	2 655.0	–	2.0
1991	3 402.0	184.0	3 215.0	–	3.0
1992	3 647.0	198.0	3 447.0	–	2.0
1993	3 694.0	209.0	3 481.0	–	4.0
1994	4 084.0	208.0	3 870.0	–	6.0
1995	4 565.0	195.0	4 357.0	–	13.0

12—7 主要年份旅客周转量

单位：万人公里

年份	总计	# 铁路	# 公路	# 水运
1978	44 223	23 208	21 015	–
1980	61 200	27 737	33 463	–
1985	121 000	45 392	75 608	–
1986	150 660	50 663	99 997	–
1987	178 401	55 049	123 352	–
1988	223 418	62 303	161 115	–
1989	223 973	57 126	166 847	–
1990	192 033	46 810	145 223	–
1991	217 382	49 463	167 919	–
1992	237 953	53 892	182 691	–
1993	240 722	55 532	182 136	–
1994	263 766	57 575	200 041	–
1995	279 190	55 559	215 721	

12—8 全社会客货运输量

(1995年)

项目	客运量（万人）	旅客周转量（万人公里）	货运量（万吨）	货物周转量（万吨公里）
总计	**4 565**	**279 190**	**5 220**	**1 150 029**
一、公路运输合计	**4 357**	**215 721**	**3 519**	**201 549**
独立核算运输企业	1 623	101 317	235	20 835
# 交通部系统	1 473	97 714	103	10 008
个体及联户	1 900	85 211	1 299	71 138
二、水上运输合计	**–**	**–**	**–**	**–**
独立核算运输企业	–	–	–	–
# 交通部系统	–	–	–	–
个体及联户	–	–	–	–
三、铁路运输合计	**195**	**55 559**	**1 605**	**938 271**
# 国有铁路	195	55 559	1 605	938 271
地方铁路	–	–	–	–
四、民航运输合计	**13**	**7 910**	**0.1**	**46**
# 直属	13	7 910	0.1	46
地方	–	–	–	–
五、管道运输合计	**–**	**–**	**96**	**10 163**

12—9 独立核算公路、水上运输企业财务状况

(1995年)　　单位:万元

指标	总计	按经济类型分			按专业类型分	
		国有经济	集体经济	其他经济类型	公路运输	水上运输
企业个数(个)	46	38	7	1	45	1
#亏损企业(个)	17	11	5	1	16	1
资本金合计	9 936.9	9 036.1	796.4	104.4	9 900.8	36.1
流动资产合计	9 117.5	8 549.0	491.1	77.4	9 104.6	12.9
#存货	1 653.4	1 592.2	50.6	10.6	1 650.1	3.3
固定资产合计	17 615.6	16 837.0	711.9	66.7	17 550.5	65.1
固定资产原价	27 689.3	26 598.4	1 001.2	89.7	27 604.8	84.5
#生产经营用	22 131.7	21 208.4	872.5	50.8	22 070.7	61.0
累计折旧	10 683.8	10 371.5	289.3	23.0	10 664.4	19.4
#本年折旧	1 767.8	1 700.6	54.3	12.9	1 757.8	10.0
无形及递延资产	313.2	248.1	65.1	-	308.6	4.6
资产合计	27 612.1	26 198.0	1 270.0	144.1	27 529.3	82.8
流动负债合计	8 172.0	7 816.9	315.4	39.7	8 153.8	18.2
长期负债合计	6 151.8	5 923.5	228.3	-	6 143.3	8.5
所有者权益合计	13 288.3	12 457.6	726.3	104.4	13 232.2	56.1
#股本	589.7	111.8	477.9	-	589.7	-
营运业务收入	13 334.9	12 960.9	304.7	69.3	13 313.4	21.5
营运业务成本	10 282.6	10 027.4	195.7	59.5	10 266.1	16.5
营运费用	1 430.9	1 368.8	62.1	-	1 430.9	-
营业税金及附加	360.8	349.8	8.8	2.2	359.8	1.0
营运业务利润	1 260.6	1 214.9	38.1	7.6	1 256.6	4.0
管理费用	2 451.6	2 356.8	80.5	14.3	2 447.1	4.5
#税金	116.8	106.8	0.8	9.2	116.8	-
劳动、待业保险金	569.9	530.0	39.9	-	569.9	-
利润总额	304.3	342.2	-29.9	-8.0	305.2	-0.9
应交所得税	73.0	73.0	-	-	73.0	-
转作奖金的利润	11.8	11.8	-	-	11.8	-
应付利润	11.6	11.6	-	-	11.6	-
#已分配股利	-	-	-	-	-	-
本年应付工资总额	3 567.8	3 440.6	96.6	30.6	3 566.4	1.4
本年应付福利费总额	360.5	349.1	8.6	2.8	360.3	0.2

12—10 独立核算交通、邮电企业财务状况

(1995年)　　单位:万元

指标名称	合计	铁路	民航	管道	邮电
企业个数(个)	35	1	1	1	32
# 亏损企业	27	1	1	1	24
资本金合计	81 551.0	43 202	1 235.3	8 921.7	28 192
流动资产合计	53 170.3	13 108	800.9	2 181.4	37 080
# 存货	6 775.1	2 774	-	260.1	3 741
固定资产合计	212 634.2	99 741	7 632.2	12 686.0	92 575
固定资产原价	287 598.7	143 915	2 465.7	35 298.0	105 920
# 生产经营用	252 615.3	122 941	2 002.5	31 841.8	95 830
累计折旧	93 532.5	44 174	349.4	22 612.1	26 397
# 本年折旧	22 373.3	8 835	116.5	2 156.8	11 265
无形及递延资产	834.5	17	26.5	777	14
资产合计	279 931.4	125 240	8 459.6	16 198.8	130 033
流动负债合计	52 042.2	15 380	3 557.5	2 248.7	30 856
长期负债合计	46 600.4	9 364	939.4	127.0	36 170
所有者权益合计	181 288.8	100 496	3 962.7	13 823.1	63 007
# 股本	-	-	-	-	-
营业收入	102 724.9	63 696	479.2	5 996.7	32 553
营业成本	88 723.2	59 444	540.0	7 968.2	20 771
营业费用	-	-	-	-	-
营业税金及附加	3 330.9	2 063	15.9	184.0	1 068
营业利润	-7 630.4	2 189	-298.2	-2 121.2	-7 400
管理费用	13 197.8	6 771	153.8	-	6 273
# 税金	155.9	19	7.9	-	129
劳动、待业保险金	3 812.8	2 566	38.8	-	1 208
利润总额	-17 591.9	-6 830	-382.2	-2 184.7	-8 195
应交所得税	-	-	-	-	-
转作奖金的利润	-	-	-	-	-
应付利润	-	-	-	-	-
# 已分配股利	-	-	-	-	-
本年应付工资总额	20 293.8	15 175	354.2	1 107.6	3 657
本年应付福利费总额	1 717.7	1 013	49.6	157.1	498

12—11 公路运输技术主要指标

指　　标	单　位	1990年	1992年	1993年	1994年	1995年
货车平均营运车数	辆	782	755	704	630	526
货车完好率	%	91.30	92.90	94.20	96.10	94.80
载货汽车实载率	%	69.00	73.60	80.70	70.80	79.60
货车平均总吨位	吨	3 693.00	3 545.00	3 356.20	3 167.00	2 625.00
货车单车年产量	万吨公里	13.02	15.43	14.41	17.06	18.82
货车车吨年产量	万吨公里	2.76	3.28	3.02	3.39	3.77
客运汽车完好率	%	91.90	93.10	94.00	93.30	93.50
客运汽车工作率	%	74.30	75.10	73.70	75.10	77.70
客运汽车实载率	%	75.90	77.20	54.60	54.50	56.00
汽车轮胎平均行驶里程	千公里	92.00	89.42	-	-	-
货车每百车公里消耗汽油	公升	40.00	39.00	42.00	38.20	30.50
客车每百车公里消耗汽油	公升	29.70	30.30	25.70	23.80	22.30
货车每百吨公里消耗汽油	公升	7.50	7.30	6.90	6.70	5.00
客车每百吨公里消耗汽油	公升	9.30	9.50	10.60	9.70	9.00
货车每百车公里消耗柴油	公升	29.90	29.40	24.80	24.90	27.70
客车每百车公里消耗柴油	公升	29.60	29.70	13.50	12.00	11.80
货车每百吨公里消耗柴油	公升	5.60	5.40	4.20	4.00	4.40
客车每百吨公里消耗柴油	公升	6.50	6.70	4.30	4.30	4.50

注:本表均为直属企业数。

12—12 主要年份邮电通讯网

（年底数）

年份	邮电局、所（处）	# 设在农村的	邮路及农村投递路线总长度（万公里）	长话电路（路）	电报电路（路）
1978	173	126	1.83	118	61
1980	175	124	1.83	153	69
1985	225	157	1.61	324	79
1986	236	164	1.61	328	88
1987	240	167	1.56	351	91
1988	245	171	1.59	379	91
1989	248	171	1.60	415	91
1990	246	175	1.63	473	93
1991	248	173	1.58	555	95
1992	251	177	1.59	895	95
1993	272	195	1.59	1 755	90
1994	286	195	1.76	2 355	90
1995	312	195	1.84	3 258	88

12—13 主要年份邮电业务总量

年份	邮电业务总量（万元）	函件（万件）	报刊期发数（万份）	电报（去报）（万张）	长途电话（去话）（万次）	年末市内电话到达户数（户）	年末农村电话到达户数（户）
1978	1 165.0	1 168.7	45.0	80.1	77.0	5 585	1 197
1980	1 279.4	1 474.5	68.4	80.4	88.1	6 874	1 220
1985	1 908.2	1 792.0	125.1	100.3	150.8	10 784	1 467
1986	2 149.6	2 000.8	116.7	101.3	167.3	12 264	1 571
1987	2 422.6	2 150.3	136.0	114.5	170.4	13 578	1 639
1988	3 055.1	2 217.1	112.5	135.9	240.0	15 337	1 631
1989	3 663.7	2 123.0	87.0	134.0	291.0	19 724	1 808
1990	4 357.7	2 054.3	85.4	125.5	353.5	23 571	1 826
1991	5 278.5	2 028.1	85.0	128.4	448.7	27 034	2 023
1992	6 668.9	1 955.6	113.0	133.7	670.6	33 089	2 367
1993	10 262.0	2 283.5	89.4	114.4	1 275.4	53 593	3 052
1994	14 817.1	2 225.9	82.4	82.6	1 894.0	95 232	5 551
1995	22 859.6	2 270.9	70.3	60.8	2 708.3	154 082	10 915

注:本表邮电业务总量按1990年不变价计算。

12—14 邮电通信工具拥有量

项　　目	单　位	1985年	1990年	1991年	1992年	1993年	1994年	1995年
载波电报机	部	41	27	27	27	22	-	-
电传打字机	部	143	239	252	240	159	-	-
传　真　机	部	10	8	4	5	7	-	-
电话交换机容量	门	15 140	36 320	41 878	50 484	83 418	166 044	326 104
# 农村电话	门	5 650	5 520	5 712	6 122	8 696	13 190	23 474
电　话　机	部	27 374	51 059	58 935	70 352	97 770	149 487	216 457
# 农村电话	部	2 099	3 862	3 952	4 780	6 607	8 292	14 935

12—15 邮电通信企业主要财务指标

单位:万元

指　　标	1985年	1990年	1991年	1992年	1993年	1994年	1995年
全部邮电企业	**-**	**29**	**29**	**29**	**30**	**32**	**32**
业务收入	1 132	3 805	5 432	6 975	10 285	15 069	20 925
业务支出	1 243	4 083	5 075	6 925	8 794	15 292	20 672
营业外损益净额	104.5	-254.8	-320.9	-458.0	-546.0	-55.0	35.0
税　　金	36.0	114.8	166.9	213.0	328.0	492.0	1 126.8
教育附加费	-	1.1	1.6	4.0	-	48.0	-
收支差额	-43.0	-609.8	-93.3	-447.0	915.0	-6 380.0	-8 195.0

注:营业外损益净额，94、95年为地方国营企业数。教育费附加为中央国营企业数。

十三、批发零售贸易和餐饮业

主要统计指标解释

【批发零售贸易业、餐饮业机构】 指各种经济类型独立核算法人批发零售贸易企业、餐饮业企业的单位个数。机构应同时具备以下条件：(1) 依法成立，有自己的名称、组织机构和场所，能够独立承担民事责任；(2) 独立拥有和使用资产，承担负债，有权与其他单位签订合同；(3) 独立核算盈亏，并能够编制资产负债表。

【批发零售贸易业、餐饮业网点】 指各种经济类型独立核算法人批发零售贸易企业、餐饮业设立的从事商品批发贸易，零售贸易业务的自然单位数和从事餐饮活动的自然单位数，以及各行业附设的从事商品批发贸易、零售贸易业务的自然单位数和从事餐饮活动的自然单位数。网点应具备独立固定的营业场所，配备一定的业务人员，不论机构大小、不论是否单独核算，均按自然点计算，即有一个点就算一个网点。

【批发零售贸易业商品购进总额】 指从本企业以外的单位和个人购进（包括从国外直接进口）作为转卖或加工后转卖的商品，由从生产者购进额，从批发零售贸易业购进额，进口额和其他项目组成，反映批发零售贸易企业从国内、国外市场上购进商品的总量。

【批发零售贸易业商品销售总额】 指对本企业以外的单位和个人出售（包括对国外直接出口）的商品，由对生产经营单位批发额，对批发零售贸易业批发额、出口额和对居民和社会集团的零售额项目组成，反映批发零售贸易企业在国内市场上销售商品以及出口商品的总量。

商品销售总额包括：

(1) 售给城乡居民和社会集团消费用的商品；

(2) 售给工业、农业、建筑业、运输邮电业、批发零售贸易业、餐饮业、服务业、公用事业等作为生产、经营使用的商品；

(3) 售给批发零售贸易业作为转卖或加工后转卖的商品；

(4) 对国（境）外直接出口的商品。

【对农民的农业生产资料销售】 指售给农民作为农业生产用的生产资料。包括：

(1) 售给农村集体、农业生产组织和农民农业生产用的各种农业机械、中小农具、农药械、肥料、农药、种子、饲料、种畜、种禽用的药品和医疗器材、塑料薄膜等农业生产资料以及农业生产用的燃料、元钉、铁丝、工具、建筑材料、运输工具和电料、器材等；

(2) 售给农村兽医站的各种药品和医疗器材；

(3) 由国家财政购买无偿供应农民的各种农业生产资料。

【期末库存】 指批发零售贸易企业已取得所有权的全部商品。这个指标反映批发零售贸易企业的商品库存情况，对市场商品供应的保证程度，期末库存包括：

(1) 存放在本单位（如门市部、批发站、采购站、经营处）的仓库、货场、货柜和货架中的商品；

(2) 挑选、整理、包装中的商品；

(3) 已记入购进而尚未运到本单位的商品，即发货单位或银行承兑凭证已到而货未到的商品；

(4) 寄放他处的商品，如因购货方拒绝付款而暂时存放在购货方的商品；

(5) 委托其他单位代销（未作销售或调出）尚未售出的商品；

(6) 代其他单位购进尚未交付的商品。

【社会消费品零售总额】 指各种经济类型的批发零售贸易业、餐饮业、制造业和其他行业对城乡居民和社会集团的消费品零售额和农民对非农业居民零售额的总和。

主要指标提要

	1990年	1995年	1995比1990年增长%
社会消费品零售总额(亿元)	25.30	57.19	1.26倍
社会商业零售网点(个)	28662	35430	23.6
批发零售贸易业商品购进总额(亿元)	23.21	84.46	2.64倍

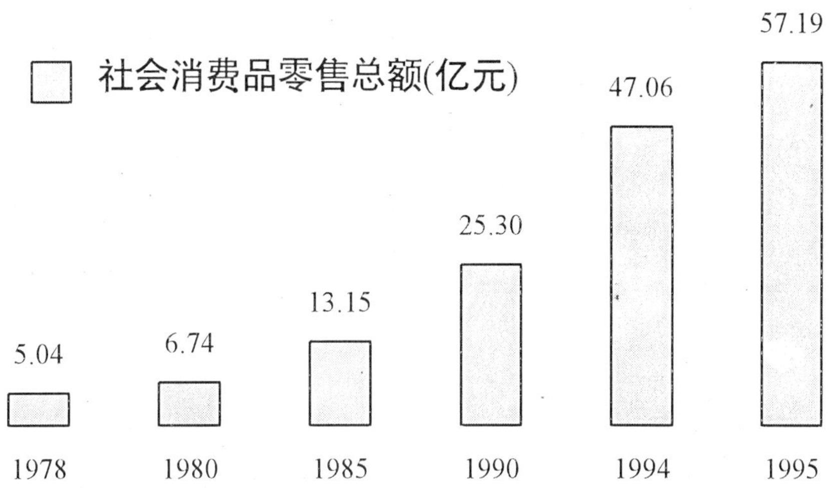

消费品零售额构成(%)

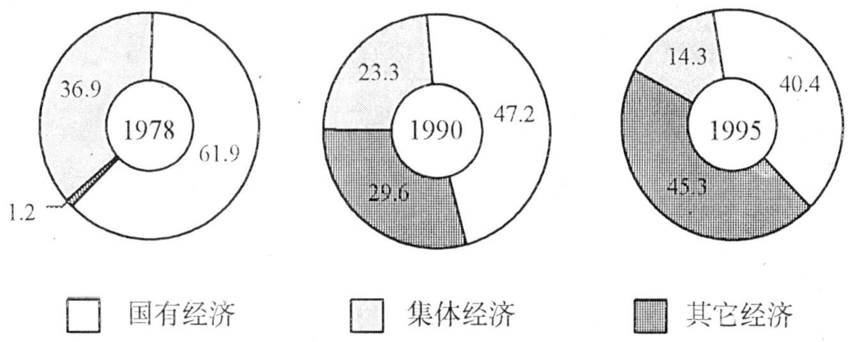

13—1 批发贸易业机构、网点、人员数

(1995年)

项目	合计			市		
	机构（个）	网点（个）	人员（人）	机构（个）	网点（个）	人员（人）
总计	**781**	**4 812**	**31 676**	**386**	**2 435**	**19 184**
一、按经济类型分						
国有经济	422	1 342	19 565	203	592	12 379
集体经济	241	1 006	7 353	104	220	3 613
私营经济	110	115	955	71	74	612
个体经济	–	2 336	3 593	–	1 536	2 370
其他经济	8	13	210	8	13	210
二、按国民经济行业分						
食品、饮料、烟草和家庭日用品批发业	368	3 410	18 067	150	1 931	10 581
食品、饮料、烟草批发业	200	1 406	8 017	62	623	3 749
棉、麻、土畜产品批发业	34	84	1 157	7	18	766
纺织品、服装和鞋帽批发业	16	887	2 448	14	745	2 166
日用百货批发业	38	762	3 149	20	419	1 670
日用杂品批发业	12	43	368	6	16	189
五金、交电、化工批发业	43	121	1 337	31	64	922
药品及医疗器械批发业	25	107	1 591	10	46	1 119
能源、材料和机械电子设备批发业	272	606	9 158	203	401	7 243
能源批发业	44	147	2 858	30	63	1 955
化工材料批发业	14	25	860	14	25	860
木材批发业	21	42	579	12	27	379
建筑材料批发业	45	74	891	33	52	670
矿产品批发业	1	1	8	1	1	8
金属材料批发业	63	120	1 878	48	83	1 599
机械、电子设备批发业	54	105	1 186	49	95	1 118
汽车、摩托车及零配件批发业	9	32	313	6	17	234
再生物资回收批发业	21	60	585	10	38	420
其他批发业	141	796	4 451	33	103	1 360
工艺美术品批发业	1	1	23	1	1	23
图书报刊批发业	1	1	66	1	1	66
农业生产资料批发业	128	735	4 094	21	61	1 031
其他类未包括的批发业	11	59	268	10	40	240
三、按企业规模分						
大型企业	1	1	247	1	1	247
中型企业	51	231	5 663	38	166	4 783
小型企业	729	4 539	25 436	347	2 242	13 924
附营单位	–	41	330	–	26	230

13-1 续表 (1995年)

项目	县			县以下		
	机构（个）	网点（个）	人员（人）	机构（个）	网点（个）	人员（人）
总计	**237**	**1 565**	**8 697**	**158**	**812**	**3 795**
一、按经济类型分						
国有经济	146	588	5 333	73	162	1 853
集体经济	73	428	2 409	64	358	1 331
私营经济	18	19	156	21	22	187
个体经济	-	530	799	-	270	424
其他经济	-	-	-	-	-	-
二、按国民经济行业分						
食品、饮料、烟草和家庭日用品批发业	114	980	4 962	104	499	2 524
食品、饮料、烟草批发业	59	534	2 447	79	249	1 821
棉、麻、土畜产品批发业	11	20	212	16	46	179
纺织品、服装和鞋帽批发业	2	86	189	-	56	93
日用百货批发业	15	214	1 201	3	129	278
日用杂品批发业	3	12	55	3	15	124
五金、交电、化工批发业	10	55	398	2	2	17
药品及医疗器械批发业	14	59	460	1	2	12
能源、材料和机械电子设备批发业	62	188	1 634	7	17	281
能源批发业	10	70	646	4	14	257
化工材料批发业	-	-	-	-	-	-
木材批发业	8	14	192	1	1	8
建筑材料批发业	10	20	205	2	2	16
矿产品批发业	-	-	-	-	-	-
金属材料批发业	15	37	279	-	-	-
机械、电子设备批发业	5	10	68	-	-	-
汽车、摩托车及零配件批发业	3	15	79	-	-	-
再生物资回收批发业	11	22	165	-	-	-
其他批发业	61	397	2 101	47	296	990
工艺美术品批发业	-	-	-	-	-	-
图书报刊批发业	-	-	-	-	-	-
农业生产资料批发业	60	390	2 091	47	284	972
其他类未包括的批发业	1	7	10	-	12	18
三、按企业规模分						
大型企业	-	-	-	-	-	-
中型企业	11	55	593	2	10	287
小型企业	226	1 502	8 071	156	795	3 441
附营单位	-	8	33	-	7	67

13—2 零售贸易业机构、网点、人员数

(1995年)

项目	合计			市			县			县以下		
	机构(个)	网点(个)	人员(人)	机构(个)	网点(个)	人员(人)	机构(个)	网点(个)	人员(人)	机构(个)	网点(个)	人员(人)
总计	**838**	**35 430**	**74 536**	**337**	**14 542**	**39 364**	**232**	**7 645**	**14 454**	**269**	**13 243**	**20 718**
一、按经济类型分												
国有经济	359	1 147	17 280	123	414	11 484	114	471	3 798	122	262	1 998
集体经济	369	1 449	9 106	134	354	4 545	96	272	1 699	139	823	2 862
私营经济	107	449	3 554	77	412	3 300	22	28	189	8	9	65
个体经济	–	32 381	44 476	–	13 358	19 915	–	6 874	8 768	–	12 149	15 793
其他经济	3	4	120	3	4	120	–	–	–	–	–	–
二、按国民经济行业分												
食品、饮料和烟草零售业	234	12 821	24 763	68	6 475	14 124	54	2 236	3 653	112	4 110	6 986
日用百货零售业	229	9 874	21 246	66	1 678	7 562	56	2 558	4 991	107	5 638	8 693
纺织品、服装和鞋帽零售业	48	7 313	13 653	23	3 851	8 650	15	1 610	2 545	10	1 852	2 458
日用杂品零售业	43	335	1 368	14	123	766	8	36	166	21	176	436
五金、交电、化工零售业	112	1 752	5 413	81	1 106	4 029	27	327	883	4	319	501
药品及医疗器械零售业	20	61	671	9	25	388	8	28	242	3	8	41
图书报刊零售业	29	195	921	10	82	589	19	113	332	–	–	–
其他零售业	123	3 079	6 501	66	1 202	3 256	45	737	1 642	12	1 140	1 603
三、按企业规模分												
大型企业	–	–	–	–	–	–	–	–	–	–	–	–
中型企业	70	315	11 281	56	241	10 240	12	58	833	2	16	208
小型企业	768	34 805	62 057	281	14 212	28 609	220	7 432	13 215	267	13 161	20 233
附营单位	–	310	1 198	–	89	515	–	155	406	–	66	277

13—3 餐饮业机构、网点、人员数

(1995年)

项目	合计			市			县			县以下		
	机构（个）	网点（个）	人员（人）	机构（个）	网点（个）	人员（人）	机构（个）	网点（个）	人员（人）	机构（个）	网点（个）	人员（人）
总计	**114**	**9 624**	**22 244**	**74**	**4 983**	**13 159**	**36**	**1 521**	**3 643**	**4**	**3 120**	**5 442**
一、按经济类型分												
国有经济	30	103	2 403	16	39	1 690	14	59	696	–	5	17
集体经济	41	93	1 174	28	59	950	10	27	156	3	7	68
私营经济	37	39	611	24	24	360	12	13	239	1	2	12
个体经济	–	9 383	17 811	–	4 855	9 914	–	1 422	2 552	–	3 106	5 345
其他经济	6	6	245	6	6	245	–	–	–	–	–	–
二、按国民经济行业分												
餐饮业	114	9 624	22 244	74	4 983	13 159	36	1 521	3 643	4	3 120	5 442
正餐	108	8 631	20 191	69	4 934	12 851	35	1 312	3 204	4	2 385	4 136
快餐	3	306	707	3	44	271	–	52	66	–	210	370
其他餐饮业	3	687	1 346	2	5	37	1	157	373	–	525	936
三、按企业规模分												
大型企业	–	–	–	–	–	–	–	–	–	–	–	–
中型企业	1	1	145	1	1	145	–	–	–	–	–	–
小型企业	113	9 527	20 585	73	4 935	11 932	36	1 482	3 246	4	3 110	5 407
附营单位	–	96	1 514	–	47	1 082	–	39	397	–	10	35

13—4 批发零售贸易业商品购进总额

（1995年）　　单位：万元

项　　目	商品购进总额	从生产者购进	#农副产品购进	从批发零售贸易业购进	进口	其他
总　　额	**844 585**	**448 838**	**81 079**	**357 463**	**30 368**	**7 917**
一、按经济类型分						
国有经济	641 596	359 219	73 759	248 098	29 654	4 625
集体经济	184 768	78 401	6 075	103 275	–	3 091
其他经济	18 221	11 218	1 246	6 089	714	200
二、按国民经济行业分						
食品、饮料、烟草和家庭用品批发业	312 666	165 861	57 392	135 751	9 789	1 265
食品、饮料、烟草批发业	164 306	69 974	44 164	89 611	3 591	1 130
棉、麻、土畜产品批发业	24 759	10 512	6 142	14 125	–	121
纺织品、服装和鞋帽批发业	51 483	43 191	5 470	2 094	6 198	–
日用百货批发业	24 348	18 151	50	6 198	–	–
日用杂品批发业	3 229	1 784	332	1 445	–	…
五金、交电、化工批发业	20 955	13 224	–	7 732	–	–
药品及医疗器械批发业	23 585	9 025	1 234	14 546	–	13
能源、材料和机械电子设备批发业	208 487	131 560	832	52 841	20 579	3 507
能源批发业	51 130	30 835	–	20 295	–	–
化工材料批发业	25 007	22 225	20	1 372	1 410	1
木材批发业	2 675	1 442	18	1 233	–	–
建筑材料批发业	11 613	6 705	–	3 342	–	1 566
矿产品批发业	360	360	–	–	–	–
金属材料批发业	54 524	29 183	718	14 445	10 704	192
机械、电子设备批发业	49 403	32 741	5	8 080	8 466	116
汽车、摩托车及零配件批发业	9 070	5 675	–	3 395	–	–
再生物资回收批发业	4 706	2 395	71	678	–	1 633
其他批发业	124 103	63 054	6 328	60 425	–	624
工艺美术品批发业	42	42	–	–	–	–
图书报刊批发业	4 694	–	–	4 694	–	–
农业生产资料批发业	117 295	61 599	5 534	55 527	–	169
其他未包括的批发业	2 072	1 413	794	205	–	455
零售业	199 330	88 364	16 527	108 446	–	2 520
食品、饮料和烟草零售业	48 264	22 693	14 185	24 535	–	1 036
日用百货零售业	55 533	19 136	1 534	35 521	–	877
纺织品、服装和鞋帽零售业	28 907	14 188	86	14 509	–	210
日用杂品零售业	3 827	1 292	45	2 483	–	53
五金、交电、化工零售业	20 900	9 016	1	11 540	–	344
药品及医疗器械零售业	8 892	3 878	539	5 014	–	–
图书报刊零售业	8 375	2 759	–	5 616	–	–
其他零售业	24 632	15 403	138	9 229	–	…
三、按企业规模分						
大型企业	40 321	25 804	–	14 517	–	–
中型企业	389 086	187 833	8 733	192 508	7 010	1 735
小型企业、附营单位	415 178	235 201	72 347	150 438	23 358	6 181

13—5　批发零售贸易业商品销售、库存总额

（1995年）　　　　单位：万元

项　　目	商品销售总额	批发合计	# 对生产单位批发	# 对农民农业生产资料销售	# 出口额	对居民和社会集团消费品零售额	期末库存
总　　额	**907 167**	**656 996**	**214 478**	**67 711**	**147 791**	**250 170**	**289 965**
一、按经济类型分							
国有经济	683 808	492 620	126 898	23 643	147 791	191 188	233 964
集体经济	204 056	153 608	80 923	43 639	–	50 449	49 638
其他经济	19 303	10 769	6 657	430	–	8 534	6 363
二、按国民经济行业分							
食品、饮料、烟草和家庭用品批发业	311 608	266 505	25 466	3 376	72 426	45 103	135 068
食品、饮料、烟草批发业	129 349	110 935	6 871	1 495	–	18 414	95 548
棉、麻、土畜产品批发业	30 256	28 914	9 416	572	10 708	1 342	4 183
纺织品、服装和鞋帽批发业	63 256	61 128	2 326	13	49 182	2 128	8 970
日用百货批发业	29 758	25 126	1 415	615	–	4 631	11 329
日用杂品批发业	3 668	3 263	1 299	638	–	405	979
五金、交电、化工批发业	25 503	18 427	4 017	–	–	7 076	6 288
药品及医疗器械批发业	29 818	18 711	123	44	12 536	11 107	7 771
能源、材料和机械电子设备批发业	241 363	228 304	110 403	5 478	75 365	13 059	37 879
能源批发业	71 042	65 631	29 383	4 031	25 145	5 411	10 352
化工材料批发业	30 428	30 428	7 361	1 121	19 174	–	2 877
木材批发业	4 105	3 577	2 218	–	–	529	1 434
建筑材料批发业	12 051	11 402	9 547	–	–	649	2 355
矿产品批发业	470	300	–	–	–	170	18
金属材料批发业	61 340	59 988	30 448	226	20 404	1 352	10 338
机械、电子设备批发业	46 573	44 944	23 382	2	10 642	1 629	8 126
汽车、摩托车及零配件批发业	9 902	6 804	3 730	–	–	3 098	1 421
再生物资回收批发业	5 453	5 231	4 334	97	–	222	959
其他批发业	130 665	123 897	65 477	54 162	–	6 768	28 842
工艺美术品批发业	40	33	–	–	–	7	22
图书报刊批发业	4 663	4 663	–	–	–	–	249
农业生产资料批发业	123 427	116 885	63 286	53 770	–	6 542	28 042
其他未包括的批发业	2 534	2 316	2 191	392	–	219	530
零售业	223 531	38 290	13 132	4 695	–	185 241	88 176
食品、饮料和烟草零售业	51 140	8 247	1 158	56	–	42 893	31 952
日用百货零售业	65 784	10 508	3 759	3 232	–	55 277	25 615
纺织品、服装和鞋帽零售业	31 062	2 367	196	143	–	28 694	9 477
日用杂品零售业	4 106	804	612	427	–	3 301	1 804
五金、交电、化工零售业	23 350	5 004	1 286	11	–	18 347	5 875
药品及医疗器械零售业	11 399	2 443	121	19	–	8 965	3 621
图书报刊零售业	8 302	290	…	–	–	8 012	2 755
其他零售业	28 389	8 637	5 999	807	–	19 752	7 077
三、按企业规模分							
大型企业	40 677	39 743	4 406	–	–	934	11 225
中型企业	437 927	301 273	97 316	23 908	49 221	136 654	95 119
小型企业、附营单位	428 563	315 981	112 756	43 803	98 570	112 583	183 622

13—6 批发零售贸易企业商品销售、库存类值

（1995年） 单位：万元

项目	大中型企业			小型企业、附营单位		
	批发额合计	零售额合计	年末库存额	批发额合计	零售额合计	年末库存额
类值合计	**341 015.4**	**137 587.8**	**106 343.1**	**315 980.7**	**112 582.6**	**183 621.7**
食品、饮料、烟酒类	60 565.4	33 064.2	28 247.1	62 231.4	36 480.7	96 637.5
纺织品类	25 084.1	11 395.6	5 828.4	23 341.1	5 184.5	7 927.5
服装、鞋帽类	4 908.6	17 577.5	5 699.8	5 907.2	4 564.3	4 582.7
日用品类	14 105.4	20 377.9	9 432.5	7 278.7	8 948.8	7 204.8
家用电器类	15 477.0	13 923.3	7 301.2	5 779.0	7 860.5	6 297.5
文化体育用品类	4 720.9	4 618.6	2 209.3	2 142.4	1 891.8	2 068.2
化妆品类	972.4	3 410.9	1 500.2	1 235.4	2 049.1	1 692.6
首饰类	500.9	5 151.8	3 091.7	26.3	1 070.2	738.8
中西药品类	4 695.2	9 785.2	2 906.9	16 385.8	8 587.6	8 100.4
书报、杂志类	4 684.0	1 595.5	710.1	382.8	5 398.1	2 452.6
石油及制品类	30 795.0	3 704.1	2 321.1	7 878.3	6 359.5	1 427.3
煤炭及制品类	28 058.8	108.0	6 383.1	5 277.3	511.2	510.3
化工材料及制品类	38 320.8	356.2	2 913.5	39 270.0	1 495.1	6 527.5
木材类	207.7	-	86.5	3 261.4	1 768.8	2 719.8
建筑材料类	1 714.4	460.1	687.9	7 079.0	2 489.6	2 740.4
黑色金属材料类	15 000.2	-	4 218.4	40 589.3	1 561.2	6 103.9
有色金属材料类	428.7	-	39.5	7 445.1	288.6	1 120.6
机电设备类	36 506.7	4 912.7	5 455.4	32 977.2	7 149.8	10 721.7
其他类	54 269.2	7 146.2	17 230.5	47 493.0	8 923.2	14 047.6
# 生活消费品	299.1	674.4	392.3	1 652.4	2 510.3	2 609.8

13—7 社会消费品零售总额

单位:万元

项目	1978年	1980年	1985年	1990年	1994年	1995年
社会消费品零售总额	**50 421**	**67 442**	**131 489**	**253 039**	**470 578**	**571 929**
(一)按销售地区分						
市的零售额	27 515	35 073	73 374	151 760	287 171	356 219
县的零售额	11 219	13 418	33 582	67 380	118 329	136 264
县以下的零售额	11 687	18 951	24 533	33 899	65 078	79 446
(二)按经济类型分						
国有经济	31 216	44 186	64 278	119 322	201 113	231 234
集体经济	18 584	21 346	42 256	59 073	70 270	81 812
私营经济	-	-	-	-	7 320	11 873
个体经济	-	171	14 804	43 645	103 871	139 852
联营经济	-	-	145	-	19	-
其他经济	621	1 739	10 006	30 999	87 985	107 158
(三)按行业分						
批发、零售贸易业	43 892	57 570	104 624	186 189	310 044	372 517
餐饮业	1 521	2 131	4 763	12 136	30 374	39 722
制造业	3 126	4 316	8 415	16 302	28 826	32 640
其他	1 261	1 686	3 681	7 413	15 004	21 426
农民对非农业居民零售额	621	1 739	10 006	30 999	86 330	105 624

13—8　大中型批发、零售贸易企业财务状况

(1995年,按经济类型分)　　　　单位:万元

指　　标	批发零售贸易业总计	#国有经济	#集体经济
资本金	49 930	44 539	5 280
流动资产	194 553	143 022	51 326
#存　货	84 190	61 283	22 811
固定资产	79 985	70 882	8 108
固定资产原值	92 161	80 441	10 652
固定资产累计折旧额	20 239	16 812	3 353
#本年提取折旧额	4 919	4 344	506
流动负债	199 158	147 777	50 455
长期负债	23 535	20 680	2 662
所有者权益	69 344	61 758	7 477
商品销售收入(营业收入)	467 706	367 274	99 892
商品销售成本(营业成本)	401 963	311 266	90 248
商品销售税金及附加费	1 457	1 365	87
商品销售利润	28 824	24 361	4 402
主营业务利润	28 917	24 452	4 402
其他业务利润	1 166	964	84
管理费用	16 878	14 211	2 547
#税　金	785	670	115
财务费用	12 266	8 525	3 670
营业利润	1 499	2 324	-814
利润总额	4 059	3 894	167
应交所得税	2 537	2 422	115
转作奖金的利润	33	33	-
应付利润	281	181	100

13—9 大中型批发、零售贸易企业财务状况

（1995年，按国民经济行业分） 单位：万元

项 目	食品饮料烟草和家庭用品批发业	#食品饮料烟草批发业	#棉麻土畜产品批发业	#纺织品服装和鞋帽批发业	#日用百货批发业	#日用杂品批发业	#五金交电化工批发业	能源材料和机械电子设备批发业
资本金	16 334	8 818	855	1 176	1 415	–	3 701	11 636
流动资产	64 532	22 956	5 643	17 469	6 633	–	9 861	52 592
#存 货	31 671	15 406	3 315	2 209	4 206	–	5 388	15 240
固定资产	19 986	6 676	962	1 820	4 467	–	5 554	12 256
固定资产原值	24 694	9 353	1 245	2 196	4 728	–	6 556	16 706
固定资产累计折旧额	6 096	2 735	452	534	853	–	1 410	4 777
#本年提取折旧额	1 539	1 120	64	24	170	–	150	1 061
流动负债	63 252	17 971	5 732	18 883	6 295	–	12 469	57 182
长期负债	6 838	2 614	–	118	3 558	–	563	435
所有者权益	23 760	16 624	882	1 647	1 449	–	2 568	11 200
商品销售收入（营业收入）	165 614	86 349	14 441	30 351	14 080	–	16 040	99 794
商品销售成本（营业成本）	145 352	76 738	11 186	27 890	11 694	–	14 148	79 440
商品销售税金及附加费	280	129	10	75	17	–	39	632
商品销售利润	13 051	7 578	923	1 460	1 690	–	951	3 958
主营业务利润	13 134	7 579	923	1 542	1 690	–	951	3 966
其他业务利润	139	78	–7	1	48	–	25	184
管理费用	4 661	1 654	270	529	977	–	952	4 225
#税 金	278	53	11	14	165	–	35	239
财务费用	4 824	1 157	664	1 367	636	–	921	1 965
营业利润	4 193	5 193	–17	–346	125	–	–847	–2 273
利润总额	4 787	5 634	1	48	61	–	–1 051	–2 115
应交所得税	1 881	1 808	–	–1	20	–	14	181
转作奖金的利润	–	–	–	–	–	–	–	5
应付利润	–	–	–	–	–	–	–	263

13-9 续表 (1995年,按国民经济行业分) 单位:万元

项目	其他批发业	零售业	#食品饮料和烟草零售业	#日用百货零售业	#纺织品服装鞋帽零售业	#日用杂品零售业	#五金交电化工零售业	#其他零售业
资本金	2 796	19 165	4 789	6 365	2 968	–	2 267	1 296
流动资产	40 293	37 135	6 641	8 045	5 334	–	4 778	5 711
#存货	16 369	20 910	4 436	5 070	3 677	–	2 722	3 059
固定资产	4 434	43 309	9 089	11 900	14 985	–	2 698	1 975
固定资产原值	5 934	44 827	9 957	13 781	12 831	–	3 521	1 901
固定资产累计折旧额	2 129	7 237	1 416	2 896	987	–	839	448
#本年提取折旧额	266	2 053	286	786	588	–	161	50
流动负债	38 490	40 233	7 274	8 301	9 729	–	5 508	4 857
长期负债	1 982	14 280	1 254	3 415	8 885	–	220	449
所有者权益	4 851	29 533	7 540	9 374	2 542	–	2 595	2 645
商品销售收入(营业收入)	73 933	128 365	29 226	36 604	24 866	–	11 773	12 919
商品销售成本(营业成本)	68 443	108 729	26 778	30 810	19 273	–	10 008	11 038
商品销售税金及附加费	10	536	95	171	118	–	27	65
商品销售利润	2 438	9 379	926	2 824	2 467	–	1 030	742
主营业务利润	2 438	9 379	927	2 824	2 467	–	1 031	742
其他业务利润	-13	856	257	418	159	–	17	3
管理费用	1 565	6 427	1 018	1 833	1 693	–	621	579
#税金	29	239	32	97	86	–	8	3
财务费用	2 636	2 841	347	775	983	–	280	181
营业利润	-830	409	-335	505	-50	–	112	-9
利润总额	224	1 163	118	442	69	–	167	39
应交所得税	60	415	-3	220	20	–	56	7
转作奖金的利润	–	28	1	3	–	–	1	–
应付利润	3	15	7	8	–	–	–	–

十四、对外经济贸易和旅游业

主要统计指标解释

【进出口总额】 指实际进出我国国境的货物总金额。包括来料加工装配进出口货物，补偿贸易进出口、代售国外商品的进口，在国外寄售商品和样品、展览品、转口的进出口商品、进口订货统计、进口交货统计、我国规定出口货物按离岸价格统计，进口货物按到岸价格统计。

【出口】 海关按经营单位统计的本地区出口总值，扣除来料加工装配贸易，境外驻本地区外交机构的出口总值、本地区出口商品退货总值和本地区代理外地区出口、加上外地区代理本地区出口后的总额。

【进口】 海关按经营单位统计的本地区进口总值，扣除来料加工装配贸易、境外驻本地区外交机构的进口总值、本地区进口商品退货总值和本地区代理外地区进口、加上外地区代理本地区进口后的总值。

【利用外资】 指我国各级政府、部门、企业和其他经济组织通过对外借款、吸收外商直接投资及用其他方式筹措的境外现汇、设备、技术等。

【对外借款】 是我国利用外资的主要部分。包括我国通过外国政府贷款，国际金融组织贷款，外国银行商业贷款，出口信贷以及对外发行债券，股票等方式，从境外筹措的资金。

【外商直接投资】 指外国企业和经济组织或个人，按我国有关政策、法规，用现汇、实物、技术等在我国境内开办外商独资企业，与我国境内的企业或经济组织共同举办中外合资经营企业、合作经营企业或合作开发资源的投资以及政府有关部门批准的项目投资总额内，企业从境外借入的资金。

【外商其他投资】 指对外借款和外商直接投资以外的，用其他方式吸收的投资，包括：补偿贸易，加工装配，国际租赁业务。

【旅游人数】 指来我区参观、访问、旅行、探亲、访友、休养、考察、参加会议和从事经济、科技、文化、教育、体育、宗教等活动的外国人、华侨、港澳和台湾同胞的人数。

【旅游外汇收入】 指国有各部门为来我国旅游的外国人、华侨、港澳和台湾同胞提供商品和劳务而获得的外汇收入。包括供应商品饮食和提供住宿、交通、邮电、文化娱乐、导游等各项服务所得到的全部外汇收入。

主要指标提要

	1990年	1995年	1995年比1990年增长%
进出口贸易总额（万美元）	8491	27810	2.27倍
#出口总额（万美元）	7679	24012	2.13倍
实际利用外资额（万美元）	1337	5539	3.14倍

外贸出口商品总额(万美元)

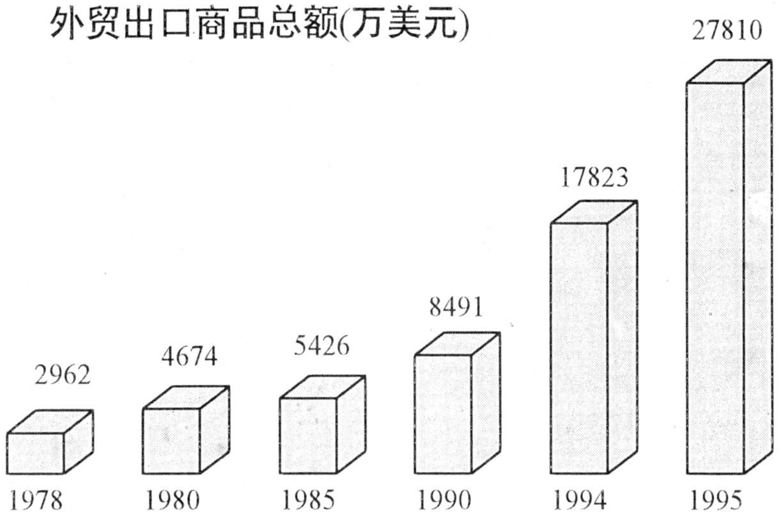

实际利用外资构成(%)

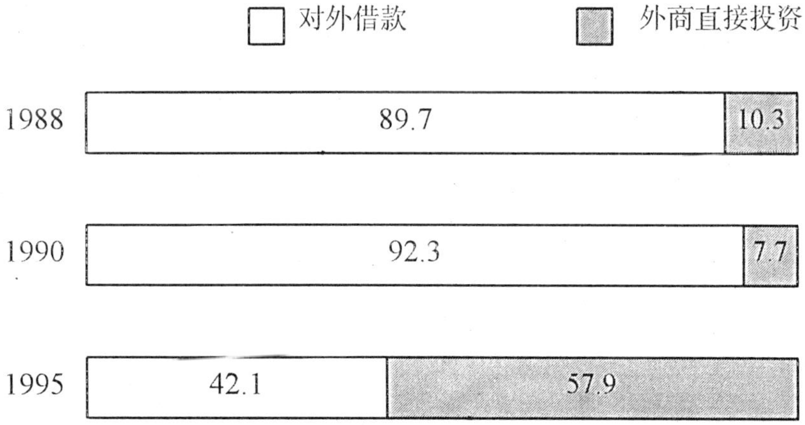

14—1 进出口贸易总额

年份	按人民币计算(万元)				按美元计算(万美元)			
	进出口总额	出口总额	进口总额	差额(+出超 −入超)	进出口总额	出口总额	进口总额	差额(+出超 −入超)
1978	4 587	3 406	1 181	2 225	2 962	2 271	691	1 580
1979	7 277	5 597	1 680	3 917	4 785	3 731	1 054	2 677
1980	7 041	6 523	518	6 005	4 674	4 352	322	4 030
1981	8 105	7 447	658	6 789	4 767	4 380	387	3 993
1982	8 956	8 190	766	7 424	4 665	4 266	399	3 867
1983	9 347	7 389	1 958	5 431	3 739	2 956	783	2 173
1984	11 594	8 758	2 836	5 922	4 141	3 128	1 013	2 115
1985	17 362	10 930	6 432	4 498	5 426	3 416	2 010	1 406
1986	25 892	18 416	7 476	10 940	7 465	5 338	2 127	3 211
1987	32 403	23 475	8 928	14 547	8 710	6 310	2 400	3 910
1988	39 893	30 582	9 311	21 271	10 724	8 221	2 503	5 718
1989	29 511	23 471	6 040	17 461	7 848	6 248	1 600	4 648
1990	40 547	36 652	3 895	32 757	8 491	7 679	812	6 867
1991	54 208	47 501	6 707	40 794	10 286	9 029	1 257	7 772
1992	69 886	61 116	8 770	52 346	12 894	11 276	1 618	9 658
1993	83 044	64 375	18 669	45 706	14 350	11 124	3 226	7 898
1994	153 367	125 829	27 538	98 291	17 823	14 636	3 187	11 449
1995	231 651	200 015	31 636	168 379	27 810	24 012	3 798	20 214

注:出口总额包括外贸部门和供销社统计数,包括自营出口和调拨出口,进口总额包括直接进口和委托进口。

14—2 外 贸 商 品 出 口 额

单位:万元

项　　目	1990年	1991年	1992年	1993年	1994年	1995年
出口总额	**36 652**	**47 501**	**61 116**	**64 375**	**125 829**	**200 015**
按商品类别分						
农副产品	8 102	9 514	16 501	12 211	34 522	41 816
轻纺产品	6 985	8 371	9 168	13 831	33 858	52 444
工矿产品	21 565	29 616	35 447	38 333	57 449	105 755
按专业公司分						
# 直接出口	35 860	46 639	59 339	63 775	125 829	200 015
粮油食品类	3 313	2 157	4 247	2 774	5 803	6 713
# 直接出口	3 313	2 157	4 081	2 774	5 803	6 713
纺织品类	4 158	5 895	5 339	6 653	16 783	29 071
# 直接出口	4 158	5 895	5 339	6 653	16 783	29 071
土产品类	1 487	2 357	5 291	3 819	5 322	5 823
# 直接出口	1 487	2 357	4 742	3 819	5 322	5 823
畜产品类	3 016	1 588	7 101	5 332	19 914	21 566
# 直接出口	2 230	726	6 346	5 332	19 914	21 566
工艺品类	147	4 092	640	870	3 729	4 307
轻工业品类	934	1 989	1 425	3 131	13 102	9 221
五金矿产类	14 735	22 690	28 357	27 044	36 899	77 875
# 直接出口	14 735	22 690	28 357	27 044	36 899	77 875
化工类	1 250	1 357	1 593	2 638	4 496	9 662
机械(设备)类	1 800	2 640	2 461	2 769	3 258	7 663

14—3 分国家(地区)的出口贸易总额

国(地区)别	1990年		1994年		1995年	
	金 额 (万美元)	比 重 (%)	金 额 (万美元)	比 重 (%)	金 额 (万美元)	比 重 (%)
出口总额	7 679.0	100.0	14 636.0	100.0	24 012.3	100.0
# 香 港	2 566.1	33.4	3 922.5	26.8	5 003.2	20.8
朝 鲜	191.5	2.5	–	–	1 021.8	4.3
蒙 古	52.4	0.7	84.1	0.6	–	–
日 本	873.6	11.4	2 982.1	20.4	5 840.9	24.3
法 国	1 168.4	15.2	1 708.9	11.7	2 254.9	9.4
比利时	611.5	8.0	260.6	1.8	685.0	2.9
新加坡	78.6	1.0	557.4	3.8	601.8	2.5
独联体	423.6	5.5	212.3	1.5	108.9	0.5
巴基斯坦	62.9	0.8	144.6	1.0	147.4	0.6
意大利	80.0	1.0	631.7	4.3	1 300.2	5.4
波 兰	129.4	1.7	–	–	5.2	…
约 旦	–	–	4.7	…	–	–
英 国	135.9	1.8	435.4	3.0	1 285.2	5.4
德 国	177.3	2.3	826.5	5.6	757.2	3.2
美 国	286.9	3.7	997.2	6.8	2 165.0	9.0
瑞 士	78.8	1.0	6.3	…	108.6	0.5

14—4 对外贸易主要出口商品数量

	单位	1985年	1990年	1991年	1993年	1994年	1995年
粮食	吨	1 811	2 117	3 436	6 267	4 868	8 617
亚麻絮	吨	274	564	875	644	514	33
黑红瓜子	吨	814	629	404	497	669	450
发菜	吨	6	22	19	15	19	20
枸杞	吨	137	305	331	828	1 140	1 207
甘草	吨	627	320	432	669	535	475
毛毯	条	81 497	91 440	49 000	30 754	13 752	-
皮褥子	条	32 832	4 492	8 880	1 010	450	2 020
元明粉	吨	1 405	3 580	1 909	-	-	1 189
地毯	平方米	13 222	12 572	15 997	16 177	20 664	17 866
石膏	吨	44 880	42 380	21 441	830	20	20
轮胎	套	5 340	14 907	11 340	123 876	118 552	112 400
轴承	套	21 590	199 623	705 162	1 477 727	346 385	708 442
煤炭	吨	195 524	420 000	610 931	588 008	458 088	706 731
呢绒	万米	67 557	10	10	35	0.1	-
卫生纸	吨	225	142	72	60	41	31
硅铁	吨	-	14 859	16 080	19 318	23 680	33 197

14—5 外贸部门进口商品情况

单位:万美元

项目	单位	1990年		1994年		1995年	
		数量	金额	数量	金额	数量	金额
进口到货总值	吨	–	812	–	3 187	–	3 798
#钢材	吨	–	–	6 900	342	4 000	218
橡胶及制品	吨	–	–	50	2	–	–
化工原料	吨	…	17	1 018	85	4 333	344
农药	吨	40	85	…	15	–	–
医疗器械	套	7	19	12	60	13	60
电视机及音响设备	台	4	17	4	31	–	–
羊毛	吨	–	–	50	15	169	130
合成纤维	吨	…	6	–	–	–	–
汽车及摩托车	辆	12	21	32	55	900	504

14—6 分国家(地区)的进口贸易总额

国(地区)别	1990年		1993年		1994年		1995年	
	金额(万美元)	比重(%)	金额(万美元)	比重(%)	金额(万美元)	比重(%)	金额(万美元)	比重(%)
进口总额	812	100.0	3 226.3	100.0	3 186.9	100.0	3 798.2	100.0
#香港	82	10.1	1 343.6	41.7	43.4	1.4	329.7	8.7
日本	56	6.9	481.1	14.9	668.1	21.0	248.3	7.5
罗马尼亚	–	–	117.6	3.6	–	–	–	–
德国	45	5.5	94.8	2.9	22.7	0.7	504.3	13.3
意大利	–	–	7.7	0.2	168.2	5.3	504.3	13.3
英国	1	0.1	–	–	3.2	0.1	465.5	12.3
瑞士	1	0.1	–	–	–	–	38.6	1.0
美国	616	75.9	557.5	17.3	63.3	2.0	264.8	7.0
独联体	–	–	62.6	1.9	53.0	1.7	268.0	7.1
法国	2	0.2	–	–	–	–	–	–
澳大利亚	–	–	204.8	6.4	32.6	1.0	499.6	13.2
新西兰	–	–	12.0	0.4	–	–	–	–
其他	9	1.2	344.6	10.7	2 132.4	66.9	675.1	17.8

14—7 利 用 外 资 情 况

项目	1990年		1994年		1995年	
	金额	比重(%)	金额	比重(%)	金额	比重(%)
一、签订利用外资协议项目(个)	**7**	**100.0**	**68**	**100.0**	**52**	**100.0**
1. 对外借款	3	42.8	5	7.4	10	19.2
2. 外商直接投资	4	57.2	63	92.6	42	80.8
3. 外商其他投资	—	—	—	—	—	—
二、签定利用外资协议额(万美元)	**735**	**100.0**	**4 792**	**100.0**	**7 184**	**100.0**
1. 对外借款	633	86.1	2 370	49.5	4 306	60.0
2. 外商直接投资	102	13.9	2 422	50.5	2 878	40.0
3. 外商其他投资	—	—	—	—	—	—
三、实际利用外资额(万美元)	**1 337**	**100.0**	**6 672**	**100.0**	**5 539**	**100.0**
1. 对外借款	1 234	92.3	1 775	26.6	2 334	42.1
2. 外商直接投资	103	7.7	4 897	73.4	3 205	57.9
3. 外商其他投资	—	—	—	—	—	—

14—8 借 用 国 外 资 金 情 况

(1995年) 单位:万美元

项目	上年末结转余额	新增借款本金	偿还本金	本期末借款余款	偿付利息
合计	**7 240**	**2 334**	**652**	**8 985**	**171**
一、外国政府贷款	**2 207**	**1 377**	**162**	**3 477**	**108**
# 统借自还	2 207	1 377	162	3 477	108
二、国际金融组织贷款	**3 661**	**3**	**173**	**3 491**	**3**
# 统借自还	3 661	3	173	3 491	3
三、外国银行商业贷款	**1 133**	**592**	**289**	**1 436**	**54**
四、出口信贷	**239**	**362**	**28**	**581**	**6**

14—9 外国和港澳台地区在华直接投资情况

(1995年)

项　　目	本期末实有企业数（个）	# 建成投产（开业）数	新签协议情况 合同个数（个）	新签协议情况 客方投资额（万美元）	客商实际投入资金（万美元）
合　计	**361**	**174**	**42**	**2 878**	**3 205**
一、按投资方式分					
1. 独资经营	115	45	9	901	983
2. 合资经营	228	121	31	1 850	2 168
3. 合作经营	18	8	2	127	54
二、按国民经济行业分					
1. 农、林、牧、渔业	11	3	3	150	632
2. 工　　业	236	114	32	1 843	1 906
3. 建 筑 业	27	12	2	646	168
4. 运输、邮电业	10	2	–	–	–
5. 商业、饮食、物资供销业	31	17	2	84	166
6. 房地产、公用事业、服务业	44	26	2	92	333
7. 其他行业	2	–	1	63	–
三、按国别、地区分					
# 香　港	225	120	24	1 476	1 445
澳　门	10	2	–	–	31
台　湾	20	10	1	121	142
日　本	13	4	5	671	687
新加坡	13	4	3	186	47
加拿大	5	3	1	15	56
美　国	33	15	4	290	361
菲律宾	4	1	–	–	104
印度尼西亚	2	1	–	–	–
意大利	4	2	–	–	–
西班牙	4	1	1	27	22
马来西亚	2	1	–	–	–

14—10 接待海外旅游者人数

单位:人

	1990年	1991年	1992年	1993年	1994年	1995年
一、旅游人数总计	**1 950**	**2 895**	**3 593**	**2 905**	**3 553**	**3 655**
外国人	1 335	1 930	2 128	1 870	2 668	2 836
#日　本	801	998	1 044	811	1 224	1 379
美　国	82	263	162	143	184	187
加拿大	10	19	46	43	65	50
英　国	38	72	88	98	111	84
法　国	18	21	123	41	56	80
德　国	87	128	187	150	75	126
意大利	24	29	17	33	49	82
独联体	8	20	15	7	5	6
澳大利亚	30	41	27	40	44	46
新西兰	2	10	19	17	11	28
华　侨	13	3	40	47	9	45
港澳和台湾同胞	602	962	1 425	988	876	774

14—11 旅游外汇收入情况

单位:外汇券万元

项　目	1990年	1991年	1992年	1993年	1994年	1995年
合　计	**175.0**	**275.5**	**329.4**	**375.0**	**873.8**	**938**
商品性外汇收入	43.1	109.8	111.7	67.8	241.2	323
商品销售外汇收入	31.0	90.5	84.8	36.9	101.4	135
饮食销售外汇收入	12.1	19.3	26.9	30.9	139.8	188
劳务性外汇收入	131.9	165.7	217.7	307.2	632.6	615
长途交通费	53.8	55.1	64.0	117.1	228.1	143
宿　费	20.7	26.3	38.3	54.3	258.6	276
其　他	57.4	84.3	115.4	135.8	145.9	196

十五、教育、科学、文化

主要统计指标解释

【普通高等学校】 指按国家规定审批程序批准举办，通过全国统一招生考试，招收高级中等学校毕业生或具有同等学历者，实施高等教育，培养高等专门人才的学校。包括大学、专门学院、高等专科学校和短期职业大学。

【成人高等学校】 指按照国家规定的审批程序批准举办，招收高中毕业或同等学历者，利用多种形式对成人实施高等教育、培养相当普通高等学校专科或本科毕业水平的专门人才的学校。包括广播电视大学、职工高等学校、农民高等学院、干部管理学院、教育学院、独立函授学院以及普通高等学校举办的函授。夜大学等。

【小学学龄儿童入学率】 指调查范围内已入小学学习的儿童占校内外学龄儿童总数（包括弱智儿童在内，但不包括盲聋哑儿童）的比重。计算公式

小学学龄儿童入学率＝已入学的小学学龄儿童数/校内外小学学龄儿童总数。

【专任教师】 指主要从事教育工作人员。包括临时（一年以内）调去帮助做其他工作的教学人员。不包括调离教学岗位，担任行政领导工作或其他工作的原教学人员；不包括兼任教师和代课教师。

【独立自然科学研究机构】 指具备下列三个条件：(1) 行政上独立的组织形式；(2) 财务上独立核算 (3) 有权与其他单位签定合同，并在银行设有户头的，从事自然科学技术研究的机构。

【优秀自然科学技术研究成果】 指自然科学技术研究成果中比较优秀的并经各级政府批准授奖的成果。分为国家级（发明奖、自然科学奖）省级（部级）、地（市）级、县级。如省级是指经省科委审核批准并由省政府授奖的成果，一般设一、二、三、四等奖，每年颁发一次。

【自然科学技术人员】 指已取得科学技术职称或大学中专的理、工、农、医科系毕业，以及国民经济各部门从工作实践中提拔，从事理工、农、医等自然科学技术的研究、教学、生产（事业）技术方面，工作的专业人员和在机关、企业、事业中从事科学技术业务管理工作的专业人员。

【高级专业技术人员】 指专业技术人员中具有高级职称的人员，包括高级工程师、高级农艺师、正、副教授、正、副研究员、正、副主任医师，高级会计师、高级统计师、正、副编审、特、高级记者与播音员、正、副译审、国家级和高级教练员、高级经济师、正、副研究馆员、高级工艺美术师。

【中级专业技术人员】 指专业技术人员中具有中级职称的人员。包括工程师、农艺师、助理研究员，主治医师、讲师、会计师、统计师、编辑、记者、一级播音员、翻译、一级教练、经济师、馆员、工艺美术师。

【初级专业技术人员】 指专业技术人员中具有初级职称的人员。包括：助理工程师、助理会计师、助理统计师、助理编辑、助理记者、二级播音员、助理翻译、二级教练员、助理经济师、助理馆员、助理工艺美术师、技术员、医（护）士、会计员、统计员、三级播音员、三级教练员、经济员、管理员、工艺美术员。

【艺术表演团体】 指话剧、方言话剧、滑稽戏、儿童剧、歌剧、舞剧、乐团、合唱团、文工团、文宣队、乌兰牧骑、戏曲剧团、曲艺团、说唱团、杂技团、马戏团、木偶剧团、皮影团等专业艺术表演团体，不包括半工半艺、半农半艺和业余剧团以及电影制片厂附设的演员剧团。

【杂志、报纸】 指按规定经领导机关批准、由指定机关发给登记证的杂志和定期出版的报纸。杂志与报纸的划分是：单张、且在八开以上（含八开）者为报纸；装订成册、或虽未装订成册，但为十六开以下（含十六开）者为杂志。

杂志分为综合、哲学、社会科学、自然科学和技术、文化和教育、文学和艺术、少年儿童、画刊共七大类、报纸分为综合报和专业报二大类。

主要指标提要

	1990 年	1995 年	1995 比 1990 年增长%
高等学校在校学生(人)	7992	10686	33.7
学龄儿童入学率(%)	93.92	96.21	-
地方国有单位专业技术人员(万人)	11.73	12.67	8.0

大、中、小学在校学生人数(万人)

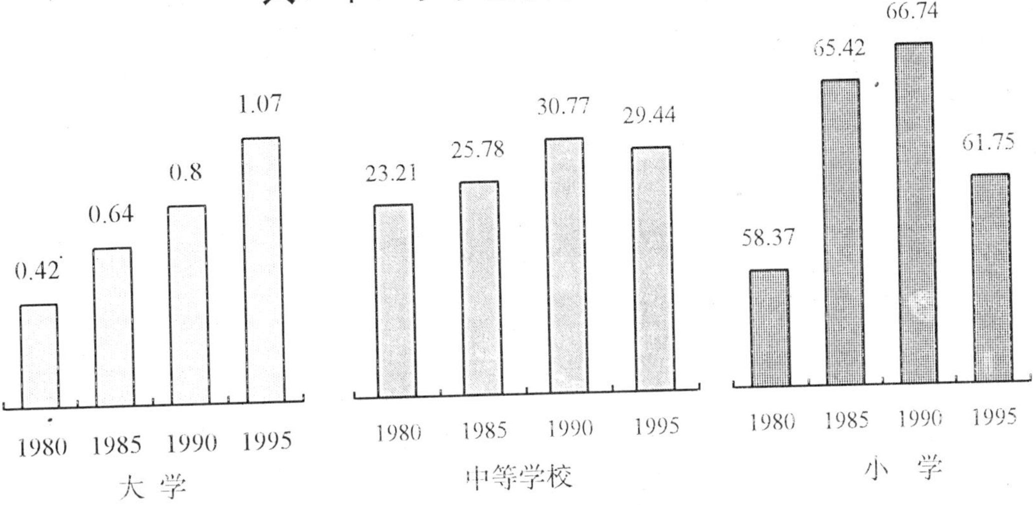

国有单位专业技术人员数(万人)

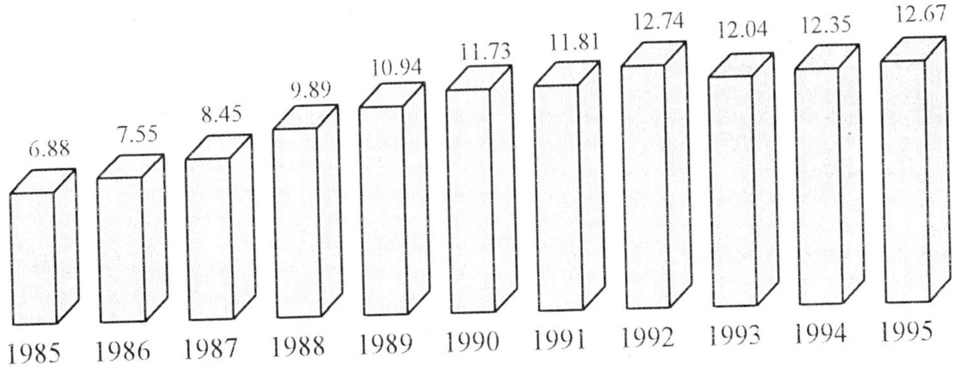

15—1 主要年份各级各类学校

单位:个

指　　标	1985年	1990年	1991年	1992年	1993年	1994年	1995年
一、普通教育							
普通高等学校	7	7	7	7	7	7	7
中等专业学校	22	26	26	26	26	26	26
# 技术学校	19	22	22	22	22	22	22
师范学校	3	4	4	4	4	4	4
职业学校	29	32	35	41	36	34	36
普通中学	436	450	449	444	446	438	436
小　　学	4 359	4 242	4 021	3 940	3 872	3 821	3 843
幼儿园、学前班	157	213	224	283	188	218	337
特殊教育	1	1	5	5	5	5	5
二、成人教育							
成人高校	5	6	5	5	5	6	6
普通学校办的成人脱产班	–	–	–	–	–	–	–
普通高校夜大学	–	–	–	–	3	4	–
成人中专	28	25	26	28	28	28	29
成人初等学校	3 993	293	191	202	281	441	581
# 扫盲班	3 956	238	182	202	281	441	507
成人技术培训学校	–	110	485	936	1 264	1 418	1 418

15—2 主要年份各类学校教职工数

单位: 人

项目	1985年	1990年	1991年	1992年	1993年	1994年	1995年
普通高等学校	3 068	3 579	3 586	3 645	3 624	3 409	3 434
# 专任教师	1 352	1 609	1 621	1 703	1 602	1 736	1 763
中等专业学校	2 227	3 023	2 996	3 037	3 071	2 899	3 075
# 专任教师	946	1 505	1 444	1 484	1 464	1 505	1 494
普通中学	16 359	20 635	21 070	21 752	23 149	22 105	22 431
# 专任教师	12 270	16 182	16 454	17 160	18 473	17 700	18 052
小　学	25 407	29 685	29 983	30 790	31 659	32 477	33 305
# 专任教师	22 593	27 165	26 852	27 831	29 133	29 822	30 745
幼儿园	2 016	2 839	3 619	3 563	4 338	3 918	3 849
# 专任教师	950	1 613	1 642	1 992	2 646	2 545	2 369
特殊教育学校	25	64	94	100	107	510	265
# 专任教师	17	43	52	63	69	73	68

15—3 主要年份各类普通学校在校学生数

单位: 人

项目	1985年	1990年	1991年	1992年	1993年	1994年	1995年
普通高等学校	6 425	7 992	7 898	8 475	9 604	10 502	10 686
中等专业学校	8 947	11 634	11 457	11 354	12 469	12 355	12 463
# 中等技术学校	5 338	7 738	7 599	7 650	8 789	8 370	8 352
中等师范学校	3 609	3 896	3 858	3 695	3 680	3 985	4 111
职业中学	10 898	11 623	13 184	12 725	10 851	10 520	9 588
普通中学	237 917	284 440	291 246	287 839	267 718	269 316	272 305
小　学	654 208	667 359	661 352	652 064	628 009	614 804	617 547
幼儿园	32 191	45 115	53 883	65 374	77 536	77 004	83 444
特殊教育学校	56	202	335	564	370	771	595

15—4 主要年份各类普通学校招生数

单位: 人

项　　目	1985年	1990年	1991年	1992年	1993年	1994年	1995年
普通高等学校	2 371	2 324	2 326	2 722	3 378	3 107	2 910
中等专业学校	3 854	3 891	3 857	4 090	5 246	4 437	4 512
# 中等技术学校	2 681	2 417	2 572	2 627	3 696	2 911	2 884
中等师范学校	1 173	1 474	1 285	1 463	1 550	1 526	1 628
职业中学	5 668	4 320	5 840	6 047	5 082	5 162	4 787
普通中学	79 046	93 667	94 437	93 156	96 585	97 317	96 885
高　　中	18 598	19 302	19 635	18 131	18 158	18 401	19 625
初　　中	60 448	74 365	74 802	75 025	78 427	78 916	77 260
小　　学	117 855	99 938	108 405	101 874	100 390	109 312	114 619
特殊教育学校	56	–	148	272	93	166	34

15—5 主要年份各类普通学校毕业生数

单位: 人

项　　目	1985年	1990年	1991年	1992年	1993年	1994年	1995年
普通高等学校	1 530	2 213	2 386	2 104	2 212	2 398	2 717
中等专业学校	2 802	3 696	3 898	4 174	3 930	3 400	4 177
# 中等技术学校	1 492	2 311	2 585	2 556	2 408	2 179	2 668
中等师范学校	1 310	1 385	1 313	1 618	1 522	1 221	1 509
职业中学	1 122	3 977	4 050	5 519	5 721	4 417	4 157
普通中学	66 427	85 054	85 948	91 850	91 995	81 373	79 245
高　　中	13 525	20 270	20 733	20 727	20 732	17 088	15 643
初　　中	52 902	64 784	65 215	71 123	71 263	64 285	63 602
小　　学	68 214	87 189	89 756	88 366	96 929	90 801	89 490

15—6 主要年份在校研究生数

单位: 人

项　　目	1985年	1990年	1991年	1992年	1993年	1994年	1995年
合　　计	36	34	28	29	26	29	48

15—7　普通高等学校分科毕业生和招生数

(1995年)　　单位:人

项　目	毕业生数			招生数		
	合计	本科	专科	合计	本科	专科
总　计	**2 717**	**1 080**	**1 637**	**2 910**	**1 363**	**1 547**
哲　学	-	-	-	-	-	-
经济学	142	57	85	190	53	137
法　学	72	-	72	166	40	126
教育学	139	75	64	133	83	50
文　学	473	165	308	541	169	372
历史学	169	41	128	136	42	94
理　学	546	221	325	479	206	273
工　学	559	149	410	726	398	328
农　学	282	171	110	243	171	72
医　学	335	201	134	296	201	95

15—8　普通高等学校分科在校学生数

(1995年)　　单位:人

项　目	在校学生数			毕业班学生数		
	合计	本科	专科	合计	本科	专科
总　计	**10 686**	**5 530**	**5 156**	**3 328**	**1 185**	**2 143**
哲　学	-	-	-	-	-	-
经济学	530	145	385	179	-	179
法　学	805	312	493	273	53	220
教育学	470	358	112	149	114	35
文　学	1 932	792	1 140	638	202	436
历史学	426	148	278	133	37	96
理　学	1 758	862	896	645	237	408
工　学	2 605	1 257	1 348	780	180	600
农　学	888	707	181	236	182	54
医　学	1 272	949	323	295	180	115

15—9 普通高等学校分科专任教师数

(1995年)　　单位:人

项　　目	合 计	正高级	副高级	中 级	初 级	无职称	合计中公共课教师
总　　计	**1 763**	**101**	**372**	**755**	**419**	**116**	**213**
# 女教师	671	18	85	309	202	57	109
哲　学	93	4	18	34	31	6	10
经济学	63	1	8	22	19	13	–
法　学	50	1	4	19	21	5	4
教育学	109	–	13	43	50	3	54
文　学	358	20	73	147	96	22	45
历史学	56	–	11	31	11	3	3
理　学	451	16	117	208	79	31	51
工　学	221	6	48	93	54	20	–
农　学	158	17	43	67	18	13	–
医　学	204	36	37	91	40	–	46

15—10 中等专业学校分科学生数

(1995年)　　单位:人

项　　目	毕业生数	招生数	招高中毕业生数	招初中毕业生数	在校学生数	# 毕业班学生数
合　　计	**4 195**	**4 530**	**960**	**3 570**	**12 504**	**4 130**
工　科	693	773	132	641	2 425	580
农　科	223	280	36	244	895	265
林　科	74	35	–	35	145	–
医药卫生科	439	490	40	450	1 792	499
财　经	533	570	295	275	1 421	576
管理科	162	260	120	140	542	122
政　法	304	283	186	97	715	332
艺　术	48	63	–	63	172	109
体　育	72	60	–	60	155	46
师　范	1 647	1 716	151	1 565	4 242	1 601
# 幼儿师范专业	81	120	–	120	281	77

15—11　各级学校女学生和女教师数

单位：人

项　　　目	1991年	1992年	1993年	1994年	1995年
一、女学生数	**428 472**	**424 045**	**410 802**	**412 412**	**419 320**
高等学校	3 298	3 533	4 253	4 691	4 639
中等专业学校	5 243	5 474	6 411	6 150	6 506
普通中学	124 427	119 996	116 879	120 422	122 585
职业中学	6 269	6 461	5 496	5 513	5 214
小　　学	289 235	288 581	277 763	275 636	280 376
二、女学生占学生总数(%)	**43.5**	**43.6**	**44.2**	**44.9**	**45.5**
高等学校	41.8	41.7	44.3	44.7	43.4
中等专业学校	45.8	48.3	51.4	49.8	52.2
普通中学	42.7	41.7	43.7	44.7	45.0
职业中学	47.6	50.8	50.6	52.4	54.4
小　　学	43.7	44.3	44.2	44.8	45.4
三、女教师数	**17 622**	**18 737**	**19 769**	**20 492**	**21 254**
高等学校	508	558	549	653	671
中等专业学校	643	655	668	677	686
普通中学	5 416	5 859	6 056	6 173	6 296
职业中学	282	280	286	297	301
小　　学	10 773	11 385	12 210	12 692	13 300
四、女教师占教师总数(%)	**37.3**	**38.3**	**39.0**	**39.7**	**40.2**
高等学校	31.3	32.8	34.3	37.6	38.1
中等专业学校	44.5	44.1	45.6	45.0	45.9
普通中学	32.9	34.1	34.2	34.9	34.9
职业中学	34.1	35.7	36.9	37.6	38.1
小　　学	40.1	40.9	41.9	42.6	43.3

15—12 主要年份各类学校在校回族学生数

单位: 人

项目	1985年	1990年	1991年	1992年	1993年	1994年	1995年
总计	**219 541**	**278 230**	**280 942**	**280 259**	**264 502**	**267 610**	**268 021**
高等学校	867	1 270	1 264	1 383	1 514	2 037	2 176
中等专业学校	1 135	2 009	2 009	2 127	2 024	2 524	2 451
普通中学	34 685	53 485	60 010	60 489	53 962	55 794	57 039
小学	182 854	215 042	217 659	216 260	207 002	207 255	206 355

15—13 主要年份平均每万人口在校学生数

单位: 人

项目	1985年	1990年	1991年	1992年	1993年	1994年	1995年
在校学生占全区人口(%)	22.2	22.1	21.9	21.5	20.5	18.2	38.31
平均每万人口中							
大学生	15	17	17	18	20	21	21
中学生	621	611	667	647	593	580	559
小学生	1 579	1 433	1 396	1 353	1 279	1 220	1 225
平均每万回族人口中回族							
大学生	6	8	8	9	9	12	13
中学生	279	348	394	390	329	345	331
小学生	1 367	1 397	1 384	1 346	1 317	1 225	1 197

15—14 主要年份初中毕业生和小学毕业生升学率

项目	1985年	1990年	1991年	1992年	1993年	1994年	1995年
初中毕业生升学率							
初中毕业生数(人)	53 363	64 784	65 215	71 123	71 263	64 205	63 602
高级中等学校招生数(人)	25 912	26 961	27 439	26 501	25 234	25 223	31 172
升学率(%)	48.56	41.62	42.20	37.26	35.40	39.20	49.01
小学毕业生升学率							
小学毕业生数(人)	68 214	87 189	89 756	88 208	96 929	90 801	89 490
初级中等学校招生数(人)	61 093	74 971	76 462	77 263	80 553	81 210	77 260
升学率(%)	89.56	85.99	85.20	87.59	83.10	89.40	86.33

15—15 主要年份各类学校教师负担学生数

单位：人

项目	1985年	1990年	1991年	1992年	1993年	1994年	1995年
普通高等学校							
教师数	1 352	1 609	1 621	1 703	1 602	1 736	1 763
平均每个教师负担学生数	4.8	5.0	4.9	5.0	6.0	6.0	6.1
中等学校							
教师数	13 689	18 499	20 345	19 429	19 937	19 995	20 336
平均每个教师负担学生数	18.8	16.6	15.5	16.1	15.0	14.6	14.5
小学							
教师数	22 593	27 165	26 852	27 894	29 133	29 822	30 745
平均每个教师负担学生数	29.0	24.6	24.6	23.4	22.0	20.6	20.1

15—16 主要年份小学学龄儿童入学率

项目	1985年	1990年	1991年	1992年	1993年	1994年	1995年
全区学龄儿童数（万人）	52.62	52.82	52.59	51.63	50.98	51.87	52.44
已入学学龄儿童数（万人）	48.13	49.60	49.31	48.85	48.52	49.69	50.45
入学率（%）	91.48	93.92	93.80	94.62	95.18	95.80	96.21

15—17 成人高等学校基本情况

（1995年）

单位：人

项目	毕业生数	在校学生数	教职工数
合计	**1 680**	**6 816**	**587**
1、广播电视大学	887	2 815	163
2、职工大学、农民大学	408	2 454	424
3、教育学院、中学教师进修学院	385	1 547	-
4、独立函授学院	-	-	-
5、普通高校函授部、夜大学、干部专修科	-	-	-

15—18　地方国有企、事业单位分行业各类专业技术人员数

(1995年)

单位:人

项　　目	总 计	农、林、牧、渔、水利业	工 业	地质普查勘探业	建筑业	交通运输邮电通讯业	商业、公共饮食业、物资供销和仓储业
总　　计	**126 679**	**11 998**	**26 529**	**188**	**3 622**	**1 641**	**6 124**
1. 工程技术人员	20 291	3 672	10 179	119	1 995	616	439
2. 农业技术人员	6 173	5 536	149	–	17	2	43
3. 科学研究人员	830	2	9	–	1	–	2
4. 卫生技术人员	16 645	43	2 383	5	110	15	517
5. 教学人员	54 176	124	3 620	–	196	22	15
6. 民航飞行技术人员	–	–	–	–	–	–	–
7. 船舶技术人员	–	–	–	–	–	–	–
8. 经济人员	10 053	741	4 159	20	549	362	2 991
9. 会计人员	7 074	1 141	2 407	18	355	268	1 282
10. 统计人员	1 574	125	836	5	49	49	215
11. 翻译人员	67	6	10	–	8	–	13
12. 图书、档案、文博人员	1 853	30	308	1	42	16	27
13. 新闻、出版人员	1 082	1	15	–	–	–	2
14. 律师、公证人员	171	1	8	–	1	–	11
15. 播音人员	64	–	–	–	–	–	–
16. 工艺美术人员	85	1	23	–	1	–	9
17. 体育人员	154	–	–	–	–	–	–
18. 艺术人员	794	–	13	–	–	1	–
19. 政工人员	5 593	575	2 410	20	298	290	558

15-18 续表 (1995年) 单位: 人

项目	房地产管理、公用事业、居民服务和咨询服务业	卫生、体育、社会福利事业	教育、文化事业和广播电视事业	科学研究综合技术服务事业	金融、保险业	其他行业
总计	**1 754**	**12 891**	**57 073**	**2 895**	**97**	**1 867**
1. 工程技术人员	746	34	690	1 392	8	401
2. 农业技术人员	38	9	137	212	4	26
3. 科学研究人员	2	3	143	666	–	2
4. 卫生技术人员	13	11 888	1 573	33	–	65
5. 教学人员	5	23	50 066	31	–	74
6. 民航飞行技术人员	–	–	–	–	–	–
7. 船舶技术人员	–	–	–	–	–	–
8. 经济人员	305	101	315	137	30	343
9. 会计人员	237	354	520	152	49	291
10. 统计人员	52	42	49	15	–	137
11. 翻译人员	–	–	3	5	–	22
12. 图书、档案、文博人员	59	54	1 140	95	1	80
13. 新闻、出版人员	22	23	918	35	–	66
14. 律师、公证人员	56	–	–	–	–	94
15. 播音人员	–	–	64	–	–	–
16. 工艺美术人员	3	10	27	6	–	5
17. 体育人员	–	136	17	1	–	–
18. 艺术人员	2	–	760	–	–	18
19. 政工人员	214	214	651	115	5	243

15—19 地方国有企、事业单位各类专业技术人员构成

(1995年)

项　　目	各类科技人员占总计比重(%)	平均每万人口中各类专业技术人员(人)	平均每万职工中各类专业技术人员(人)
总　　计	**100.0**	**247**	**1 726**
1. 工程技术人员	16.0	40	276
2. 农业技术人员	4.9	12	84
3. 科学研究人员	0.7	2	11
4. 卫生技术人员	13.1	32	227
5. 教学人员	42.8	106	738
6. 民航飞行技术人员	–	–	–
7. 船舶技术人员	–	–	–
8. 经济人员	7.9	20	137
9. 会计人员	5.6	14	96
10. 统计人员	1.2	3	21
11. 翻译人员	0.1	…	1
12. 图书、档案、文博人员	1.5	4	25
13. 新闻、出版人员	0.8	2	15
14. 律师、公证人员	0.1	…	2
15. 播音人员	0.1	…	1
16. 工艺美术人员	0.1	…	1
17. 体育人员	0.1	…	2
18. 艺术人员	0.6	2	11
19. 政工人员	4.4	11	76

15-19 续表 (1995年)

项目	高级技术职称人数（人）	高级技术职称人数所占比重（%）	中级技术职称人数（人）	中级技术职称人数所占比重（%）
总计	**5 887**	**100.0**	**32 555**	**100.0**
1. 工程技术人员	1 836	31.2	5 214	16.0
2. 农业技术人员	321	5.5	1 263	3.9
3. 科学研究人员	211	3.6	314	1.0
4. 卫生技术人员	841	14.3	3 519	10.8
5. 教学人员	1 770	30.1	14 204	43.6
6. 民航飞行技术人员	–	–	–	–
7. 船舶技术人员	–	–	–	–
8. 经济人员	135	2.3	2 301	7.1
9. 会计人员	54	0.9	1 472	4.5
10. 统计人员	7	0.1	313	1.0
11. 翻译人员	1	–	23	0.1
12. 图书、档案、文博人员	54	0.9	543	1.7
13. 其他人员	657	11.1	3 389	10.3

注：其他人员中包括：新闻、出版人员、律师、公证人员、播音人员、工艺美术人员、体育人员、政工人员。

15—20 地方县以上部门属国有独立研究与开发机构、人员及经费收支情况

指　　标	单位	1990年	1991年	1992年	1993年	1994年	1995年
一、自然科学和技术领域							
1. 机 构 数	个	54	54	54	54	54	54
2. 职工总数	人	5 462	5 504	5 436	5 393	5 042	5 010
# 科学家、工程师	人	1 775	1 788	1 817	1 810	1 737	1 760
其他科技人员	人	1 100	1 130	1 141	1 096	1 010	977
3. 收入总额	万元	5 258.5	6 873.6	6 945.7	7 894.7	10 332	16 876
# 政府拨款	万元	2 685.1	3 751.7	2 837.7	2 854.5	3 603.1	3 811.2
4. 支出总额	万元	4 897.1	5 321.7	6 523.6	7 487.3	9 931	12 150.0
# 基本建设支出	万元	392.8	365.9	378.4	407.8	783.1	922.0
二、社会、人文科学领域							
1. 机 构 数	个	6	6	6	6	6	6
2. 职工总数	人	253	264	263	251	240	240
# 科学家、工程师	人	181	189	193	188	181	176
其他科技人员	人	33	42	40	36	29	37
3. 收入总额	万元	194.2	173.5	235.1	243.5	295.2	314.7
# 政府拨款	万元	193.3	169.4	230.9	233.9	293.2	313.5
4. 支出总额	万元	186.8	186.7	245.5	240.7	304.6	309.8
# 基本建设支出	万元		8.0			2.2	18.9

15—21　三种专利申请受理量和批准量

单位：项

项　　目	1990年	1991年	1992年	1993年	1994年	1995年
一、受　理　量	**114**	**145**	**173**	**214**	**164**	**169**
1. 发　　明	24	22	27	36	30	22
2. 实用新型	88	112	143	169	130	133
3. 外观设计	2	11	3	9	4	14
二、批　准　量	**35**	**62**	**91**	**168**	**128**	**111**
1. 发　　明	–	1	–	12	3	4
2. 实用新型	34	58	86	150	122	98
3. 外观设计	1	3	5	6	3	9

15—22　三种专利申请分布情况

单位：项

项　　目	1990年	1991年	1992年	1993年	1994年	1995年
一、在受理的三种专利申请中						
1. 个　　人	82	108	138	190	143	132
2. 大专院校	3	1	–	2	–	–
3. 科研单位	11	5	4	1	3	3
4. 工矿企业	13	22	18	11	13	19
5. 机关团体	5	9	13	10	5	15
二、专利申请委托代理量	**105**	**120**	**142**	**163**	**140**	**144**
三、在批准的三种专利中						
1. 个　　人	25	46	73	127	155	90
2. 大专院校	–	2	1	1	1	–
3. 科研单位	5	3	2	5	1	1
4. 工矿企业	4	10	11	21	5	14
5. 机关团体	1	1	4	14	6	6

15—23 主要年份文化事业机构数和人数

年份	总计		艺术事业		图书馆事业		群众文化事业	
	机构数（个）	人数（人）	机构数（个）	人数（人）	机构数（个）	人数（人）	机构数（个）	人数（人）
1978	1 332	4 400	20	1 262	10	90	83	309
1980	1 420	5 356	24	1 616	14	205	109	386
1985	1 560	6 253	30	1 768	20	356	297	719
1988	1 222	6 539	39	2 038	20	464	311	985
1989	1 184	6 533	38	1 939	20	476	316	1 057
1990	1 138	6 430	35	1 841	20	488	320	1 047
1991	1 104	6 438	33	1 748	20	521	326	1 105
1992	1 042	6 374	32	1 659	20	521	315	1 080
1993	914	6 036	33	1 656	20	519	203	934
1994	843	5 610	32	1 497	20	496	203	891
1995	840	5 530	32	1 423	20	498	199	867

15-23 续表

年份	教育事业		电影事业		其他文化事业		文物事业	
	机构数（个）	人数（人）	机构数（个）	人数（人）	机构数（个）	人数（人）	机构数（个）	人数（人）
1978			1 218	2 700			1	39
1980	1	42	1 268	3 048			4	59
1985	1	88	1 194	3 048	6	125	12	149
1988	1	105	825	2 462	8	251	18	234
1989	1	98	782	2 439	9	275	18	249
1990	1	105	730	2 424	11	277	21	248
1991	1	105	692	2 388	11	298	21	273
1992	1	102	640	2 384	12	392	22	236
1993	1	100	623	2 214	13	318	21	295
1994	1	100	550	1 985	16	347	21	294
1995	1	101	550	1 985	16	361	22	295

15—24　文化部门艺术事业机构数和人数

(1995年)

项　　目	合　计		国有经济		集体经济	
	机构数（个）	人　数（人）	机构数（个）	人　数（人）	机构数（个）	人　数（人）
总　　计	**32**	**1 423**	**27**	**1 263**	**5**	**160**
一、艺术表演团体	**15**	**1 023**	**10**	**863**	**5**	**160**
1. 话剧、儿童剧、滑稽剧团	1	62	1	62	-	-
2. 歌、舞剧、歌舞团	1	198	1	198	-	-
3. 文工团、文宣队、乌兰牧骑	4	156	-	-	-	-
4. 戏曲剧团	6	490	6	490	-	-
#京　　剧	2	128	2	128	-	-
5. 曲、杂、木、皮团	3	117	2	113	-	-
二、艺术表演场所	**17**	**400**	**17**	**400**	**-**	**-**
#剧场、影剧院	17	400	17	400	-	-

15—25　艺术表演团体演出情况

(1995年)

项　　目	演出场数（千场）	#到农村演出	观众人数（千人次）
总　　计	**2.0**	**1.3**	**1 372**
国营剧团	1.0	0.5	800
#自治区级	0.2	0.1	213
集体经营剧团	1.0	0.8	572
按剧种分:			
话剧、儿童剧、滑稽剧团	-	-	18
歌剧、舞剧、歌舞团	0.1	-	30
文工团、文宣队、乌兰牧骑	0.9	0.8	552
戏曲剧团	0.6	0.4	505
#京　　剧	0.1	-	160
曲、杂、木、皮团	0.5	0.1	267

15—26 电影事业机构数和人数

(1995年)

项目	合计		文化部门		工矿及其他部门		集体及个体经济	
	机构数（个）	人数（人）	机构数（个）	人数（人）	机构数（个）	人数（人）	机构数（个）	人数（人）
1. 电影发行放映管理机构	22	263	16	257	–	–	6	6
2. 电影院	17	162	11	152	–	–	6	10
3. 影剧院	24	363	24	363	–	–	–	–
4. 开放礼堂、俱乐部	29	278	–	–	29	278	–	–
5. 放映队	46	57	–	–	8	19	38	38
6. 对内礼堂俱乐部	22	53	–	–	22	53	–	–

15—27 主要年份电影放映情况

项目	单位	1985年	1990年	1991年	1992年	1993年	1994年	1995年
放映单位	个	1 150	699	662	610	565	520	138
放映场数	万场	19.7	21.0	22.2	19.8	13.2	9.0	5.8
观众人数	万人次	8 839.6	9 024.8	9 600.0	7 669.8	3 592.0	1 295.7	667.5
放映收入	万元	694.0	1 142.8	1 314.7	1 344.2	1 134.5	1 063.9	1 349.6
发行收入	万元	421.4	638.5	722.6	667.2	572.6	525.9	539.5

15—28 公共图书馆藏书情况

(1995年)　　单位:千册、千册次

项目	合计	古籍	善本	书刊外借册次 合计	哲学	社会科学	# 文学艺术	自然科学	综合性图书
总计	**3 382**	**154**	**3.4**	**1 248**	**74**	**663**	**228**	**253**	**258**
省级	1 314	137	0.8	72	3	48	24	14	7
地市级	494	2	-	131	1	91	33	9	29
县级	1 574	15	2.5	1 044	70	523	171	229	221

15—29 文物事业机构数和人数

(1995年)

项目	合计		自治区级		地级		地辖市级		县级	
	机构数(个)	职工人数(人)	机构数(个)	职工人数(人)	机构数(个)	职工人数(人)	机构数(个)	职工人数(人)	机构数(个)	职工人数(人)
总计	**22**	**295**	**4**	**15**	**3**	**12**	**-**	**-**	**15**	**131**
一、文物机构	18	173	1	42	3	12	-	-	14	119
1. 文物保护管理机构	17	131	-	-	3	12	-	-	14	119
2. 其他文物机构	1	42	1	42	-	-	-	-	-	-
二、博物馆	3	116	2	104	-	-	-	-	1	12
# 综合性	3	116	2	104	-	-	-	-	1	12
三、文物商店	1	6	1	6	-	-	-	-	-	-

15—30 主要年份广播电视事业发展情况

项　　目	单　位	1985年	1990年	1991年	1992年	1993年	1994年	1995年
职工人数	人	1 713	2 308	2 303	2 288	2 262	2 208	2 375
广播电台	座	2	8	8	8	8	8	8
发射台及转播台	座	5	8	8	8	8	8	8
发射机功率	架/千瓦	6/180	11/268	11/268	17/491	11/268	10/258	10/258
县、市有线广播站	个	21	20	21	20	20	20	20
电视台	座	1	3	4	4	4	5	5
电视发射及转播站	个	32	39	52	52	59	41	39
发射机功率	架/千瓦	33/43	77/143	99/153	100/153	105/162	105/162	82/150

15—31 广播电视宣传基本情况

(1995年)　　单位:小时、分

项　　目	节目套数（套）	平均每日(周)播出时　间	自办节目时　间	# 新闻节目	# 教育	# 文艺节目	# 专题、服务性
无线广播合计	**11**	**79:23**	**54:47**	**8:50**	**–**	**26:25**	**8:21**
自治区级	2	15:33	12:33	1:25	–	9:13	0:45
地市级	2	18:10	14:54	2:30	–	6:22	1:36
县　级	7	45:40	27:20	4:55	–	10:50	6:00
电视播映合计	**5**	**144:51**	**130:22**	**15:31**	**3:00**	**82:52**	**17:37**
自治区级	1	55:25	51:55	5:00	3:00	28:30	8:25
地市级	2	63:56	55:27	8:01	–	37:52	6:57
县　级	2	25:30	23:00	2:30	–	16:30	2:15

15—32 出版、发行、文物、图书馆、群众文化事业情况

项目	1985年		1990年		1994年		1995年	
	机构（个）	人员（人）	机构（个）	人员（人）	机构（个）	人员（人）	机构（个）	人员（人）
出版发行事业	24	1 145	26	1 280	287	2 823	291	2 813
# 出版社	1	131	1	129	1	141	3	144
书刊印刷厂	1	485	1	521	8	1 718	8	1 705
书店	22	529	24	630	278	964	280	964
文物事业	12	149	21	248	21	294	22	295
# 博物馆	2	92	3	105	3	115	3	116
文物机构	10	57	17	143	16	131	17	131
文物商店	–	–	1	–	1	6	1	6
图书馆事业	20	356	20	488	20	496	20	498
群众文化事业	297	719	320	1 047	299	1 013	292	985
# 群众艺术馆	2	66	4	152	4	150	4	149
文化馆	20	336	19	560	22	479	22	471
文化站	275	317	297	335	177	262	266	365
# 乡镇文化站	252	295	289	329	171	251	247	337
其它	–	–	–	–	–	–	–	–

15—33 图书出版分类构成情况

(1995年)

类别	种类（种）	印数（万册印张）	印张（千印张）	类别	种类（种）	印数（万册印张）	印张（千印张）
总计	**623**	**2 310**	**124 605**	12. 自然科学总论	–	–	–
一、使用“中国标准书号”合计	623	2 310	124 605	13. 数学、科学、化学	–	–	–
1. 马列主义、毛泽东思想	–	–	–	14. 天文学、地理学	–	–	–
2. 哲学	13	5	490	15. 生物科学	–	–	–
3. 社会科学总论	7	7	528	16. 医药、卫生	5	1	96
4. 政治、法律	7	9	358	17. 农业科学	9	8	705
5. 军事	–	–	–	18. 工业技术	1	…	32
6. 经济	6	2	406	19. 交通运输	1	…	5
7. 文化科学、教育、体育	478	2 199	112 915	20. 航空、航天	–	–	–
8. 语言文字	1	1	50	21. 环境科学	–	–	–
9. 文学	38	22	3 684	22. 综合性图书	5	2	845
10. 艺术	38	50	4 101	二、不使用“中国标准书号”图书	–	–	–
11. 历史地理	14	4	392	# 年画	–	–	–

15—34 主要年份图书出版数量

年份	种数（种）	#新出版	印数（万册、万张）	印张数（千印张）
1978	184		1 136	44 410
1980	193	58	1 433	56 365
1985	353	110	2 206	83 620
1990	449	101	1 890	78 510
1991	152	109	1 765	75 985
1992	451	100	1 951	79 612
1993	454	149	1 622	74 123
1994	530	160	1 674	82 428
1995	623	208	2 310	124 605

15—35 报纸出版数量

年份	种数（种）	每期平均印数（万份）	总印数（万份）	总印张（千印张）
1980	1	10	2 279	22 370
1985	10	36	3 855	31 012
1990	9	44	4 561	34 193
1991	10	48	4 890	36 448
1992	12	52	5 296	39 484
1993	13	41	4 575	43 680
1994	13	37	4 525	41 391
1995	14	38	4 699	43 201

15—36 杂志出版数量

年份	种数（种）	每期平均印数（册）	总印数（万册）	总印张（千印张）
1980	6	57 655	51	2 078
1985	15	110 100	70	4 081
1990	15	83 000	71	2 423
1991	17	97 900	84	2 804
1992	21	130 700	106	3 743
1993	25	262 700	228	9 733
1994	28	384 400	474	20 807
1995	27	113 800	97	3 523

十六、体育、卫生、民政、司法及其它

主要统计指标解释

【体育场】 指有400米跑道(中心含足球场)。有固定道牙，跑道6条以上，并有固定看台的室外田径场地。以看台容纳观众人数分：甲级25000人以上，乙级15000—25000人，丙级5000—15000人，丁级5000人以下。

【等级裁判员】 指经考核正式批准授予等级裁判员职称者，分为国际裁判、国家级、一级、二级、三级。

【等级运动员】 指经考核正式批准授予等级运动员称号的运动员，分为国际级运动健将、运动健将、一级、二级、三级、少年级。

【优秀运动队】 指各省、市、自治区体委、解放军、产业体协、运动技术学院和军事体育学校所属的各类运动队。不包括机关团体、厂矿等企业、事业单位所属的职工运动队。

【卫生机构】 指各个部门（军事部门除外）、各种性质的设有专职卫生技术人员的卫生事业机构。包括医院、疗养院（所）、门诊部（所）、专科防治所（站）、卫生防疫站、妇幼保健所（站）、药品检验所（室）、其他卫生机构、（包括急救站、中心血库、输血站、环境卫生监测站、生物制品研究所、精神病收容所、麻风村、卫生干部进修院（校）。

【医院】 指名称为医院、设有固定床位能收容病人住院并能为病人提供医疗，护理服务的医疗机构、包括县级县以上医院、农村乡卫生院、其他医院三部分，按所属性质分为卫生部门、工业及其他部门、集体所有制三类。其中县级县以上医院按业务性质分为综合医院和专科医院。

【卫生技术人员】 指卫生事业机构支付工资的全部固定职工和合同制职工中现任职务为卫生技术工作的人员。包括中医师、西医师、中西医结合高级医师、护师、中药师、西药师、检验师、其他技师、中医士、西医士、护士、助产士、中药剂士、西药剂士、检验士、其他技士、其他中医、护理员、中药剂员、西药剂员、检验员、其他初级卫生技术人员。

【医生】 指经卫生部门审查合格，从事医疗工作的专业人员，分为中医医生和西医医生。包括卫生技术人员中的中医师、西医师、中西结合高级医师、中医士、西医士和其他中医。

【社会福利企业单位】 指以安置城镇有一定劳动能力的盲、聋、哑和肢体残疾人员就业为目的，享受国家减免税待遇的全民或集体所有制企业，包括民政部门管理和街道举办两类。

【城乡社会救济费】 社会救济是指国家或集体用于生活困难的人员的财物支出。本指标包括城镇社会救济费、乡村社会救济费、精减退职的老职工救济费。

【公证人员】 指在国家公证机关依法办理公证事务的司法人员。包括公证员、助理公证员和在公证处工作的其他人员。

【办理公证文书】 指公证处在一定时期内办理的公证文书件数。公证文书系按司法部规定或批准的格式制作。包括国内公证和涉外公证两部分。其中国内公证分为经济合同公证和民事法律关系公证两大类。

【废水排放总量】 废水包括生产废水和生活废水。生产废水指企业事业单位在生产、科研、医疗等工作中，向外环境排放的所有排放。

【工业废水达标量】 指全面达到国家排放标准的外排工业废水量（包括经过处理和未经处理的）。但不包括虽经处理仍未达到国家排放标准的工业废水。国家尚未正式颁布标准的，以地方制订的标准为准。

【工业粉尘回收量】 指经过各种回收处理装置回收的工业粉尘和尘泥量（包括干法和湿法）。

【工业固体废物综合利用量】 指已用作农业肥料、造田、生产建筑材料以及其他方式综合利用的工业固体废物量（不包括填埋和焚烧量）。

【污染事故】 指由于某种原因引起的、偶然的、突发性的向环境排放污染物，从而造成环境污染和损害，其直接经济损失在千元以上的事件。

主要指标提要

	1990年	1995年	1995年比1990年增长%
医疗卫生机构床位数（张）	10556	18089	71.4
各级各类医院（个）	177	368	1.1倍
卫生技术人员（人）	19175	21223	10.7

卫生技术人员(人)

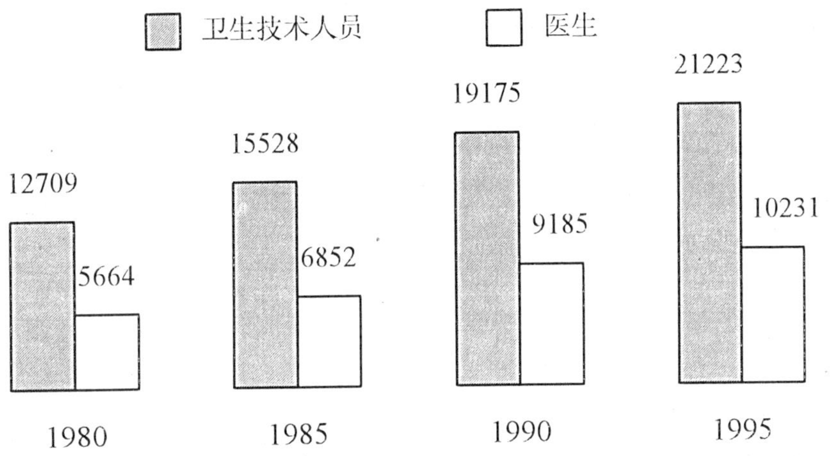

每千人口拥有的医院床位和医生数

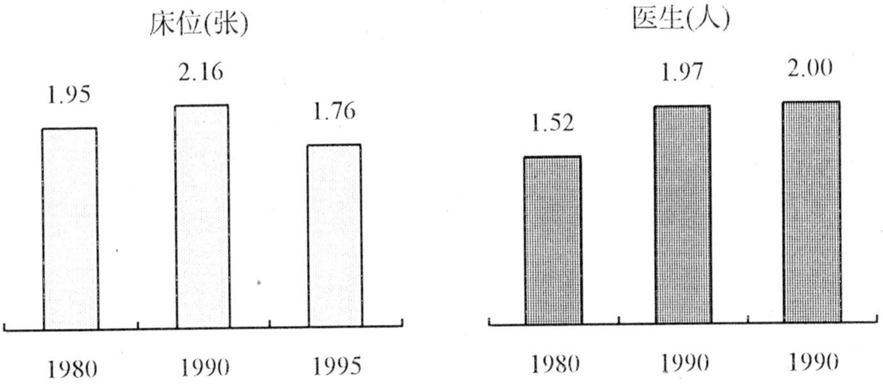

16—1 体委系统职工人数

(1995年)

单位：人

人员分类	总计	体育运动学校	重点业余体校	普通业余体校	优秀运动队	训练基地	公共体育场馆	其他
总计	**685**	**74**	**3**	**138**	**360**	**–**	**25**	**33**
专职教练员	201	27	2	107	48	–	–	–
运动员	217	–	–	–	217	–	–	–
管理人员	85	16	1	3	30	–	6	12
专职文化教师	13	12	–	–	1	–	–	–
科研人员	11	–	–	–	–	–	–	–
医务人员	10	1	–	–	9	–	–	–
工人	–	–	–	–	–	–	–	–
其他	148	18	–	28	55	–	19	21

16—2 等级运动员和裁判员分项发展人数

(1995年)

单位：人

运动项目	等级运动员	健将级	一级	二级	三级	少年级	等级裁判员
总计	**775**	**6**	**1**	**61**	**327**	**380**	**60**
田径	720	3	–	40	313	364	23
游泳	–	–	–	–	–	–	–
举重	7	1	–	4	2	–	2
射击	4	–	–	–	4	–	–
射箭	6	–	1	5	–	–	–
柔道	1	–	–	–	1	–	–
自行车	9	–	–	4	5	–	–
篮球	–	–	–	–	–	–	16
排球	–	–	–	–	–	–	1
足球	–	–	–	–	–	–	8
乒乓球	26	–	–	8	2	16	5
羽毛球	–	–	–	–	–	–	–
曲棍球	–	–	–	–	–	–	–
中国象棋	–	–	–	–	–	–	–
围棋	–	–	–	–	–	–	–
武术	2	2	–	–	–	–	5
无线电测向	–	–	–	–	–	–	–
台球	–	–	–	–	–	–	–
门球	–	–	–	–	–	–	–
桥牌	–	–	–	–	–	–	–

16—3 体 育 场 地 数

单位:个

	1985年	1990年	1991年	1992年	1993年	1994年	1995年
体 育 场	1	1	1	2	2	2	1
#乙 级	1	1	1	1	1	1	1
体 育 馆	1	1	1	1	1	1	1
#丁 级	1	1	1	1	1	1	1
游 泳 池	13	17	17	17	20	20	18
#市内游泳池	–	1	1	1	1	1	2
有固定看台灯光球场	16	17	17	17	18	18	24

16—4 运 动 员 打 破 纪 录 情 况

年 份	打破亚洲纪录			打破全国纪录			打破区纪录		
	项 数（项）	人 数（人）	人次数（人次）	项 数（项）	人 数（人）	人次数（人次）	项 数（项）	人 数（人）	人次数（人次）
1990	–	–	–	1	1	1	30	47	50
1991	–	–	–	–	–	–	51	38	51
1992	–	–	–	–	–	–	40	51	49
1993	–	–	–	–	–	–	28	22	20
1994	–	–	–	–	–	–	14	11	14
1995	–	–	–	3	1	9	74	104	165

注:有1人3次创3项世界青年女子举重纪录;3人6次超4项世界青年女子举重纪录。

16—5 群 众 体 育 活 动 情 况

项 目	单 位	1991年	1992年	1993年	1994年	1995年
<<国家体育锻炼标准>>达标人数	人	406 692	336 448	379 971	395 344	430 599
优 秀 级	人	49 402	48 012	52 216	50 401	52 248
良 好 级	人	130 816	101 234	116 978	102 350	110 785
及 格 级	人	226 474	187 202	210 777	242 593	267 566
县以上体委举办运动会次数	次	250	209	170	188	193
参加运动会的运动人员数	人	57 580	48 093	45 103	76 059	78 587

16—6 主要年份卫生机构各类人员数

单位: 人

人员分类	1990年	1991年	1992年	1993年	1994年	1995年
一、全 区 总 计	**23 915**	**24 971**	**25 799**	**26 362**	**26 639**	**26 731**
卫生技术人员	19 175	20 064	20 724	21 148	21 258	21 223
其他技术人员	432	474	420	518	596	653
管理人员	1 280	1 379	1 445	1 549	1 589	1 653
工勤人员	3 028	3 054	3 210	3 147	3 196	3 202
二、卫生技术人员	**19 175**	**20 064**	**20 724**	**21 148**	**21 258**	**21 223**
中 医 师	1 064	1 082	1 108	1 158	1 161	1 124
西 医 师	5 841	6 061	6 345	6 581	6 827	7 031
中西医结合高级医师	43	43	75	75	83	91
护 师	2 114	2 098	2 447	2 719	3 078	3 200
中 药 师	364	371	350	410	432	418
西 药 师	508	461	536	535	566	615
检 验 师	428	421	487	502	527	549
其他技师	273	280	337	417	426	456
中 医 士	281	274	242	210	211	208
西 医 士	1 904	2 085	2 059	2 008	1 809	1 777
护 士	2 826	3 130	3 044	2 943	2 816	2 752
助 产 士	112	127	130	139	156	131
中药剂士	316	362	347	294	293	266
西药剂士	510	506	497	493	468	404
检 验 士	426	437	417	388	383	353
其他技士	222	230	221	301	259	244
其他中医	52	25	43	52	43	36
护 理 员	929	1 004	940	903	689	576
中药剂员	119	111	106	111	71	78
西药剂员	148	162	160	168	149	123
检 验 员	52	59	59	57	52	37
其他初级卫生技术人员	643	735	774	684	759	754
三、平均每千人口有卫生技术人员	**4.12**	**4.23**	**4.30**	**4.31**	**4.22**	**4.14**
医 生	1.97	2.02	2.05	2.05	2.01	2.00

16—7 各类卫生机构、床位及人员数

(1995年)

项目	卫生部门			工业及其他部门			集体单位		
	机构数（个）	床位数（张）	人员数（人）	机构数（个）	床位数（张）	人员数（人）	机构数（个）	床位数（张）	人员数（人）
一、医院合计	**320**	**9 066**	**15 247**	**48**	**3 078**	**3 792**	**–**	**–**	**–**
1. 县及县以上医院	43	7 683	11 565	48	3 078	3 792	–	–	–
# 综合医院	25	5 385	7 689	47	2 678	3 665	–	–	–
中医医院	13	881	1 432	–	–	–	–	–	–
医学院附属医院	1	1 044	1 727	–	–	–	–	–	–
精神病院	1	125	160	–	–	–	–	–	–
2. 区、乡(镇)卫生院	277	1 383	3 682	–	–	–	–	–	–
二、疗养院、所	**–**	**–**	**–**	**2**	**155**	**107**	**–**	**–**	**–**
三、门诊部、所	**8**	**20**	**183**	**554**	**462**	**2 699**	**1**	**–**	**4**
四、专科防治所、站	**9**	**80**	**393**	**2**	**48**	**39**	**–**	**–**	**–**
五、卫生防疫站	**27**	**–**	**1 278**	**4**	**–**	**95**	**–**	**–**	**–**
六、妇幼保健所、站	**25**	**130**	**716**	**1**	**–**	**3**	**–**	**–**	**–**
七、药品检验所、室	**2**	**–**	**72**	**–**	**–**	**–**	**–**	**–**	**–**
八、其他卫生事业机构	**10**	**–**	**140**	**–**	**–**	**–**	**–**	**–**	**–**
九、医学科学研究机构	**1**	**–**	**17**	**–**	**–**	**–**	**–**	**–**	**–**
十、高等医药院校	**1**	**–**	**512**	**–**	**–**	**–**	**–**	**–**	**–**
十一、中等医药学校	**12**	**–**	**537**	**–**	**–**	**–**	**–**	**–**	**–**
十二、个体开业人员	**–**	**–**	**–**	**–**	**–**	**–**	**–**	**–**	**178**

16—8 医院诊疗人次和入院人数

(1995年) 单位：人

医院类型	诊疗人次	# 门、急诊	入院人数	每百诊次的入院人数	# 门、急诊
总计	**9 754 001**	**9 254 604**	**192 440**	**2.0**	**2.0**
县及县以上医院合计	6 080 571	5 683 613	166 230	2.7	2.9
卫生部门	4 032 937	3 836 933	135 858	3.4	3.5
工业及其他部门	2 047 634	1 846 680	30 372	1.5	1.6
集体单位	–	–	–	–	–
农村乡卫生院	3 673 430	3 570 991	26 210	0.7	0.7

16—9　县及县以上医院病床使用率

(1995年)

医院类别	病床周转次数（次）	病床使用率（%）	出院者平均住院日（日）
县及县以上医院总计	**15.9**	**69.3**	**14.7**
卫生部门合计	18.1	70.3	13.8
区　属	14.4	71.6	18.0
地市属	24.1	83.6	12.8
县　属	21.2	62.0	9.9
# 中医院	9.8	41.4	15.1
医学院校附属医院	15.0	93.1	22.7
精神病院	4.2	54.5	50.3
结核病院	–	–	–
妇幼保健院	23.0	46.5	7.2
工业及其他部门	10.4	66.8	19.2
集体单位	–	–	–

16—10　卫生机构主治医师及以上人员数

(1995年)　　单位：人

项目	卫生技术人员获得技术职务人数			
	合计	主任医、药、护、技师	副主任医、药、护、技师	主治（主管）医药、护、技师
总　计	**4 479**	**218**	**658**	**3 603**
卫生部门	3 236	204	487	2 545
# 医　院	2 454	146	358	1 950
卫生防疫机构	296	9	39	248
医学科学研究机构	7	1	2	4
高、中等医药院校	237	40	50	147
工业及其他部门	1 113	7	157	949
集体单位	–	–	–	–
私人开业	126	7	13	106
其　他	4	–	1	3

16—11 社会福利事业、企业单位和工作人员数

单位：个、人

项目	1991年		1992年		1993年		1994年		1995年	
	单位	人数	单位	人数	单位	人数	单位	人数	单位	人数
全区总计	**460**	**4 634**	**512**	**5 283**	**587**	**5 669**	**654**	**5 18**	**655**	**5 127**
一、社会福利事业单位	**263**	**566**	**308**	**827**	**301**	**835**	**313**	**88**	**310**	**821**
民政部门办	11	174	10	165	10	177	10	20	9	174
社会办	253	395	298	662	291	658	303	67	301	647
二、社会福利企业单位	**163**	**3 885**	**172**	**4 279**	**252**	**4 618**	**307**	**4 10**	**310**	**4 099**
民政部门办	23	1 266	27	1 475	32	1 593	32	1 18	34	1 143
# 假肢厂	1	37	1	38	1	41	1	4	1	41
安置农场	1	30	1	25	1	25	1	2	1	29
社会办	140	2 619	145	2 804	220	3 025	275	2 91	276	2 956
三、盲人按摩诊所	–	–	–	–	–	–	–		–	–
四、烈士纪念建筑物管理单位	**6**	**26**	**4**	**24**	**4**	**34**	**4**	**3**	**4**	**35**
五、收容遣送站	**5**	**88**	**5**	**85**	**5**	**82**	**5**	**7**	**5**	**72**
六、殡葬事业单位	**23**	**69**	**23**	**68**	**25**	**100**	**25**	**9**	**26**	**100**

16—12 社会福利事业单位基本情况

(1995年)

项目	院数（个）	工作人员（人）	床位（张）	年末收养人数（人）
全区总计	**236**	**507**	**2 863**	**1 631**
一、民政部门办社会福利事业单位	**9**	**174**	**459**	**378**
优抚休、疗养院	–	–	–	–
城市福利院	9	174	459	378
二、城镇集体办光荣院、福利院	–	–	–	–
光荣院	–	–	–	–
福利院	–	–	–	–
三、农村集体办光荣院、敬老院	**227**	**333**	**2 404**	**1 253**
光荣院	–	–	–	–
敬老院	227	333	2 404	1 253

16—13 主要年份享受救济和补助人员情况

项　　　目	1991年	1992年	1993年	1994年	1995年
农村困难户得到救济人次数(人次)	429 270	312 706	333 659	252 500	314 575
城镇贫困户得到救济人次数(人次)	5 033	6 182	5 807	6 774	5 487
精减退职老弱残职工得到救济人数(人)	353	406	338	312	318
本年在扶贫困户(户)	3 569	4 606	14 055	39 673	33 597

16—14 主要年份律师、公证、调解工作基本情况

项　　　目	单位	1990年	1991年	1992年	1993年	1994年	1995年
一、律师工作							
律师事务所	个	32	32	32	39	46	52
律　　师	人	223	205	234	346	496	444
聘请长年担任法律顾问的单位	处	515	571	566	647	691	627
民事代理	件	2 617	1 404	1 684	2 164	2 338	2 546
刑事辩护	件	2 050	1 897	1 808	2 114	2 387	1 732
非诉讼事件	件	270	1 096	1 438	1 874	4 822	1 792
涉外法律事务	件	-	3	-	69	6	2
解答法律询问	件	24 521	16 868	22 795	22 812	19 217	15 692
代写法律事务文书	件	6 165	6 638	6 363	6 039	5 963	7 624
二、公证工作							
公 证 处	个	26	26	27	28	28	28
公证人员	人	123	128	125	129	129	134
办理公证文书	件	11 087	15 685	17 327	29 396	28 698	21 984
三、人民调解工作							
专职司法助理员	人	347	368	392	392	378	370
人民调解委员会	个	3 648	3 647	3 791	3 794	3 734	3 780
调解人员	人	23 477	39 277	40 063	40 063	40 333	40 402
调解民间纠纷	件	18 506	19 086	16 266	15 766	15 826	17 435

16—15 国内公证文书分类

项目	办理公证（件）			各类公证所占比重（%）		
	1990年	1994年	1995年	1990年	1994年	1995年
总计	9 898	27 629	20 765	100.0	100.0	100.0
一、经济公证合计	8 260	15 680	13 655	83.5	56.8	65.7
购销	177	58	107	1.8	0.2	0.5
联营	24	16	34	0.2	0.1	0.2
拍卖	3	213	195	…	0.8	0.9
贷款	1 393	3 917	3 181	14.1	14.2	15.3
担保	5	168	202	0.1	0.6	1.0
招标投标	26	5	10	0.3	…	…
科技协作	17	1	4	0.2	…	…
供用电	116	151	46	1.2	0.5	0.2
劳务合同	2 431	4 147	3 506	24.6	15.1	16.9
建筑工程承包	87	54	28	0.9	0.2	0.2
工商服务业承包	153	323	146	1.5	1.2	0.7
农林牧渔业承包	1 677	3 420	826	17.0	12.4	4.0
乡镇企业承包	70	85	342	0.7	0.3	1.6
财产租赁	11	94	126	0.1	0.3	0.6
企业租赁	45	33	22	0.5	0.2	0.1
资产经营责任制	3	1	-	…	…	…
其他经济合同	222	734	617	2.2	2.7	3.0
法人（代表人）资格	16	9	15	0.2	…	0.1
法人委托书	14	1	2	0.1	-	-
执行许可证书	14	7	2	0.1	…	…
其他	1 756	2 223	4 244	17.7	8.0	20.4
二、民事法律关系公证合计	1 638	11 949	7 110	16.5	43.2	34.3
收养	66	97	41	0.7	0.3	0.2
解除收养	15	8	2	0.2	…	…
继承权	3	22	12	…	0.1	0.1

16-15 续表

项目	办理公证（件）			各类公证所占比重(%)		
	1990年	1994年	1995年	1990年	1994年	1995年
遗嘱	14	35	38	0.1	0.1	0.2
房屋买卖	386	8 929	4 242	4.0	32.3	20.4
房屋租赁	200	266	149	2.0	1.0	0.7
房屋搬迁	–	–	–	–	–	–
分家析产	–	–	–	–	–	–
产权	–	–	33	–	–	0.2
亲属关系	21	21	18	0.2	0.1	0.1
协议书	–	–	–	–	–	–
委托书	50	74	56	0.5	0.3	0.3
赠与书	6	36	29	0.1	0.1	0.1
声明书	59	69	52	0.6	0.2	0.3
证明书	–	–	–	–	–	–
鉴字印鉴	–	–	–	–	…	–
副本影印本与原本相符	9	14	16	0.1	0.1	0.1
保全证据	4	19	41	…	0.1	0.2
执行许可证明	3	5	–	…	–	–
有奖储蓄	–	–	–	–	–	–
宅基地使用权	128	33	26	1.3	0.1	0.1
遗赠抚养协议	17	11	9	0.2	…	…
身份证明	–	–	–	–	–	–
现场监督	43	80	74	0.4	0.3	0.4
死亡	2	–	1	…	–	…
留学协议	12	17	15	0.1	0.1	0.1
其他民事协议	261	621	588	2.6	2.2	2.8
其他	339	1 592	1 668	3.4	5.8	8.0

16—16 涉外公证文书分类

项目	办理公证（件）			各类公证所占比重(%)		
	1990年	1994年	1995年	1990年	1994年	1995年
合计	**421**	**861**	**1 168**	**100.0**	**100.0**	**100.0**
出生	86	130	186	20.4	15.2	15.9
学历	63	175	196	15.0	20.3	16.8
经历	15	21	44	3.6	2.4	3.8
收养	–	2	1	–	0.2	0.1
亲属关系	61	102	120	14.5	11.8	10.3
婚姻状况	57	83	116	13.5	9.6	9.9
继承权	–	–	–	–	–	–
签证印证	–	–	–	–	–	–
委托书	–	12	10	–	1.4	0.8
声明书	–	6	11	–	0.7	0.9
受未受刑事处分	46	69	140	10.9	8.1	12.0
学业成绩	–	–	–	–	–	–
邀请书	–	–	–	–	–	–
译本与原本相符	–	–	148	–	–	12.7
复印件与原本相符	62	102	125	14.7	11.8	10.7
身份证明	–	–	–	–	–	–
国籍	–	1	1	–	0.1	0.1
其他法律文书	–	4	9	–	0.5	0.8
职称	10	8	18	2.4	0.9	1.5
其他经济合同	–	–	1	–	–	0.1
其他	21	146	42	5.0	17.0	3.6

16—17 调解民间纠纷分类

项目	调解纠纷（件）			各类公证所占比重(%)		
	1990年	1994年	1995年	1990年	1994年	1995年
合计	**18 506**	**15 826**	**17 435**	**100.0**	**100.0**	**100.0**
婚姻	4 024	3 844	4 218	21.7	24.3	24.2
继承	178	310	265	1.0	2.0	1.5
赡抚扶养	428	634	562	2.3	4.0	3.2
房屋债基地	1 992	1 523	1 747	10.8	9.6	10.0
债务	616	959	1 099	3.3	6.0	6.3
生产经营	2 389	2 276	2 888	12.9	14.4	16.6
损害赔偿	1 216	964	1 238	6.6	6.1	7.1
其他	7 663	5 316	5 418	41.4	33.6	31.1

16—18 环境保护情况

项目	单位	1993年	1994年	1995年
一、人员	**人**	**607**	**617**	**630**
1. 科学技术业务人员	人	297	280	304
# 科研人员	人	–	–	–
监测人员	人	189	200	139
2. 行政干部	人	136	145	127
3. 工人	人	174	192	151
二、工业废水量				
1. 废水排放总量	万吨/日平均	37.67	35.14	36.62
2. 废水中				
工业废水	万吨/日平均	22.24	20.97	21.41
3. 工业废水中				
# 经过处理的	万吨/日平均	10.35	14.70	18.73
排放达标量	万吨/日平均	9.48	9.60	10.80
三、废气排放总量	**万标立方米/日平均**	**30 314.90**	**27 807.73**	**29 736.04**
# 工业燃料燃烧过程中废气排放量	万标立方米/日平均	17 032.26	18 425.96	19 915.13
# 经过消烟除尘的	万标立方米/日平均	15 692.61	15 937.29	18 223.16
# 工业生产工艺排放的	万标立方米/日平均	4 900.79	5 271.42	5 608.69
# 净化处理的	万标立方米/日平均	2 324.58	2 643.13	811.42
# 工业二氧化硫排放量	万吨/年	16.36	16.56	17.27
工业烟尘	万吨/年	10.90	9.46	9.39
四、工业粉尘产生量				
排放量	万吨/年	5.91	5.86	5.42
回收量	万吨/年	9.57	9.39	8.72
工业粉尘回收率	%	61.82	61.57	58.87
五、固体废渣产生量	**万吨/年**	**456.00**	**401.04**	**396.98**
# 已综合利用	万吨/年	102.00	155.62	132.47
已处理	万吨/年	–	–	–
六、工业锅炉	**台/蒸吨**	**585/7 111**	**598/7 375**	**609/6 712**
工业炉窑	座	683	696	293
七、治理资金	**万元**	**5 440**	**4 552**	**4 084**
八、当年安排治理项目	**个**	**216**	**185**	**178**
九、当年竣工项目	**个**	**186**	**152**	**153**
十、其他				
“三废”综合利用产品产值	万元	4 935	3 346	5 750
“三废”综合利用产品利润	万元	1 334	1 286	2 373

地市县篇

17—1 各市县国民经济主要指标及位次

市县名称	年平均人口(万人)		人口出生率(‰)				人口自然增长率(‰)			
	1990年	1995年	1990年	位次	1995年	位次	1990年	位次	1995年	位次
全区总计	**466**	**508**	**24.34**	**-**	**19.28**	**-**	**18.82**	**-**	**13.79**	**-**
银川市	50	54	13.89	20	10.83	20	7.97	20	6.58	20
永宁县	17	18	21.38	14	17.45	10	15.90	15	11.12	14
贺兰县	17	17	20.58	16	16.67	14	14.42	17	11.63	12
石嘴山市	28	31	17.98	18	12.45	19	15.16	16	9.06	19
平罗县	25	25	22.33	12	16.38	16	16.98	12	10.53	15
陶乐县	2	2	18.76	17	17.94	9	12.80	18	13.14	9
惠农县	7	7	17.68	19	14.63	17	12.56	19	9.27	18
吴忠市	25	28	22.46	11	16.50	15	17.43	10	10.37	16
青铜峡市	22	23	21.29	15	14.58	18	16.67	14	9.50	17
中卫县	29	31	24.55	9	16.70	13	17.81	9	11.23	13
中宁县	21	22	23.37	10	17.25	11	16.75	13	11.73	11
灵武县	22	24	21.82	13	16.78	12	16.99	11	12.47	10
盐池县	14	15	25.05	8	18.28	8	20.15	8	14.34	7
同心县	27	31	27.01	7	23.09	3	21.65	6	19.05	3
固原县	44	49	27.57	6	20.19	5	21.25	7	14.67	6
海原县	30	34	33.72	2	24.95	2	26.87	2	19.80	2
西吉县	37	42	34.48	1	26.75	1	29.38	1	21.27	1
隆德县	18	20	31.21	3	19.09	7	23.68	4	13.69	8
泾源县	9	10	30.81	4	22.65	4	24.79	3	16.64	4
彭阳县	21	24	29.47	5	19.90	6	23.41	5	14.95	5

17-1 续表1

市县名称	国内生产总值增长速度				人均农业总产值(元)				农业总产值增长速度			
	1995年比上年增长(%)	位次	91--95年年均增长(%)	位次	1990年	位次	1995年	位次	1995年比上年增长(%)	位次	91--95年年均增长(%)	位次
全区总计	**9.0**	–	**8.1**	–	**530**	–	**1 113**	–	**5.6**	–	**3.2**	–
银川市	11.3	2	12.3	1	444	11	863	12	11.3	5	2.7	10
永宁县	2.6	12	10.2	7	1 292	1	2 584	3	4.7	14	2.1	11
贺兰县	5.4	8	7.4	11	1 125	2	2 850	1	5.6	12	4.9	7
石嘴山市	9.9	5	8.0	10	57	20	109	20	11.8	4	5.6	4
平罗县	3.8	9	7.0	13	748	6	1 981	6	15.3	2	6.6	3
陶乐县	1.1	14	6.9	14	1 068	3	2 778	2	4.9	13	8.4	1
惠农县	10.8	3	11.7	3	1 029	4	2 510	4	7.0	11	5.1	5
吴忠市	10.5	4	11.2	4	714	9	1 505	10	7.9	10	4.8	8
青铜峡市	14.1	1	11.8	2	884	5	2 065	5	13.5	3	5.3	6
中卫县	9.1	6	7.2	12	616	10	1 544	9	9.0	8	6.7	2
中宁县	10.8	3	9.1	8	743	8	1 879	7	8.9	9	6.7	2
灵武县	6.9	7	10.4	6	744	7	1 671	8	18.9	1	3.9	9
盐池县	3.1	11	6.2	15	424	12	997	11	-17.8	19	-1.1	15
同心县	2.3	13	-5.7	19	357	16	610	16	11.2	6	-0.9	14
固原县	-4.2	16	3.9	16	342	17	619	15	10.9	7	-0.9	14
海原县	-3.0	15	8.6	9	278	18	353	19	-11.8	17	-4.5	17
西吉县	-27.3	18	-4.5	18	250	19	372	18	-36.7	20	-6.7	18
隆德县	3.7	10	11.1	5	377	15	634	14	-8.2	16	-0.8	13
泾源县	-27.7	19	-10.5	20	386	14	526	17	-16.2	18	-3.2	16
彭阳县	-7.3	17	2.2	17	389	13	761	13	-5.8	15	0.5	12

17-1 续表2

市县名称	人均耕地面积(亩)				粮食产量增长速度				人均粮食产量(公斤)			
	1990年	位次	1995年	位次	1995年比上年增长(%)	位次	91--95年年均增长(%)	位次	1990年	位次	1995年	位次
全区总计	**2.6**	–	**2.4**	–	**1.1**	–	**1.0**	–	**414.8**	–	**399.4**	–
银川市	0.6	19	0.7	19	0.7	11	1.5	8	161.6	19	162.0	17
永宁县	1.9	12	1.9	12	-1.5	13	1.3	10	1 020.6	1	1 046.4	2
贺兰县	2.2	10	2.2	11	8.9	4	5.8	1	836.0	3	1 097.7	1
石嘴山市	0.1	20	0.1	20	-2.1	14	-7.2	14	27.1	20	16.8	20
平罗县	1.9	13	1.8	13	12.5	2	4.6	2	561.9	6	695.5	6
陶乐县	2.8	9	3.3	6	8.0	5	1.4	9	983.0	2	915.7	3
惠农县	2.2	11	2.4	10	10.6	3	4.3	4	665.6	5	826.3	5
吴忠市	0.9	18	0.9	18	-2.7	15	1.9	6	492.5	9	478.0	10
青铜峡市	1.5	14	1.5	14	3.8	10	2.1	5	806.3	4	857.5	4
中卫县	1.1	16	1.1	17	5.0	8	1.8	7	481.0	10	491.4	9
中宁县	1.1	17	1.1	16	6.0	7	4.5	3	526.5	8	629.7	7
灵武县	1.4	15	1.4	15	0.1	12	2.1	5	559.2	7	519.9	8
盐池县	6.4	1	6.1	1	-23.7	18	-0.1	11	253.9	15	201.6	13
同心县	5.4	3	4.8	3	7.5	6	-0.1	11	263.3	14	227.4	12
固原县	4.1	5	3.6	5	17.2	1	-2.8	12	242.3	16	189.1	15
海原县	4.3	4	3.7	4	-23.4	17	-9.9	16	236.2	18	122.8	18
西吉县	3.0	8	2.6	9	-45.8	20	-12.5	17	238.2	17	107.2	19
隆德县	3.5	6	3.2	7	-20.2	16	-7.3	15	310.2	12	188.2	16
泾源县	3.1	7	2.7	8	-28.8	19	-5.9	13	306.4	13	194.7	14
彭阳县	6.3	2	5.5	2	4.3	9	-2.8	12	314.8	11	241.4	11

17-1 续表3

市县名称	人均油料产量(公斤)				人均猪牛羊肉产量(公斤)				人均水产品产量(公斤)			
	1990年	位次	1995年	位次	1990年	位次	1995年	位次	1990年	位次	1995年	位次
全区总计	**13.4**	–	**11.0**	–	**13.5**	–	**20.2**	–	**2.2**	–	**3.7**	–
银川市	2.8	17	0.7	20	6.4	17	9.8	16	5.3	3	7.6	3
永宁县	2.6	18	2.1	18	24.6	5	38.0	4	8.6	2	14.4	2
贺兰县	12.9	12	12.4	8	19.0	8	32.6	6	16.4	1	28.8	1
石嘴山市	1.1	19	1.0	19	0.8	19	1.0	19	0.8	11	2.5	9
平罗县	17.6	9	21.9	4	15.1	11	41.9	3	2.9	6	4.2	5
陶乐县	36.4	1	29.6	2	25.6	4	36.6	5	1.0	9	1.1	11
惠农县	25.1	3	36.3	1	32.9	2	49.2	1	3.3	4	3.2	8
吴忠市	4.7	16	4.5	15	6.3	18	15.5	13	0.8	12	0.8	12
青铜峡市	2.6	18	13.1	7	21.9	7	27.5	8	1.9	7	4.3	4
中卫县	5.6	14	12.0	9	22.9	6	38.0	4	1.3	8	4.0	6
中宁县	23.1	6	19.4	5	25.8	3	43.9	2	1.0	10	2.2	10
灵武县	5.3	15	3.1	17	9.6	15	18.6	10	3.2	5	3.6	7
盐池县	24.3	4	7.9	13	37.2	1	31.5	7	–	–	–	–
同心县	20.7	8	9.2	11	11.8	12	15.1	14	–	–	–	–
固原县	29.4	2	23.6	3	6.3	18	9.0	17	0.1	14	0.1	14
海原县	13.5	11	6.3	14	9.9	14	5.6	18	–	–	...	–
西吉县	14.5	10	3.7	16	6.9	16	11.0	15	0.4	13	0.3	13
隆德县	24.2	5	15.3	6	17.6	10	23.3	9	–	–	–	–
泾源县	12.2	13	11.9	10	11.6	13	17.6	12	–			–
彭阳县	22.7	7	8.4	12	18.1	9	17.9	11	0.1	15	0.1	14

17-1 续表4

市县名称	人均禽蛋产量(公斤)				人均奶产量(公斤)				人均工业总产值(元)			
	1990年	位次	1995年	位次	1990年	位次	1995年	位次	1990年	位次	1995年	位次
全区总计	**4.7**	**-**	**7.7**	**-**	**8.7**	**-**	**27.5**	**-**	**1 316.3**	**-**	**3 594.7**	**-**
银川市	3.5	11	7.3	8	24.3	2	34.6	6	4 210.9	2	12 526.7	2
永宁县	14.1	1	14.9	3	14.0	4	61.1	2	582.9	9	1 941.3	10
贺兰县	12.1	2	16.9	2	15.6	3	41.5	4	672.1	8	1 601.5	11
石嘴山市	0.9	17	0.5	19	0.2	12	0.4	13	5 423.0	1	11 771.3	3
平罗县	3.0	12	6.1	10	0.4	10	10.8	8	1 071.0	5	2 226 1	9
陶乐县	4.2	10	4.5	11	-	-	…	-	264.0	12	631.9	13
惠农县	5.2	7	9.7	6	0.4	10	3.2	9	428.9	10	2 664.9	6
吴忠市	8.7	4	8.9	7	47.8	1	210.1	1	1 753.0	4	3 754.9	4
青铜峡市	6.5	5	13.3	4	5.3	5	36.3	5	3 404.6	3	13 591.2	1
中卫县	10.8	3	31.6	1	0.8	7	13.0	7	739.3	7	2 357.5	8
中宁县	5.1	8	12.6	5	0.5	9	1.2	12	401.3	11	975.0	12
灵武县	3.5	11	6.2	9	0.7	8	59.1	3	760.6	6	2 531.3	7
盐池县	2.5	14	2.5	15	0.5	9	2.8	10	173.2	13	3 356.0	5
同心县	2.4	15	2.4	16	-	-	-	-	86.0	16	129.3	19
固原县	2.0	16	2.6	14	0.3	11	0.1	14	148.6	14	281.5	15
海原县	2.0	16	2.1	17	-	-	…	-	56.0	17	118.1	20
西吉县	2.0	16	1.9	18	0.3	11	…	-	28.8	20	152.7	17
隆德县	2.7	13	3.7	13	-	-	-	-	99.1	15	593.8	14
泾源县	6.2	6	4.3	12	1.6	6	1.4	11	53.0	19	151.4	18
彭阳县	4.3	9	6.1	10	-	-	-	-	55.5	18	187.4	16

注:人均工业总产值为乡及乡以上产值计算。

17-1 续表5

市县名称	工业总产值增长速度				人均财政收入(元)				人均财政支出(元)			
	1995年比上年增长(%)	位次	91--95年年均增长(%)	位次	1990年	位次	1995年	位次	1990年	位次	1995年	位次
全区总计	**13.0**	–	**10.7**	–	**133.7**	–	**176.7**	–	**310.4**	–	**452.6**	–
银川市	15.3	7	13.0	9	383.5	1	387.8	1	287.6	2	535.2	1
永宁县	15.8	6	18.9	5	58.4	9	94.8	6	139.0	14	237.4	12
贺兰县	13.2	10	8.8	14	78.6	6	97.6	5	152.4	10	237.7	11
石嘴山市	11.3	11	5.0	20	252.3	2	207.6	2	287.3	3	406.3	3
平罗县	2.4	15	5.1	19	113.4	5	93.5	7	151.7	11	276.6	7
陶乐县	9.3	12	10.5	12	43.6	12	37.8	12	385.0	1	530.0	2
惠农县	43.5	2	29.1	3	76.0	7	91.2	10	207.6	5	358.0	4
吴忠市	6.0	13	9.6	13	133.1	3	114.2	4	177.4	6	291.2	6
青铜峡市	19.0	5	16.2	7	118.9	4	176.6	3	165.4	8	327.8	5
中卫县	15.1	8	10.6	11	57.6	11	93.2	8	144.1	13	253.8	9
中宁县	-9.3	18	6.1	16	58.0	10	76.3	11	151.1	12	236.3	13
灵武县	3.2	14	13.2	8	66.6	8	91.5	9	137.8	16	246.3	10
盐池县	15.0	9	35.9	1	31.9	13	36.5	13	217.3	4	265.5	8
同心县	-30.3	20	5.2	18	12.9	15	22.4	16	127.6	17	171.9	16
固原县	20.2	4	7.3	15	22.1	14	26.1	15	119.8	18	142.2	20
海原县	-3.6	16	11.0	10	2.6	20	5.9	20	119.6	19	144.1	18
西吉县	31.3	3	27.0	4	6.4	19	9.0	19	117.4	20	145.4	17
隆德县	-8.1	17	34.4	2	9.5	16	29.6	14	152.9	9	204.7	14
泾源县	-16.0	19	5.4	17	7.6	17	19.7	17	166.9	7	190.7	15
彭阳县	67.8	1	17.9	6	7.2	18	18.3	18	138.7	15	142.7	19

注:工业总产值增长速度为乡及乡以上产值。

17-1 续表6

市县名称	人均国有固定资产投资(元)				人均社会消费品零售额(元)				职工平均工资(元)			
	1990年	位次	1995年	位次	1990年	位次	1995年	位次	1990年	位次	1995年	位次
全区总计	**359.5**	**-**	**1 011.7**	**-**	**543.0**	**-**	**478.8**	**-**	**2 202**	**-**	**5 079**	**-**
银川市	930.2	3	2 676.0	2	1 756.9	1	4 047.3	1	2 092	3	5 021	3
永宁县	70.8	14	236.9	13	383.8	12	779.4	9	1 684	20	4 222	9
贺兰县	119.8	6	169.6	14	416.5	9	683.7	11	1 804	16	4 184	10
石嘴山市	1 228.8	2	2 183.7	3	1 089.2	2	2 370.3	2	2 653	1	5 836	1
平罗县	84.6	11	548.0	7	522.5	7	900.1	6	2 056	4	4 741	4
陶乐县	67.3	15	257.8	12	523.5	6	802.6	8	1 685	19	4 120	13
惠农县	88.9	9	542.2	8	384.9	11	652.5	12	1 741	18	4 331	8
吴忠市	135.0	5	473.2	9	845.0	3	2 209.8	3	1 977	7	3 997	16
青铜峡市	1 677.8	1	2 706.9	1	558.7	4	955.1	5	2 161	2	5 757	2
中卫县	96.1	8	707.7	6	463.8	8	966.6	4	1 965	8	3 864	19
中宁县	78.0	13	166.0	15	415.3	10	827.8	7	1 814	15	4 401	6
灵武县	533.8	4	1 923.7	4	529.3	5	752.0	10	1 964	9	4 629	5
盐池县	104.3	7	1 485.6	5	356.2	13	629.9	13	1 879	12	3 888	18
同心县	56.2	16	43.4	20	219.0	15	321.5	16	1 802	17	3 422	20
固原县	45.0	18	302.5	11	238.2	14	515.5	14	2 005	6	3 925	17
海原县	12.6	20	69.1	18	106.2	20	185.6	20	1 847	14	4 044	15
西吉县	33.2	19	61.9	19	137.6	18	218.5	19	2 028	5	4 162	11
隆德县	84.5	12	409.1	10	169.7	17	236.6	18	1 960	11	4 349	7
泾源县	55.6	17	112.9	16	188.3	16	406.9	15	1 854	13	4 154	12
彭阳县	86.2	10	109.8	17	126.0	19	251.5	17	1 962	10	4 118	14

17-1 续表7

市县名称	农民家庭人均纯收入(元)				农民家庭人均生活消费支出(元)			
	1990年	位次	1995年	位次	1990年	位次	1995年	位次
全区总计	**594.28**	–	**1 036.99**	–	**465.03**	–	**1 057.78**	–
银川市	967.65	3	1 790.76	1	814.09	2	1 290.49	10
永宁县	977.28	2	1 647.95	3	848.10	1	1 445.72	4
贺兰县	993.33	1	1 628.98	4	626.27	4	1 619.93	2
石嘴山市								
平罗县	838.53	4	1 483.86	8	615.50	5	1 391.37	5
陶乐县	801.75	5	1 697.32	2	512.39	9	1 646.21	1
惠农县	780.67	6	1 492.83	7	612.50	6	1 360.72	7
吴忠市	726.04	9	1 384.08	10	653.92	3	1 310.12	9
青铜峡市	752.72	8	1 528.51	5	579.80	7	1 565.72	3
中卫县	701.80	10	1 380.82	11	455.79	11	1 350.86	8
中宁县	632.31	11	1 469.88	9	456.88	10	1 065.24	11
灵武县	768.75	7	1 513.21	6	542.18	8	1 373.54	6
盐池县	534.07	12	821.19	12	440.27	12	1 038.10	12
同心县	427.26	13	812.05	13	313.34	13	901.27	13
固原县	394.79	14	628.06	16	302.50	14	691.65	16
海原县	332.73	18	470.03	17	228.76	18	683.38	17
西吉县	338.42	17	447.46	19	245.87	17	622.14	18
隆德县	382.87	15	631.05	15	297.95	15	856.55	14
泾源县	246.44	19	457.12	18	197.54	19	540.03	19
彭阳县	368.98	16	656.60	14	265.88	16	824.00	15

17—2 各市县国内生产总值

(1995年)

单位:万元

市县名称	国内生产总值		第一产业		第二产业		第三产业	
	绝对额（万元）	比上年增长(%)	绝对额（万元）	比上年增长(%)	绝对额（万元）	比上年增长(%)	绝对额（万元）	比上年增长(%)
全区总计	**1 697 571**	**9.0**	**353 954**	**1.1**	**741 431**	**13.0**	**602 186**	**8.9**
银川市	466 015	11.3	29 286	3.8	227 440	9.9	209 289	14.3
永宁县	63 164	2.6	31 007	4.0	16 103	-12.6	16 054	27.7
贺兰县	64 258	5.4	32 886	0.6	14 998	1.9	16 374	21.2
石嘴山市	202 994	9.9	2 298	10.5	140 488	7.9	60 208	15.8
平罗县	67 942	3.8	31 079	5.6	21 326	-1.5	15 537	9.5
陶乐县	7 268	1.1	4 399	5.0	890	-9.0	1 979	-0.3
惠农县	24 478	10.8	11 580	-1.2	9 249	36.0	3 649	-9.2
吴忠市	99 554	10.5	21 622	4.0	46 412	10.9	31 520	14.2
青铜峡市	162 253	14.1	29 128	8.1	100 135	23.2	32 990	10.2
中卫县	74 892	9.1	28 612	1.1	19 456	14.9	26 824	13.1
中宁县	45 945	10.8	24 425	17.1	9 192	6.0	12 328	3.7
灵武县	78 001	6.9	26 132	17.6	35 701	2.2	16 168	3.7
盐池县	36 673	3.1	9 761	13.0	15 133	-14.5	11 779	21.7
同心县	23 976	2.3	11 058	-4.0	3 800	4.8	9 118	8.7
固原县	47 986	-4.2	17 902	-5.7	10 855	-18.5	19 229	-3.2
海原县	21 431	-3.0	6 283	-24.5	8 746	5.2	6 402	8.9
西吉县	18 585	-27.3	6 766	-53.2	2 770	1.4	9 049	-3.8
隆德县	18 348	3.7	6 507	-14.2	6 552	22.0	5 289	6.4
泾源县	6 078	-27.7	2 551	-46.7	943	13.9	2 584	-7.2
彭阳县	17 713	-7.3	10 590	-10.0	2 545	7.1	4 578	22.4

注:本表绝对额按当年价格计算,增长速度按可比价格计算。

17—3 各市县户数、人口数

(1995年)

市县名称	总户数（户）	人口数（人）			平均每户人数（人/户）	性别比（女=100）
		合计	男	女		
全区总计	**1 195 094**	**5 123 845**	**2 632 599**	**2 491 246**	**4.29**	**105.67**
灌区	726 629	2 845 754	1 461 075	1 384 679	3.92	105.52
山区	468 465	2 278 091	1 171 524	1 106 567	4.86	105.87
银川市	**235 923**	**893 791**	**454 652**	**439 139**	**3.79**	**103.53**
银川市	148 343	544 851	276 318	268 533	3.67	102.90
永宁县	45 418	177 132	90 544	86 588	3.90	104.57
贺兰县	42 162	171 808	87 790	84 018	4.07	104.49
石嘴山市	**178 307**	**660 416**	**343 404**	**317 012**	**3.70**	**108.33**
石嘴山市	88 527	314 133	163 218	150 915	3.55	108.15
平罗县	63 119	253 209	132 099	121 110	4.01	109.07
陶乐县	5 808	23 046	11 781	11 265	3.97	104.58
惠农县	20 853	70 028	36 306	33 722	3.36	107.66
银南地区	**417 372**	**1 755 159**	**899 982**	**855 177**	**4.21**	**105.24**
吴忠市	69 672	285 136	146 308	138 828	4.09	105.39
青铜峡市	53 469	232 398	119 516	112 882	4.35	105.88
中卫县	77 880	312 734	161 300	151 434	4.02	106.52
中宁县	52 631	219 796	112 183	107 613	4.18	104.25
灵武县	58 747	241 483	123 712	117 771	4.11	105.04
盐池县	35 326	148 621	76 251	72 370	4.21	105.36
同心县	69 647	314 991	160 712	154 279	4.52	104.17
固原地区	**363 492**	**1 814 479**	**934 561**	**879 918**	**4.99**	**106.21**
固原县	105 224	492 993	253 921	239 072	4.69	106.21
海原县	66 429	344 024	174 097	169 927	5.18	102.45
西吉县	77 158	426 991	220 706	206 285	5.53	106.99
隆德县	44 698	204 826	107 163	97 663	4.58	109.73
泾源县	22 267	105 831	54 304	51 527	4.75	105.39
彭阳县	47 716	239 814	124 370	115 444	5.03	107.73

17—4 各市县的市、镇、乡村人口和构成

(1995年)

市县名称	总人口(人)	市		镇		乡村	
		人口数(人)	比重(%)	人口数(人)	比重(%)	人口数(人)	比重(%)
全区总计	**5 123 845**	**1 376 518**	**26.86**	**1 139 515**	**22.24**	**2 607 812**	**50.90**
灌区	2 845 754	1 376 518	48.37	604 046	21.23	865 190	30.40
山区	2 278 091	–	–	535 469	23.51	1 742 622	76.49
银川市	**893 791**	**544 851**	**60.96**	**162 719**	**18.21**	**186 221**	**20.83**
银川市	544 851	544 851	100.00	–	–	–	–
永宁县	177 132	–	–	63 582	35.90	113 550	64.10
贺兰县	171 808	–	–	99 137	57.70	72 671	42.30
石嘴山市	**660 416**	**314 133**	**47.57**	**130 167**	**19.71**	**216 116**	**32.72**
石嘴山市	314 133	314 133	100.00	–	–	–	–
平罗县	253 209	–	–	112 046	44.25	141 163	55.75
陶乐县	23 046	–	–	8 365	36.30	14 681	63.70
惠农县	70 028	–	–	9 756	13.93	60 272	86.07
银南地区	**1 755 159**	**517 534**	**29.49**	**498 386**	**28.39**	**739 239**	**42.12**
吴忠市	285 136	285 136	100.00	–	–	–	–
青铜峡市	232 398	232 398	100.00	–	–	–	–
中卫县	312 734	–	–	146 765	46.93	165 969	53.07
中宁县	219 796	–	–	61 627	28.04	158 169	71.96
灵武县	241 483	–	–	102 768	42.56	138 715	57.44
盐池县	148 621	–	–	41 729	28.08	106 892	71.92
同心县	314 991	–	–	145 497	46.19	169 494	53.81
固原地区	**1 814 479**	–	–	**348 243**	**19.19**	**1 466 236**	**80.81**
固原县	492 993	–	–	162 839	33.03	330 154	66.97
海原县	344 024	–	–	72 410	21.05	271 614	78.95
西吉县	426 991	–	–	36 682	8.59	390 309	91.41
隆德县	204 826	–	–	30 722	15.00	174 104	85.00
泾源县	105 831	–	–	29 610	27.98	76 221	72.02
彭阳县	239 814	–	–	15 980	6.66	223 834	93.34

17—5 各市县非农业、农业人口和构成

(1995年)

市县名称	非农业人口		农业人口	
	人口数（人）	比重（%）	人口数（人）	比重（%）
全区总计	**1 379 550**	**26.92**	**3 744 295**	**73.08**
灌　区	1 156 160	40.63	1 689 594	59.37
山　区	223 390	9.81	2 054 701	90.19
银川市	**476 341**	**53.29**	**417 450**	**46.71**
银川市	424 657	77.94	120 194	22.06
永宁县	25 630	14.47	151 502	85.53
贺兰县	26 054	15.16	145 754	84.84
石嘴山市	**370 576**	**56.11**	**289 840**	**43.89**
石嘴山市	303 490	96.61	10 640	3.39
平罗县	50 216	19.83	202 993	80.17
陶乐县	5 350	23.21	17 696	76.79
惠农县	11 520	16.45	58 508	83.55
银南地区	**369 518**	**21.05**	**1 385 641**	**78.95**
吴忠市	82 467	28.92	202 669	71.08
青铜峡市	63 581	27.36	168 817	72.64
中卫县	59 286	18.96	253 448	81.04
中宁县	33 216	15.11	186 580	84.89
灵武县	70 693	29.27	170 790	70.73
盐池县	25 113	16.90	123 508	83.10
同心县	35 162	11.16	279 829	88.84
固原地区	**163 115**	**8.99**	**1 651 364**	**91.01**
固原县	74 502	15.11	418 491	84.89
海原县	24 394	7.09	319 630	92.91
西吉县	23 532	5.51	403 459	94.49
隆德县	16 820	8.21	188 006	91.79
泾源县	9 101	8.60	96 730	91.40
彭阳县	14 766	6.16	225 048	93.84

17—6 各市县民族人口和构成

(1995年)

市县名称	汉族		回族		其他少数民族	
	人口数（人）	比重（%）	人口数（人）	比重（%）	人口数（人）	比重（%）
全区总计	**3 374 813**	**65.86**	**1 724 148**	**33.65**	**24 884**	**0.49**
灌　区	2 215 546	77.86	608 786	21.39	21 422	0.75
山　区	1 159 267	50.89	1 115 362	48.96	3 462	0.15
银川市	**716 889**	**80.21**	**163 159**	**18.25**	**13 743**	**1.54**
银川市	433 437	79.55	98 627	18.10	12 787	2.35
永宁县	153 063	86.41	23 433	13.23	636	0.36
贺兰县	130 390	75.89	41 099	23.92	319	0.19
石嘴山市	**527 609**	**79.89**	**128 176**	**19.41**	**4 631**	**0.70**
石嘴山市	278 731	88.73	31 255	9.95	4 147	1.32
平罗县	171 449	67.71	81 471	32.18	289	0.11
陶乐县	20 763	90.09	2 216	9.62	67	0.29
惠农县	56 666	80.92	13 234	18.90	128	0.18
银南地区	**1 175 259**	**66.96**	**576 678**	**32.86**	**3 222**	**0.18**
吴忠市	124 930	43.81	159 760	56.03	446	0.16
青铜峡市	199 844	85.99	31 658	13.62	896	0.39
中卫县	307 689	98.39	3 925	1.25	1 120	0.36
中宁县	214 357	97.52	5 202	2.37	237	0.11
灵武县	124 228	51.45	116 911	48.41	344	0.14
盐池县	144 481	97.21	4 010	2.70	130	0.09
同心县	59 730	18.96	255 212	81.02	49	0.02
固原地区	**955 056**	**52.64**	**856 135**	**47.18**	**3 288**	**0.18**
固原县	285 532	57.92	207 190	42.03	271	0.05
海原县	102 646	29.84	238 443	69.31	2 935	0.85
西吉县	207 139	48.51	219 810	51.48	42	0.01
隆德县	186 945	91.27	17 877	8.73	4	-
泾源县	3 724	3.52	102 074	96.45	33	0.03
彭阳县	169 070	70.50	70 741	29.50	3	-

17—7 各市县人口自然变动情况

(1995年)

市县名称	年平均人口(人)	自然变动人数(人)			自然变动率(‰)			计划生育率(%)
		出生人数	死亡人数	自然增长人数	出生率	死亡率	自然增长率	
全区总计	**5 081 264**	**97 967**	**27 896**	**70 071**	**19.28**	**5.49**	**13.79**	**72.03**
灌　区	2 823 534	43 340	13 979	29 361	15.35	4.95	10.40	84.96
山　区	2 257 730	50 107	11 337	38 770	22.19	5.02	17.17	61.72
银川市	**886 035**	**12 529**	**4 342**	**8 187**	**14.14**	**4.90**	**9.24**	**92.31**
银川市	538 081	5 827	2 286	3 541	10.83	4.25	6.58	97.04
永宁县	176 466	3 079	1 117	1 962	17.45	6.33	11.12	87.91
贺兰县	171 488	2 859	865	1 994	16.67	5.04	11.63	89.53
石嘴山市	**656 912**	**9 525**	**2 969**	**6 556**	**14.50**	**4.52**	**9.98**	**89.60**
石嘴山市	311 798	3 882	1 057	2 825	12.45	3.39	9.06	98.64
平罗县	252 449	4 135	1 477	2 658	16.38	5.85	10.53	83.93
陶乐县	22 950	412	110	302	17.94	4.80	13.14	82.14
惠农县	69 717	1 020	374	646	14.63	5.36	9.27	81.67
银南地区	**1 739 715**	**31 176**	**8 508**	**22 668**	**17.92**	**4.89**	**13.03**	**72.98**
吴忠市	282 805	4 666	1 733	2 993	16.50	6.13	10.37	77.14
青铜峡市	229 465	3 346	1 166	2 180	14.58	5.08	9.50	87.21
中卫县	310 381	5 183	1 697	3 486	16.70	5.47	11.23	80.00
中宁县	218 812	3 775	1 208	2 567	17.25	5.52	11.73	70.00
灵武县	239 127	4 013	1 031	2 982	16.78	4.31	12.47	72.48
盐池县	147 718	2 700	582	2 118	18.28	3.94	14.34	77.45
同心县	311 410	7 190	1 258	5 932	23.09	4.04	19.05	60.68
固原地区	**1 798 602**	**40 217**	**9 497**	**30 720**	**22.36**	**5.28**	**17.08**	**60.55**
固原县	489 025	9 873	2 699	7 174	20.19	5.52	14.67	71.75
海原县	342 001	8 533	1 761	6 772	24.95	5.15	19.80	53.57
西吉县	421 529	11 276	2 310	8 966	26.75	5.48	21.27	42.86
隆德县	203 467	3 884	1 099	2 785	19.09	5.40	13.69	73.68
泾源县	104 742	2 372	629	1 743	22.65	6.01	16.64	68.14
彭阳县	237 840	4 733	1 177	3 556	19.90	4.95	14.95	67.40

注:根据1995年人口变动情况抽样调查资料整理,因受样本构成影响,各市县数据加总后不等于总计数。

17—8 各市县按经济类型和三次产业分的职工人数

（1995年末数）

单位：人

市县名称	合计	按经济类型分			按三次产业分		
		国有经济单位	城镇集体经济单位	其他各种经济类型单位	第一产业	第二产业	第三产业
全区总计	**734 278**	**615 085**	**98 924**	**20 269**	**58 828**	**357 586**	**317 864**
银川市	232 416	188 901	29 249	14 266	9 407	124 255	98 754
永宁县	16 268	12 491	3 246	531	3 827	4 618	7 823
贺兰县	16 344	14 333	1 580	431	2 956	6 134	7 254
石嘴山市	134 359	107 950	24 708	1 701	2 148	109 645	22 566
平罗县	25 136	21 784	3 246	106	3 734	11 579	9 823
陶乐县	2 993	2 647	346	–	657	424	1 912
惠农县	8 440	7 390	1 050	–	2 305	2 852	3 282
吴忠市	45 700	35 610	8 559	1 531	7 905	20 286	17 509
青铜峡市	40 707	34 793	5 914	–	3 851	23 443	13 413
中卫县	25 681	20 779	4 152	750	1 600	11 772	12 309
中宁县	24 247	20 646	2 969	632	5 650	5 814	12 783
灵武县	32 055	27 188	4 867	–	8 036	11 492	12 527
盐池县	10 315	8 877	1 369	69	816	2 366	7 133
同心县	12 751	11 197	1 554	–	684	1 946	10 121
固原县	27 774	25 208	2 533	33	1 737	7 538	18 499
海原县	10 789	9 839	885	65	901	934	8 954
西吉县	13 131	12 014	1 117	–	1 201	1 551	10 379
隆德县	9 163	8 219	790	154	314	1 652	7 197
泾源县	4 491	4 298	193	–	836	573	3 082
彭阳县	7 535	6 938	597	–	263	1 245	6 027

注：不分地区未列入表内，各市县相加不等于合计数。

17—9 各市县按行业分职工人数

(1995年)　　单位：人

市县名称	合计	农、林、牧、渔业	采掘业	制造业	电气、煤气及水的生产和供应业	建筑业	地质勘查业、水利管理业	交通运输仓储及邮电通讯业	批发和零售贸易、餐饮业
全区总计	**734 278**	**58 828**	**75 498**	**211 275**	**15 411**	**55 402**	**16 609**	**38 062**	**67 277**
银川市	232 416	9 407	178	88 923	2 547	32 607	3 220	8 820	24 732
永宁县	16 268	3 827	–	4 383	–	235	241	365	1 293
贺兰县	16 344	2 956	526	4 917	51	640	501	207	1 073
石嘴山市	134 359	2 148	51 063	43 339	5 450	9 793	15	2 276	8 035
平罗县	25 136	3 734	4 393	6 794	124	268	–	290	2 423
陶乐县	3 993	657	35	307	–	82	–	155	234
惠农县	8 440	2 305	149	2 149	27	527	–	93	499
吴忠市	45 700	7 905	–	16 587	1 751	1 948	949	1 126	4 333
青铜峡市	40 707	3 851	607	16 976	3 297	2 563	445	558	4 154
中卫县	25 681	1 600	1 504	9 198	116	954	168	512	2 705
中宁县	24 247	5 650	1 076	2 827	876	1 035	1 650	2 252	2 544
灵武县	32 055	8 036	6 878	4 262	–	352	274	291	4 984
盐池县	10 315	816	629	1 607	–	130	156	516	1 068
同心县	12 751	684	320	919	77	630	239	334	1 525
固原县	27 774	1 737	353	4 007	767	2 411	447	2 041	2 034
海原县	10 789	901	4	617	73	240	356	436	1 283
西吉县	13 131	1 201	–	1 273	133	145	384	923	1 133
隆德县	9 163	314	–	1 332	18	302	232	312	994
泾源县	4 491	836	–	435	68	70	13	175	327
彭阳县	7 535	263	786	423	36	–	132	381	828

17-9 续表　　(1995年)　　单位: 人

市县名称	金融、保险业	房地产业	社会服务业	卫生、体育和社会福利业	教育、文化艺术及广播电影电视业	科学研究和综合技术服务业	国家机关政党机关社会团体	其他行业
全区总计	**16 998**	**2 127**	**15 506**	**21 717**	**72 477**	**7 752**	**57 283**	**2 056**
银川市	5 670	1 339	9 171	7 561	15 345	5 483	16 198	1 215
永宁县	534	15	257	511	2 871	220	1 516	–
贺兰县	514	126	81	499	2 562	16	1 675	–
石嘴山市	1 683	263	1 772	1 267	2 563	703	3 965	24
平罗县	772	32	239	738	3 085	121	2 123	–
陶乐县	120	–	24	84	515	16	764	–
惠农县	212	5	75	224	1 031	18	1 082	44
吴忠市	1 356	43	663	1 358	3 878	160	3 643	–
青铜峡市	696	58	370	1 038	3 621	104	2 369	–
中卫县	813	68	652	1 046	3 889	78	2 378	–
中宁县	639	17	182	702	2 817	89	1 891	–
灵武县	833	47	417	781	2 488	58	2 311	43
盐池县	411	38	319	501	2 591	231	1 302	–
同心县	373	22	262	591	3 883	46	2 846	–
固原县	952	4	543	1 567	6 321	269	3 650	671
海原县	311	12	85	701	3 438	30	2 302	–
西吉县	349	13	119	943	4 483	29	1 944	59
隆德县	344	4	207	486	2 809	11	1 798	–
泾源县	160	–	48	256	1 161	64	878	–
彭阳县	256	21	20	404	2 435	6	1 544	–

17—10　各市县全部职工工资和平均工资

(1995年)

市县名称	工资总额（万元）	# 国有经济单位	# 城镇集体经济单位	平均工资（元）	# 国有经济单位	# 城镇集体经济单位
全区总计	**371 794.7**	**321 097.4**	**38 910.5**	**5 079**	**5 273**	**3 782**
银川市	117 695.4	96 307.5	11 918.2	5 021	5 112	3 793
永宁县	6 853.9	5 348.4	1 325.3	4 222	4 289	4 075
贺兰县	6 641.2	5 810.9	615.3	4 184	4 163	4 008
石嘴山市	78 702.1	67 335.7	10 485.6	5 836	6 253	4 101
平罗县	11 841.8	10 693.1	1 129.8	4 741	5 019	3 165
陶乐县	1 182.0	1 069.9	112.1	4 120	4 174	3 663
惠农县	3 489.1	3 080.5	408.6	4 331	4 399	3 880
吴忠市	18 182.9	14 996.1	2 772.3	3 997	4 217	3 272
青铜峡市	22 918.4	19 819.5	3 098.9	5 757	5 865	5 152
中卫县	9 562.7	8 047.1	1 289.3	3 864	3 995	3 281
中宁县	10 493.5	9 324.6	881.8	4 401	4 554	3 202
灵武县	15 113.4	13 085.8	2 027.6	4 629	4 835	3 631
盐池县	4 136.0	3 567.7	558.6	3 888	3 978	3 461
同心县	4 211.7	3 865.9	345.8	3 423	3 539	2 506
固原县	10 947.7	10 112.8	825.4	3 925	4 016	3 083
海原县	4 368.5	4 085.3	276.1	4 044	4 178	2 876
西吉县	5 394.0	5 029.8	364.2	4 163	4 284	2 993
隆德县	3 972.0	3 641.2	262.7	4 349	4 440	3 398
泾源县	1 874.6	1 795.8	78.8	4 154	4 156	4 104
彭阳县	3 109.6	2 975.5	134.1	4 119	4 286	2 209

17—11 各市县分行业职工工资总额

(1995年)

单位:万元

市县名称	合计	农、林牧、渔业	采掘业	制造业	电气、煤气及水的生产和供应业	建筑业	地质勘查业、水利管理业	交通运输仓储及邮电通讯业	批发和零售贸易、餐饮业
全区总计	**371 794.7**	**20 051.7**	**54 558.1**	**97 288.3**	**11 506.3**	**28 695.2**	**12 008.0**	**25 574.6**	**26 900.3**
银川市	117 695.4	3 308.5	42.9	45 495.5	1 823.8	16 036.7	1 800.5	4 667.5	11 381.8
永宁县	6 853.9	1 173.3	-	1 781.6	-	206.7	107.3	182.0	544.7
贺兰县	6 641.2	1 025.6	222.9	2 011.3	27.4	72.9	273.9	122.1	387.0
石嘴山市	78 702.1	604.6	36 778.0	19 571.7	4 275.2	6 549.2	6.8	1 191.1	3 220.2
平罗县	11 841.8	1 304.8	3 270.2	2 831.8	34.0	184.5	-	172.2	796.9
陶乐县	1 182.0	192.8	28.5	58.4	-	20.4	-	86.0	76.8
惠农县	3 489.1	895.6	76.5	853.2	9.6	218.1	-	50.9	169.1
吴忠市	18 182.9	1 990.9	-	5 975.1	1 310.7	924.1	383.4	523.3	1 393.7
青铜峡市	22 918.4	1 465.1	400.0	10 884.5	2 427.6	1 706.5	206.9	452.3	1 687.9
中卫县	9 562.7	522.9	514.6	2 807.7	46.2	465.2	70.9	253.1	883.8
中宁县	10 493.5	1 517.1	497.0	842.7	818.0	327.0	790.8	1 889.9	850.9
灵武县	15 113.4	3 680.8	4 674.8	1 351.2	-	331.6	87.8	151.4	1 815.0
盐池县	4 136.0	317.1	240.6	470.0	-	105.0	94.4	192.5	366.1
同心县	4 211.7	187.7	90.6	176.2	25.8	161.3	71.7	176.8	365.7
固原县	10 947.7	497.0	95.9	1 048.7	582.7	670.5	150.4	904.2	644.8
海原县	4 368.5	336.8	1.2	143.5	20.0	45.0	113.5	185.6	375.9
西吉县	5 394.0	447.7	-	289.3	65.2	84.0	159.2	442.6	372.5
隆德县	3 972.0	134.5	-	479.5	6.4	82.8	69.7	142.4	306.6
泾源县	1 874.6	354.8	-	94.8	19.3	35.6	4.9	61.0	107.8
彭阳县	3 109.6	94.1	461.4	121.6	14.4	-	49.5	161.7	226.7

 (1995年) 单位:万元

市县名称	金融、保险业	房地产业	社会服务业	卫生、体育和社会福利业	教育、文化艺术及广播电影电视业	科学研究和综合技术服务业	国家机关政党机关社会团体	其他行业
全区总计	**12 553.4**	**869.8**	**5 474.7**	**11 359.1**	**32 622.3**	**4 044.9**	**27 413.8**	**874.2**
银川市	4 372.9	565.9	3 293.2	4 507.1	7 855.5	2 954.2	8 989.7	599.9
永宁县	385.7	5.7	96.5	278.4	1 340.7	90.8	660.6	-
贺兰县	427.8	41.1	34.9	258.7	944.2	7.0	784.4	-
石嘴山市	1 257.7	100.2	634.2	686.3	1 302.5	442.3	2 069.0	13.5
平罗县	511.0	13.9	83.3	366.6	1 280.5	48.3	943.6	-
陶乐县	110.5	0.0	8.1	39.8	210.3	6.1	344.3	-
惠农县	132.8	1.7	24.0	98.0	459.4	8.2	473.6	18.5
吴忠市	1 019.8	20.2	249.4	629.2	1 895.4	74.7	1 792.8	-
青铜峡市	479.1	28.4	144.3	551.3	1 479.5	38.9	965.9	-
中卫县	557.7	24.6	186.8	440.7	1 707.5	33.4	1 047.8	-
中宁县	434.8	5.7	62.4	403.1	1 212.7	29.2	812.1	-
灵武县	536.0	18.0	145.5	342.8	937.0	26.2	1 002.0	13.3
盐池县	305.7	16.9	105.4	243.2	973.4	91.2	614.5	-
同心县	270.5	7.9	72.2	174.4	1 309.7	19.4	1 101.7	-
固原县	688.6	2.0	200.9	719.9	2 813.1	120.2	1 605.4	203.2
海原县	275.5	4.1	14.9	370.9	1 452.0	11.3	1 018.2	-
西吉县	245.8	4.4	37.3	397.8	1 921.4	12.2	888.9	25.7
隆德县	228.9	2.8	57.1	171.0	1 434.6	5.3	850.2	-
泾源县	149.0	-	16.3	110.6	463.5	23.6	433.4	-
彭阳县	163.6	6.3	8.2	180.6	1 038.3	2.4	580.8	-

17—12 各市县国有单位固定资产投资

(1995年)

单位:万元

市县名称	总计	基本建设投资	更新改造投资	其他固定资产投资	房地产投资	零星投资
全区总计	**514 041**	**331 107**	**149 584**	**4 577**	**27 867**	**906**
银川市	**151 083**	**80 109**	**48 657**	**231**	**21 719**	**367**
银川市	143 993	76 545	45 436	57	21 719	236
永宁县	4 181	1 813	2 224	144	–	–
贺兰县	2 909	1 751	997	30	–	131
石嘴山市	**86 290**	**30 055**	**52 391**	**806**	**2 908**	**130**
石嘴山市	68 087	18 499	46 716	21	2 793	58
平罗县	13 831	8 367	4 513	785	115	51
陶乐县	593	342	240	–	–	11
惠农县	3 779	2 847	922	–	–	10
银南地区	**170 398**	**121 979**	**42 641**	**3 062**	**2 532**	**184**
吴忠市	13 383	4 728	8 567	88	–	–
青铜峡市	62 124	39 154	21 008	–	1 867	95
中卫县	21 968	19 636	1 638	29	665	–
中宁县	3 633	3 264	334	35	–	–
灵武县	45 995	42 438	3 503	44	–	10
盐池县	21 942	11 530	7 541	2 866	–	5
同心县	1 353	1 229	50	–	–	74
固原地区	**31 885**	**24 853**	**5 895**	**204**	**708**	**225**
固原县	14 794	13 003	1 193	–	598	–
海原县	2 364	1 022	1 315	27	–	–
西吉县	2 609	1 417	1 107	85	–	–
隆德县	8 325	7 299	723	10	110	183
泾源县	1 182	110	965	65	–	42
彭阳县	2 611	2 002	592	17	–	–
不分地区	**74 385**	**74 111**	**–**	**274**	**–**	**–**

17—13 各市县国有单位基本建设投资

(1995年) 单位:万元

市县名称	投资额	按构成分 建筑	安装	设备	其他	按工程用途分 农林牧渔业	工业建筑业	商业运输邮电业	住宅	其他
全区总计	**331 102**	**213 816**	**23 685**	**62 437**	**31 169**	**8 191**	**85 216**	**156 041**	**29 865**	**51 794**
银川市	**80 110**	**49 033**	**5 333**	**17 865**	**7 847**	**3 564**	**8 451**	**35 775**	**11 605**	**20 714**
银川市	76 546	45 914	5 313	17 742	7 575	2 755	7 940	35 314	9 999	20 537
永宁县	1 813	1 708	13	32	60	40	38	409	1 248	78
贺兰县	1 751	1 411	7	91	212	769	473	52	358	99
石嘴山市	**30 055**	**16 721**	**2 453**	**8 161**	**2 720**	**63**	**11 633**	**8 380**	**4 208**	**5 771**
石嘴山市	18 499	11 629	1 729	3 513	1 628	37	4 601	6 872	3 448	3 541
平罗县	8 367	3 584	637	3 055	1 091	20	4 791	1 209	460	1 887
陶乐县	342	286	40	16	–	–	–	5	174	163
惠农县	2 847	1 222	47	1 577	1	6	2 241	294	126	180
银南地区	**121 979**	**71 826**	**13 368**	**20 640**	**16 145**	**1 339**	**62 777**	**30 705**	**11 284**	**15 874**
吴忠市	4 728	2 878	435	1 178	237	327	674	1 305	1 753	669
青铜峡市	39 154	15 510	6 619	12 121	4 904	10	30 844	601	2 372	5 327
中卫县	19 636	13 167	1 062	3 902	1 505	–	6 297	9 691	3 227	421
中宁县	3 264	2 932	1	9	322	20	620	613	1 534	477
灵武县	42 438	30 326	1 794	2 296	8 022	100	17 454	17 503	1 560	5 821
盐池县	11 530	5 858	3 428	1 096	1 148	413	6 888	992	378	2 859
同心县	1 229	1 155	29	38	7	469	–	–	460	300
固原地区	**24 853**	**19 380**	**945**	**3 829**	**699**	**2 459**	**952**	**9 896**	**2 692**	**8 854**
固原县	13 003	10 453	508	1 740	302	858	329	4 196	1 666	5 954
海原县	1 022	846	74	–	102	159	54	–	18	791
西吉县	1 417	1 000	88	247	82	78	307	189	473	370
隆德县	7 299	5 506	125	1 564	104	498	262	4 757	383	1 399
泾源县	110	40	60	–	10	10	–	–	40	60
彭阳县	2 002	1 535	90	278	99	856	–	754	112	280
不分地区	**74 111**	**56 826**	**1 586**	**11 941**	**3 758**	**766**	**1 403**	**71 285**	**76**	**581**

17-13 续表　　　　　　　　　(1995年)　　　　　　　　　单位:万元

市县名称	新增固定资产	交付使用率(%)	施工面积(平方米)		竣工面积(平方米)		施工项目(个)	投产项目(个)
			合计	#住宅	合计	#住宅		
全区总计	**372 362**	**112.5**	**1 797 144**	**738 807**	**882 206**	**447 136**	**671**	**417**
银川市	**62 258**	**77.7**	**603 332**	**272 659**	**281 580**	**172 746**	**182**	**111**
银川市	58 769	76.8	564 015	244 526	244 063	146 413	158	101
永宁县	1 813	100.0	28 801	21 083	28 801	21 083	14	4
贺兰县	1 676	95.7	10 516	7 050	8 716	5 250	10	6
石嘴山市	**22 195**	**73.9**	**194 572**	**83 333**	**135 919**	**73 651**	**106**	**81**
石嘴山市	12 708	68.7	130 176	68 165	92 835	63 446	57	42
平罗县	6 538	78.1	40 776	9 355	20 658	5 400	27	18
陶乐县	294	86.0	4 713	3 593	3 519	2 585	9	8
惠农县	2 655	93.3	18 907	2 220	18 907	2 220	13	13
银南地区	**33 909**	**27.8**	**735 574**	**318 553**	**336 911**	**160 390**	**205**	**111**
吴忠市	3 070	64.9	87 942	51 552	37 580	17 300	28	14
青铜峡市	7 278	18.6	173 486	72 190	54 402	26 439	39	19
中卫县	6 715	34.2	147 298	73 913	87 585	57 573	42	29
中宁县	2 470	77.7	57 225	38 816	42 887	31 349	27	14
灵武县	9 586	22.6	203 442	65 898	54 665	13 607	27	9
盐池县	3 561	30.9	50 367	8 176	43 978	6 114	30	14
同心县	1 229	100.0	15 814	8 008	15 814	8 008	12	12
固原地区	**14 513**	**58.4**	**258 866**	**64 262**	**123 696**	**40 349**	**161**	**103**
固原县	9 582	73.6	148 990	37 328	68 584	26 643	73	51
海原县	558	54.6	18 708	780	16 208	780	12	7
西吉县	1 667	117.6	25 388	13 031	16 546	4 189	22	18
隆德县	555	7.6	43 187	10 153	7 459	6 567	29	10
泾源县	-	-	3 968	800	-	-	3	-
彭阳县	2 151	107.4	18 625	2 170	14 899	2 170	22	17
不分地区	**239 487**	**323.1**	**4 800**	**-**	**4 100**	**-**	**17**	**11**

17—14 各市县按国民经济行业分的基本建设投资额

(1995年)　　　　　　　　单位:万元

市县名称	总计	农、林、牧、渔业	采掘业	制造业	电力煤气及水的生产和供应业	建筑业	地质勘探业、水利管理业	交通运输仓储及邮电通讯业	批发和零售贸易、餐饮业
全区总计	**331 107**	**7 778**	**37 995**	**21 092**	**51 714**	**559**	**8 677**	**132 644**	**6 882**
银川市	**80 109**	**3 549**	**38**	**7 865**	**5 533**	**9**	**758**	**31 023**	**941**
银川市	76 545	2 740	–	7 495	5 206	9	758	30 813	941
永宁县	1 813	40	–	120	142	–	–	158	–
贺兰县	1 751	769	38	250	185	–	–	52	–
石嘴山市	**30 055**	**308**	**1 292**	**6 559**	**6 892**	**295**	–	**6 648**	**1 953**
石嘴山市	18 499	21	1 000	3 001	3 756	295	–	5 962	1 092
平罗县	8 367	275	292	1 357	3 136	–	–	495	735
陶乐县	342	6	–	–	–	–	–	5	18
惠农县	2 847	6	–	2 201	–	–	–	186	108
银南地区	**121 979**	**1 245**	**36 615**	**5 726**	**37 091**	–	**6 035**	**16 589**	**1 400**
吴忠市	4 728	327	–	400	770	–	–	898	713
青铜峡市	39 154	65	–	467	33 244	–	–	310	–
中卫县	19 636	75	729	3 869	2 319	–	85	6 681	450
中宁县	3 264	20	–	412	320	–	–	330	48
灵武县	42 438	137	29 093	471	295	–	3 304	7 403	20
盐池县	11 530	152	6 793	107	–	–	2 646	967	151
同心县	1 229	469	–	–	143	–	–	–	18
固原地区	**24 853**	**1 910**	**50**	**942**	**795**	**255**	**1 303**	**7 623**	**1 988**
固原县	13 003	788	50	451	484	255	701	1 960	1 596
海原县	1 022	159	–	–	54	–	78	228	82
西吉县	1 417	97	–	119	225	–	26	220	–
隆德县	7 299	–	–	300	32	–	498	4 663	241
泾源县	110	10	–	–	–	–	–	–	–
彭阳县	2 002	856	–	72	–	–	–	552	69
不分地区	**74 111**	**766**	–	–	**1 403**	–	**581**	**70 761**	**600**

17-14 续表 (1995年) 单位: 万元

市县名称	金融、保险业	房地产业	社会服务业	卫生体育和社会福利业	教育、文化艺术及广播电影电视业	科研和综合技术服务业	国家机关、政党机关、社会团体	其他行业
全区总计	**8 140**	**1 117**	**17 046**	**3 795**	**12 630**	**1 021**	**17 190**	**2 827**
银川市	**4 378**	**–**	**10 466**	**1 791**	**5 467**	**811**	**6 391**	**1 089**
银川市	3 880	–	10 367	1 571	5 291	811	5 574	1 089
永宁县	193	–	–	220	176	–	764	–
贺兰县	305	–	99	–	–	–	53	–
石嘴山市	**1 014**	**45**	**679**	**662**	**1 729**	**25**	**1 933**	**21**
石嘴山市	160	45	532	39	1 323	25	1 227	21
平罗县	782	–	–	616	406	–	273	–
陶乐县	–	–	80	–	–	–	233	–
惠农县	72	–	67	7	–	–	200	–
银南地区	**1 723**	**1 017**	**2 633**	**614**	**3 334**	**100**	**7 154**	**703**
吴忠市	270	–	73	–	407	7	778	85
青铜峡市	831	114	60	129	716	–	2 600	618
中卫县	–	600	2 195	256	358	78	1 941	–
中宁县	65	–	282	40	1 131	–	616	–
灵武县	400	183	18	180	163	15	756	–
盐池县	50	120	5	9	240	–	290	–
同心县	107	–	–	–	319	–	173	–
固原地区	**1 025**	**55**	**3 268**	**729**	**2 100**	**85**	**1 712**	**1 014**
固原县	980	–	3 065	560	791	85	1 204	33
海原县	–	–	30	40	283	–	68	–
西吉县	45	–	–	68	479	–	138	–
隆德县	–	55	–	–	335	–	194	981
泾源县	–	–	–	60	–	–	40	–
彭阳县	–	–	173	–	212	–	68	–
不分地区	–	–	–	–	–	–	–	–

17—15　各市县城镇集体单位固定资产投资

(1995年)　　　　单位:万元

市县名称	投资额	按工程用途分					按构成分		
		农林牧渔业	工业建筑业	商业运输邮电	住宅	其他	建筑安装工程	设备、器具购置	其他费用
全区总计	**15 481**	**3**	**11 429**	**920**	**2 780**	**349**	**8 801**	**4 848**	**1 832**
银川市	**9 713**	**–**	**7 357**	**428**	**1 749**	**179**	**5 946**	**3 122**	**645**
银川市	3 944	–	2 407	378	1 159	–	2 203	1 436	305
永宁县	5 542	–	4 902	50	590	–	3 541	1 686	315
贺兰县	227	–	48	–	–	179	202	–	25
石嘴山市	**880**	**–**	**503**	**122**	**105**	**150**	**541**	**339**	**–**
石嘴山市	688	–	349	84	105	150	503	185	–
平罗县	192	–	154	38	–	–	38	154	–
陶乐县	–	–	–	–	–	–	–	–	–
惠农县	–	–	–	–	–	–	–	–	–
银南地区	**3 778**	**3**	**2 624**	**282**	**849**	**20**	**1 714**	**877**	**1 187**
吴忠市	559	–	–	–	539	20	538	21	–
青铜峡市	425	–	361	–	64	–	155	210	60
中卫县	504	–	470	–	34	–	264	220	20
中宁县	663	–	253	247	163	–	510	126	27
灵武县	1 459	3	1 456	–	–	–	110	276	1 073
盐池县	168	–	84	35	49	–	137	24	7
同心县	–	–	–	–	–	–	–	–	–
固原地区	**1 110**	**–**	**945**	**88**	**77**	**–**	**600**	**510**	**–**
固原县	148	–	–	88	60	–	148	–	–
海原县	65	–	48	–	17	–	65	–	–
西吉县	200	–	200	–	–	–	10	190	–
隆德县	–	–	–	–	–	–	–	–	–
泾源县	–	–	–	–	–	–	–	–	–
彭阳县	697	–	697	–	–	–	377	320	–
不分地区	**–**	**–**	**–**	**–**	**–**	**–**	**–**	**–**	**–**

注:本表不包括集体单位房地产开发投资。

17—16 各市县城镇和工矿区个人建房

(1995年)

市县名称	建房户数（户）	竣工房屋建筑面积（平方米）	#住宅	竣工房屋价值（万元）	#住宅
全区总计	**1 756**	**228 157**	**135 751**	**6 859**	**4 473**
银川市	**197**	**38 211**	**14 170**	**1 449**	**694**
银川市	–	–	–	–	–
永宁县	–	–	–	–	–
贺兰县	197	38 211	14 170	1 449	694
石嘴山市	**338**	**93 476**	**45 126**	**1 947**	**1 181**
石嘴山市	37	69 321	26 309	760	233
平罗县	117	11 747	10 430	704	626
陶乐县	70	4 156	3 920	153	144
惠农县	114	8 252	4 467	330	178
银南地区	**516**	**49 214**	**41 019**	**1 542**	**1 162**
吴忠市	10	750	750	22	22
青铜峡市	174	13 559	8 041	676	419
中卫县	103	14 465	14 465	206	206
中宁县	9	3 700	2 200	170	90
灵武县	27	3 446	3 206	66	62
盐池县	85	7 341	6 977	216	195
同心县	108	5 953	5 380	186	168
固原地区	**705**	**47 256**	**34 436**	**1 921**	**1 436**
固原县	527	26 840	16 260	1 087	633
海原县	30	10 959	10 959	104	104
西吉县	31	1 080	1 040	17	16
隆德县	97	4 013	2 813	99	69
泾源县	20	4 364	4 364	614	614
彭阳县	–	–	–	–	–

17—17 各地、市、县财政收入

单位:万元

市县名称	1985年	1990年	1991年	1992年	1993年	1994年	1995年
全区总计	**29 075**	**62 307**	**68 100**	**77 265**	**108 522**	**71 728**	**89 792**
区级	**6 228**	**17 293**	**11 936**	**22 404**	**39 055**	**31 267**	**37 174**
地市县级	**22 847**	**45 014**	**56 164**	**54 861**	**69 467**	**40 461**	**52 618**
银川市	**11 762**	**21 500**	**24 873**	**22 972**	**28 504**	**17 774**	**24 215**
银川市	10 544	19 173	22 130	19 790	24 220	14 899	20 868
永宁县	604	991	1 080	1 410	2 106	1 466	1 674
贺兰县	614	1 336	1 663	1 772	2 178	1 409	1 673
石嘴山市	**5 004**	**10 527**	**14 864**	**12 995**	**16 579**	**7 673**	**9 555**
石嘴山市	3 651	7 065	11 426	9 222	10 750	5 279	6 472
平罗县	1 306	2 834	2 709	2 992	4 443	1 661	2 360
陶乐县	47	96	129	126	114	80	87
惠农县		532	600	655	1 272	653	636
银南地区	**5 543**	**11 293**	**13 683**	**15 293**	**19 918**	**11 842**	**15 438**
银南行署	7	198	138	226	185	114	171
吴忠市	1 497	3 328	4 058	4 380	5 296	2 385	3 230
青铜峡市	964	2 617	3 032	3 532	4 435	2 862	4 052
中卫县	774	1 671	2 360	2 477	3 454	2 042	2 892
中宁县	463	1 219	1 411	1 609	2 215	1 449	1 670
灵武县	1 409	1 465	1 518	1 765	2 753	1 826	2 187
盐池县	290	447	617	645	828	438	539
同心县	139	348	549	659	752	726	697
固原地区	**538**	**1 694**	**2 744**	**3 601**	**4 466**	**3 172**	**3 410**
固原行署	35	13	-17	-13	38	76	309
固原县	308	974	1 498	1 736	2 069	1 416	1 274
海原县	-	79	174	425	465	314	202
西吉县	102	237	329	497	553	494	380
隆德县	6	171	290	345	608	327	603
泾源县	22	68	107	201	187	198	206
彭阳县	65	152	363	410	546	347	436

17—18 各地、市、县财政支出

单位: 万元

市县名称	1990年	1991年	1992年	1993年	1994年	1995年
全区总计	**144 663**	**160 496**	**158 636**	**193 959**	**193 754**	**229 963**
区　　级	62 230	67 114	64 808	80 808	75 654	92 232
地市县级	**82 433**	**93 382**	**93 828**	**113 151**	**118 100**	**137 731**
银川市	**19 336**	**22 847**	**22 290**	**26 501**	**28 728**	**37 065**
银川市	14 382	18 147	16 805	19 732	21 258	28 798
永宁县	2 363	2 188	2 771	3 657	3 534	4 190
贺兰县	2 591	2 512	2 714	3 112	3 936	4 077
石嘴山市	**14 136**	**17 629**	**15 878**	**20 575**	**20 371**	**23 364**
石嘴山市	8 043	11 180	8 846	11 129	10 898	12 668
平罗县	3 793	4 071	4 474	6 139	6 226	6 982
陶乐县	847	914	955	1 106	1 180	1 219
惠农县	1 453	1 464	1 603	2 201	2 067	2 495
银南地区	**26 382**	**28 517**	**30 105**	**37 473**	**39 008**	**45 957**
银南行署	1 438	1 329	1 520	1 798	1 726	1 990
吴忠市	4 435	5 408	5 884	6 971	6 517	8 234
青铜峡市	3 638	4 325	4 159	6 344	6 280	7 522
中卫县	4 180	4 474	4 838	6 241	6 198	7 878
中宁县	3 173	3 167	3 420	4 092	4 693	5 170
灵武县	3 031	3 332	3 628	4 710	4 956	5 888
盐池县	3 042	3 063	3 110	3 475	3 843	3 922
同心县	3 445	3 419	3 546	3 842	4 795	5 353
固原地区	**22 579**	**24 389**	**25 555**	**28 602**	**29 993**	**31 345**
固原行署	2 213	2 202	2 661	3 191	3 582	3 776
固原县	5 271	6 061	6 235	6 722	6 590	6 955
海原县	3 589	3 808	3 900	4 507	5 104	4 928
西吉县	4 344	4 745	4 679	5 615	5 778	6 129
隆德县	2 748	2 822	2 948	3 452	3 743	4 166
泾源县	1 502	1 601	1 883	1 851	1 961	1 997
彭阳县	2 912	3 150	3 249	3 264	3 235	3 394

17—19　全区分市、县零售物价分类指数

(1995年,以上年价格为100)

	银　川	石嘴山	吴　忠	中　卫	固　原	平　罗
商品零售价格总指数	**114.7**	**114.7**	**114.7**	**114.9**	**116.5**	**115.4**
一、食品类	128.7	130.8	131.8	131.5	128.4	131.0
1．粮　食	136.9	136.4	141.1	136.1	130.6	134.9
⑴细　　粮	138.2	137.2	141.3	137.5	135.6	134.8
⑵粗　　粮	112.9	122.1	114.6	110.3	105.5	139.4
2．油脂类	123.4	125.5	122.9	128.3	125.6	124.6
3．肉禽蛋	128.7	128.1	133.5	135.9	127.5	135.8
4．水产品	108.7	115.1	109.8	104.2	101.7	111.9
5．鲜　　菜	132.0	142.2	141.0	128.3	117.2	138.5
6．干　　菜	109.0	124.2	121.0	160.4	114.5	131.2
7．鲜　　果	122.4	129.8	136.0	116.4	127.4	126.2
8．干　　果	140.0	155.5	146.1	119.3	140.9	127.1
9．其他食品类	126.5	128.9	124.3	130.9	138.7	138.0
⑴调味品	121.5	116.1	119.4	118.4	127.4	116.7
⑵食　　糖	135.4	140.7	137.3	139.0	135.1	139.6
⑶糖　　果	120.3	125.8	112.5	130.0	155.1	145.0
⑷糕　　点	130.7	136.8	127.6	148.7	131.8	147.1
⑸奶及奶制品	125.7	141.0	126.4	137.1	157.4	127.5
⑹罐　　头	117.0	107.5	112.7	116.4	109.4	144.9
10．饮食业	130.0	124.1	125.1	135.0	143.4	118.3
⑴主　　食	121.0	134.0	134.9	129.0	149.0	122.9
⑵炒　　菜	131.9	120.4	118.6	133.7	138.6	114.8
⑶地方小吃	129.2	126.4	138.9	154.9	142.7	135.4
二、饮料、烟酒类	105.7	99.9	105.8	105.2	108.7	103.1
1、饮　　料	120.3	104.4	123.4	111.5	125.9	114.1
2、烟　　酒	102.9	99.4	101.5	104.3	102.9	100.5

17-19 续表 (1995年,以上年价格为100)

	银川	石嘴山	吴忠	中卫	固原	平罗
三、服装、鞋帽类	124.2	118.2	123.2	121.3	122.8	131.5
1.服装	115.3	111.4	111.9	114.7	122.1	123.4
2.鞋	130.0	125.1	139.1	121.5	112.5	135.9
3.其他衣着	132.0	125.1	130.5	145.9	139.4	140.0
四、纺织品类	115.7	116.5	112.2	116.3	111.7	120.2
1.棉布	143.0	140.5	159.7	139.5	149.4	154.3
2.棉花化纤混纺	120.8	125.9	108.7	124.5	111.1	115.8
3.化纤布	119.2	106.7	97.1	113.0	102.4	106.0
4.呢绒	106.0	116.7	99.9	108.2	101.6	105.3
5.绸缎	107.8	106.0	113.3	106.0	120.5	122.6
6.其他纺织品	115.3	119.9	112.8	110.2	125.4	130.6
五、中、西药品类	105.0	108.9	102.7	108.0	107.7	107.4
1.中药	107.5	101.4	100.0	102.7	108.9	101.3
2.西药	101.7	111.0	103.9	108.2	104.5	112.2
3.医疗用品	110.0	113.7	105.0	110.8	127.2	117.6
六、化妆品类	112.5	102.8	102.5	109.4	104.9	108.4
七、书报、杂志类	122.9	114.7	113.1	118.0	118.6	121.0
八、文化体育用品类	99.0	107.8	111.5	112.3	114.7	114.9
1.文化用品	96.4	105.2	110.6	113.2	123.7	115.0
2.体育用品	114.0	118.4	116.6	108.5	106.4	114.7
九、日用品类	103.5	105.5	105.1	104.9	106.2	105.4
1.一般日用品	99.8	107.0	109.4	103.8	106.5	105.6
2.家具类	108.5	93.2	97.0	103.5	100.2	100.9
3.日用杂品	110.6	131.0	106.2	113.9	113.5	117.1
十、家用电器类	99.4	101.8	103.1	101.2	100.3	102.4
十一、首饰类	96.7	97.6	95.9	96.1	93.0	99.2
十二、燃料类	102.3	99.1	113.9	97.6	97.0	98.7
十三、建筑装璜材料类	99.9	104.0	102.4	103.8	113.7	107.6
十四、机电产品类	88.9	88.2	98.2	107.7	104.5	97.7

17—20 全区分市、县居民消费价格分类指数

(1995年,以上年价格为100)

	银　川	石嘴山	吴　忠	中　卫	固　原	平　罗
居民消费价格总指数	**117.3**	**117.6**	**118.3**	**114.8**	**116.0**	**115.3**
一、食　　品	124.1	127.0	129.2	127.1	124.6	127.3
1．粮　　食	138.3	137.9	141.5	139.9	134.7	136.2
(1)细　　粮	138.1	137.9	141.4	140.4	133.9	136.2
(2)粗　　粮	156.3	131.6	158.7	125.3	144.8	151.6
2．淀粉及薯类	138.2	136.9	158.5	144.4	134.7	144.0
3．干豆类及豆制品	108.0	115.8	116.3	134.8	107.6	111.6
4．油脂类	123.4	125.5	123.4	128.7	125.6	124.0
5．肉禽及其制品	129.5	127.2	135.1	137.2	129.1	137.7
6．蛋　　类	114.2	111.6	117.0	115.6	117.7	118.8
7．水产品类	107.9	114.0	108.1	104.3	104.9	110.4
8．菜　　类	129.1	142.8	137.3	127.6	116.6	135.4
(1)鲜　　菜	129.7	143.9	138.3	127.7	116.5	136.1
(2)干　　菜	108.1	102.2	131.2	127.7	122.8	131.0
(3)菜制品	126.1	120.6	113.1	119.4	108.0	102.5
9．调味品	121.1	117.1	120.8	118.9	127.5	115.9
10．糖　　类	124.5	130.2	130.4	140.3	149.2	140.4
(1)食　　糖	135.4	140.1	138.0	145.1	135.1	140.5
(2)糖　　果	117.2	125.1	112.5	132.1	157.8	139.8
11．烟草类	98.7	98.5	97.0	100.7	102.2	100.0

17—20 续表1 (1995年,以上年价格为100)

	银 川	石嘴山	吴 忠	中 卫	固 原	平 罗
12．酒和饮料	112.9	103.5	111.6	109.2	115.2	107.0
13．干鲜瓜果类	124.6	132.2	133.8	116.6	129.4	125.1
⑴鲜 果	120.9	130.8	130.9	114.4	127.1	125.3
⑵干 果	136.3	158.4	145.0	141.6	138.0	124.5
14．糕点类	125.9	135.3	130.4	146.5	131.2	147.9
15．奶及奶制品	127.5	142.8	122.9	137.4	166.8	130.4
16．其他食品	113.0	110.0	112.2	109.7	110.1	148.9
17．饮食业	122.5	130.7	130.4	133.0	144.1	118.3
⑴主 食	122.3	134.0	135.0	128.8	146.2	120.3
⑵炒 菜	120.2	120.4	118.3	134.6	136.3	111.6
⑶地方小吃	129.2	126.4	136.9	153.4	142.7	135.4
二、衣着类	119.0	112.8	121.1	118.4	118.9	122.2
1．服 装	115.0	108.7	114.5	119.0	123.1	121.3
2．衣着材料	113.7	111.1	108.1	114.9	107.7	112.0
⑴棉 布	138.2	139.2	159.1	136.2	150.7	151.9
⑵棉花化纤混纺布	120.6	115.4	109.5	125.2	110.4	119.8
⑶化纤布	113.8	110.0	97.1	115.0	102.4	106.0
⑷呢 绒	108.2	115.8	98.2	104.1	102.4	104.4
⑸绸 缎	109.1	108.3	112.1	109.5	126.6	130.8
⑹毛 线	107.2	105.2	105.4	104.1	101.4	105.2

17－20 续表2 (1995年，以上年价格为100)

	银川	石嘴山	吴忠	中卫	固原	平罗
3．鞋袜帽及其他衣着	130.1	123.5	147.1	119.7	119.5	132.1
(1)鞋类	133.4	125.0	146.3	118.6	117.6	134.4
(2)袜子	101.8	107.2	126.5	123.2	137.5	114.0
(3)帽子	138.4	96.4	97.2	92.5	100.4	106.6
(4)其他衣着	124.1	124.1	165.6	130.1	134.7	129.7
三、家庭设备及用品	103.7	105.1	110.3	108.1	109.2	107.5
1．耐用消费品	101.0	100.2	104.2	103.2	103.7	102.5
(1)家具	100.5	94.6	103.6	99.1	98.4	100.7
(2)家庭设备	101.5	102.8	104.9	104.5	109.7	105.2
2．室内装饰品	101.1	113.5	104.9	104.8	105.0	105.5
3．床上用品	107.0	113.8	114.9	118.7	123.2	115.2
4．家庭日用杂品	116.4	120.9	117.6	118.7	115.3	117.6
5．其他日用品	100.1	101.1	105.7	104.8	106.4	106.1
四、医疗保健	104.6	106.8	102.7	107.4	106.1	110.3
1．医疗器具及保健用品	103.6	111.1	108.7	109.0	123.9	131.3
2．中药	108.2	101.3	99.8	104.8	106.9	101.6
3．西药	102.8	110.2	103.9	109.0	104.7	114.3
五、交通和通讯工具	98.1	95.9	100.6	100.5	91.1	98.4
1．交通工具	98.4	96.6	100.6	103.1	90.7	98.6
2．通讯工具	97.2	88.6	101.0	86.1	104.7	96.2

17－20 续表3　　　　　　(1995年,以上年价格为100)

	银川	石嘴山	吴忠	中卫	固原	平罗
六、娱乐教育文化用品	104.7	100.9	109.7	104.5	102.8	107.5
1．文娱用耐用消费品	97.1	97.6	101.8	99.6	100.6	103.3
2．教材及参考书	132.9	127.9	123.5	126.8	123.6	130.3
3．文化娱乐用品	107.2	107.2	109.1	99.7	104.0	103.8
⑴文娱用品	111.0	111.7	111.3	99.1	106.1	102.9
⑵报纸杂志	100.0	100.0	100.0	100.0	100.0	105.6
七、居　住	102.0	117.4	101.4	102.9	100.5	99.0
1．住　房	98.4	126.2	96.5	102.1	97.9	95.8
⑴建筑材料	95.7	97.6	95.7	99.8	97.5	95.7
⑵房　租	102.3	231.9	103.0	114.7	100.0	102.5
2．水、电、燃料	104.8	108.3	112.7	105.0	102.1	108.6
八、服务项目	120.3	108.9	111.1	101.9	116.2	113.3
1．电讯费	106.7	104.3	118.9	100.0	100.0	103.1
2．邮　费	100.0	108.7	100.0	100.0	100.0	100.0
3．交通费	110.1	106.5	104.7	104.6	101.5	107.4
4．洗理美容费	104.3	114.2	117.3	115.5	110.9	121.9
5．文娱费	140.3	130.5	189.0	132.0	127.7	127.1
6．学杂保育费	114.1	108.5	105.4	89.1	126.7	111.1
7．修理及其他服务费	130.6	117.2	116.1	108.7	114.9	124.4
8．医疗保健服务	100.0	100.0	101.5	101.0	100.0	100.8

17—21 各市、县农民家庭平均每人纯收入

（1995年，按来源和性质分组） 单位：元

市县名称	纯收入	按纯收入来源分				按纯收入性质分	
		基本收入	劳动者报酬收入	家庭经营收入	转移性、财产性收入	生产性纯收入	非生产性纯收入
全区	**1 036.99**	**988.72**	**178.28**	**810.44**	**48.27**	**983.44**	**53.55**
川区	1 529.81	1 469.53	234.50	1 235.03	60.28	1 463.23	66.58
山区	599.63	559.79	130.37	429.42	39.84	554.86	44.77
丘陵	821.19	797.36	136.45	660.91	23.83	797.43	23.76
银川市	**1 683.43**	**1 588.93**	**221.46**	**1 367.47**	**94.50**	**1 588.64**	**94.79**
银川郊区	1 790.76	1 631.95	325.31	1 306.64	158.81	1 631.94	158.82
永宁县	1 647.95	1 582.65	253.42	1 329.23	65.30	1 582.00	65.95
贺兰县	1 628.98	1 554.44	63.09	1 491.34	74.54	1 554.44	74.54
石嘴山市	**1 533.82**	**1 473.37**	**201.43**	**1 271.94**	**60.45**	**1 473.37**	**60.45**
平罗县	1 483.86	1 434.64	190.27	1 244.37	49.22	1 434.64	49.22
陶乐县	1 697.32	1 602.19	220.73	1 381.46	95.13	1 602.19	95.13
惠农县	1 492.83	1 440.11	204.59	1 235.52	52.72	1 440.11	52.72
银南地区	**1 212.79**	**1 170.91**	**195.03**	**975.88**	**41.88**	**1 163.30**	**49.49**
吴忠市	1 384.08	1 362.82	284.27	1 078.56	21.26	1 359.86	24.22
青铜峡市	1 528.51	1 467.50	104.67	1 362.83	61.00	1 443.19	85.32
中卫县	1 380.82	1 332.25	416.54	915.71	48.57	1 321.65	59.17
中宁县	1 469.88	1 443.00	206.02	1 236.98	26.88	1 436.16	33.72
灵武县	1 513.21	1 456.44	260.91	1 195.53	56.77	1 442.70	70.51
盐池县	821.19	797.36	136.45	660.91	23.83	797.43	23.76
同心县	812.05	763.00	68.44	694.56	49.05	762.46	49.59
固原地区	**553.40**	**515.56**	**143.84**	**371.72**	**37.84**	**509.72**	**43.68**
固原县	628.06	589.96	136.04	453.92	38.10	588.88	39.18
海原县	470.03	451.69	135.81	315.88	18.34	445.92	24.11
西吉县	447.46	422.66	99.31	323.35	24.80	418.73	28.73
隆德县	631.05	544.89	192.94	351.95	86.16	545.78	85.27
泾源县	457.12	422.00	146.45	275.55	35.12	419.64	37.48
彭阳县	656.60	624.38	155.34	469.04	32.22	607.16	49.44

17—22 各市、县农民家庭平均每人生活消费支出

(1995年)　　单位:元

市县名称	生活消费支出	食品	衣着	居住
全　　区	**1 057.78**	**608.60**	**83.86**	**146.30**
川　区	1 395.39	717.44	119.27	237.51
山　区	743.32	499.40	51.91	65.34
丘　陵	1 038.10	669.81	72.80	106.55
银 川 市	**1 449.48**	**753.20**	**134.29**	**231.26**
银川郊区	1 290.49	758.54	143.44	135.18
永宁县	1 445.72	767.95	132.00	175.71
贺兰县	1 619.93	724.17	128.45	419.23
石嘴山市	**1 438.23**	**749.56**	**115.75**	**209.23**
平罗县	1 391.37	772.76	121.94	163.55
陶乐县	1 646.21	735.65	119.77	365.87
惠农县	1 360.72	724.26	103.46	166.62
银南地区	**1 201.08**	**644.43**	**99.67**	**187.96**
吴忠市	1 310.12	752.43	124.70	180.54
青铜峡市	1 565.72	787.09	127.34	226.12
中卫县	1 350.86	568.33	102.84	401.40
中宁县	1 065.24	619.14	95.25	88.69
灵武县	1 373.54	676.05	111.32	338.36
盐池县	1 038.10	669.81	72.80	106.55
同心县	901.27	515.38	79.38	63.50
固原地区	**708.95**	**495.92**	**45.93**	**65.74**
固原县	691.65	483.27	41.07	82.92
海原县	683.38	449.23	61.24	43.28
西吉县	622.14	472.54	37.47	49.54
隆德县	856.55	564.26	56.15	94.41
泾源县	540.03	358.38	34.65	46.30
彭阳县	824.00	603.99	46.03	76.90

17-22 续表 (1995年) 单位:元

市县名称	家庭设备、用品及服务	医疗保健	交通和通讯	文教娱乐用品及服务	其他商品和服务
全区	**59.26**	**44.31**	**31.29**	**70.87**	**13.29**
川区	80.19	62.37	47.38	110.17	21.06
山区	40.71	29.62	17.41	33.58	5.35
丘陵	49.94	24.88	20.77	74.43	18.92
银川市	**100.77**	**51.69**	**41.97**	**111.82**	**24.48**
银川郊区	83.57	38.35	16.48	92.18	22.75
永宁县	101.36	54.04	61.76	129.30	23.60
贺兰县	117.62	61.74	36.79	104.23	27.70
石嘴山市	**82.29**	**61.06**	**60.13**	**130.13**	**30.08**
平罗县	95.29	48.88	26.99	122.43	39.53
陶乐县	111.20	63.45	62.80	150.59	36.88
惠农县	41.87	77.87	108.56	127.24	10.84
银南地区	**65.07**	**59.58**	**41.08**	**87.76**	**15.53**
吴忠市	65.86	60.36	27.45	76.74	22.04
青铜峡市	81.58	78.64	82.44	159.92	22.59
中卫县	77.29	87.74	22.14	84.46	6.66
中宁县	59.79	58.39	15.44	122.39	6.15
灵武县	56.86	50.02	68.00	56.27	16.66
盐池县	49.94	24.88	20.77	74.43	18.92
同心县	63.48	58.77	45.35	61.66	13.75
固原地区	**35.76**	**23.27**	**11.33**	**27.48**	**3.52**
固原县	28.02	20.62	6.00	26.78	2.97
海原县	41.34	14.19	32.75	30.42	10.93
西吉县	21.59	10.41	6.60	22.52	1.47
隆德县	59.99	36.84	8.47	35.00	1.43
泾源县	24.82	38.94	14.56	20.73	1.65
彭阳县	39.73	21.94	3.19	29.36	2.86

17—23　各市、县农民家庭平均每百户耐用消费品拥有量

(1995年)

市县名称	自行车（辆）	缝纫机（架）	手表（只）	电风扇（台）	洗衣机（台）	电冰箱（台）
全　　区	**176.57**	**72.19**	**146.40**	**11.62**	**29.43**	**2.48**
川　区	236.04	75.28	133.40	22.45	52.08	4.72
山　区	117.61	67.61	162.83	0.65	5.22	0.22
丘　陵	103.33	80.00	135.00	–	15.00	–
银川市	**235.71**	**70.71**	**136.43**	**24.29**	**49.29**	**2.86**
银川郊区	270.00	75.00	137.50	45.00	65.00	10.00
永宁县	255.00	66.67	156.67	21.67	46.67	–
贺兰县	172.50	72.50	105.00	7.50	37.50	–
石嘴山市	**200.00**	**77.69**	**136.92**	**8.46**	**40.00**	**1.54**
平罗县	185.00	76.67	131.67	10.00	30.00	3.33
陶乐县	210.00	70.00	140.00	6.67	60.00	–
惠农县	215.00	85.00	142.50	7.50	40.00	–
银南地区	**205.00**	**82.25**	**188.25**	**19.25**	**45.50**	**5.00**
吴忠市	213.33	70.00	90.00	38.33	51.67	18.33
青铜峡市	281.67	83.33	136.67	26.67	65.00	3.33
中卫县	238.33	66.67	158.30	13.33	46.67	5.00
中宁县	267.50	85.00	162.50	25.00	65.00	–
灵武县	285.00	82.50	105.00	42.50	77.50	7.50
盐池县	103.33	80.00	135.00	–	15.00	–
同心县	121.25	102.50	170.00	3.75	22.50	1.25
固原地区	**116.84**	**60.26**	**161.32**	**–**	**1.58**	**–**
固原县	111.67	56.67	143.33	–	1.67	–
海原县	105.00	81.67	150.00	–	1.67	–
西吉县	123.33	70.00	185.00	–	1.67	–
隆德县	126.67	63.33	166.67	–	–	–
泾源县	95.00	46.67	121.67	–	5.00	–
彭阳县	133.75	47.50	191.25	–	–	–

17—23 续表 (1995年)

市县名称	摩托车（辆）	收音机（台）	黑白电视机（台）	彩色电视机（台）	收录机（台）	照相机（架）
全　区	**5.81**	**24.85**	**50.95**	**35.56**	**38.38**	**0.95**
川　区	8.11	21.32	47.92	56.42	43.21	1.70
山　区	3.26	27.00	55.43	9.50	32.83	0.22
丘　陵	5.00	41.67	43.33	25.00	38.33	－
银川市	**5.00**	**20.00**	**42.86**	**60.71**	**40.71**	**2.86**
银川郊区	5.00	35.00	25.00	75.00	55.00	10.00
永宁县	3.33	20.00	53.33	53.33	41.67	－
贺兰县	7.50	5.00	45.00	57.50	25.00	－
石嘴山市	**4.62**	**12.31**	**53.08**	**51.54**	**38.46**	**－**
平罗县	3.33	10.00	56.67	50.00	25.00	－
陶乐县	3.33	10.00	56.67	53.33	50.00	－
惠农县	7.50	20.00	45.00	52.50	38.46	1.25
银南地区	**10.00**	**29.21**	**48.25**	**46.05**	**42.75**	**－**
吴忠市	8.33	20.00	53.33	53.33	43.83	3.33
青铜峡市	15.00	36.67	38.33	65.00	51.67	3.33
中卫县	8.38	20.00	40.00	45.00	28.33	2.50
中宁县	10.00	30.00	50.00	60.00	60.00	－
灵武县	17.50	27.50	65.00	62.50	60.00	－
盐池县	5.00	41.67	43.33	25.00	38.33	－
同心县	8.75	28.33	52.50	21.67	32.50	－
固原地区	**2.11**	**26.76**	**56.05**	**7.35**	**32.89**	**0.26**
固原县	1.67	20.00	68.33	16.67	28.33	－
海原县	3.33	25.00	51.67	5.00	46.67	1.67
西吉县	3.33	41.67	61.67	3.33	33.33	－
隆德县	5.00	20.00	68.33	8.33	36.67	－
泾源县	－	5.00	38.33	7.50	21.67	－
彭阳县	－	41.67	50.00	3.33	31.25	－

17—24 各市县乡村人口和劳动力

(1995年)

单位:人

市县名称	乡村人口	乡村劳动力	农林牧渔业	工业	建筑业	交通运输仓储及邮电通讯业	批发零售贸易业餐饮业	其他非农行业
全区总计	**3 640 316**	**1 625 340**	**1 374 338**	**44 688**	**52 240**	**47 154**	**34 642**	**72 278**
银川市	**389 384**	**202 897**	**168 474**	**6 293**	**7 014**	**7 864**	**5 768**	**7 484**
银川市	104 328	52 921	37 614	2 461	2 667	3 477	2 629	4 073
永宁县	145 357	79 150	67 000	2 852	2 929	3 459	1 747	1 163
贺兰县	139 699	70 826	63 860	980	1 418	928	1 392	2 248
石嘴山市	**270 122**	**137 633**	**113 066**	**6 697**	**4 749**	**4 500**	**3 285**	**5 336**
石嘴山市	3 896	1 760	1 273	409	15	49	14	-
平罗县	193 936	102 054	86 316	2 718	3 278	2 849	2 557	4 336
陶乐县	15 467	5 258	4 445	311	108	105	220	69
惠农县	56 823	28 561	21 032	3 259	1 348	1 497	494	931
银南地区	**1 322 883**	**561 329**	**449 317**	**20 764**	**24 268**	**23 216**	**16 105**	**27 659**
吴忠市	180 179	64 810	44 270	3 862	5 972	4 165	2 962	3 579
青铜峡市	160 315	71 505	58 642	2 035	3 425	2 381	1 565	3 457
中卫县	250 936	122 089	90 318	6 989	5 603	7 167	4 392	7 620
中宁县	176 484	67 814	56 636	2 095	3 838	2 022	1 480	1 743
灵武县	152 904	51 572	41 787	2 239	2 032	2 186	1 594	1 734
盐池县	122 236	51 101	43 666	977	1 328	1 526	918	2 686
同心县	279 829	132 438	113 998	2 567	2 070	3 769	3 194	6 840
固原地区	**1 657 927**	**723 481**	**643 481**	**10 934**	**16 209**	**11 574**	**9 484**	**31 799**
固原县	423 157	184 675	165 792	2 843	5 896	2 736	3 116	4 292
海原县	316 727	128 910	120 858	546	1 180	2 385	2 031	1 910
西吉县	403 459	172 746	159 178	1 121	1 790	1 150	1 355	8 152
隆德县	195 251	86 803	64 341	4 846	4 674	1 838	1 390	9 714
泾源县	94 285	50 437	45 690	459	751	1 920	750	867
彭阳县	225 048	99 910	87 622	1 119	1 918	1 545	842	6 864

17—25 各市县耕地面积变动情况

(1995年，含区属单位)　　单位：公顷

市县名称	一、年初实有	二、当年增加合计	#新开荒	三、当年减少合计	#国家基建占地	#乡镇集体基建占地	#农民个人建房占地	四、年末实有
全区总计	**805 933**	**5 053**	**3 167**	**3 803**	**728**	**86**	**167**	**807 183**
灌　区	221 906	3 132	1 758	2 610	372	36	106	222 428
山　区	584 027	1 921	1 409	1 193	356	50	61	584 755
银川市	**70 709**	**1 423**	**995**	**825**	**245**	**11**	**42**	**71 307**
银川市	23 563	1 325	897	754	227	11	12	24 134
永宁县	21 805	5	5	38	8	–	7	21 772
贺兰县	25 341	93	93	33	10	–	23	25 401
石嘴山市	**48 390**	**770**	**471**	**97**	**30**	**–**	**41**	**49 063**
石嘴山市	1 753	–	–	26	–	–	–	1 727
平罗县	30 942	84	84	33	30	–	3	30 993
陶乐县	4 710	308	242	28	–	–	28	4 990
惠农县	10 985	378	145	10	–	–	10	11 353
银南地区	**260 700**	**2 226**	**1 483**	**2 363**	**363**	**25**	**23**	**260 563**
吴忠市	17 828	5	–	225	15	7	15	17 608
青铜峡市	23 775	74	74	349	34	18	5	23 500
中卫县	23 049	92	53	134	38	–	1	23 007
中宁县	16 256	183	132	54	2	–	2	16 385
灵武县	21 899	585	33	926	8	–	–	21 558
盐池县	60 044	357	261	675	266	–	–	59 726
同心县	97 849	930	930	–	–	–	–	98 779
固原地区	**426 134**	**634**	**218**	**518**	**90**	**50**	**61**	**426 250**
固原县	118 532	446	123	370	45	18	23	118 608
海原县	85 211	81	15	102	26	26	22	85 190
西吉县	72 960	–	–	5	5	–	–	72 955
隆德县	42 895	–	–	16	6	5	5	42 879
泾源县	18 855	80	80	12	–	1	6	18 923
彭阳县	87 681	27	–	13	8	–	5	87 695

17—26 各市县农用化肥施用量

（按折纯量计算）　　单位：吨

市县名称	氮肥	尿素	磷肥	钾肥	复合肥
全区总计	**108 929.97**	**66 096.94**	**20 289.90**	**1 481.50**	**33 136.20**
灌　区	91 732.92	51 730.22	13 888.14	500.00	24 809.85
山　区	17 197.05	14 366.72	6 401.78	981.50	8 326.35
银川市	**28 476.42**	**16 535.62**	**3 661.42**	**169.50**	**6 345.45**
银川市	7 980.83	4 508.92	867.30	66.00	2 358.00
永宁县	10 361.63	6 409.64	1 164.94	95.00	1 894.50
贺兰县	10 133.96	5 617.06	1 629.18	8.50	2 092.95
石嘴山市	**21 472.49**	**11 211.12**	**4 947.74**	**227.50**	**4 162.05**
石嘴山市	393.67	344.54	7.70	-	75.15
平罗县	15 636.24	7 779.52	3 860.50	222.00	2 893.95
陶乐县	1 327.44	599.84	299.74	-	241.65
惠农县	4 115.14	2 487.22	779.80	5.50	951.30
银南地区	**44 412.34**	**26 107.76**	**5 537.56**	**104.50**	**15 686.55**
吴忠市	7 039.53	3 378.24	1 325.94	28.50	1 990.35
青铜峡市	12 169.15	7 736.74	1 292.90	28.00	4 528.80
中卫县	7 468.78	4 903.14	1 078.00	-	2 631.60
中宁县	8 526.38	4 189.68	598.50	31.50	3 229.20
灵武县	6 580.17	3 775.68	983.64	15.00	1 922.40
盐池县	923.75	768.20	114.80	1.50	410.85
同心县	1 704.58	1 356.08	143.78	-	973.35
固原地区	**14 568.72**	**12 242.44**	**6 143.20**	**980.00**	**6 942.15**
固原县	3 122.25	2 391.08	785.82	-	1 951.20
海原县	1 636.17	1 316.06	348.18	20.00	999.90
西吉县	2 707.16	2 367.16	1 555.40	954.00	1 690.20
隆德县	2 447.90	2 245.26	1 237.04	4.00	1 078.20
泾源县	1 516.67	1 172.08	159.04	-	555.30
彭阳县	3 138.57	2 750.80	2 057.72	2.00	667.35

17—27　各市县农林牧渔业总产值

（1995年，按现行价格计算）　　　　单位：万元

市县名称	农、林、牧渔业总产值	农业	林业	牧业	渔业
全区总计	**565 493**	**381 301**	**9 688**	**162 897**	**11 607**
灌区	437 196	297 858	5 028	122 837	11 473
山区	128 297	83 443	4 660	40 060	134
银川市	**140 940**	**95 596**	**765**	**36 971**	**7 608**
银川市	46 454	28 383	160	15 052	2 859
永宁县	45 607	31 821	331	11 844	1 611
贺兰县	48 879	35 392	274	10 075	3 138
石嘴山市	**77 283**	**58 108**	**519**	**17 246**	**1 410**
石嘴山市	3 404	1 851	162	878	513
平罗县	49 993	38 325	174	10 782	712
陶乐县	6 389	5 114	71	1 186	18
惠农县	17 497	12 818	112	4 400	167
银南地区	**252 706**	**163 176**	**4 857**	**82 218**	**2 455**
吴忠市	42 569	26 983	220	15 216	150
青铜峡市	47 401	34 972	1 049	10 762	618
中卫县	47 927	26 253	1 033	19 873	768
中宁县	41 113	28 028	1 042	11 688	355
灵武县	39 963	27 918	400	11 081	564
盐池县	14 730	6 369	994	7 367	-
同心县	19 003	12 653	119	6 231	-
固原地区	**94 564**	**64 421**	**3 547**	**26 462**	**134**
固原县	30 285	23 174	1 233	5 851	27
海原县	12 068	8 048	192	3 819	9
西吉县	15 695	10 405	391	4 823	76
隆德县	12 899	7 676	627	4 596	-
泾源县	5 510	3 910	295	1 305	-
彭阳县	18 107	11 208	809	6 068	22

17—28　各市县农林牧渔业商品产值

(1995年)　　单位:万元

市县名称	农林牧渔业商品产值	农业	林业	牧业	渔业	商品率(%)
全区总计	**301 540**	**187 648**	**2 271**	**101 577**	**10 044**	**53.3**
银川市	**92 193**	**61 674**	**375**	**23 265**	**6 879**	**65.4**
银川市	35 826	22 101	70	11 225	2 430	77.1
永宁县	27 311	19 439	298	6 044	1 530	59.9
贺兰县	29 056	20 134	7	5 996	2 919	59.4
石嘴山市	**42 580**	**32 162**	**72**	**9 399**	**947**	**55.1**
石嘴山市	1 192	614	4	336	238	35.0
平罗县	27 935	20 894	11	6 494	536	55.9
陶乐县	4 247	3 523	57	650	17	66.5
惠农县	9 206	7 131	-	1 919	156	52.6
银南地区	**138 050**	**78 454**	**1 353**	**56 111**	**2 132**	**54.6**
吴忠市	21 476	11 182	76	10 127	91	50.4
青铜峡市	29 161	21 216	348	7 079	518	61.5
中卫县	28 342	12 469	700	14 482	691	59.1
中宁县	22 954	12 751	164	9 698	341	55.8
灵武县	23 669	15 798	60	7 320	491	59.2
盐池县	3 452	871	3	2 578	-	23.4
同心县	8 996	4 167	2	4 827	-	47.3
固原地区	**28 717**	**15 358**	**471**	**12 802**	**86**	**30.4**
固原县	9 772	7 838	170	1 739	25	32.3
海原县	3 672	1 591	7	2 069	5	30.4
西吉县	4 291	1 178	19	3 059	35	27.3
隆德县	4 304	1 776	77	2 451	-	33.4
泾源县	1 079	451	12	616	-	19.6
彭阳县	5 599	2 524	186	2 868	21	30.9

17—29 各市县农作物播种面积

(1995年) 单位:千公顷

市县名称	总播种面积	#粮食	谷物	#稻谷	#小麦	#玉米	#高粱	#荞麦
全区总计	**955.98**	**762.25**	**618.97**	**62.30**	**294.07**	**95.53**	**0.31**	**54.42**
灌　区	381.34	301.62	262.37	61.55	103.10	83.58	0.31	0.74
山　区	574.64	406.63	356.60	0.75	190.97	11.95	-	53.68
银川市	**106.69**	**90.89**	**82.27**	**23.37**	**29.41**	**26.43**	**0.05**	**-**
银川市	28.71	21.94	20.65	7.86	5.92	5.29	0.02	-
永宁县	36.15	31.81	27.22	8.45	9.09	9.15	-	-
贺兰县	41.83	37.14	34.40	7.06	14.40	11.99	0.03	-
石嘴山市	**90.61**	**67.79**	**57.72**	**5.19**	**28.79**	**18.53**	**0.13**	**-**
石嘴山市	1.61	1.18	1.13	0.03	0.79	0.18	0.07	-
平罗县	61.61	46.57	39.42	5.02	17.71	12.82	0.02	-
陶乐县	8.03	5.49	4.89	-	3.08	1.22	-	-
惠农县	19.36	14.55	12.28	0.14	7.21	4.31	0.04	-
银南地区	**331.72**	**267.45**	**235.51**	**32.99**	**79.04**	**43.58**	**0.13**	**25.19**
吴忠市	35.09	28.62	24.67	7.64	8.86	8.14	-	-
青铜峡市	44.30	36.08	29.12	8.06	10.81	9.45	0.07	-
中卫县	41.05	28.49	24.62	6.19	9.96	6.99	-	0.06
中宁县	32.12	22.85	20.90	3.08	8.97	8.01	0.05	-
灵武县	31.48	26.90	23.07	8.02	6.30	6.02	0.01	0.68
盐池县	58.72	50.74	45.52	-	10.01	1.38	-	18.56
同心县	88.96	73.77	67.61	-	24.13	3.59	-	5.89
固原地区	**426.96**	**336.12**	**243.47**	**0.75**	**156.83**	**6.99**	**-**	**29.23**
固原县	123.46	92.44	63.69	-	42.27	0.60	-	8.49
海原县	82.69	64.33	53.31	-	27.92	1.30	-	8.14
西吉县	79.72	68.62	42.25	-	29.28	1.42	-	5.43
隆德县	42.90	34.52	22.21	0.67	19.44	0.77	-	0.26
泾源县	19.24	14.89	10.81	0.08	7.85	0.44	-	1.06
彭阳县	78.95	61.32	51.20	-	30.07	2.46	-	5.85

17—29 续表　　(1995年)　　单位:千公顷

市县名称	豆类	薯类	油料	甜菜	药材	蔬菜、瓜类
全区总计	**90.47**	**52.81**	**100.89**	**14.53**	**1.75**	**36.98**
灌　区	39.25	–	36.06	12.95	1.21	23.95
山　区	51.22	52.81	64.83	1.58	0.54	13.03
银川市	**8.62**	**–**	**2.77**	**3.29**	**0.41**	**7.97**
银川市	1.29	–	0.78	0.75	0.13	4.30
永宁县	4.59	–	1.18	0.60	0.25	2.05
贺兰县	2.74	–	0.81	1.94	0.03	1.62
石嘴山市	**10.07**	**–**	**7.99**	**8.24**	**0.27**	**3.89**
石嘴山市	0.05	–	0.17	0.07	–	0.18
平罗县	7.15	–	5.72	5.08	0.17	2.79
陶乐县	0.60	–	0.56	1.05	0.10	0.23
惠农县	2.27	–	1.54	2.04	–	0.69
银南地区	**22.45**	**9.49**	**39.45**	**1.61**	**0.79**	**15.38**
吴忠市	3.95	–	3.26	0.22	0.03	2.56
青铜峡市	6.96	–	5.73	0.27	0.20	1.91
中卫县	3.87	–	6.44	0.09	0.05	5.20
中宁县	1.95	–	7.47	0.39	0.01	1.31
灵武县	3.83	–	2.41	0.45	0.25	1.11
盐池县	0.50	4.71	5.32	0.01	0.25	1.27
同心县	1.38	4.78	8.82	0.18	–	2.02
固原地区	**49.33**	**43.32**	**50.69**	**1.39**	**0.28**	**9.74**
固原县	14.09	14.66	18.00	1.22	0.02	2.93
海原县	6.15	4.87	6.09	–	–	2.92
西吉县	15.08	11.29	8.81	0.01	0.01	0.52
隆德县	7.01	5.30	4.91	0.16	0.23	0.65
泾源县	1.82	2.26	1.83	–	0.01	0.76
彭阳县	5.18	4.94	11.05	–	0.01	1.96

17—30　主要年份各市县粮食产量变化情况

单位:万公斤

市县名称	1978年	1980年	1985年	1990年	1994年	1995年
全区总计	**116 981**	**120 357**	**139 534**	**193 301**	**200 831**	**202 947**
灌　区	77 482	85 763	103 196	141 071	155 443	163 276
山　区	39 509	34 594	36 338	52 230	45 388	39 671
银川市	**20 351**	**21 596**	**28 457**	**39 641**	**44 690**	**46 013**
银川市	4 855	4 857	6 224	8 079	8 660	8 719
永宁县	3 561	9 498	12 666	17 350	18 748	18 469
贺兰县	6 935	7 241	9 567	14 212	17 282	18 825
石嘴山市	**12 386**	**12 826**	**13 270**	**21 430**	**23 299**	**25 943**
石嘴山市	931	1 073	580	758	534	523
平罗县	8 239	8 480	8 694	14 047	15 608	17 555
陶乐县	730	681	1 044	1 966	1 950	2 106
惠农县	2 486	2 592	2 952	4 659	5 207	5 759
银南地区	**45 251**	**48 374**	**60 747**	**78 025**	**83 284**	**84 720**
吴忠市	7 723	8 492	9 709	12 312	13 891	13 519
青铜峡市	9 642	11 104	14 512	17 739	18 961	19 680
中卫县	8 250	9 646	11 315	13 950	14 528	15 253
中宁县	5 080	6 243	8 147	11 057	12 992	13 777
灵武县	7 406	8 778	10 652	11 203	12 423	12 432
盐池县	2 552	750	2 470	3 555	3 903	2 978
同心县	4 598	3 181	3 942	7 109	6 586	7 081
固原地区	**32 359**	**30 663**	**29 881**	**41 513**	**34 881**	**29 578**
固原县	8 854	8 421	8 466	10 661	7 890	9 249
海原县	6 226	4 275	4 915	7 087	5 481	4 201
西吉县	6 887	8 706	8 064	8 814	8 343	4 519
隆德县	4 227	3 948	4 214	5 583	4 797	3 829
泾源县	1 862	1 936	1 715	2 758	2 864	2 039
彭阳县	4 303	3 377	2 507	6 610	5 506	5 741
区　属	**6 634**	**6 898**	**7 179**	**12 692**	**14 677**	**16 693**

17—31　主要年份各市县油料产量变化情况

单位:万公斤

市县名称	1978年	1980年	1985年	1990年	1992年	1994年	1995年
全区总计	**2 568**	**3 598**	**5 338**	**6 243**	**6 240**	**6 990**	**5 590**
灌　区	146	1 668	2 266	2 088	2 438	2 432	3 025
山　区	4 422	1 930	3 072	4 155	3 802	4 558	2 565
银川市	**352**	**303**	**285**	**254**	**327**	**246**	**286**
银川市	86	78	61	48	69	39	36
永宁县	127	87	33	8	5	11	37
贺兰县	139	138	191	198	253	196	213
石嘴山市	**258**	**315**	**631**	**644**	**809**	**819**	**907**
石嘴山市	17	26	28	30	43	32	32
平罗县	177	201	405	385	503	491	554
陶乐县	12	20	82	79	45	53	68
惠农县	52	68	116	150	218	243	253
银南地区	**712**	**715**	**1 229**	**1 584**	**1 766**	**1 834**	**1 703**
吴忠市	42	36	82	74	50	59	126
青铜峡市	120	110	77	30	24	111	301
中卫县	145	100	195	161	200	312	374
中宁县	67	67	229	397	470	515	425
灵武县	54	28	19	24	62	36	73
盐池县	130	113	297	338	392	434	117
同心县	154	261	330	560	568	367	287
固原地区	**1 137**	**1 556**	**2 439**	**3 252**	**2 838**	**3 754**	**2 160**
固原县	307	496	1 010	1 290	885	1 206	1 154
海原县	231	322	459	404	405	538	216
西吉县	283	366	317	537	491	704	154
隆德县	137	130	244	435	303	430	312
泾源县	27	61	83	110	142	207	125
彭阳县	152	181	326	476	612	669	199
区　属	**109**	**709**	**754**	**509**	**500**	**337**	**534**

17—32　各市县畜牧业生产情况

(1995年)

市县名称	一、大牲畜 年末存栏数 (头)	二、猪 (头)	三、羊 (只)	四、年末 家禽数 (百只)	五、当年 出售和自 宰肉牛 (头)	六、当年 出栏肉猪 (头)	七、当年 出栏和自 宰肉羊 (只)
全区总计	**896 677**	**918 667**	**2 927 007**	**86 688**	**153 642**	**884 244**	**1 073 716**
灌　区	412 883	677 045	1 561 967	68 658	87 704	673 426	628 895
山　区	483 794	241 662	1 365 040	18 030	65 938	210 818	444 821
银川市	**127 786**	**142 522**	**306 652**	**17 841**	**24 243**	**159 160**	**167 399**
银川市	35 160	31 906	57 035	7 253	8 542	45 064	65 251
永宁县	417 221	64 208	133 593	4 931	8 496	61 578	53 792
贺兰县	45 405	46 408	116 024	5 657	7 205	52 518	48 356
石嘴山市	**94 015**	**112 519**	**386 946**	**13 698**	**31 392**	**109 998**	**150 740**
石嘴山市	397	4 217	33 220	493	54	3 001	4 403
平罗县	79 808	64 797	201 987	8 382	28 619	62 581	100 992
陶乐县	3 028	8 496	62 722	303	162	8 156	14 972
惠农县	10 782	35 009	89 017	4 520	2 557	36 260	30 373
银南地区	**271 153**	**443 191**	**1 547 543**	**37 649**	**41 056**	**421 199**	**564 159**
吴忠市	53 218	28 207	73 513	4 418	15 075	18 865	33 731
青铜峡市	31 628	89 626	230 248	5 806	3 188	66 489	62 815
中卫县	43 744	129 631	200 158	15 091	5 348	142 280	50 156
中宁县	17 496	115 351	113 756	5 869	1 626	123 607	41 669
灵武县	34 211	36 747	142 887	3 725	5 187	32 441	95 987
盐池县	28 830	35 364	396 236	1 355	48	31 209	143 486
同心县	62 026	8 265	390 745	1 385	10 584	6 308	136 315
固原地区	**392 735**	**197 803**	**566 738**	**15 290**	**55 291**	**173 121**	**163 793**
固原县	94 765	46 948	124 311	3 735	12 573	30 298	40 373
海原县	61 132	15 253	250 762	1 214	3 256	9 467	53 059
西吉县	86 055	40 220	72 193	3 261	11 547	38 671	25 627
隆德县	56 582	61 773	28 182	2 371	7 385	61 689	12 706
泾源县	25 290	288	15 213	1 217	12 391	158	5 692
彭阳县	68 911	33 321	76 077	3 492	8 139	32 838	26 336
区　属	**10 988**	**22 632**	**119 128**	**2 210**	**1 660**	**20 766**	**27 625**

17-32 续表　　　　　　　　(1995年)

市县名称	八、肉类总产量(吨)	#猪牛羊	九、牛奶产量(吨)	十、棉羊毛产量(吨)	十一、山羊毛产量(吨)	十二、山羊绒产量(吨)	十三、蜂蜜产量(吨)	十四、禽蛋产量(吨)
全区总计	**120 599**	**102 672**	**139 889**	**3 555**	**362**	**165**	**552**	**38 960**
灌　区	87 326	71 474	139 234	1 867	248	105	371	32 396
山　区	33 273	31 198	655	1 688	114	60	181	6 564
银川市	**23 758**	**17 598**	**36 510**	**506**	**29**	**18**	**34**	**9 429**
银川市	7 351	5 288	18 607	159	7	7	3	3 905
永宁县	8 148	6 711	10 791	214	8	4	27	2 623
贺兰县	8 259	5 599	7 112	133	14	7	4	2 901
石嘴山市	**19 993**	**15 156**	**3 059**	**317**	**74**	**42**	**266**	**2 497**
石嘴山市	533	318	110	6	6	6	–	170
平罗县	14 229	10 570	2 723	210	52	18	–	1 547
陶乐县	900	842	1	51	8	9	–	103
惠农县	4 331	3 426	225	50	8	9	266	677
银南地区	**50 443**	**45 893**	**86 590**	**1 752**	**185**	**89**	**98**	**20 728**
吴忠市	4 852	4 370	59 404	111	14	5	1	2 512
青铜峡市	7 005	6 313	8 337	238	12	5	–	3 051
中卫县	13 880	11 809	4 034	195	46	17	33	9 796
中宁县	10 215	9 604	261	153	12	2	20	2 753
灵武县	4 923	4 446	14 139	255	38	12	17	1 490
盐池县	4 749	4 658	415	355	31	31	27	374
同心县	4 819	4 693	–	445	32	17	–	752
固原地区	**23 679**	**21 821**	**239**	**881**	**44**	**12**	**154**	**5 438**
固原县	4 684	4 409	68	189	10	3	39	1 248
海原县	2 064	1 915	15	385	12	7	19	728
西吉县	5 374	4 656	5	120	6	–	56	820
隆德县	4 980	4 738	–	47	3	–	14	748
泾源县	1 949	1 846	151	26	2	–	14	445
彭阳县	4 628	4 257	–	114	11	2	12	1 449
区　属	**2 726**	**2 204**	**13 491**	**99**	**30**	**4**	**–**	**868**

17—33 各市县渔业生产情况

(1995年)

市县名称	水产品总产量(吨)	养殖捕捞量	天然捕捞量	鱼类产量(吨)	养殖面积(公顷)
全区总计	**18 706**	**18 289**	**417**	**18 706**	**10 668**
灌　区	18 500	18 238	262	18 500	9 734
山　区	206	51	155	206	934
银川市	**11 563**	**11 477**	**86**	**11 563**	**5 298**
银川市	4 092	4 080	12	4 092	1 663
永宁县	2 533	2 528	5	2 533	977
贺兰县	4 938	4 869	69	4 938	2 658
石嘴山市	**2 095**	**2 060**	**35**	**2 095**	**1 276**
石嘴山市	788	778	10	788	354
平罗县	1 055	1 055	–	1 055	638
陶乐县	26	18	8	26	27
惠农县	226	209	17	226	257
银南地区	**3 793**	**3 652**	**141**	**3 793**	**1 819**
吴忠市	235	218	17	235	149
青铜峡市	992	925	67	992	647
中卫县	1 238	1 212	26	1 238	356
中宁县	472	457	15	472	210
灵武县	856	840	16	856	457
盐池县	–	–	–	–	–
同心县	–	–	–	–	–
固原地区	**206**	**51**	**155**	**206**	**934**
固原县	38	11	27	38	264
海原县	12	5	7	12	8
西吉县	125	4	121	125	509
隆德县	–	–	–	–	–
泾源县	–	–	–	–	–
彭阳县	31	31	–	31	153
区　属	**1 049**	**1 049**	**–**	**1 049**	**1 341**

17—34 各市县乡镇企业情况

(1995年)

市县名称	企业单位(个)		企业人员(人)		营业收入(万元)		
	乡办企业	村办企业	乡办企业	村办企业		# 乡办企业	# 村办企业
全区总计	**1 501**	**1 623**	**77 408**	**30 651**	**577 793**	**165 942**	**57 754**
灌 区	905	1 510	53 944	28 358	468 450	136 361	56 107
山 区	596	113	23 464	2 293	109 343	29 581	1 647
银川市	**266**	**426**	**16 779**	**10 990**	**166 358**	**44 967**	**22 097**
银川市	123	171	9 381	6 082	74 102	21 254	15 265
永宁县	81	103	4 812	2 596	46 021	14 279	4 157
贺兰县	62	152	2 586	2 312	46 235	9 434	2 675
石嘴山市	**140**	**117**	**5 996**	**1 695**	**61 880**	**14 783**	**4 817**
石嘴山市	8	3	281	24	1 834	1 788	46
平罗县	74	87	3 228	1 222	48 396	8 671	3 823
陶乐县	18	6	685	45	1 589	826	41
惠农县	40	21	1 802	404	10 061	3 498	907
银南地区	**608**	**1 012**	**34 402**	**16 634**	**265 974**	**83 723**	**29 963**
吴忠市	105	147	9 278	2 631	71 916	32 417	7 552
青铜峡市	95	298	5 037	2 649	39 459	9 438	3 563
中卫县	135	234	9 099	6 365	53 109	21 266	9 453
中宁县	73	129	3 733	1 425	40 339	6 325	3 025
灵武县	91	159	4 022	2 603	35 389	7 165	5 600
盐池县	45	28	1 740	521	12 686	3 227	381
同心县	64	17	1 493	440	13 076	3 885	389
固原地区	**487**	**68**	**20 231**	**1 332**	**83 581**	**22 469**	**877**
固原县	72	28	4 774	807	26 907	3 437	538
海原县	30	4	1 094	133	16 819	2 442	47
西吉县	50	4	2 827	36	10 799	2 147	138
隆德县	257	22	7 285	248	17 614	11 242	89
泾源县	26	7	1 221	13	4 367	1 134	–
彭阳县	52	3	3 030	95	7 075	2 067	65

17-39 续表 (1995年) 单位:万元

市县名称	国家税金	# 所得税	纯利润	工资总额	年底固定资产原值
全区总计	**28 773**	**3 063**	**43 987**	**74 481**	**273 945**
灌 区	23 863	2 947	34 099	57 705	219 509
山 区	4 910	116	9 888	16 776	54 436
银川市	**10 066**	**1 119**	**13 515**	**19 828**	**76 832**
银川市	4 807	409	5 609	10 172	32 580
永宁县	2 832	161	3 501	5 437	24 414
贺兰县	2 427	549	4 405	4 219	19 838
石嘴山市	**3 228**	**696**	**5 045**	**9 765**	**26 225**
石嘴山市	111	2	154	115	498
平罗县	1 902	226	3 777	7 471	19 639
陶乐县	84	-	155	345	708
惠农县	1 131	468	959	1 834	5 380
银南地区	**11 485**	**1 199**	**18 223**	**31 928**	**132 832**
吴忠市	3 876	408	3 485	6 793	41 850
青铜峡市	1 930	264	3 085	4 442	16 322
中卫县	1 701	262	3 552	7 736	22 806
中宁县	1 453	-	2 491	4 949	20 810
灵武县	1 609	198	2 926	4 192	14 664
盐池县	556	55	1 342	1 940	7 749
同心县	360	12	1 342	1 876	8 631
固原地区	**3 994**	**49**	**7 204**	**12 960**	**38 056**
固原县	1 389	13	2 615	4 392	9 086
海原县	463	11	990	2 069	6 214
西吉县	399	3	1 159	2 052	4 467
隆德县	1 343	13	1 292	2 042	11 883
泾源县	104	1	440	997	2 406
彭阳县	296	8	708	1 408	4 000

17—35 各市县乡镇企业总产值

(1995年)

单位:万元

市县名称	合计	#乡办	#村办	按行业分				
				农业	工业	建筑业	交通运输业	商业饮食业
全区总计	**568 679**	**168 707**	**56 446**	**8 005**	**275 454**	**106 755**	**97 123**	**81 342**
灌区	468 924	142 680	54 737	7 611	236 028	94 171	69 016	62 098
山区	99 755	26 027	1 709	394	39 426	12 584	28 107	19 244
银川市	**169 849**	**48 100**	**22 121**	**3 688**	**76 734**	**42 857**	**26 591**	**19 979**
银川市	70 154	22 069	14 573	1 873	30 033	20 829	10 897	6 522
永宁县	52 915	16 093	4 778	508	26 024	10 604	8 014	7 765
贺兰县	46 780	9 938	2 770	1 307	20 677	11 424	7 680	5 692
石嘴山市	**60 005**	**13 905**	**3 711**	**423**	**32 032**	**5 269**	**13 434**	**8 847**
石嘴山市	1 734	1 316	50	–	1 428	52	224	30
平罗县	46 089	7 973	3 096	421	24 198	3 437	10 738	7 295
陶乐县	1 553	805	41	2	1 101	79	245	126
惠农县	10 629	3 811	524	–	5 305	1 701	2 227	1 396
银南地区	**263 840**	**86 164**	**29 526**	**3 596**	**134 584**	**48 995**	**37 904**	**38 761**
吴忠市	74 038	36 533	7 853	169	45 879	11 462	5 740	10 788
青铜峡市	37 078	9 975	3 300	1 153	17 519	7 746	6 734	3 926
中卫县	50 405	19 552	8 910	1 466	23 923	12 840	6 870	5 306
中宁县	40 116	6 081	2 922	455	17 700	10 613	3 441	7 907
灵武县	37 433	8 534	5 920	257	22 241	3 384	6 206	5 345
盐池县	11 073	2 296	378	92	3 112	1 977	4 477	1 415
同心县	13 697	3 193	243	4	4 210	973	4 436	4 074
固原地区	**74 985**	**20 538**	**1 088**	**298**	**32 104**	**9 634**	**19 194**	**13 755**
固原县	22 466	3 780	702	84	9 135	3 838	5 299	4 110
海原县	17 475	2 578	54	12	5 447	804	8 030	3 182
西吉县	10 070	2 172	120	1	4 083	1 583	1 826	2 577
隆德县	14 243	8 571	138	113	9 844	1 302	1 088	1 896
泾源县	3 404	1 200	10	88	1 227	603	1 052	434
彭阳县	7 327	2 237	64	–	2 368	1 504	1 899	1 556

17—36　各市县全部工业企业单位数和工业总产值

（1995年）

市县名称	企业单位数（个）	# 乡及乡以上	工业总产值（当年价格）（万元）	# 乡及乡以上	
				1990年不变价	当年价格
全区总计	**24 677**	**1 994**	**1 976 612**	**1 170 187**	**1 826 535**
银川市	**5 187**	**583**	**782 251**	**480 554**	**735 790**
银川市	2 260	425	694 645	434 291	674 060
永宁县	1 489	99	47 041	25 750	34 264
贺兰县	1 438	59	40 564	20 513	27 465
石嘴山市	**2 986**	**385**	**468 811**	**297 268**	**443 244**
石嘴山市	1 046	216	373 576	244 888	367 030
平罗县	1 526	95	69 700	36 402	56 186
陶乐县	179	23	1 758	1 140	1 453
惠农县	235	51	23 777	14 838	18 575
银南地区	**8 553**	**671**	**666 375**	**362 835**	**605 138**
吴忠市	920	140	115 152	80 312	106 188
青铜峡市	2 357	118	319 088	175 331	311 917
中卫县	1 444	161	63 150	38 835	51 583
中宁县	1 263	59	34 754	14 501	21 333
灵武县	797	95	75 842	37 090	60 522
盐池县	801	54	50 796	13 528	49 568
同心县	971	44	7 593	3 239	4 026
固原地区	**7 951**	**355**	**59 175**	**29 530**	**42 363**
固原县	2 647	113	20 790	10 645	13 763
海原县	849	38	4 811	2 932	4 038
西吉县	1 804	58	9 057	3 734	6 436
隆德县	1 479	73	16 756	8 231	12 084
泾源县	456	28	1 905	807	1 585
彭阳县	716	45	5 856	3 181	4 457

17—37 各市县乡及乡以上工业总产值

(1995年，按当年价格计算)　　　　单位:万元

市县名称	合计	按经济类型分						
		国有经济	集体经济	私营经济	联营经济	股份制经济	外商投资经济	港、澳、台投资经济
全区总计	**1 826 535**	**1 360 119**	**213 780**	**347**	**6 038**	**73 952**	**135 549**	**31 717**
银川市	**735 790**	**472 947**	**73 133**	**151**	**5 402**	**44 087**	**131 518**	**8 552**
银川市	674 060	442 245	49 632	151	4 826	39 873	130 092	7 242
永宁县	34 264	14 354	16 904	–	136	2 526	–	344
贺兰县	27 465	16 349	6 597	–	439	1 688	1 426	966
石嘴山市	**443 244**	**383 374**	**46 574**	–	–	**2 337**	**898**	**10 061**
石嘴山市	367 030	325 149	28 663	–	–	2 337	898	9 983
平罗县	56 186	42 402	13 706	–	–	–	–	78
陶乐县	1 453	323	1 130	–	–	–	–	–
惠农县	18 575	15 500	3 075	–	–	–	–	–
银南地区	**605 138**	**480 402**	**82 921**	–	**101**	**26 879**	**2 706**	**12 127**
吴忠市	106 188	63 522	32 706	–	101	–	334	9 525
青铜峡市	311 917	275 883	11 582	–	–	24 452	–	–
中卫县	51 583	29 604	20 391	–	–	–	274	1 314
中宁县	21 333	12 538	5 101	–	–	2 405	–	1 288
灵武县	60 522	49 420	11 090	–	–	–	12	–
盐池县	49 568	47 973	1 573	–	–	22	–	–
同心县	4 026	1 462	478	–	–	–	2 086	–
固原地区	**42 363**	**23 395**	**16 152**	**196**	**535**	**648**	**426**	**978**
固原县	13 763	9 202	3 333	196	384	648	–	–
海原县	4 038	882	3 156	–	–	–	–	–
西吉县	6 436	4 544	1 892	–	–	–	–	–
隆德县	12 084	5 467	5 206	–	–	–	426	978
泾源县	1 585	641	793	–	151	–	–	–
彭阳县	4 457	2 658	1 773	–	–	–	–	–

17-37 续表 （1995年、按当年价格计算） 单位：万元

市县名称	合计	按轻重工业分		按企业规模分		
		轻工业	重工业	大型企业	中型企业	小型企业
全区总计	**1 826 535**	**327 292**	**1 499 243**	**784 168**	**400 031**	**642 336**
银川市	**735 790**	**156 805**	**578 985**	**312 861**	**200 365**	**222 563**
银川市	674 061	124 278	549 783	312 861	187 923	173 276
永宁县	34 264	20 959	13 305	–	7 267	26 997
贺兰县	27 465	11 568	15 897	–	5 175	22 290
石嘴山市	**443 244**	**26 950**	**416 294**	**226 500**	**110 702**	**106 042**
石嘴山市	367 030	11 040	355 990	220 543	88 592	57 895
平罗县	56 186	14 420	41 766	5 957	22 110	28 119
陶乐县	1 453	260	1 193	–	–	1 453
惠农县	18 575	1 230	17 345	–	–	18 575
银南地区	**605 138**	**121 428**	**483 709**	**244 808**	**88 575**	**271 754**
吴忠市	106 188	46 173	60 015	24 425	22 043	58 720
青铜峡市	311 917	23 658	288 259	219 383	33 056	59 478
中卫县	51 583	20 783	30 800	–	9 160	42 423
中宁县	21 333	4 182	17 151	–	4 341	16 992
灵武县	60 522	21 330	39 192	–	19 467	41 055
盐池县	49 568	2 862	46 706	–	507	49 061
同心县	4 026	2 439	1 587	–	–	4 026
固原地区	**43 363**	**22 109**	**20 254**	**–**	**389**	**41 974**
固原县	13 763	7 148	6 615	–	389	13 374
海原县	4 038	2 609	1 429	–	–	4 038
西吉县	6 436	5 799	637	–	–	6 436
隆德县	12 084	3 872	8 212	–	–	12 084
泾源县	1 585	542	1 043	–	–	1 585
彭阳县	4 457	2 139	2 318	–	–	4 457

17—38　各市县按经济类型分的独立核算工业企业单位数和工业总产值

（1995年）

市县名称	国有经济 企业单位数（个）	国有经济 1990年不变价格总产值（万元）	国有经济 当年价格总产值（万元）	集体经济 企业单位数（个）	集体经济 1990年不变价格总产值（万元）	集体经济 当年价格总产值（万元）
全区总计	**440**	**779 505**	**1 322 384**	**1 161**	**165 217**	**207 236**
银川市	**140**	**257 530**	**457 110**	**306**	**56 667**	**72 009**
银川市	114	237 034	428 883	208	38 222	48 697
永宁县	11	9 307	12 399	62	13 257	16 715
贺兰县	15	11 189	15 828	36	5 188	6 597
石嘴山市	**94**	**246 636**	**378 778**	**215**	**34 443**	**43 184**
石嘴山市	57	211 375	324 345	113	21 923	26 785
平罗县	20	24 965	40 909	57	9 414	12 431
陶乐县	4	297	323	19	843	1 130
惠农县	13	9 999	13 201	26	2 263	2 838
银南地区	**138**	**260 828**	**463 572**	**394**	**61 730**	**76 203**
吴忠市	31	43 001	60 400	83	27 077	32 541
青铜峡市	30	152 642	273 362	67	9 063	11 138
中卫县	28	20 765	28 264	91	14 978	18 424
中宁县	12	7 667	11 379	36	4 039	5 101
灵武县	14	23 079	40 753	52	5 038	6 987
盐池县	14	12 332	47 952	34	1 123	1 534
同心县	9	1 342	1 462	31	412	478
固原地区	**68**	**14 509**	**22 924**	**246**	**12 375**	**15 841**
固原县	22	6 479	8 773	66	2 678	3 120
海原县	7	473	882	28	2 439	3 127
西吉县	8	2 449	4 544	45	1 241	1 833
隆德县	14	3 006	5 441	54	4 200	5 195
泾源县	10	314	626	16	444	793
彭阳县	7	1 788	2 658	37	1 373	1 773

17—39　各市县按轻重工业分的独立核算工业企业单位数和工业总产值

(1995年)

市县名称	轻工业			重工业		
	企业单位数（个）	1990年不变价格总产值（万元）	当年价格总产值（万元）	企业单位数（个）	1990年不变价格总产值（万元）	当年价格总产值（万元）
全区总计	**796**	**212 027**	**303 870**	**928**	**923 472**	**1 472 193**
银川市	**232**	**98 781**	**148 291**	**278**	**369 927**	**569 989**
银川市	171	76 009	117 998	201	347 610	541 219
永宁县	39	15 076	19 221	42	9 479	12 898
贺兰县	22	7 696	11 072	35	12 568	15 872
石嘴山市	**109**	**17 671**	**25 509**	**210**	**273 032**	**409 750**
石嘴山市	63	7 534	10 656	116	235 346	353 692
平罗县	28	9 530	13 751	50	24 889	39 677
陶乐县	9	171	260	14	970	1 194
惠农县	9	436	842	30	11 827	15 197
银南地区	**269**	**81 742**	**108 249**	**294**	**265 350**	**472 698**
吴忠市	72	36 627	44 629	52	40 877	57 632
青铜峡市	42	14 051	21 359	59	159 583	287 593
中卫县	47	13 189	17 751	79	24 124	30 524
中宁县	22	2 239	3 104	28	11 565	17 068
灵武县	31	12 193	16 104	36	15 934	31 648
盐池县	27	1 741	2 863	24	11 730	46 645
同心县	28	1 702	2 439	16	1 537	1 588
固原地区	**186**	**13 832**	**21 820**	**146**	**15 162**	**19 754**
固原县	55	5 227	6 928	47	4 972	6 193
海原县	21	1 895	2 609	14	1 018	1 399
西吉县	39	3 253	5 788	14	437	589
隆德县	35	1 835	3 829	35	6 375	8 212
泾源县	14	226	527	13	576	1 043
彭阳县	22	1 396	2 139	23	1 784	2 318

17—40 各市县全部独立核算工业企业主要财务指标

(1995年)

单位:万元

市县名称	企业单位数(个)	#亏损企业	资本金	#国家资本金	资产总计	流动资产	流动资产年平均余额
全区总计	**1 724**	**473**	**993 967**	**715 287**	**3 053 702**	**1 264 019**	**1 153 016**
银川市	**510**	**153**	**387 505**	**307 443**	**1 230 050**	**613 004**	**553 860**
银川市	372	124	358 464	295 864	1 140 485	578 021	521 196
永宁县	81	21	18 530	5 108	47 805	19 402	17 686
贺兰县	57	8	10 511	6 471	41 760	15 581	14 978
石嘴山市	**319**	**90**	**241 081**	**220 492**	**867 728**	**320 501**	**302 715**
石嘴山市	179	60	211 856	196 370	752 082	272 755	262 207
平罗县	78	17	22 153	18 600	96 533	39 891	33 452
陶乐县	23	3	805	310	2 027	1 004	955
惠农县	39	10	6 267	5 212	17 086	6 851	6 101
银南地区	**563**	**157**	**326 453**	**160 045**	**844 268**	**295 674**	**265 401**
吴忠市	124	54	41 932	26 515	207 051	73 167	70 262
青铜峡市	101	26	187 736	58 268	368 783	122 052	103 775
中卫县	126	28	20 406	10 643	93 415	39 830	38 732
中宁县	50	9	8 414	6 187	29 386	12 260	10 359
灵武县	67	13	14 397	9 159	66 840	29 857	26 369
盐池县	51	20	48 079	46 107	70 353	15 729	13 061
同心县	44	7	5 489	3 166	8 440	2 779	2 843
固原地区	**332**	**73**	**38 930**	**27 307**	**111 655**	**34 838**	**31 040**
固原县	102	29	15 624	14 249	48 597	14 854	13 246
海原县	35	1	2 387	730	3 996	1 856	1 879
西吉县	53	8	3 874	3 623	9 177	4 341	3 881
隆德县	70	16	7 244	2 165	16 722	6 701	5 665
泾源县	27	12	3 741	1 107	21 921	3 571	3 055
彭阳县	45	7	6 060	5 433	11 242	3 515	3 314

17-40 续表1　　(1995年)　　单位:万元

市县名称	固定资产	固定资产原值	固定资产净值年平均余额	累计折旧	流动负债	长期负债
全区总计	**1 676 331**	**2 098 697**	**1 322 698**	**573 776**	**1 200 006**	**855 538**
银川市	**570 359**	**672 975**	**441 226**	**173 831**	**569 810**	**239 426**
银川市	518 943	615 852	402 589	161 196	532 893	210 950
永宁县	26 913	28 689	19 756	6 784	20 721	18 202
贺兰县	24 503	28 434	18 881	5 851	16 196	10 274
石嘴山市	**524 541**	**680 910**	**392 010**	**193 016**	**289 173**	**253 047**
石嘴山市	463 547	611 579	346 681	175 204	240 740	227 702
平罗县	50 028	59 055	37 893	15 834	40 435	18 630
陶乐县	949	1 228	818	334	1 044	502
惠农县	9 617	9 048	6 618	1 644	6 954	6 213
银南地区	**507 054**	**662 860**	**418 563**	**194 034**	**299 189**	**333 069**
吴忠市	127 176	145 430	92 157	31 833	83 371	79 079
青铜峡市	222 388	307 501	202 682	94 994	99 503	155 130
中卫县	46 931	47 775	29 341	10 012	52 061	22 467
中宁县	15 653	24 059	12 604	9 516	13 375	5 754
灵武县	35 485	43 250	27 466	11 663	33 797	18 610
盐池县	54 116	89 222	49 590	35 428	14 943	51 438
同心县	5 305	5 623	4 723	588	2 139	591
固原地区	**74 378**	**81 954**	**70 899**	**12 901**	**41 836**	**29 996**
固原县	32 968	39 303	35 768	9 093	15 981	16 347
海原县	2 056	2 239	1 625	427	2 005	831
西吉县	4 730	5 222	3 791	851	4 270	2 275
隆德县	9 646	8 921	5 589	1 041	6 869	4 646
泾源县	17 821	18 025	17 633	340	9 059	3 883
彭阳县	7 157	8 244	6 493	1 149	3 652	2 014

17—40 续表2 (1995年) 单位:万元

市县名称	所有者权益	产品销售收入	产品销售成本	产品销售费用	产品销售税金及附加	产品销售利润	管理费用	利税总额
全区总计	**997 110**	**1 483 342**	**1 146 154**	**39 526**	**30 236**	**267 391**	**157 565**	**152 886**
银川市	**420 674**	**596 119**	**462 014**	**16 124**	**22 536**	**95 448**	**55 657**	**71 471**
银川市	396 559	548 824	424 601	15 335	22 199	86 690	51 355	68 497
永宁县	8 825	23 736	18 637	504	236	4 360	2 351	1 135
贺兰县	15 290	23 559	18 776	285	101	4 398	1 951	1 839
石嘴山市	**325 431**	**363 195**	**287 226**	**10 136**	**2 744**	**63 067**	**51 503**	**29 208**
石嘴山市	283 640	306 873	243 682	7 863	2 204	53 123	46 507	23 189
平罗县	37 443	43 343	34 284	1 709	356	6 975	4 114	3 790
陶乐县	482	1 383	1 048	104	62	167	117	60
惠农县	3 866	11 596	8 212	460	122	2 802	765	2 169
银南地区	**211 300**	**487 741**	**367 828**	**11 657**	**4 509**	**103 743**	**47 524**	**53 623**
吴忠市	44 416	83 274	58 474	7 048	2 816	14 935	8 175	8 580
青铜峡市	114 045	265 588	189 850	2 186	922	72 630	20 974	39 059
中卫县	18 615	41 029	32 308	1 165	421	7 133	3 332	2 589
中宁县	10 130	17 583	14 425	462	67	2 628	895	1 568
灵武县	14 432	41 013	34 646	634	168	5 564	4 606	1 002
盐池县	3 952	36 661	35 878	77	16	690	9 385	666
同心县	5 710	2 593	2 247	85	99	163	157	159
固原地区	**39 704**	**36 289**	**29 086**	**1 607**	**447**	**5 135**	**2 883**	**-1 414**
固原县	16 254	13 394	10 821	609	143	1 820	1 205	-3 424
海原县	1 127	3 426	2 931	102	58	333	203	216
西吉县	2 605	4 454	3 584	211	44	610	219	373
隆德县	5 207	10 261	7 836	525	117	1 783	690	1 331
泾源县	8 935	1 460	1 293	20	32	116	123	-38
彭阳县	5 576	3 294	2 621	140	53	473	443	128

17-40 续表3 (1995年) 单位:万元

市县名称	本年应交增值税	利息支出	利润总额	亏损企业亏损总额	应交所得税
全区总计	**88 826**	**111 437**	**33 674**	**50 469**	**17 479**
银川市	**37 226**	**32 658**	**11 705**	**21 723**	**6 212**
银川市	34 997	28 379	11 300	19 960	5 669
永宁县	1 219	2 454	-324	1 121	191
贺兰县	1 010	1 825	729	642	352
石嘴山市	**23 821**	**33 106**	**2 633**	**10 676**	**1 920**
石嘴山市	20 263	29 851	722	8 919	777
平罗县	2 605	2 357	821	1 502	721
陶乐县	49	93	-53	90	2
惠农县	903	805	1 143	165	419
银南地区	**26 283**	**39 105**	**22 698**	**12 703**	**9 050**
吴忠市	5 750	7 904	8	3 790	346
青铜峡市	14 463	22 350	23 667	4 297	8 190
中卫县	2 399	4 324	-237	2 175	342
中宁县	827	1 146	629	365	101
灵武县	1 776	2 764	-1 012	1 526	52
盐池县	924	544	-274	362	15
同心县	144	73	-83	188	4
固原地区	**1 496**	**6 568**	**-3 363**	**5 368**	**300**
固原县	600	5 066	-4 169	4 425	24
海原县	71	108	87	26	14
西吉县	99	375	230	190	105
隆德县	504	681	706	310	148
泾源县	41	167	-110	126	1
彭阳县	181	171	-107	291	8

17-40 续表4　　(1995年)　　单位:万元

市县名称	应付利润	本年应付工资	本年应付福利费	全部职工年平均人数(人)
全区总计	**16 874**	**176 947**	**23 164**	**327 488**
银川市	**8 451**	**57 236**	**7 344**	**106 331**
银川市	8 241	51 635	6 735	92 619
永宁县	78	2 926	299	7 027
贺兰县	132	2 675	310	6 685
石嘴山市	**316**	**70 602**	**9 685**	**115 315**
石嘴山市	111	61 974	8 693	98 776
平罗县	138	7 215	891	13 084
陶乐县	–	218	11	533
惠农县	67	1 195	90	2 922
银南地区	**8 090**	**44 213**	**5 608**	**86 711**
吴忠市	131	8 495	1 162	21 285
青铜峡市	7 693	14 640	1 902	21 389
中卫县	193	5 076	544	15 590
中宁县	5	2 548	308	6 129
灵武县	66	7 075	884	12 411
盐池县	2	5 909	782	7 772
同心县	–	470	26	2 134
固原地区	**19**	**4 898**	**527**	**19 131**
固原县	15	2 248	273	8 048
海原县	2	350	25	1 619
西吉县	–	413	35	2 115
隆德县	–	985	86	3 198
泾源县	2	257	34	1 433
彭阳县	–	645	74	2 718

17—41 各市县国有独立核算工业企业主要财务指标

(1995年)　　单位:万元

市县名称	资本金	# 国家资本金	流动资产	流动资产年平均余额	固定资产	固定资产原值	固定资产净值年平均余额
全区总计	**830 677**	**702 788**	**976 707**	**896 457**	**1 423 576**	**1 831 434**	**1 127 993**
银川市	**301 389**	**298 688**	**460 807**	**415 152**	**455 988**	**556 486**	**360 721**
银川市	289 861	288 170	447 360	401 860	428 715	524 754	340 360
永宁县	4 868	4 547	6 985	6 260	8 284	9 037	5 742
贺兰县	6 660	5 971	6 462	7 032	18 989	22 695	14 619
石嘴山市	**220 471**	**219 838**	**274 492**	**265 202**	**496 289**	**646 085**	**368 584**
石嘴山市	197 003	196 370	237 450	234 593	443 393	586 822	329 996
平罗县	18 036	18 036	31 214	25 464	43 564	50 739	32 326
陶乐县	220	220	300	256	447	593	295
惠农县	5 212	5 212	5 528	4 889	8 885	7 932	5 966
银南地区	**282 300**	**157 883**	**217 987**	**195 183**	**424 434**	**574 228**	**351 031**
吴忠市	25 975	25 669	43 680	43 413	85 588	101 821	57 307
青铜峡市	179 940	58 171	107 649	90 069	210 830	294 280	192 637
中卫县	10 088	9 971	19 857	19 517	30 318	31 204	17 365
中宁县	6 133	6 133	7 033	6 464	9 671	17 258	7 526
灵武县	10 247	9 052	24 998	23 499	31 063	37 824	24 339
盐池县	47 010	45 980	13 804	11 159	53 160	87 852	48 635
同心县	2 907	2 907	968	1 061	3 805	3 989	3 222
固原地区	**26 518**	**26 379**	**23 421**	**20 920**	**46 865**	**54 636**	**47 658**
固原县	14 142	13 972	12 276	11 016	29 431	35 573	32 684
海原县	1 000	730	1 208	1 229	1 031	1 047	740
西吉县	2 807	3 623	3 292	2 914	3 429	3 774	2 715
隆德县	1 972	1 972	2 739	2 414	3 542	3 746	2 826
泾源县	1 368	853	1 319	881	3 954	4 118	3 823
彭阳县	5 229	5 229	2 587	2 466	5 478	6 378	4 870

17-41 续表1　　　　　　　　(1995年)　　　　　　　　单位:万元

市县名称	资产总计	流动负债	长期负债	所有者权益	产品销售收入	产品销售成本	产品销售费用
全区总计	**2 486 566**	**912 957**	**747 989**	**825 290**	**1 107 841**	**849 099**	**29 056**
银川市	**954 181**	**433 631**	**207 068**	**313 426**	**378 989**	**290 454**	**10 350**
银川市	911 581	419 432	191 378	300 717	355 489	272 076	10 103
永宁县	15 596	5 296	6 911	3 389	9 436	7 617	124
贺兰县	27 004	8 903	8 780	9 321	14 063	10 761	122
石嘴山市	**789 546**	**247 104**	**241 322**	**301 119**	**312 498**	**245 807**	**8 506**
石嘴山市	696 876	209 563	218 140	265 173	272 086	215 183	6 924
平罗县	81 088	31 459	17 250	32 379	30 884	24 035	1 198
陶乐县	749	329	54	366	281	129	76
惠农县	14 833	5 754	5 878	3 201	9 247	6 460	307
银南地区	**671 249**	**207 475**	**278 064**	**185 445**	**395 622**	**296 398**	**9 273**
吴忠市	131 453	44 425	50 149	36 859	50 802	31 842	6 154
青铜峡市	341 114	85 087	148 770	107 160	236 393	169 172	1 783
中卫县	51 822	28 247	11 371	12 202	24 431	19 339	610
中宁县	17 315	6 894	1 540	8 754	11 859	10 073	119
灵武县	57 227	28 076	15 965	13 186	35 638	30 135	507
盐池县	67 458	13 749	50 037	3 652	35 301	34 758	26
同心县	4 860	997	232	3 632	1 198	1 079	74
固原地区	**71 591**	**24 746**	**21 536**	**25 299**	**20 732**	**16 441**	**928**
固原县	42 261	13 328	14 117	14 805	9 917	8 008	437
海原县	2 254	950	448	856	724	578	26
西吉县	6 746	3 461	1 313	1 972	3 180	2 555	171
隆德县	6 354	2 848	1 979	1 527	4 436	3 361	193
泾源县	5 433	1 878	2 236	1 319	533	452	11
彭阳县	8 543	2 281	1 443	4 820	1 941	1 487	90

17-41 续表2　　　　　　　　　　　　　（1995年）　　　　　　　　　　　单位：万元

市县名称	产品销售税金及附加	产品销售利润	管理费用	利税总额	利润总额	应交所得税	本年应付工资
全区总计	**17 660**	**212 010**	**132 235**	**102 823**	**13 450**	**13 601**	**140 143**
银川市	**11 549**	**66 636**	**41 832**	**38 074**	**-1 869**	**5 068**	**40 371**
银川市	11 447	61 863	39 357	36 864	-1 804	4 680	37 644
永宁县	35	1 661	1 079	39	-448	77	959
贺兰县	68	3 113	1 396	1 171	383	311	1 768
石嘴山市	**2 141**	**56 028**	**47 231**	**24 033**	**1 163**	**1 485**	**61 955**
石嘴山市	1 852	48 126	43 084	19 667	-173	619	55 057
平罗县	225	5 412	3 430	2 593	346	502	5 938
陶乐县	1	75	58	13	8	2	44
惠农县	64	2 415	659	1 761	982	362	916
银南地区	**3 758**	**86 193**	**41 101**	**43 611**	**18 176**	**6 838**	**34 832**
吴忠市	2 682	10 123	5 217	8 104	927	254	5 398
青铜峡市	735	64 702	19 585	31 282	17 879	6 270	12 724
中卫县	160	4 322	2 186	1 536	-200	158	2 788
中宁县	26	1 642	395	1 390	833	98	1 580
灵武县	123	4 874	4 346	762	-874	46	6 504
盐池县	9	508	9 263	612	-237	12	5 579
同心县	23	22	109	-75	-152	-	259
固原地区	**213**	**3 154**	**2 072**	**-2 892**	**-4 023**	**214**	**2 985**
固原县	101	1 372	994	-3 564	-4 132	12	1 712
海原县	19	101	95	29	-21	1	112
西吉县	7	448	172	232	169	109	223
隆德县	39	843	331	440	207	84	308
泾源县	25	48	86	-57	-102	-	109
彭阳县	22	342	394	28	-144	8	439

17—42 各市县集体经济独立核算工业企业主要财务指标

(1995年)

单位:万元

市县名称	资本金	# 国家资本金	流动资产	流动资产年平均余额	固定资产	固定资产原值	固定资产净值年平均余额
全区总计	**76 087**	**6 748**	**144 891**	**131 730**	**130 498**	**146 062**	**103 101**
银川市	**23 876**	**2 575**	**43 724**	**41 065**	**41 734**	**47 705**	**31 964**
银川市	11 908	2 028	28 757	27 440	23 109	26 773	17 141
永宁县	10 057	547	10 561	9 492	15 375	16 955	11 879
贺兰县	1 911	-	4 406	4 133	3 250	3 978	2 944
石嘴山市	**14 675**	**654**	**32 168**	**30 220**	**19 261**	**24 291**	**16 037**
石嘴山市	9 247	-	21 525	20 384	11 939	14 630	9 682
平罗县	3 788	564	8 616	7 924	6 087	7 909	5 180
陶乐县	585	90	704	699	503	635	523
惠农县	1 055	-	1 322	1 213	732	1 116	652
银南地区	**27 746**	**2 143**	**59 571**	**51 951**	**45 487**	**50 125**	**33 808**
吴忠市	7 953	846	21 643	19 332	19 766	21 534	15 692
青铜峡市	5 483	97	11 425	9 919	5 210	6 273	3 578
中卫县	7 409	672	14 985	14 426	12 494	12 071	8 020
中宁县	1 463	54	4 552	3 267	2 574	3 285	2 178
灵武县	3 807	107	4 843	2 870	3 976	4 983	2 869
盐池县	999	107	1 901	1 873	903	1 316	910
同心县	632	260	222	228	564	663	561
固原地区	**9 791**	**1 379**	**9 516**	**8 531**	**24 016**	**23 943**	**21 293**
固原县	1 090	76	1 845	1 647	1 761	2 081	1 471
海原县	1 387	-	648	650	1 025	1 193	885
西吉县	1 067	880	1 049	967	1 301	1 447	1 076
隆德县	3 290	194	3 162	2 609	4 609	3 683	2 654
泾源县	2 143	24	1 902	1 824	13 645	13 677	13 589
彭阳县	814	205	910	834	1 675	1 862	1 618

17-42 续表1 (1995年) 单位:万元

市县名称	资产总计	流动负债	长期负债	所有者权益	产品销售收入	产品销售成本	产品销售费用	产品销售税金及附加
全区总计	**290 878**	**152 941**	**65 476**	**72 037**	**172 821**	**142 344**	**5 321**	**1 853**
银川市	**89 572**	**41 118**	**19 969**	**28 426**	**57 252**	**47 357**	**1 619**	**585**
银川市	55 054	25 263	9 211	20 551	39 124	33 052	1 106	377
永宁县	26 796	12 363	9 904	4 500	12 102	9 155	355	178
贺兰县	7 721	3 492	854	3 375	6 026	5 150	159	30
石嘴山市	**52 360**	**31 063**	**5 887**	**15 331**	**39 658**	**33 420**	**1 246**	**581**
石嘴山市	33 820	20 541	3 724	9 555	23 808	20 563	552	330
平罗县	15 008	8 607	1 380	4 996	12 399	10 187	511	132
陶乐县	1 279	715	448	116	1 102	919	29	61
惠农县	2 253	1 200	335	665	2 349	1 751	153	58
银南地区	**114 439**	**65 159**	**33 501**	**15 604**	**62 747**	**50 877**	**1 913**	**515**
吴忠市	44 756	27 550	11 722	5 320	26 677	22 394	710	134
青铜峡市	18 342	10 284	6 360	1 692	9 122	6 827	389	121
中卫县	31 409	15 943	9 013	6 447	15 500	12 178	498	149
中宁县	7 229	4 358	2 239	632	4 260	3 487	132	25
灵武县	9 084	5 708	2 632	744	5 371	4 507	127	46
盐池县	2 809	1 181	1 376	251	1 339	1 109	50	8
同心县	811	135	159	518	478	375	7	32
固原地区	**34 508**	**15 602**	**6 121**	**12 675**	**13 164**	**10 689**	**542**	**171**
固原县	3 689	1 777	725	1 182	2 611	2 094	146	40
海原县	1 743	1 055	383	272	2 702	2 354	76	39
西吉县	2 432	809	962	633	1 274	1 029	40	36
隆德县	8 052	3 413	1 952	2 687	4 473	3 382	229	20
泾源县	15 916	7 182	1 527	7 164	774	711	6	6
彭阳县	2 676	1 366	572	738	1 330	1 119	45	30

17-42 续表2 (1995年) 单位:万元

市县名称	产品销售利润	管理费用	利润总额	利税总额	应交所得税
全区总计	**23 277**	**14 378**	**1 250**	**12 703**	**1 223**
银川市	**7 689**	**4 938**	**562**	**4 627**	**469**
银川市	4 590	3 470	269	3 241	336
永宁县	2 413	1 140	94	964	109
贺兰县	687	328	199	422	24
石嘴山市	**4 405**	**3 409**	**120**	**3 185**	**408**
石嘴山市	2 362	2 561	-469	1 524	131
平罗县	1 564	683	488	1 206	220
陶乐县	93	59	-61	47	-
惠农县	386	106	162	408	57
银南地区	**9 436**	**5 368**	**-236**	**3 390**	**267**
吴忠市	3 437	2 426	-682	532	91
青铜峡市	1 785	1 214	-96	561	-22
中卫县	2 672	999	694	1 666	183
中宁县	615	320	-38	214	3
灵武县	692	258	-132	246	7
盐池县	172	114	-34	55	3
同心县	63	37	52	116	2
固原地区	**1 745**	**663**	**805**	**1 502**	**79**
固原县	330	140	70	225	3
海原县	232	108	108	187	12
西吉县	163	47	61	142	-4
隆德县	840	284	546	850	63
泾源县	51	35	-16	3	1
彭阳县	129	49	36	95	4

17—43 各市县国有独立核算工业企业全员劳动生产率

单位:元/人

市县名称	1990年	1991年	1992年	1993年	1994年	1995年
全区总计	**13 907**	**25 963**	**28 268**	**32 586**	**31 288**	**33 904**
银川市	**17 354**	**29 424**	**33 277**	**42 573**	**33 651**	**36 139**
银川市	17 807	29 887	33 787	43 393	33 815	36 146
永宁县	16 148	34 229	39 885	51 839	51 503	57 772
贺兰县	11 969	21 841	24 096	27 353	23 760	27 471
石嘴山市	**10 958**	**20 844**	**20 969**	**22 182**	**24 395**	**26 602**
石嘴山市	10 955	20 521	20 434	21 723	24 024	26 022
平罗县	11 704	24 227	25 428	25 665	25 163	26 464
陶乐县	4 214	7 290	10 123	5 067	8 168	30 306
惠农县	7 696	21 431	26 529	32 974	40 501	51 172
银南地区	**16 173**	**33 414**	**38 446**	**39 179**	**41 577**	**45 496**
吴忠市	18 652	32 050	35 931	37 491	36 417	37 454
青铜峡市	24 644	60 305	67 823	77 809	83 042	87 209
中卫县	9 707	17 592	21 215	25 803	21 858	26 556
中宁县	12 016	22 959	23 972	23 758	22 730	24 072
灵武县	10 765	18 988	22 404	20 548	22 072	23 589
盐池县	7 795	15 343	16 773	16 038	16 864	18 872
同心县	6 057	12 365	11 816	13 408	11 520	13 313
固原地区	**8 859**	**16 155**	**15 006**	**13 360**	**14 237**	**16 834**
固原县	9 065	17 584	14 356	12 428	11 372	13 640
海原县	9 151	23 789	14 658	10 176	13 646	10 701
西吉县	10 536	15 875	22 679	20 510	25 725	27 241
隆德县	6 816	11 497	17 763	22 762	28 973	31 675
泾源县	6 837	14 482	14 008	8 102	8 417	7 252
彭阳县	9 279	13 108	12 540	9 973	9 622	15 670

注:1993、1994、1995年军工、长庆采油三厂已包括在相应市县。

17—44　各市县建筑施工企业个数和总产值(主营)

(1995年)

市县名称	施工企业个数合计	#国有	#城镇集体	#农村建筑	总产值(万元)	#国有	#城镇集体	#农村建筑
全区总计	**983**	**87**	**138**	**758**	**259 422**	**144 019**	**53 769**	**61 634**
银川市	**268**	**42**	**37**	**189**	**144 213**	**101 647**	**21 246**	**21 320**
银川市	103	40	36	27	132 933	100 379	19 965	12 589
永宁县	12	1	1	10	4 587	162	1 281	3 144
贺兰县	153	1	–	152	6 693	1 106	–	5 587
石嘴山市	**90**	**17**	**47**	**26**	**38 769**	**22 700**	**13 921**	**2 148**
石嘴山市	58	17	41	–	32 775	22 700	10 075	–
平罗县	18	–	2	16	2 710	–	1 792	918
陶乐县	4	–	2	2	2 017	–	1 988	29
惠农县	10	–	2	8	1 267	–	66	1 201
银南地区	**443**	**20**	**41**	**382**	**64 465**	**16 444**	**15 490**	**32 531**
吴忠市	32	6	5	21	10 125	1 998	1 390	6 737
青铜峡市	186	9	13	164	24 206	13 312	5 042	5 852
中卫县	47	3	6	38	11 581	902	2 846	7 833
中宁县	79	–	5	74	9 447	–	1 540	7 907
灵武县	34	–	5	29	5 566	–	3 254	2 312
盐池县	18	2	5	11	2 805	232	1 384	1 189
同心县	47	–	2	45	735	–	34	701
固原地区	**182**	**8**	**13**	**161**	**11 975**	**3 228**	**3 112**	**5 635**
固原县	68	5	7	56	6 470	2 967	1 750	1 753
海原县	50	–	1	49	830	–	260	570
西吉县	11	–	1	10	1 419	–	415	1 004
隆德县	33	2	2	29	1 869	249	376	1 244
泾源县	6	–	1	5	527	–	281	246
彭阳县	14	1	1	12	860	12	30	818

17—45 各市县国有建筑安装企业情况(主营)

(1995年)

市县名称	企业个数(个)	从业人数(人)	建筑业总产值(万元)	建筑业增加值(万元)	竣工产值(万元)	房屋竣工面积(万平米)	固定资产原值(万元)
全区总计	**87**	**36 670**	**144 019**	**43 223**	**83 825**	**94.60**	**69 017**
银川市	**42**	**25 175**	**101 647**	**29 038**	**51 845**	**64.00**	**43 576**
银川市	40	24 987	100 379	28 737	50 650	62.50	43 009
永宁县	1	55	162	33	174	-	18
贺兰县	1	133	1 106	268	1 021	1.50	459
石嘴山市	**17**	**6 658**	**22 700**	**7 401**	**14 457**	**17.20**	**16 586**
石嘴山市	17	6 658	22 700	7 401	14 457	17.20	16 586
平罗县	-	-	-	-	-	-	-
陶乐县	-	-	-	-	-	-	-
惠农县	-	-	-	-	-	-	-
银南地区	**20**	**3 711**	**16 444**	**6 041**	**16 130**	**9.90**	**7 134**
吴忠市	6	1 029	1 998	478	1 470	3.80	1 096
青铜峡市	9	2 552	13 312	5 097	13 526	6.10	5 772
中卫县	3	83	902	421	902	-	183
中宁县	-	-	-	-	-	-	-
灵武县	-	-	-	-	-	-	-
盐池县	2	47	232	44	232	-	83
同心县	-	-	-	-	-	-	-
固原地区	**8**	**1 126**	**3 228**	**743**	**1 393**	**3.50**	**1 721**
固原县	5	968	2 967	594	1 156	3.30	1 391
海原县	-	-	-	-	-	-	-
西吉县	-	-	-	-	-	-	-
隆德县	2	50	249	90	225	0.10	217
泾源县	-	-	-	-	-	-	-
彭阳县	1	108	12	59	12	-	113

17—46　各市县城镇集体经济建筑安装企业情况（主营）

（1995年）　　　　单位：万元

市县名称	企业个数（个）	从业人数（人）	建筑业总产值（万元）	建筑业增加值（万元）	竣工产值（万元）	房屋竣工面积（万平米）	固定资产原值（万元）
全区总计	**138**	**19 831**	**53 769**	**17 941**	**43 773**	**65.1**	**19 781**
银川市	**37**	**7 270**	**21 246**	**6 376**	**17 044**	**26.0**	**8 000**
银川市	36	7 090	19 965	6 238	15 550	23.4	7 467
永宁县	1	180	1 281	138	1 494	2.6	533
贺兰县	–	–	–	–	–	–	–
石嘴山市	**47**	**5 396**	**13 921**	**5 641**	**12 323**	**15.8**	**4 441**
石嘴山市	41	4 357	10 075	4 487	8 928	10.2	3 450
平罗县	2	189	1 792	391	1 791	2.3	517
陶乐县	2	760	1 988	729	1 538	0.1	459
惠农县	2	90	66	34	66	3.2	15
银南地区	**41**	**5 607**	**15 490**	**4 839**	**12 071**	**20.0**	**5 824**
吴忠市	5	564	1 390	832	1 107	1.2	633
青铜峡市	13	1 619	5 042	1 420	4 419	4.5	2 287
中卫县	6	484	2 846	1 220	2 286	4.5	513
中宁县	5	1 415	1 540	606	1 436	3.4	1 077
灵武县	5	356	3 254	262	1 810	3.8	974
盐池县	5	827	1 384	381	983	2.1	296
同心县	2	342	34	118	30	0.5	44
固原地区	**13**	**1 558**	**3 112**	**1 085**	**2 335**	**3.3**	**1 516**
固原县	7	772	1 750	765	1 263	1.6	1 036
海原县	1	240	260	20	119	0.1	173
西吉县	1	145	415	108	410	0.8	160
隆德县	2	286	376	123	197	0.3	58
泾源县	1	70	281	62	316	0.4	59
彭阳县	1	45	30	7	30	0.1	30

17—47　各市县农村建筑业完成情况

（1995年）

市县名称	企业个数（个）	从业人员（人）	总产值（万元）	增加值（万元）
全区总计	**758**	**44 529**	**61 634**	**17 342**
银川市	27	6 236	12 589	4 478
永宁县	10	1 296	3 144	883
贺兰县	152	3 332	5 587	915
石嘴山市	-	-	-	-
平罗县	16	616	918	256
陶乐县	2	127	29	7
惠农县	8	683	1 201	329
吴忠市	21	4 657	6 737	1 866
青铜峡市	164	4 043	5 852	1 527
中卫县	38	5 061	7 833	1 855
中宁县	74	3 940	7 907	1 990
灵武县	29	2 020	2 312	498
盐池县	11	1 033	1 189	226
同心县	45	1 355	701	12
固原县	56	3 314	1 753	1 314
海原县	49	2 421	570	277
西吉县	10	1 376	1 004	278
隆德县	29	1 363	1 244	334
泾源县	5	293	246	82
彭阳县	12	1 363	818	215

17—48　各市县民用车辆拥有量

(1995年底数)

单位: 辆

市县名称	合　计	# 交通部门	# 私　人	民用汽车	
				1. 载客汽车	2. 普通载货汽车
全区总计	**49 888**	**1 299**	**11 805**	**16 419**	**30 788**
银川市	**18 133**	**666**	**4 236**	**7 331**	**10 145**
银川市	15 604	621	3 228	6 693	8 327
永宁县	1 201	29	382	288	878
贺兰县	1 328	16	626	350	940
石嘴山市	**9 019**	**81**	**2 289**	**2 671**	**5 927**
石嘴山市	5 951	62	975	1 840	3 769
平罗县	2 138	11	877	597	1 494
陶乐县	288	8	67	102	170
惠农县	642	–	370	132	494
银南地区	**13 106**	**156**	**3 717**	**3 600**	**9 181**
吴忠市	3 277	21	842	1 046	2 135
青铜峡市	2 607	24	744	634	1 868
中卫县	1 454	24	296	408	1 018
中宁县	1 308	33	423	368	903
灵武县	2 059	17	643	590	1 442
盐池县	1 219	24	342	265	945
同心县	1 182	13	427	289	870
固原地区	**6 305**	**396**	**1 550**	**1 539**	**4 404**
固原县	2 719	272	568	783	1 759
海原县	1 212	24	524	227	942
西吉县	911	17	270	162	713
隆德县	553	26	65	137	378
泾源县	409	12	76	116	265
彭阳县	501	45	47	114	347
石油及其他	**3 325**	**–**	**13**	**1 278**	**1 131**

17-48 续表 (1995年底数) 单位:辆

市县名称	民用汽车			轮胎式拖拉机	摩托车	其他机动车	载货挂车
	3. 专用载货汽车	4. 其他专用汽车	5. 特种汽车				
全区总计	**799**	**1 009**	**873**	**115 304**	**35 767**	**3 703**	**7 265**
银川市	**133**	**389**	**135**	**25 413**	**9 635**	**196**	**1 905**
银川市	124	350	110	7 034	8 424	175	1 367
永宁县	2	20	13	6 817	554	10	263
贺兰县	7	19	12	11 562	657	11	275
石嘴山市	**85**	**117**	**219**	**24 455**	**8 928**	**1 763**	**1 886**
石嘴山市	69	90	183	593	5 985	812	1 039
平罗县	14	16	17	13 901	2 068	696	548
陶乐县	2	5	9	1 938	223	99	48
惠农县	-	6	10	8 023	652	156	251
银南地区	**110**	**62**	**113**	**40 170**	**12 560**	**1 724**	**2 590**
吴忠市	44	22	30	4 796	3 774	32	540
青铜峡市	41	26	28	10 913	2 320	57	582
中卫县	15	4	9	4 476	900	529	294
中宁县	12	8	17	6 487	1 273	1 097	247
灵武县	16	1	10	6 257	2 684	9	391
盐池县	9	-	-	4 402	792	-	252
同心县	13	1	9	6 839	817	-	284
固原地区	**122**	**147**	**93**	**21 239**	**3 828**	**15**	**862**
固原县	68	67	42	6 893	2 279	14	580
海原县	6	23	14	5 160	667	-	102
西吉县	11	19	6	3 367	390	1	57
隆德县	23	10	5	2 090	230	-	39
泾源县	3	15	10	1 630	121	-	34
彭阳县	11	13	16	2 099	141	-	50
石油及其他	**309**	**294**	**313**	**27**	**816**	**5**	**22**

17—49　各市县公路客货运量和客货周转量

（1995年）

市县名称	客运量		货运量	
	运量（万人）	周转量（万人公里）	运量（万吨）	周转量（万吨公里）
全区总计	**4 357**	**215 721**	**3 519**	**201 549**
银川市	1 270	62 700	821	45 780
永宁县	275	3 250	37	1 692
贺兰县	155	3 795	95	4 524
石嘴山市	565	25 945	685	33 265
平罗县	216	7 736	277	9 761
陶乐县	25	961	16	672
惠农县	15	840	65	2 350
吴忠市	233	10 575	65	6 789
青铜峡市	264	11 216	359	20 360
中卫县	68	4 382	334	5 616
中宁县	432	19 351	89	8 125
灵武县	84	4 889	130	7 641
盐池县	148	6 206	109	11 856
同心县	92	9 478	88	7 462
固原县	245	29 298	156	9 786
海原县	22	2 506	92	9 770
西吉县	117	3 606	24	5 100
隆德县	67	3 920	12	2 620
泾源县	40	1 467	8	1 080
彭阳县	24	3 600	57	7 300

17—50 各市县邮电业务总量

(1995年)

市县名称	邮电业务总量（万元）	函件（万件）	报纸、杂志期发数（万份）	电报（万张）	长途电话（万次）	年末市内电话（户）	年末农村电话（户）
全区总计	**22 134.8**	**2 270.9**	**70.3**	**60.8**	**2 708.3**	**154 082**	**10 915**
银川市	**12 966.9**	**1 275.7**	**28.7**	**27.2**	**1 420.1**	**81 657**	**2 168**
银川市	12 398.3	1 203.3	24.6	25.6	1 420.1	75 476	1 200
永宁县	279.5	33.3	2.3	0.8	-	3 080	541
贺兰县	289.1	39.1	1.8	0.8	-	3 101	427
石嘴山市	**3 393.9**	**282.3**	**12.2**	**9.5**	**434.2**	**28 588**	**2 307**
石嘴山市	2 655.9	209.6	8.6	6.9	331.3	22 759	829
平罗县	551.6	55.4	2.5	2.2	79.0	3 811	1 038
陶乐县	77.3	7.5	0.4	0.2	5.7	1 117	86
惠农县	109.1	9.8	0.7	0.2	18.2	901	354
银南地区	**4 385.5**	**496.2**	**22.2**	**15.0**	**677.1**	**31 459**	**4 597**
吴忠市	1 530.2	72.1	4.7	3.5	261.6	8 918	954
青铜峡市	745.9	89.2	6.4	2.6	114.5	5 260	529
中卫县	621.0	105.8	3.5	2.7	88.6	4 861	640
中宁县	427.3	70.8	2.5	1.7	72.6	3 032	535
灵武县	492.4	89.7	2.7	2.0	63.9	4 056	499
盐池县	205.6	40.0	1.4	1.2	22.4	2 228	1 018
同心县	363.1	28.6	1.0	1.3	53.5	3 104	422
固原地区	**1 338.0**	**216.7**	**7.1**	**9.1**	**176.9**	**12 378**	**1 843**
固原县	726.7	88.2	2.9	2.5	103.2	4 707	589
海原县	150.1	24.4	0.7	1.4	16.6	2 307	321
西吉县	164.8	35.0	1.1	1.5	19.7	2 225	353
隆德县	126.5	39.9	1.2	2.5	17.5	1 176	177
泾源县	74.1	9.3	0.4	0.5	10.4	830	118
彭阳县	95.8	19.9	0.8	0.7	9.5	1 133	285
传输局	**37.1**	-	-	-	-	-	-
储汇局	**13.4**	-	-	-	-	-	-
集邮公司	-	-	-	-	-	-	-

注：分市县资料为中央国营业务总量资料。

17—51　各市县社会消费品零售总额

(1995年)　　单位:万元

市县名称	社会消费品零售总额	国有经济	集体经济	私营经济	个体经济	农民对非农业居民零售	其他经济
银川市	**243 267**	**123 448**	**41 193**	**1 966**	**28 125**	**47 211**	**1 324**
银川市	217 785	117 444	35 312	1 770	18 331	43 604	1 324
永宁县	13 756	2 939	4 983	89	3 608	2 137	-
贺兰县	11 726	3 065	898	107	6 186	1 470	-
石嘴山市	**103 019**	**37 170**	**11 791**	**6 778**	**26 035**	**21 245**	**-**
石嘴山市	73 906	28 595	8 080	5 383	16 444	15 404	-
平罗县	22 719	6 260	2 838	1 390	6 833	5 398	-
陶乐县	1 846	1 115	404	5	251	71	-
惠农县	4 548	1 200	469	-	2 507	372	-
银南地区	**169 826**	**48 330**	**20 582**	**3 049**	**70 306**	**27 349**	**210**
吴忠市	62 492	10 890	4 386	1 778	35 438	10 000	-
青铜峡市	21 920	5 744	5 377	367	6 556	3 876	-
中卫县	30 004	10 429	4 825	427	9 241	4 885	197
中宁县	18 113	6 045	1 445	99	6 360	4 164	-
灵武县	17 981	8 962	2 000	62	4 202	2 755	-
盐池县	9 303	3 188	1 520	9	4 140	433	13
同心县	10 013	3 072	1 029	307	4 369	1 236	-
固原地区	**55 817**	**22 286**	**8 246**	**80**	**15 386**	**9 819**	**-**
固原县	25 206	10 604	3 934	63	6 358	4 247	-
海原县	6 348	3 234	561	-	2 093	460	-
西吉县	9 208	2 920	1 361	-	2 152	2 775	-
隆德县	4 815	2 182	1 320	-	927	386	-
泾源县	4 260	1 219	223	17	2 300	501	-
彭阳县	5 980	2 127	847	-	1 556	1 450	-

17—52 各市县各级各类学校数

(1995年)　　　　　　　　　　　　单位:所

市县名称	普通高等学校	中等专业学校	#中等师范学校	职业中学	普通中学	#高级中学	小学	幼儿园
全区总计	**7**	**26**	**4**	**36**	**436**	**7**	**3 843**	**337**
银川市	**6**	**19**	**1**	**10**	**69**	**4**	**280**	**143**
银川市	5	19	1	8	39	4	109	105
永宁县	1	–	–	1	14	–	78	5
贺兰县	–	–	–	1	16	–	93	33
石嘴山市	**–**	**2**	**1**	**7**	**64**	**3**	**243**	**71**
石嘴山市	–	2	1	5	30	2	53	57
平罗县	–	–	–	–	22	–	132	7
陶乐县	–	–	–	1	4	–	16	4
惠农县	–	–	–	1	8	1	42	3
银南地区	**–**	**2**	**1**	**11**	**153**	**–**	**1 559**	**107**
吴忠市	–	1	1	2	26	–	93	10
青铜峡市	–	–	–	1	18	–	109	9
中卫县	–	–	–	2	29	–	112	4
中宁县	–	–	–	1	21	–	91	69
灵武县	–	–	–	3	20	–	124	8
盐池县	–	–	–	2	18	–	499	5
同心县	–	1	–	–	21	–	531	2
固原地区	**1**	**3**	**1**	**8**	**150**	**–**	**1 761**	**16**
固原县	1	3	1	3	35	–	369	11
海原县	–	–	–	1	32	–	386	1
西吉县	–	–	–	1	31	–	446	1
隆德县	–	–	–	1	22	–	240	1
泾源县	–	–	–	1	7	–	81	1
彭阳县	–	–	–	1	23	–	239	1

17—53 各市县各类学校在校学生数

(1995年)

单位:人

市县名称	普通高等学校	中等专业学校	#师范	职业中学	普通中学	#高中	小学	幼儿园
全区总计	**10 686**	**12 463**	**4 111**	**9 588**	**272 305**	**53 082**	**617 547**	**83 444**
银川市	**9 873**	**8 243**	**1 624**	**3 363**	**50 416**	**11 894**	**96 137**	**21 610**
银川市	8 284	8 243	1 624	3 094	30 725	8 791	52 477	14 074
永宁县	1 589	–	–	171	10 474	1 901	22 020	3 893
贺兰县	–	–	–	98	9 217	1 202	21 640	3 643
石嘴山市	**–**	**1 119**	**616**	**1 792**	**43 002**	**9 077**	**66 514**	**12 301**
石嘴山市	–	1 119	616	706	20 232	5 271	31 357	9 390
平罗县	–	–	–	1 040	16 485	2 849	25 565	974
陶乐县	–	–	–	–	1 545	253	2 858	625
惠农县	–	–	–	46	4 740	704	6 734	1 312
银南地区	**–**	**956**	**833**	**2 574**	**108 393**	**20 661**	**209 030**	**34 662**
吴忠市	–	833	833	548	16 601	3 045	29 617	6 836
青铜峡市	–	–	–	312	18 183	2 508	22 657	5 549
中卫县	–	–	–	768	18 624	3 790	35 843	7 714
中宁县	–	–	–	109	17 430	3 290	27 219	5 397
灵武县	–	–	–	72	14 801	2 972	27 450	4 041
盐池县	–	–	–	765	12 179	2 841	18 659	3 558
同心县	–	123	–	–	10 575	2 215	47 585	1 567
固原地区	**813**	**2 145**	**1 038**	**1 859**	**70 494**	**11 450**	**245 866**	**14 871**
固原县	813	2 145	1 038	606	20 922	3 610	64 664	4 330
海原县	–	–	–	100	11 910	1 700	49 061	1 476
西吉县	–	–	–	145	14 205	1 812	58 277	536
隆德县	–	–	–	515	8 514	1 604	25 255	2 123
泾源县	–	–	–	28	2 025	228	11 616	867
彭阳县	–	–	–	465	12 918	2 460	36 993	5 539

17—54 各市县普通中学基本情况

(1995年)　　　　单位:人

市县名称	初级中学(所)	初中在校学生	初中毕业生	普通中学教职工合计	#专任教师			
					小计	#民办教师	高中	初中
全区总计	**322**	**219 223**	**63 602**	**22 431**	**18 052**	**506**	**3 854**	**14 198**
银川市	**69**	**38 522**	**10 812**	**4 464**	**3 503**	**49**	**795**	**2 708**
银川市	24	21 934	6 763	2 753	2 168	12	580	1 588
永宁县	9	8 573	2 505	880	719	2	133	586
贺兰县	13	8 015	1 544	831	616	35	82	534
石嘴山市	**64**	**33 925**	**10 271**	**4 195**	**3 222**	**107**	**747**	**2 475**
石嘴山市	19	14 961	4 230	2 326	1 744	-	479	1 265
平罗县	15	13 636	3 843	1 310	1 039	51	208	831
陶乐县	3	1 292	534	149	108	11	20	88
惠农县	7	4 036	1 664	410	331	45	40	291
银南地区	**153**	**87 732**	**24 940**	**8 205**	**6 720**	**214**	**1 415**	**5 305**
吴忠市	20	13 556	3 891	1 439	1 221	30	235	986
青铜峡市	14	15 675	3 977	1 348	1 065	89	181	884
中卫县	21	14 834	4 379	1 499	1 180	-	295	885
中宁县	15	14 140	3 222	1 143	919	14	198	721
灵武县	20	11 829	3 724	1 092	963	20	225	738
盐池县	18	9 338	3 070	940	752	38	150	602
同心县	21	8 360	2 677	744	620	23	131	489
固原地区	**150**	**59 044**	**17 579**	**5 567**	**4 607**	**136**	**897**	**3 710**
固原县	35	17 312	5 747	1 610	1 420	48	278	1 142
海原县	32	10 210	2 595	859	725	-	140	585
西吉县	31	12 393	4 001	1 115	950	27	173	777
隆德县	22	6 874	1 555	857	636	-	150	486
泾源县	7	1 797	545	223	187	-	31	156
彭阳县	23	10 458	3 139	903	689	61	125	564

17—55 各市县每万人口在校学生数

(1995年)　　单位:人

市县名称	平均每万人口中				
	普通高等院校在校学生数	中等专业学校在校学生数	职业中学在校学生数	普通中学在校学生数	小学在校学生数
全区总计	**20.86**	**24.32**	**18.71**	**531.45**	**1 205.24**
银川市	**110.46**	**92.23**	**37.63**	**564.07**	**1 075.61**
银川市	152.04	151.29	56.79	563.92	963.14
永宁县	89.71	–	9.65	591.31	1 243.14
贺兰县	–	–	5.70	536.47	1 259.55
石嘴山市	**–**	**16.94**	**27.13**	**651.14**	**1 007.15**
石嘴山市	–	35.62	22.47	644.06	998.21
平罗县	–	–	41.07	651.04	1 009.64
陶乐县	–	–	–	670.40	1 240.13
惠农县	–	–	6.57	676.87	961.62
银南地区	**–**	**5.45**	**14.67**	**617.57**	**1 190.95**
吴忠市	–	29.21	19.22	582.21	1 038.70
青铜峡市	–	–	13.43	782.41	974.92
中卫县	–	–	24.56	595.52	1 146.12
中宁县	–	–	4.96	793.01	1 238.38
灵武县	–	–	2.98	612.92	1 136.73
盐池县	–	–	51.47	819.47	1 255.48
同心县	–	3.90	–	335.72	1 510.68
固原地区	**4.48**	**11.82**	**10.25**	**388.51**	**1 355.02**
固原县	16.49	43.51	12.29	424.39	1 311.66
海原县	–	–	2.91	346.20	1 426.09
西吉县	–	–	3.40	332.68	1 364.83
隆德县	–	–	25.14	415.67	1 233.00
泾源县	–	–	2.65	191.34	1 097.60
彭阳县	–	–	19.39	538.67	1 542.57

17—56 各市县小学学生巩固率和毕业率

（1995年） 单位：人

市县名称	在校学生			应届毕业班学生		
	学年初学生数	学年末学生数	巩固率（%）	学年初毕业班人数	年末考试合格实际毕业人数	毕业率（%）
全区总计	**615 521**	**603 315**	**98.00**	**89 411**	**89 490**	**100.1**
银川市	**93 545**	**93 553**	**100.00**	**14 658**	**14 469**	**98.7**
银川市	50 191	50 342	100.00	7 832	7 722	98.6
永宁县	22 188	22 144	99.85	3 411	3 429	100.5
贺兰县	21 166	21 067	99.50	3 415	3 318	97.2
石嘴山市	**67 318**	**67 135**	**99.80**	**11 747**	**12 238**	**104.2**
石嘴山市	31 124	31 030	99.70	4 716	4 946	104.8
平罗县	26 017	26 004	99.90	5 081	5 193	102.2
陶乐县	2 857	2 844	99.54	489	489	100.0
惠农县	7 320	7 257	99.10	1 461	1 610	110.2
银南地区	**210 381**	**205 252**	**97.60**	**35 526**	**35 066**	**98.7**
吴忠市	28 952	28 609	100.00	5 421	5 177	95.5
青铜峡市	22 960	22 960	100.00	4 509	4 786	106.1
中卫县	34 569	34 560	99.80	6 310	6 223	98.6
中宁县	27 076	27 068	99.97	4 951	4 644	93.8
灵武县	27 424	26 942	98.20	4 920	4 888	99.3
盐池县	18 862	18 371	97.40	3 691	3 874	104.9
同心县	50 538	46 742	92.50	5 724	5 474	95.6
固原地区	**244 277**	**237 375**	**97.20**	**27 480**	**27 717**	**100.9**
固原县	66 190	64 866	98.00	7 978	9 170	114.9
海原县	48 638	46 708	96.00	4 557	4 669	102.5
西吉县	56 767	54 950	96.70	6 796	5 627	82.8
隆德县	23 975	23 426	97.71	2 855	2 821	98.8
泾源县	11 669	10 949	94.00	920	956	103.9
彭阳县	37 038	36 476	98.48	4 374	4 474	102.3

17—57　各市县回族教职工和回族学生数

(1995年)　　　　单位:人

市县名称	回族教职工		#专任教师		回族在校学生		回族儿童入学率	
	中学	小学	中学	小学	中学	小学	学龄儿童数	入学率(%)
全区总计	**3 240**	**7 464**	**2 607**	**6 936**	**57 039**	**206 355**	**185 543**	**90.50**
银川市	**484**	**794**	**370**	**700**	**7 721**	**17 983**	**14 012**	**99.20**
银川市	312	412	250	392	5 417	10 789	8 407	100.00
永宁县	62	107	45	97	540	2 493	2 006	95.30
贺兰县	110	275	75	211	1 764	4 701	3 599	99.40
石嘴山市	**521**	**556**	**403**	**495**	**7 174**	**12 510**	**10 646**	**99.80**
石嘴山市	172	146	121	125	2 065	3 604	2 793	100.00
平罗县	286	311	225	294	4 255	7 780	6 851	99.30
陶乐县	8	13	6	12	94	223	192	100.00
惠农县	55	86	51	64	760	903	810	99.40
银南地区	**1 220**	**2 605**	**959**	**2 355**	**23 396**	**71 355**	**68 569**	**93.00**
吴忠市	445	671	338	647	7 346	16 717	15 571	99.50
青铜峡市	89	120	67	77	2 159	3 174	2 872	99.90
中卫县	8	19	5	12	118	385	375	100.00
中宁县	21	33	15	28	310	595	538	100.00
灵武县	233	468	218	436	5 955	13 709	13 187	99.00
盐池县	19	32	16	25	523	629	509	98.00
同心县	405	1 262	300	1 130	6 985	36 146	35 517	87.10
固原地区	**1 015**	**3 509**	**875**	**3 386**	**18 748**	**104 507**	**92 316**	**86.30**
固原县	273	700	237	697	5 207	24 326	20 760	92.60
海原县	189	1 081	173	1 044	5 657	31 826	28 333	84.90
西吉县	256	703	222	662	3 721	25 043	24 683	77.20
隆德县	29	118	24	104	441	1 882	1 577	94.42
泾源县	166	500	134	484	1 904	11 352	9 391	91.80
彭阳县	102	407	85	395	1 818	10 078	7 572	94.30

17—58 各市县文化事业机构数和人数

(1995年)

市县名称	艺术事业		图书馆事业		群众文化事业	
	机构数（个）	人数（人）	机构数（个）	人数（人）	机构数（个）	人数（人）
全区总计	**32**	**1 423**	**20**	**498**	**199**	**867**
银川市	**8**	**312**	**3**	**102**	**5**	**94**
银川市	6	285	1	68	3	62
永宁县	1	17	1	14	1	15
贺兰县	1	10	1	20	1	17
石嘴山市	**1**	**3**	**3**	**42**	**31**	**122**
石嘴山市	1	3	1	23	5	68
平罗县	–	–	1	15	16	32
陶乐县	–	–	1	4	1	7
惠农县	–	–	–	–	9	15
银南地区	**8**	**244**	**7**	**154**	**39**	**286**
吴忠市	2	47	1	45	2	70
青铜峡市	2	84	1	23	1	40
中卫县	–	–	1	22	1	37
中宁县	2	73	1	14	1	13
灵武县	1	26	1	18	1	22
盐池县	1	14	1	9	16	32
同心县	–	–	1	23	17	72
固原地区	**9**	**246**	**6**	**93**	**123**	**290**
固原县	2	109	1	31	26	74
海原县	2	40	1	14	23	66
西吉县	2	65	1	11	27	61
隆德县	1	12	1	9	22	32
泾源县	1	10	1	13	9	41
彭阳县	1	10	1	15	16	16
厅直单位	**6**	**618**	**1**	**107**	**2**	**84**

17-58 续表 (1995年)

市县名称	艺术事业		图书馆事业		群众文化事业	
	机构数（个）	人数（人）	机构数（个）	人数（人）	机构数（个）	人数（人）
全区总计	**1**	**101**	**16**	**361**	**22**	**295**
银川市	**-**	**-**	**2**	**14**	**1**	**7**
银川市	-	-	2	14	1	7
永宁县	-	-	-	-	-	-
贺兰县	-	-	-	-	-	-
石嘴山市	**-**	**-**	**-**	**-**	**3**	**12**
石嘴山市	-	-	-	-	1	1
平罗县	-	-	-	-	1	10
陶乐县	-	-	-	-	-	-
惠农县	-	-	-	-	1	1
银南地区	**-**	**-**	**-**	**-**	**7**	**69**
吴忠市	-	-	-	-	1	4
青铜峡市	-	-	-	-	1	9
中卫县	-	-	-	-	1	15
中宁县	-	-	-	-	1	6
灵武县	-	-	-	-	1	11
盐池县	-	-	-	-	1	12
同心县	-	-	-	-	1	12
固原地区	**-**	**-**	**-**	**-**	**8**	**97**
固原县	-	-	-	-	3	72
海原县	-	-	-	-	1	4
西吉县	-	-	-	-	1	7
隆德县	-	-	-	-	1	4
泾源县	-	-	-	-	1	4
彭阳县	-	-	-	-	1	6
厅直单位	**1**	**101**	**14**	**347**	**3**	**110**

17—59 各市县卫生机构数

(1995年) 单位:个

市县名称	总计	医院	#县及县以上医院	疗养院、所	门诊部、所	专科防治所、站
全区总计	**1 028**	**368**	**91**	**2**	**564**	**11**
银川市	**340**	**62**	**36**	**2**	**248**	**3**
银川市	291	37	28	2	228	3
永宁县	24	13	5	–	9	–
贺兰县	25	12	3	–	11	–
石嘴山市	**169**	**54**	**22**	**–**	**95**	**2**
石嘴山市	98	17	15	–	69	2
平罗县	38	21	4	–	13	–
陶乐县	12	6	1	–	4	–
惠农县	21	10	2	–	9	–
银南地区	**268**	**124**	**24**	**–**	**119**	**3**
吴忠市	61	18	2	–	37	–
青铜峡市	36	15	4	–	17	1
中卫县	43	18	3	–	22	1
中宁县	26	18	4	–	6	–
灵武县	40	22	8	–	15	–
盐池县	33	17	2	–	12	1
同心县	29	16	1	–	10	–
固原地区	**251**	**128**	**9**	**–**	**102**	**3**
固原县	87	28	3	–	50	2
海原县	38	26	1	–	8	1
西吉县	41	27	2	–	12	–
隆德县	35	21	1	–	12	–
泾源县	23	8	1	–	13	–
彭阳县	27	18	1	–	7	–

17-59 续表 (1995年) 单位:个

市县名称	卫生防疫站	妇幼保健所、室	药品检验所、室	医学科学研究机构	其他卫生机构
全区总计	31	26	2	1	23
银川市	7	4	1	1	12
银川市	5	2	1	1	12
永宁县	1	1	–	–	–
贺兰县	1	1	–	–	–
石嘴山市	8	8	–	–	2
石嘴山市	4	5	–	–	1
平罗县	2	1	–	–	1
陶乐县	1	1	–	–	–
惠农县	1	1	–	–	–
银南地区	9	7	–	–	6
吴忠市	2	1	–	–	3
青铜峡市	1	1	–	–	1
中卫县	1	1	–	–	–
中宁县	1	1	–	–	–
灵武县	2	1	–	–	–
盐池县	1	1	–	–	1
同心县	1	1	–	–	1
固原地区	7	7	1	–	3
固原县	2	2	1	–	2
海原县	1	1	–	–	1
西吉县	1	1	–	–	–
隆德县	1	1	–	–	–
泾源县	1	1	–	–	–
彭阳县	1	1	–	–	–

17—60 各市县卫生机构人员数

(1995年) 单位:人

市县名称	总计	卫生技术人员	#医生	中医	西医师	西医士	护师、护士	每千人口医生数(人)
全区总计	**26 731**	**21 223**	**10 267**	**1 368**	**7 031**	**1 777**	**5 952**	**2.00**
银川市	**10 428**	**7 880**	**3 775**	**478**	**2 944**	**314**	**2 276**	**4.22**
银川市	9 277	6 942	3 379	407	2 706	232	2 012	6.20
永宁县	590	470	177	31	120	26	126	1.00
贺兰县	561	468	219	40	118	56	138	1.27
石嘴山市	**5 094**	**4 083**	**1 665**	**240**	**1 141**	**262**	**1 360**	**2.52**
石嘴山市	3 781	2 977	1 106	116	823	145	1 065	3.52
平罗县	951	802	413	92	239	82	216	1.63
陶乐县	99	81	43	4	25	14	16	1.87
惠农县	263	223	103	28	54	21	63	1.47
银南地区	**6 924**	**5 734**	**2 717**	**469**	**1 657**	**573**	**1 532**	**1.55**
吴忠市	1 467	1 169	494	75	344	65	327	1.73
青铜峡市	1 140	934	349	58	226	63	269	1.50
中卫县	1 084	934	433	76	276	80	259	1.38
中宁县	909	768	456	87	276	91	175	2.07
灵武县	1 226	1 013	433	83	226	124	296	1.79
盐池县	538	450	273	42	136	92	99	1.84
同心县	560	466	279	48	173	58	107	0.89
固原地区	**4 285**	**3 526**	**2 110**	**181**	**1 289**	**628**	**784**	**1.16**
固原县	1 729	1 328	723	54	477	183	323	1.47
海原县	611	483	334	20	218	96	115	0.97
西吉县	722	649	416	46	245	125	114	0.97
隆德县	532	485	266	27	180	56	118	1.30
泾源县	272	237	139	14	57	68	48	1.31
彭阳县	419	344	232	20	112	100	66	0.97